2021 年山东省高等学校"青创人才引育计划"新时代基层

U0691445

人工智能与企业运营

前沿技术、管理挑战与未来趋势

庄翔宇　著

新华出版社

图书在版编目（CIP）数据

人工智能与企业运营：前沿技术、管理挑战与未来
趋势 / 庄翔宇著 . -- 北京：新华出版社，2024. 12.
　　--ISBN 978-7-5166-7663-9
　Ⅰ . F272.3
中国国家版本馆 CIP 数据核字第 20242PT998 号

人工智能与企业运营：前沿技术、管理挑战与未来趋势

著者：庄翔宇

出版发行：新华出版社有限责任公司

（北京市石景山区京原路 8 号　邮编：100040）

印刷：河北赛文印刷有限公司

成品尺寸：170mm×240mm　1/16　　　**印张：**23.5　　**字数：**345 千字

版次：2024 年 12 月第 1 版　　　　　　**印次：**2024 年 12 月第 1 次印刷

书号：ISBN 978-7-5166-7663-9　　　　　**定价：**98.00 元

微店

视频号小店

抖店

京东旗舰店

请加我的企业微信

微信公众号

喜马拉雅

小红书

淘宝旗舰店

扫码添加专属客服

人工智能在企业运营中的变革力量

在当前全球经济格局快速演变的背景下，人工智能（AI）技术的迅速进步成为推动产业革新不可或缺的动力源泉。作为当今最具影响力的技术之一，AI不仅转变了企业的经营方式与决策机制，更深刻地重塑了市场竞争态势及商业环境。对企业来说，AI的价值不仅仅局限于技术层面的进步，它还在企业战略规划、管理结构优化以及创新力提升等多个方面发挥了重要作用。由此可见，在数字化转型进程中，AI的发展已成为现代企业必须重视的关键因素。

回顾历史上的几次关键技术革命，从蒸汽机的问世到电力的应用，再到信息技术的发展，每次技术革新都极大地重塑了社会的生产力和生产关系。人工智能的诞生，不仅仅代表了一种新技术的进步，更标志着一场以智能化为核心驱动力的生产力革命。这一变革对企业获取、处理信息以及制定决策的方式产生了根本性的影响。无论是通过优化自动化流程还是引入智能系统，AI已经深入到了企业运营的每一个角落。不仅在制造与金融等传统领域内，人工智能激发了前所未有的创新活力；在零售、物流乃至教育、医疗等行业中，借助AI的力量也实现了效率显著提高和服务模式的重大转变。

对于企业来说，人工智能所带来的最显著变革，并不仅仅局限于技术层面的创新，更重要的是对企业战略框架的根本重塑。以往企业在制定策略时多依赖于经验、直觉以及相对有限的数据分析能力；而在当今这个由AI主导的时代里，数据已经转变成了新的生产资料，信息处理与流通效率成为评价企业竞争力的关键指标之一。利用对大规模数据集进行深入挖掘与解析的能力，AI能够帮助企业更加准确地预判市场动向，更好地理解消费者需求，并据此迅速调整产品方向

和市场定位。这种以数据为基础的战略决策过程极大地增强了企业的灵活性及其在市场上的竞争优势。值得注意的是，AI 的作用远超出了单纯工具范畴，其引入促使企业必须重新考虑组织架构、管理模式及创新机制等方面的问题。如今的企业角色已从传统的资源分配者转变为数据管理者、算法优化师乃至智能化系统的设计者与操作者。

在这一进程中，人工智能不仅革新了信息获取与处理的方法，还重塑了企业间的核心竞争力。以往企业的竞争优势主要通过独有的资源、品牌效应及市场占有率来体现；然而在人工智能时代背景下，数据管理能力、算法优化水平以及智能化技术的应用成为新的竞争核心。那些能够高效运用 AI 技术，并迅速适应市场动态变化的企业，将有望在未来激烈的商业竞争中占据有利地位。相反，对于那些未能及时调整以满足新时代要求的公司而言，则可能面临逐渐被市场淘汰的风险。

除了对企业的战略规划与竞争实力产生影响之外，人工智能还为企业内部的架构设计及管理模式带来了前所未有的挑战。传统的企业结构往往呈现出一种自上而下的层级分明特征，决策过程多依赖于少数高层领导者的个人经验和直觉判断。然而，在人工智能技术日益普及的新时代背景下，基于数据分析做出决策的方式促使企业构建更加开放和平等的信息交流环境，从而加快信息传递速度并提高响应效率。随着企业逐步推进数字化转型进程，对于组织管理和运营方式也提出了更高的灵活性和适应性要求。特别是在面对瞬息万变的市场环境时，公司需要具备快速调整经营策略的能力，并有效优化资源分配，以便更好地应对复杂多变且充满不确定性的外部条件。

传统意义上，管理者主要承担信息传递和决策制定的任务；而在当今 AI 时代，他们的职责更多地转向了智能系统的管理和优化工作。如今，管理者不仅需要解读数据、管理算法，还要监督 AI 系统的工作情况。其核心能力不再单纯依赖于积累行业经验和做出判断，而是更加侧重于如何高效利用 AI 技术、处理数据、调整算法，并确保这些系统在运作过程中的透明度与公平性。这一转变要求管理者必须增强对技术的理解力和数据分析技能。他们不仅要掌握 AI 技术的基础知识及其实际应用领域，还需要拥有一定的技术水平来支持在 AI 系统开发与部署阶段作出恰当决策。由此可见，未来领导者要想适应由 AI 带来的管理方式变革，就必须持续不断地学习新技术，提升个人的专业素养。

然而，人工智能的应用不应仅仅局限于技术革新层面，更应当注重其对企业文化和组织结构创新的促进作用。在人工智能时代背景下，企业的创新能力将是决定其能否在竞争激烈的市场环境中持续领先的关键因素。通过采用 AI 技术，企业能够获得更多的创新机遇，从而更快捷、更准确地适应市场需求变化，推动产品与服务不断更新迭代。此外，企业还需通过内部改革来构建一个鼓励创新的文化环境，借助于 AI 技术的支持，激发员工参与企业创新活动的积极性。

虽然人工智能技术的应用前景十分广泛，但其带来的伦理与社会挑战同样不容忽视。首要的问题之一是数据隐私及安全。为了使 AI 系统正常运作，企业需要收集并处理大量的个人信息，这使得如何在保障用户数据安全的同时有效利用这些信息进行决策变得尤为重要。此外，关于 AI 系统的透明度及其可解释性也是当前讨论的热点话题。特别是对于一些基于深度学习算法构建起来的模型来说，它们往往表现出类似于"黑箱"的特征，即难以清晰地阐述其内部工作原理或决策依据。这样的特性不仅可能削弱组织内部管理效率，还可能导致公众对 AI 技术产生怀疑甚至失去信任感。再者，随着自动化程度不断提高，在制造业、物流业以及零售业等多个行业中，智能设备和服务正逐渐取代人力劳动，从而引发了有关大规模职业转换的担忧。这种情况不仅仅影响到低技能劳动力的就业机会，也给中层管理人员乃至专业人士的职业发展带来了不确定性。因此，如何妥善处理好促进技术创新与维护社会稳定之间的关系，成为政府和业界共同面临的一项重大课题。

尽管人工智能技术的应用范围极其广泛，且其影响力正在不断增强，但在这一技术革新浪潮面前，许多企业感到困惑和不安。由于 AI 技术的快速发展，企业在短时间内遇到了显著的技术障碍和管理难题。如何准确把握 AI 的能力边界？

怎样才能有效地将 AI 融入企业的日常运作之中？又该如何处理由 AI 引入所引发的组织结构调整及文化差异问题？这些问题不仅关系到企业的长远发展，更决定了它们在全球市场竞争中的地位与成败。由此可见，人工智能技术的运用不仅仅是一个单纯的技术问题，它更是对企业内部深层次变革以及管理策略的一次重大考验。唯有深入理解人工智能的核心，并积极应对技术革新所带来的管理挑战，企业才能在未来激烈的市场竞争中占据有利位置。这本书正是在此背景下，全面探讨了 AI 技术在企业运营中的实际应用及其对企业的影响，旨在为管理者、技术人员和研究者提供一个更为广阔的视角，助力他们更深刻地把握 AI 时代的发展趋势与潜在机会。

目 录

第三部分　AI 在企业运营的具体应用

第四部分　AI 技术对市场竞争格局的重塑

第五部分　AI 的未来展望与管理思考

3

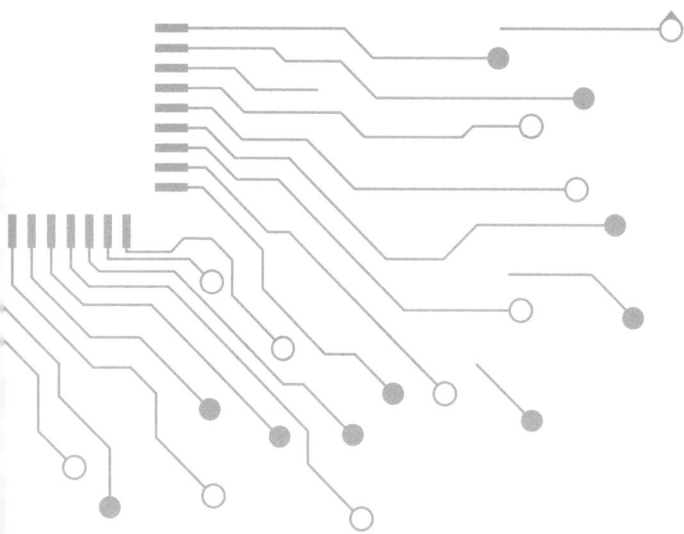

第一部分

AI 与企业运营的相互作用

1. 人工智能的崛起与企业运营的变革

1.1 人工智能的定义与范畴

1.1.1 人工智能的定义：多维度理解

人工智能（Artificial Intelligence，AI）作为一门不断发展的学科，其定义展现出多维度的复杂性与广泛多样性。[①] 此复杂性依赖于 AI 跨越多个学科的属性、广阔的应用范畴，以及各学术界面对"智能"概念所持的不同解读。AI 不仅是计算机科学研究的一个分支，亦深入触及认知科学、神经科学、哲学等众多学科的探究核心。因此，要对人工智能给出全面且透彻的定义，需从多重视角进行剖析。

从功能维度考察，人工智能可被视作一类技术体系，旨在模仿人类智能行为模式。此定义核心在于强调 AI 在执行特定任务时的能力展现。例如，通过感知、推理、学习及决策过程，AI 能承担一些标志性的智能任务，如自然语言处理、图像辨识、策略规划及自动控制等。功能性定义的要点，在于突出 AI 系统所能达成的智能行径，而非探析其内在工作机制。换言之，从功能角度看，AI 系统堪比一个"黑箱"模型，其外在的智能表现满足任务需求即可，内部运作逻辑不必为用户所详知。此种定义模式在实践操作中展现出高度的实操价值，因为它集中讨论了 AI 如何跨领域地实施智能任务，而未深入到具体技术实现的细微层面。

从目标设定的维度审视，人工智能的界定可被划分为两大类别："弱 AI"与"强 AI"。"弱 AI"（Weak AI）特指那些针对特定任务设计的智能体系，它们在指定任务上展示出优越性能，却受限于跨领域能力的缺失，无法涉足其他问题

[①] 邰雪，赵天祺，孙亚茹，等 . 人工智能在临床医学的新型优势 [J]. 内蒙古医科大学学报，2021，43（03）.

解决的领域。诸如语音辨识、图像分类、自然语言处理等领域，均是"弱 AI"应用的典范。其核心追求在于，借助数据驱动与算法调优的力量，在单个任务层面实现对人类能力的超越。反之，"强 AI"（Strong AI）则标示着人工智能探索的最终愿景，意在构建具有普适智能的系统。这类系统不仅适应多任务处理，且在充满变数的环境下，能够自我学习与推断，展现出与人类智能比肩的泛用性与灵活性。当今多数 AI 尚处于"弱 AI"的发展阶段，虽在特定范畴内成就显著，但迈向"强 AI"的征途依旧任重道远。此目标导向的阐释，既映照出人工智能技术的现实图景，也预示了其演进路径：由专门智能向普遍智能的转型进程。

从哲学的维度审视，人工智能的本质定义关联着对"智能"核心内涵的探索。此定义范畴超越了单纯的技术性议题，深化至人类认知、意识及智能的哲学省思。其中心议题包括：AI 系统能否复制人类相似层级的意识状态？机械构造能否催生出自知之明？这些论点在哲学领域内激起了广泛的争鸣。智能的哲学性阐释，不仅仅聚焦于 AI 系统功能性表现的评估，更加重视其是否能拥有类人般认知能力的潜力。众多哲学家针对 AI 的智能概念提出了多元假设，诸如"图灵测试"与"中文房间"等经典思维实验，旨在检验 AI 系统是否堪当真正智能的名号。图灵测试借由 AI 与人类的对话交互评估其智能水平，而中文房间理论则质询机器是否真能领悟语言含义，抑或仅止于机械符号的操作。这些哲学性沉思，既触及了 AI 技术实现的边界，也深化了对人类智能本源的哲理探讨。

1.1.2 人工智能的主要范畴

人工智能领域的探索与实践范畴广泛，其涉及从理论建构到技术实施的多维度进程，并深入至对人类智能特性的模仿及增强。从学术探究的维度划分，人工智能覆盖了多个核心研究板块，每一板块皆揭示了 AI 在多种层面上的表现形态与探究路径。掌握这些研究分支，对于透彻理解 AI 的能力范畴及其在实践领域的成长潜力至关重要。

首要类别为感知智能（Perceptual Intelligence），构成了人工智能领域的根基层级，涵盖了机器对周遭环境的感应及这些感应数据的加工处理。感知智能使设备能借助多样化的传感器装置捕获外界信号，并转化成可操作的信息资源。其中，计算机视觉（Computer Vision）作为感知智能的关键构成部分，借由剖析图像及视频资料，使机器能够辨认物体、场景，乃至情绪反应。此技术已广泛部署于无人驾驶、医学影像解析、安全监控等众多场景。语音辨识（Speech Recognition）亦是感知智能的重点研究方向之一，通过解码音频信息，AI 系统可实现语音到文本的转换，为人工与机器的交互构建了桥梁。而自然语言处理（Natural Language Processing，NLP）作为感知智能的进阶展现，其内涵超越了简单的语言识别，涵盖了语义解读、情感分析等诸多高阶任务，赋予机器理解并生成自然语言的能力。感知智能的根本追求，在于赋予机器类似人类的感知机能，使之能在复杂的实体环境中做出精确的判定与反馈。

第二种类别归属为认知智能领域（Cognitive Intelligence Domain），构成了人工智能的高等级发展阶段，其核心关注点是机器对于信息的掌握、推断及决策能力的实现。这一领域的精髓之处，在于赋予机器近似人脑的思维和推断机制，确保其能在错综复杂且充满变数的环境里独立做出决策。在此过程中，机器学习（Machine Learning，ML）扮演了关键技术角色，经由对海量历史数据的分析学习，机器得以自动生成模型并执行预测任务。不论是监督学习抑或无监督学习模式，机器学习机制均能助力 AI 系统从浩瀚数据中抽离出规律性信息，并将这些洞见应用于未来的任务挑战中。深入来讲，深度学习（Deep Learning，DL）作为机器学习的一个关键分支，利用多层次的神经网络架构，极大增强了 AI 系统解决非线性复杂问题的能力。[①] 该技术已在语音识别、图像识别及自然语言处理等多个前沿领域展现了显著成效。此外，认知智能的实践还涵盖了知识图谱（Knowledge Graph）的部署，通过建立实体与关系的网状结构，进一步赋能 AI 系统实施深度推理和高效决策。总体而言，认知智能的终极追求是模仿人类的逻辑推断及决策过程，使机器能够无须外在干预地应对复杂任务，这一特性无疑拓

---

① 胡林，刘婷婷，李欢，等．机器学习及其在农业中应用研究的展望 [J].农业图书情报，2019，31（10）.

宽了 AI 在医疗卫生、金融服务、自动化生产等诸多行业领域的应用视野。

第三类别属于行动智能领域（Actuation Intelligence），此乃人工智能在实体世界的映射，着重于机器借由物理装置或机器人技术实现实务操作的能力展现。行动智能超越了单纯的信息感知与认知范围，涵盖了对物质环境的直接干预，例如在机器人学（Robotics）中所见的自动化作业。该领域融合了感知与认知的智能，赋予机械体在繁复物理场景中执行任务的能力。以制造业为例，工业机器人能无人化完成焊接、组装等工作；物流行业中，递送机器人则能自主规划路线并执行货品配送。此外，自动化控制系统构成了行动智能的另一关键层面，凭借 AI 技术，机器得以在工业程序里执行任务排程、设备操控及过程优化。行动智能的核心价值，在于利用 AI 技术与实体硬件的融合，使机器能处理物理世界中的复杂任务，并与人类实现协同作业。人机协作（Human–Machine Collaboration）被视为行动智能探究的一个重要分支，经由 AI 技术的应用，机器不单能独立运作，还能与人类携手，共克任务难关。

感知、认知及行动智能为人工智能领域的三大支柱，它们相互交织，共同构建了 AI 系统功能的完整链条。实践中，整合这三项智能维度成为 AI 系统应对复杂情境、展现全面智能行为的关键。比如，自动驾驶车辆依托计算机视觉技术对道路环境进行感知，利用认知智能完成路径规划与策略决断，并通过行动智能实现车辆操控。这类多维度智能集成系统能在动态复杂的环境中自如运作，彰显了 AI 技术应用于实际场景的巨大价值与潜力。

从研究者视域审视，人工智能的各个核心领域映射出该技术多样化的演进路径与实践场景。其中，感知智能着重于信息的捕获与加工，认知智能则聚焦于信息的解析与策略形成，而行动智能强调的是 AI 系统在实体环境中的执行力展现。技术迭代的持续步伐，将促使这些领域趋向融合，为 AI 技术的深化发展及广泛应用开拓更广阔的空间。例如，预期中的未来 AI 系统能够借助感知智能吸纳更多层次的信息，利用认知智能实现更深层次的逻辑推演，并经由行动智能执行物理世界中的复杂数字操作。这一系列理解框架，既是我们把握 AI 现有技术边界的透镜，也是照亮技术创新未来路径的明灯。

1.1.3 人工智能的技术基础

人工智能的技术根基构成了一个涉及广泛知识领域的复杂系统，横跨理论与实践的多元层次。此领域不仅依赖于计算机科学的核心技术，亦融合了认知科学、统计学、神经科学、数学等多个学科的智能结晶。构成 AI 技术基础的要素诸如算法、数据资源、硬件设施、计算效能及优化策略，它们共同搭建起 AI 系统的基础架构，为 AI 在众多领域的有效实施提供了稳固支撑。对于研究者而言，深入探究 AI 的技术基础不仅是对背后理论基础的解码，更是对如何推动 AI 系统向更高智能水平、更优效能及更强扩展性发展的积极探索。

人工智能技术的精髓植根于算法领域。算法构成了 AI 系统的信息处理、推理及学习的中枢机制，从根本上定义了系统的智能水平与展现形态。在众多构成 AI 的技术组件中，机器学习（Machine Learning，ML）占据着至关重要的地位。[①]该技术通过从海量数据中挖掘规律并建构预测或分类模型，实现了对信息的深入剖析。初期的机器学习实践包含了线性回归、逻辑回归及支持向量机（Support Vector Machine，SVM）等经典算法，它们依托监督学习机制，在数据的基础层面实现了模式辨识与未来趋势的预估。然而，面对日益膨胀的数据规模与日新月异的任务复杂性，这些传统算法在应对非线性及高度复杂数据集时的局限性愈发凸显。在此背景下，深度学习（Deep Learning，DL）作为机器学习的一个进阶分支，凭借多层级神经网络的创新设计，跨越了传统算法的性能障碍。特别是卷积神经网络（Convolutional Neural Networks，CNN）与循环神经网络（Recurrent Neural Networks，RNN）等深度学习模型，在图像识别、语音处理及自然语言处理等多个前沿领域内引发了根本性的变革。这些模型通过逐级深化的网络架构，自主地从数据深处提炼出高维度特征，大幅度增强了模型的预测精确度与泛用性。

人工智能技术根基的另一关键层面乃是数据。数据之于人工智能，犹如燃

---

① 钱凯，康磊，王庆书. 风电场 SCADA 系统网络安全风险及机器学习入侵检测方法研究 [J]. 工业信息安全，2024（02）.

油之于引擎，AI 模型有赖于庞大规模的数据以完成训练及优化过程。伴随互联网、社交媒体、物联网（Internet of Things，IoT）等科技的飞跃，数据量正以指数形式激增，为人工智能技术的飞跃发展铺设了丰富的资源基石。大数据（Big Data）技术的演进，赋予了 AI 处理与剖析海量结构性及非结构性数据的能力。数据的品质与体量直接影响到 AI 模型的表现力，因此，数据处理技术自然而然地成了人工智能技术基础上不可忽视的构成部分。其中，数据预处理涵盖了数据清洗、数据标准化、特征抽取等环节，旨在保证输入模型的数据拥有高度的品质纯净度与一致性。另外，随着隐私保护意识的日益增强，如何在确保用户隐私安全的前提下高效进行数据处理，已成为科研工作者亟待攻克的技术难关之一。而联邦学习（Federated Learning）作为一种新兴的分散式学习策略，通过在多设备上实施本地模型训练并汇总各设备的模型参数，有效规避了直接数据传输的需要，为解决这一挑战提供了可行之道。

硬件技术的演进为人工智能领域的发展奠定了坚实的物质支撑。尤其是深度学习模型的训练与推断过程，其运算需求庞大，凸显了高性能计算设备的重要性。尽管中央处理器（CPU）在通用计算任务上表现出色，但在面对大规模并行计算场景时，效率短板显现。相比之下，图形处理单元（Graphics Processing Unit，GPU）因其卓越的并行处理能力，成为支持 AI 模型训练的优选方案。近年来，诸如 Google 的张量处理单元（Tensor Processing Unit，TPU）等定制化 AI 芯片及神经网络加速器的问世，进一步推动了 AI 模型训练速度与推理效率的飞跃。此外，分布式计算与云计算的广泛部署，为科研人员利用大型计算资源集训复杂模型开辟了道路，这一变革不仅缩减了模型训练周期，还促成了即时推理与大规模模型部署的现实可行性。

人工智能技术的理论基石涵盖了数学与统计学的深厚原理，对 AI 模型的构造与优化起到了决定性作用。该领域广泛运用了一系列数学工具与理论体系，诸如线性代数、微积分学、概率理论及凸优化理论，它们共同构成了 AI 算法研发的支柱。举例而言，在神经网络训练环节中，反向传播技术深深植根于微积分的

链式法则之中，借此计算梯度以迭代更新模型参数。另一方面，概率论在诸如贝叶斯模型、隐马尔可夫模型（HMM）等算法设计中占据核心地位，对于处理数据不确定性与噪声信息起到了不可小觑的作用。此外，统计学理论为评估及验证 AI 模型提供了一套严谨的框架，助力研究者有效评价模型效能并指导参数调优。优化理论，尤其是对于深度学习而言，显得尤为关键，其目标在于借助梯度下降等策略最小化损失函数，推动模型泛化能力与预测精确度的提升。近年来，随机梯度下降法（Stochastic Gradient Descent，SGD）及其多种变体，如 Adam、RMSProp 等，已成为优化 AI 模型性能的主流手段。①

1.1.4 人工智能的应用分类

人工智能的运用范畴广阔且多元，几乎涵盖了所有涉及数据处理、决策辅助、自动化作业及人机接口的行业与情境。AI 技术的应用类别通常依据其在各类任务中的展现形式与技术实力进行划分。随着 AI 技术的持续演进，其应用范围已超越传统自动化领域，广泛渗透至医疗保健、金融服务、教育培育、制造业、零售业等多个领域。学者专家们通过利用多样的 AI 技术手段，研发出高针对性、专业化的解决策略，有力地促进了行业效能的提高及商业模式的革新。

依据行业特性划分，人工智能技术的实践跨越了医疗保健、财务科技、制造行业、零售业务、教育等多个领域。在医疗保健领域能够观察到，AI 技术的重点运用集中于病症鉴别、药品研发及个性化治疗策略。通过深入挖掘患者的病史信息、遗传学资料与医学影像资料，AI 系统不仅能够助力医生提升诊断精确度，还能够为病人量身定制治疗计划，尤其是在医学影像诊断环节，AI 系统展现的性能有时能超越人类专家，凭借深度学习算法自动辨认 CT、MRI 影像中的异常区域，显著增强了诊断速度。药品研发环节中，AI 通过对海量生物医学信息的解析，加速了新型药物的诞生流程，缩减了常规药物开发过程中的试错开支。财务科技作为 AI 应用的另一片热土，其应用场景聚焦于风险管理、智能化投资顾

---

① 张宇. 改进 AlexNet 模型在手写体中文识别中的应用研究 [J]. 信息与电脑（理论版），2022，34（06）.

问及欺诈防范。AI 系统通过解析市场数据、过往交易记录及消费者行为模式，能够预判市场动态趋势，为金融机构的风险管理和投资策略提供辅助。智能化投资顾问服务借力 AI 技术为客户设计个性化投资提案，增强了金融服务的效能与用户满意度。在防范欺诈行为方面，AI 系统实时监测交易流，有效识别潜在的欺诈活动，维护了财务体系的安全防线。

人工智能在制造业领域的应用占据重要位置，其核心体现于智能制造与工业 4.0 的理念，即借助 AI 技术达成生产流程的自动化、智能化及精益化改造。具体应用涵盖生产流程的最优化、质量监控及供应链的智能管理等多个维度。在生产流程层面，AI 系统通过实时采集并解析生产数据，自主调节生产参数，以此提升生产效能和降低能耗。质量控制环节，利用图像识别技术，AI 能自动辨识产品瑕疵，保障产品品质的稳定性。至于供应链管理，AI 依据市场需求的预判分析，对供应链各节点进行策略性优化，旨在缩减库存成本并加速供应链响应机制。转至零售行业，AI 技术主要渗透于个性化商品推荐、智能化客户服务与库存管控等方面。AI 系统通过解析消费者的购买行为模式及偏好，提供定制化商品推荐，增强消费者购物体验。在智能客服场景下，借助自然语言处理技术，AI 确保全天候在线服务，有效降低了人力成本并提高了服务效率。库存管理上，AI 系统基于销售数据分析预测市场需求趋势，科学配置库存，有效缓解了库存过剩与缺货的问题。

人工智能在教育领域的运用主要表现在个体化教学、智能化测评及教育运营管理等维度。通过细致剖析学生的学习行为模式与学业成绩数据，AI 技术能够为每位学生量身定制符合其需求的学习方案，助力学生更加高效地吸收知识。[①] 利用自然语言处理及深度学习等先进技术，智能测评系统能自动完成作业与考试的批阅工作，大幅度减轻教师的工作负担，同时增强教学流程的效能。另外，AI 系统通过深度挖掘教育数据，优化资源配置于教育管理中，不仅增强了学校的管

---

① 沈超 .ChatGPT：助力高等教育变革与创新型人才培养 [J]. 国家教育行政学院学报，2023（03）.

理效能，还进一步提升了教学质量。

从技术特性视角分析，人工智能技术的应用领域可被划分为三大类别：基于监督学习的运用、无监督学习的实践及强化学习的实施。监督学习，作为当前应用最为广泛的 AI 技术之一，通过吸纳和学习富含标签的数据集，使模型能够执行分类与回归等任务。相比之下，无监督学习并不依赖于预先标注的信息，而是通过数据聚类与降维处理，挖掘数据深层的结构与模式，常见于市场划分、推荐系统构建及异常行为监测等领域。至于强化学习，则是一种通过迭代试误过程以优化决策策略的方法，该技术在机器人操控、游戏智能体设计及自动驾驶技术中展现出巨大潜力，其核心机制涉及与外界环境的动态互动，持续调整策略以最大化收获的反馈奖励。

1.2 人工智能的发展历程

1.2.1 起步：从理论构想到早期实现（1940—1959 年）

人工智能领域的起源可回溯至 20 世纪中期，彼时，科研人员初涉探求借助机械实现人类智能行为的可能。尽管当时的计算机技术水平尚处于起步阶段，但关于机械智能的构想及理论探讨已逐步成形。20 世纪 40 年代，随着计算机科学的萌生，人工智能探究的路径首次获得了清晰定义，特别是信息处理、逻辑推演及神经网络模型等前沿领域的初步探索，直接催化了该学科的建立与发展。

1943 年见证了沃伦·麦卡洛克与沃尔特·皮茨合作发表的一篇标志性文献 *A Logical Calculus of the Ideas Immanent in Nervous Activity*，该文首开先河，通过数学表述形式系统地阐述了神经元的运作机制。[①] 他们依据神经元的生物工作原理，引入了近似二进制运算的构思，揭示神经元能借助基本的逻辑运算来仿真大脑功能的理论。尽管这一模型因结构简易而难以涵盖复杂的认知过程，但它为后续神经网络理论的筑基起到了决定性作用，证明了利用数学逻辑模拟生物智能的

---

① Mcculloch W S , Pitts W .A Logical Calculus of the Ideas Immanent in Nervous Activity[J].biol math biophys, 1943.

可行性路径。此时期的学者们渐次认识到，机械不仅能执行数值运算，还能够在合理的逻辑架构下实现推断与抉择，这一洞见拓宽了人工智能研究的视野。

随之步入 20 世纪 40 年代尾声，诺伯特维纳（Norbert Wiener）引介了控制论（Cybernetics）这一理念，该理论专注于探究控制系统与通信系统中的反馈作用机理。[①] 其研究成果显著深化了人们对于信息处理体系的认知，并且为人工智能领域的初步探索奠定了理论基石。维纳提出，不论是人类行为还是机械运作中的智能表现，均可借助反馈循环的模型进行解析与描绘。这一见解不仅引领了人工智能理论的演进轨迹，还在自动化技术及机器人科学领域内引发了广泛而深刻的影响。

1950 年，英国数学家阿兰·图灵（Alan Turing）在其著名的文献 *Computing Machinery and Intelligence* 中，抛出了一个核心议题：机器是否具有思考的能力？为了探究这一问题，图灵设计了一项称为"模仿游戏"（Imitation Game）的试验，旨在验证机器能否在对话交流中展示出人类的智能表现，此试验随后被广称为"图灵测试"（Turing Test），成为初期评判机器智能的一个重要标尺。[②] 尽管该测试本质上采纳了行为主义的评判视角，但它无疑为人工智能的探索之路铺设了方向。图灵的杰出贡献不仅限于提出"智能机器"的构想，他更通过数学逻辑的严密推导，证实了机器潜在的普适计算能力，为计算机科学及人工智能领域奠定了坚实的理论根基。他的这些开创性工作，极大地激发了后继研究者对于算法与程序在模拟人类智能方面的深入探索兴趣。

1956 年，约翰·麦卡锡（John McCarthy）组织了一场汇聚了众多卓越科学家的达特茅斯会议（Dartmouth Conference），该会议成为人工智能作为一个独立学术领域的正式起点。参与会议的有麦卡锡、马文·明斯基（Marvin Minsky）、克劳德·香农（Claude Shannon）和艾伦·纽厄尔（Allen Newell）等，他们深入探讨了

---

① 胡翼青，谌知翼.作为媒介性的生成性：作为世界的媒介 [J].新闻记者，2022（10）.

② 杨琴，早晨语.人工智能养老模式的法律风险 [J].北京政法职业学院学报，2023（02）.

借助编程手段使机器展现智能行为的可能路径。在这次会议上，麦卡锡首次引入了"人工智能"（Artificial Intelligence）这一概念，旨在界定一个通过机械模拟来探究人类智能的研究领域。[①] 此次达特茅斯会议不仅为 AI 研究构建了初步的理论框架，也强化了符号主义人工智能（Symbolic AI）作为该领域主流探索途径的地位。

此时期的人工智能探究焦点在于逻辑推断及符号运算领域。学者们假设，经由将人类知识与推导步骤形式化转化为符号体系，机械能够模拟人类实施决策与问题解决过程。艾伦·纽厄尔与赫伯特·A·西蒙（Herbert A. Simon）合作开发的逻辑理论家（Logic Theorist）标志着早期人工智能的一项关键成就，其被公认为首个有能力验证数学定理的软件。该模型利用符号运算重现人类的思维路径，彰显了计算机在逻辑推断上的广阔前景。

1.2.2 早期探索与"AI 寒冬"（1960—1979 年）

20 世纪 50 年代尾声见证了人工智能作为独立学科的正式确立，为其后十年铺垫了成为 AI 领域初步发展黄金时期的基石。彼时，科研人员对人工智能的广阔前景持积极乐观态度。其中，符号主义方法论占据了研究的主导地位，专注于借助符号处理及逻辑推演来仿真人类智能行为的路径。该时期，专家系统（Expert Systems）与基于规则的推理系统构成了研究的两大核心支柱。尽管此间取得了一系列显著成就，但受制于技术成熟度与理论深度的局限，人工智能的发展亦逐渐显露出众多瓶颈与挑战，最终这一系列困境汇聚成潮，引发了所谓的"AI 寒冬"时期。

20 世纪 60 年代，符号主义人工智能领域的核心探索聚焦于专家系统与逻辑推理系统的构建。学者们致力于将大量规则和知识体系编码化，旨在使计算机能够模拟人类专家的推理和决策过程。这一时期的一个标志性成果是由约瑟夫·维森鲍姆（Joseph Weizenbaum）研发的 ELIZA 程序，它是一款能够仿真心理咨询

---

① 程承坪. 人工智能：工具或主体？——兼论人工智能奇点 [J]. 上海师范大学学报（哲学社会科学版），2021，50（06）.

对话场景的软件。ELIZA 借助基于模板匹配的规则机制与用户展开互动，尽管其交谈功能相对原始，却有效地示范了利用符号学方法来模仿人类语言交流的可行性。

同时期，逻辑推理驱动的系统亦取得了一定发展。约翰·麦卡锡提出的以一阶逻辑为基础的人工智能推理框架，旨在通过形式逻辑来表述智能行为。他创造的 LISP 编程语言迅速成为该领域研究的主力工具，因其在处理符号运算和递归算法方面展现出高度适配性。这些基于 LISP 构建的推理系统，已经能够应对若干基本的逻辑推断挑战，从而证明了符号主义途径在模仿智能行为方面的可行性与潜力。

然而，随着探究的深化，符号主义人工智能的局限性渐渐浮出水面。首先，符号系统有赖于大量人工编写的规则，这一特性限制了系统在复杂环境中的伸展能力。面对开放环境下存在的不确定性与模糊性，符号系统的应对能力颇为有限。再者，符号主义人工智能在学习与适应性方面存在缺陷，系统仅能依据预设规则进行推理作业，缺乏从周遭环境中自我学习及适应变动的能力。因此，虽然符号主义人工智能在执行特定任务时表现出色，但在处理复杂多变的真实世界挑战时，则显得效能不足。

与此同时，计算资源的短缺也成为制约人工智能发展的一个关键因素。早期计算机的处理能力存在局限，难以胜任大规模的推论与计算任务。在此背景下，专家系统及推理系统在面临复杂问题时，其效率低下问题凸显，进而限制了 AI 系统在实践中的广泛应用。此外，早期人工智能研究领域中，研究者对于系统性能的预期设定过高，诸多预测未能达成现实，这一情况进一步引发了外界对人工智能领域的关注度减退。

步入 20 世纪 70 年代，随着符号主义人工智能技术的局限性日益显现，学者与投资者对该领域的信心渐减，人工智能迎来了一段被称为"AI 寒冬"（AI Winter）的时期。这一时期，政府及私营部门对人工智能研发的投资大幅度削减，导致众多项目或被终止，或转向其他技术领域。与此同时，人工智能研究的活跃度明显下滑，研究人员开始深刻反省符号主义方法的不足，积极探索新的理论和技术路径。

尽管此一时期人工智能的进步遭遇了挑战，它却为日后的技术飞跃铺垫了基石。符号主义人工智能的挫败激励研究者重新审视智能的根本特性，进而促成研究焦点从符号逻辑向统计学习与神经网络的转变。尤其是神经网络领域的进步，为日后的深度学习构建了坚实的理论根基。[①] 虽然"AI 寒冬"阶段暂时阻碍了人工智能的初期发展步伐，但它也促进了人工智能探索路径的多元化，驱使研究社群挖掘更多样化的智能实现策略。

1.2.3 复兴与神经网络的崛起（1980—1999 年）

历经 20 世纪 70 年代所谓的"AI 寒冬"后，人工智能领域的研究于 20 世纪 80 年代重焕生机，其中神经网络的再度兴起成为该阶段转型的关键节点。尽管神经网络的概念可追溯至 20 世纪 40 年代，受限于当时计算资源的匮乏及算法效率低下，其初期发展并未能实现显著突破。随着计算机技术的飞跃进步与创新学习算法的涌现，20 世纪 80 年代见证了神经网络的深刻探索与广泛应用，它也因而成为驱动人工智能领域复兴的关键要素。

神经网络的复兴与反向传播（Backpropagation）算法的问世密切相关。1986 年，杰弗里·辛顿（Geoffrey Hinton）、大卫·拉梅尔哈特（David Rumelhart）和罗纳德·威廉姆斯（Ronald Williams）共同提出了反向传播算法，此算法使多层神经网络的训练变为现实。[②] 该算法依托梯度下降方法来优化网络权重，有效破解了早前神经网络训练中权重调整困难的瓶颈。反向传播算法的引入，不仅增强了神经网络应对复杂任务的效能，还极大地拓宽其应用领域，促使其在计算机视觉、语音辨识及自然语言处理等多个领域实现广泛渗透与应用。

除反向传播算法的演进外，硬件技术的进步也为神经网络领域的发展注入了

---

① 钱昱，杜久林 . 多尺度全脑模拟——现状、挑战与趋势 [J]. 人工智能，2022（06）.

② 潘沁，阳海音，党雪华 . 冯·诺伊曼的科技哲学思想及其对人工智能研究的启示 [J]. 兰州学刊，2020（08）.

强劲的动力。20 世纪 80 年代中叶，计算机处理能力实现了显著增长，尤其是并行计算技术的融入，极大地加速了神经网络的训练进程。尽管彼时的计算机性能尚不能与当代的高功能计算装置相提并论，但与早前的计算资源相比较，研究人员已能在更宏大的数据集上锻炼更加复杂的神经网络模型，标志着该时期神经网络探究已跨越了早年的技术限制，展现出一片欣欣向荣的景象。

在此期间，专家系统依旧在若干特定范畴内扮演着核心角色。回溯至 20 世纪 80 年代，以规则为基础的专家系统在医学诊断、财经预测等领域能够取得一定成就。诸如 MYCIN 与 DENDRAL 之类的系统，通过集成大量规则及专家知识，彰显了人工智能在应对特定挑战上的潜能。然而，专家系统存在的局限性也逐步浮出水面，特别是当面临复杂多变的开放性问题时，基于规则的推断系统暴露出其显著的局限。这一系列因素驱使研究者将探索的视野拓宽至数据驱动的学习策略，具体而言，是神经网络与统计学习模型的领域。

值得强调的是，尽管 20 世纪 80 年代的神经网络研究在理论探索与实践应用上均实现了显著进步，但彼时网络的构建规模仍旧相对狭小，无论是神经网络的层次深度还是训练数据的体量，均受到一定局限。这种局限性在某种程度上阻碍了神经网络在应对更宏大规模及更高复杂度任务时的性能展现。然而，该时期的研究工作为后续的深度学习领域筑起了坚实的基石，尤其是反向传播算法的面世，为多层级神经网络的训练解锁了至关重要的技术支撑。

此外，在 20 世纪 80 年代末至 90 年代初这段时间里，神经网络的研究领域经历了一段显著的跨界整合时期，尤其在认知科学与神经科学的紧密合作下，研究人员对智能行为的洞悉达到了新的深度。这促使学者们着手探究模仿大脑功能机制的可能性，旨在通过这种方式增强神经网络的运算效能与学习能力。该阶段的研究活动不仅为神经网络理论的发展铺设了道路，也悄然奠定了日后深度学习蓬勃兴起的坚实的理论基石。

1.2.4 机器学习的兴起与深度学习的突破（2000—2019 年）

步入 21 世纪以来，随着数据量的急剧膨胀及计算技术的显著进步，人工智能的研究重心从符号主义逐步转移至以数据为驱动的机器学习（Machine Learning）领域。这一转变标志着人工智能探究领域的一次根本性范式变迁，转型自依赖人为制定规则的推理机制，转而采纳能够通过数据自我学习和模式识别的系统。机器学习在众多实践领域的卓越成就进一步巩固了其作为人工智能研究前沿阵地的地位。

机器学习的根本观念在于，通过算法从数据中自动发掘规律而无须明确编程规则。诸如支持向量机（Support Vector Machine，SVM）、决策树（Decision Trees）及随机森林（Random Forest）等经典算法，在图像分类、语音辨识和自然语言处理等领域能够取得显著成效，彰显了这一认识。此阶段，学者逐渐认识到，相较于规则体系的复杂构造，数据本身的价值和作用更为突出。随着互联网、社交媒体和电子商务的广泛渗透，巨量数据为机器学习算法提供了前所未有的丰富训练资源，极大地加速了该领域技术的进步与发展。

然而，促使人工智能迈入新纪元的技术革新关键点，在于深度学习（Deep Learning）这一领域的兴起。作为机器学习的一个分支，深度学习的本质在于借助多层级的神经网络架构，实现对数据中高级特征的自动抽取。与以往的传统机器学习技法相比较，深度学习的显著优势体现在它无须人工定制特征，而是利用网络层次结构的学习过程来自动获取特征，因而在面对复杂数据时展现出更优越的泛化性能。

2012 年见证了深度学习技术在计算机视觉领域实现的重大飞跃。由杰弗里·辛顿及其研究团队在 ImageNet 图像分类挑战赛中的显著成就，彰显了深度学习应用的广阔前景。[1] 他们借助卷积神经网络（Convolutional Neural Networks，CNN）这一工具，在图像分类任务上实现了历史性的高精确度，远超以往的传统机器学

---

① 李杜 . 基于迁移学习与后训练剪枝的水母图像分类方法研究 [J]. 兰州职业技术学院学报，2024，40（01）.

习方法。CNN 通过采纳局部连接与权重重复利用的策略，有效缩减了计算的复杂度，为大规模图像资料处理铺设了可行之路。此后，CNN 一跃成为计算机视觉研究的主导模型，被广泛应用在诸如图像分类、物体识别，以及图像生成等多种任务之中。

同时期，循环神经网络（Recurrent Neural Networks，RNN）与长短期记忆网络（Long Short-Term Memory，LSTM）作为深度学习模型，在自然语言处理及语音识别领域实现了关键性进展。RNN 通过整合时间序列维度，使神经网络具备了处理序列化数据的能力；而 LSTM 则通过引入记忆单元机制，有效缓解了 RNN 在处理长序列数据时面临的梯度消失问题。[①] 这些技术的发展进步，促成了机器在诸如语音识别、机器翻译、文本生成等领域实现显著性能提升。

深度学习领域的蓬勃发展，不仅源自算法理论的不断演进，也深刻得益于硬件技术的迅猛飞跃。特别是在图形处理单元（GPU）得到广泛应用的背景下，大规模神经网络的训练成为可能，标志着技术实施上的重要突破。与传统的中央处理单元（CPU）相比，GPU 在执行矩阵运算上展现出压倒性的效率优势，为复杂深度学习模型的训练注入了前所未有的计算动力。与此同时，分布式计算架构与云计算技术的不断成熟，为深度学习的训练及实际应用铺设了更为弹性且高效的基础设施。这一阶段，计算能力的跃升与算法创新形成良性互动，共同驱动着人工智能科技以前所未有的速度向前迈进。

特别需要指出的是，深度学习这一领域不仅在学术研究中实现了重要突破，亦在产业实践中得到了广泛且深入的应用。具体而言，它在自动驾驶、智能客户服务、医疗影像解析、智能家居等诸多领域中的应用实例，充分证明了深度学习所蕴含的巨大应用潜力。以自动驾驶为例，深度学习技术通过对大量传感器数据进行即时分析与决策，极大地加速了自动驾驶技术的发展进程。类似地，在医疗健康领域，通过运用图像识别技术实现疾病的早期诊断，深度学习再次彰显了其

---

① 李堃，李猛，李艳玲，等 . 基于 LSTM-RPA 音乐流行趋势预测研究 [J]. 计算机工程与应用，2022，58（24）.

促进行业革新方面的重要作用和广阔前景。

1.2.5 当前阶段与未来展望（2020 年至今）

迈进 2020 年以来，人工智能技术已实现从实验室探索至大规模产业化应用的跨越，成为引领社会经济转型的关键动力之一。此间，AI 技术的适用范畴显著拓宽，涵盖自动驾驶、医疗卫生、智能制造乃至金融科技等诸多行业。同时，技术渐趋成熟的背景下，AI 领域的研究重点亦从算法优化与工程技术实践，转而深入至伦理、隐私保护及安全等更为复杂的议题探讨。

当前 AI 研究领域展现出若干突出特点。首先，尽管深度学习持续作为驱动技术进步的关键要素，其内在限制已驱使研究者向新的算法及模型构造探索迈进。近年来，诸如生成对抗网络（Generative Adversarial Networks，GAN）和强化学习（Reinforcement Learning）等新兴技术，在多领域内实现了显著的发展。通过两个神经网络间的对抗式学习，GAN 成功地生成了接近真实的图像、视频及音频资料；而强化学习，则借由与外部环境的互动学习来优化策略，在诸如游戏 AI 开发、机器人操控等领域展现了卓越效能。这些新兴技术的面世，无疑为 AI 的应用范畴带来了更广阔的视野。

随着人工智能技术应用的不断深化，系统解释能力（即可解释性）与透明度问题日益受到广泛重视。尤其是深度学习模型，因其"黑箱"特性，在做出某些决策时的透明度与可解释性面临挑战，这一点在金融、医疗这类高风险领域尤为重要，因为决策的透明性直接关联到合规需求及公众信任。鉴于此，科研人员正积极探究可解释性 AI（Explainable AI）的发展路径，旨在通过可视化技术、规则提炼等手段，增强 AI 决策流程的明晰度与可操控性，以应对上述难题。

当前时期，人工智能伦理议题已晋升为研究的焦点。随着人工智能技术渗透至社会各层面的应用实践中，诸如算法偏见、数据歧视及隐私侵犯等挑战逐步显现。特别在自动驾驶、人脸识别等高度敏感领域内，AI 的判断与决策直接影响到人类的安全利益。因而，探索如何在推进技术创新的同时，确保 AI 的公正性、透明度及安全性，成为学术界与产业界的共同议题。当前，众多国家与地区正着手建立人工智能伦理与法律框架体系，旨在引导人工智能技术的研发应用走向规范化，确保其在推动社会发展的进程中，不侵害人类的基本权利。

人工智能与众多新兴技术的融合已成为当前研究领域的焦点。其中，量子计算、边缘计算及区块链技术的迅速发展，为人工智能性能的再次飞跃铺垫了新的基石。量子计算凭借其在量子态层面并行处理的独有能力，极大增强了 AI 系统在处理高维度数据集与复杂优化任务中的计算效能，预示着量子增强 AI 或将促成革新性的发展。另一方面，边缘计算通过将计算任务部署至终端设备的策略，不仅加速了 AI 系统的实时反应速度，还优化了数据处理效能，尤其在物联网与智能制造业场景下，边缘计算驱动的 AI 应用展示出广泛的应用潜力。此外，区块链技术的引入，为保障 AI 数据的安全性与隐私性开辟了新路径，该技术借助去中心化的特性确保数据的不可更改性与可追溯性，区块链与 AI 的联姻为数据管理和个人隐私保护领域注入了创新思维模式。

探究人工通用智能（Artificial General Intelligence，AGI）已成为当今科研领域的长远蓝图。该领域的核心旨在培育具有广泛认知能力的系统，这些系统不仅在特定任务上展示出卓越性能，还能跨越学科界限，自主地进行学习、推断及决策过程。尽管现有的 AI 在部分任务上的成就已超越人类，它们仍被归类为"弱AI"局限于在特定情境下应用。相反，AGI 的追求是达到"强 AI"的境界，意指拥有能与人类比肩乃至超越的全方位智能潜力。尽管此研究路径目前多半停留于理论探讨阶段，它毋庸置疑地界定了人工智能探索的最终边疆。

面对未来图景，人工智能技术的演进将持续对社会多元层面产生深远影响。技术渐趋成熟的进程中，AI 将在更广泛的领域内实现应用实践，进一步提高生产效能与社会运作效率。然而，伴随 AI 技术普及而来的，是一系列新挑战，涉及如何妥善应对其对就业市场的重塑、确保 AI 系统运行的安全性与可控性，以及在科技进步与伦理准则之间寻找合理的平衡点。因此，AI 领域的研究学者与技术开发者在推进技术创新的征途中，必须主动投身于 AI 伦理规范及治理架构的构建工作，确保这一技术能以一种负责任的姿态提高人类福祉。

1.3. AI 对企业竞争力的影响：机遇与挑战

在当今的企业运营领域，人工智能已成为增强企业竞争力的一项关键工具。其影响力辐射至多个维度，不仅促进了技术创新，还推动了市场份额的扩张及运营效率的飞跃，为企业发展开辟了新的可能性。然而，伴随 AI 引入的，是一系列不容忽视的挑战，特别是技术实践的难度、组织架构的调整、伦理道德的考量，以及日益激烈的市场竞争环境。

1.3.1. AI 赋能企业竞争力的关键机遇

在全球化背景下，企业间的竞争态势日趋激烈，人工智能已然成为驱动企业竞争力跃升的关键因素。它不仅为企业的技术创新开辟了新天地，也促成了商业模式的根本性转型。借助 AI 技术的赋能效应，企业能更精确且高效地适应市场需求的动态变化，从而在竞争中赢得先机。AI 的引入为企业创造了多方面的机遇，涵盖了运营效率的显著提升、产品与服务创新的加速推进、客户体验的深度优化，以及供应链管理的智能化升级。

人工智能在增强企业运营效能方面显现出巨大的潜能。借助自动化技术，人工智能能够接手众多重复性及标准化工作，释放人力资源，使员工能更多聚焦于创新性及策略性任务。无论是制造业、服务业抑或金融业，人工智能的自动化优势均显著提升了作业效率。以金融业为例，由 AI 驱动的自动交易系统能在短时间内处理大量数据并执行交易，极大增强了交易速度与精确度。在制造业场景中，人工智能经由智能机器人及自动化设施的部署，优化了生产流程，削减了生产成本，同时缩减了人为操作失误。除了处理结构性数据外，人工智能还能够运用自然语言处理、计算机视觉等技术手段，应对非结构性数据，进而推动自动化的广泛应用。

人工智能在推动产品与服务创新领域的作用不容小觑。透过利用人工智能技术，企业能够加快产品研发的进度，并且使服务项目更加贴近个性化与定制化的市场需求。由 AI 引导的研发体系，凭借其处理海量历史资料、市场动态及消费者反馈的能力，有效协助企业发掘创新契机，完善产品设计方案。以制药领域为例，AI 技术的应用大幅度缩减了新药研发周期，传统上需耗时多年乃至数十年的实验与检验过程，通过 AI 对化合物特性和疾病模型的精准模拟分析，得以显著压缩，既减少了研发开支，也提高了成功率。另一方面，在服务业中，AI 通过深入剖析消费者的过往行为模式，能够打造出极具个人特色的服务体验。诸如电子商务平台上，借力于 AI 算法的个性化推荐机制，为每位用户量身定做商品推荐清单，增强了用户的满意度与忠诚度。这种基于人工智能的定制化服务模式，不仅升级了用户体验层次，亦助力企业精确锁定市场定位，巩固了竞争优势。

人工智能为企业的供应链管理系统开创了前所未有的优化前景。过往的供应链管理实践多基于人为经验与历史数据分析，面临实时性和适应性的局限。通过引入大数据分析与机器学习技术，人工智能能够持续监控供应链各环节的运作状况，提前预估需求趋势，并自主优化管理流程。举例而言，人工智能能整合市场需求、库存状况、物流信息等多种数据源，实现库存量的动态调整、物流路径的最优化配置，并识别供应链中的潜在威胁。这一智能化管理模式不仅加快了企业应对市场变化的速度，还有效缩减了库存成本及降低了供应链断裂的风险。在全球贸易环境日趋复杂的今天，借助人工智能的供应链管理系统为企业的运营策略提供了更强的灵活性与竞争优势。

人工智能在客户关系管理系统（CRM）领域的融入，为众多企业带来了显著的竞争力提升。通过对消费者行为模式及购买历程的深度剖析，人工智能技术使企业能更精确地洞悉市场诉求，并据此量身定制营销战略。比如，由 AI 驱动的顾客情绪智能分析工具，能够挖掘并分析消费者在社交平台评论、线上反馈等非结构化信息中的情绪趋向与观点，为企业的品牌建设和公共关系策略调优提供有力依据。此外，借助预测分析的力量，AI 亦能助力企业识别具有高发展潜力的客户群体，设计个性化营销方案，进而提高客户吸纳效率与市场占比。

1.3.2. AI 技术应用中的挑战

尽管人工智能技术为业界开辟了新的机遇领域，其实际部署却伴随着一系列错综复杂的挑战。这些挑战不仅仅触及技术层面的棘手问题，还深刻关联到组织架构的革新、数据治理、伦理规范及社会责任等多个维度。在将人工智能技术付诸实践的路径上，企业不得不应对技术复杂度、数据可靠性、专业人才队伍建设、道德风险等诸多要素的叠加效应。若不能有效地解决上述问题，可能会削弱人工智能应用的成效，进而阻碍企业的竞争力升级。

人工智能技术的复杂特性和部署成本成为企业在采纳该技术过程中必须面对的主要难题。作为一种高度复杂的技术体系，人工智能涵盖了诸如深度学习、自然语言处理、计算机视觉等众多技术领域，其开发及应用实践无疑需要大量技术资源与专业人才的支撑。特别的是，在深度学习方面，模型训练环节通常伴随着巨额的计算资源消耗及海量数据需求，这一特点显著提升了中小企业涉足人工智能领域的技术壁垒。此外，除却必要的硬件与软件设施投资，企业还需在数据的获取、净化与标注等预处理步骤上倾注可观的时间与资源，以保障 AI 模型能接收高质量的数据输入。另一方面，跨学科知识的融合与应用也是人工智能技术研发与实施进程中的一大难点，进一步加剧了企业的技术挑战。

在人工智能应用领域中，面临的一项核心难题是数据管理。AI 效能的根基植于数据质量，这意味着输入数据的优劣直接影响到 AI 应用的成效。现实企业环境中，数据采集渠道广泛，既包含结构严谨的数据，也不乏缺乏固定模式的非结构化信息。这些数据分散在公司不同的部门、技术框架及平台上，因此，如何高效集成这些数据资源，保障其完整无缺、精确度高且新鲜度足，成为 AI 应用实践中的一个决定性挑战。此外，随着数据保护法律如 GDPR 的强化，企业在数据获取及处理的每一步中，都必须严守隐私保护的法律法规，以维护数据使用的合法性与合规性。[①]企业若在数据管理环节出现疏漏，不仅可能导致 AI 系统的效能大打折扣，还可能引发法律合规层面的风险。

---

① 屈志一 . 法院数字化转型对诉源治理影响研究 [J]. 法制博览，2024（04）.

同时，人才供应不足构成了 AI 技术广泛部署的重要瓶颈。AI 技术不仅对数据科学、算法设计有高要求，还强调跨学科知识与实际操作经验的结合。当前情况下，全球高端 AI 人才的供应与市场巨大需求之间存在显著差距，这一矛盾在中小型公司及传统行业内表现得更为严峻。许多企业在尝试 AI 转型的进程中，经常遇到内部技术资源与专业人才储备匮乏的问题，直接阻碍了 AI 项目的有效执行乃至成功实施。因此，如何有效地吸引、培育及维系 AI 技术人才团队，成为各企业在 AI 应用实践道路上必须克服的关键挑战。

人工智能技术在企业领域的广泛渗透，同时也触发了深刻的伦理考量与社会责任议题。尽管 AI 凭借数据驱动的特性极大促进了效率的提升，其实践应用中揭示的一系列伦理风险不容忽视，尤其是涉及算法偏见、数据保护及社会公平性等问题。比如，在算法训练阶段，因数据集内在的偏颇可能导致决策过程的非公正性，进而诱发在人力资源选拔、信贷评估等方面的算法不公现象。此外，随着 AI 技术逐渐侵占劳动市场，诸多传统蓝领职业及中层管理岗位正面临被自动化技术取而代之的威胁，这一趋势不仅促成了就业结构的深刻变革，也为社会稳定埋下了新隐患。因此，企业在奋力推进 AI 技术创新的同时，如何妥善权衡科技进步与社会责任，成了一个亟待长期应对的挑战。

1.3.3 企业竞争力的 AI 转型路径

在探索人工智能应用的广阔前景及面临的挑战时，企业需采纳一套综合性的转型策略，旨在充分利用 AI 技术对竞争力的深刻影响与提升潜力。AI 技术在这里扮演的不仅是一种辅助手段，而是触发企业数字化革新、重塑商业模式与优化组织架构的关键催化剂。因此，在迈进 AI 转型的征程上，企业首要之举是从战略高度出发，确立明晰的 AI 发展战略，并围绕技术整合、人才培养、数据治理及伦理规范等多个维度进行全面部署。

确立明晰的人工智能策略是企业迈向人工智能转型的首要步骤。人工智能的实施不应局限于个别业务板块，而应作为引领企业全面转型的核心战略支点。企业需依据自身业务特性和行业特定需求，界定人工智能在增强运营效能、改善客户互动体验、驱动产品创新等方面的运用场景，并通过人工智能技术与现行业务流程的深度整合，构筑差异化的竞争实力。举例而言，零售业可借力人工智能优化供应链管控，提速库存周转；金融业则能利用人工智能强化风险控制和客户服务质量。在规划人工智能战略的进程中，企业还必须思考如何均衡短期效益与长期投入，确保人工智能技术的部署不仅能够即刻促进业务的改良，同时也为企业的长远发展构筑稳固的技术支撑体系。

企业在推进人工智能转型的进程中，必须高度关注技术和人力资源的积累。鉴于人工智能技术的复杂特性和专业需求，企业对技术专家的依赖性显著增强。因此，构建一支精通人工智能技术的专业队伍成为当务之急，这需借助内部培育与外部吸纳的双轨策略实现。在内部培训层面，企业可采取组织技术研讨会、组建专注于 AI 研发的特别小组等手段，以提升现有职员的技术素养，并促进跨职能团队的合作，消除传统业务隔阂，使人工智能技术能在企业内部产生联动效果。至于外部引进，企业应探索与高等教育机构、科学研究单位及人工智能技术领军企业的合作路径，以吸纳顶尖技术人才和前沿科研成果。此外，构建开放式的科技创新生态系统，鼓励企业内外人工智能技术的广泛应用与合作，也是企业需着重实施的战略之一，旨在形成一个良性循环的创新环境。

在数据管理领域，企业务必构建一套健全的数据治理体系，以确保人工智能技术能在高水平数据支撑下达到最优效能。数据构成了 AI 系统运作的根本，而一个高效的数据管理系统则是 AI 项目走向成功的支柱。推动 AI 转型的征程中，企业需实施统一的数据收集、加工、存储及分析体系，来保证数据的完整、精确和新鲜度。此外，企业必须遵守严谨的隐私保护条例与数据安全法规，以确保数据使用的合法性与合规性。举例而言，企业能够运用加密技术、多方计算及联邦学习等隐私计算工具，来强化数据的安全防护与隐私维护。在数据治理实践里，企业还应借助技术和管理策略的融合，有效遏制数据孤岛现象，促进企业内部数据的流通与共用，从而为 AI 系统奠定更广泛的数据基础。

企业在向人工智能转型的进程中，必须将伦理因素整合进其战略规划的蓝图中。AI 技术的实践不仅是一个技术领域的挑战，更是对企业社会责任和长远发展愿景的一次伦理审视。在推进人工智能项目的过程中，企业务必针对算法的偏颇性、数据的私密保护以及社会公正性等问题，采取行之有效的策略。比如，企业能够借助算法审查机制、透明度报告等工具，来保障 AI 在关键性决策环节中的公正性及透明度。此外，企业应主动介入到人工智能伦理规范的建立与传播中，促进行业内伦理共识的形成，以确保人工智能技术的运用能够促进可持续性发展。在践行社会责任的层面上，企业还需借助再就业技能培训项目、社会福祉计划等途径，援助那些因人工智能技术革新而面临失业的员工重新进入劳动力市场，从而缓解科技进步可能对社会带来的不利波及。

在构建组织架构的过程中，企业务必采纳扁平化及灵活性增强的策略，以保障人工智能技术在企业内部的顺畅普及。传统的组织形式多呈现为自上而下的金字塔状，该结构在应对市场环境的快速变迁时，显露出其固有的僵硬与效率不足。鉴于人工智能技术实施对组织的高灵活性与高度适应性的要求，企业应倾向于实行管理层级的缩减，通过扁平化管理模式加速 AI 技术在各业务板块的实践。此外，建立跨越部门的合作机制对于确保 AI 项目能在不同业务领域间形成协同效应至关重要。比如，组建跨界别的 AI 创新小组能有效消除部门间的隔阂，促进 AI 技术在研究开发、生产制造、市场营销、供应链管控等多个维度的深度融合。

2. AI 驱动的企业数字化转型

2.1 数字化转型的定义与意义

在全球化商业舞台的当下，企业为了维系竞争优势、顺应市场变迁及激发创新活力，纷纷将数字化转型（Digital Transformation）视为一项核心战略。技术领域的日新月异，特别是人工智能、大数据、物联网（IoT）及云计算等前沿科技的蓬勃应用，促使企业数字化转型的内涵超越了单纯的信息技术革新范畴，转而深入商业模式、组织结构乃至企业文化的根本性重塑之中。[①] 其实质，在于全面渗入数字技术于企业运行的每一环节，以此增强运营效能、优化客户互动体验、激发创新潜能，并提升在市场上的竞争力。

2.1.1 数字化转型的定义

数字化转型远非企业对数字工具的简单采纳或是信息技术基础设施的现代化更新所能概括，它深刻触及企业运作的各个层面，从核心业务流程直至组织架构管理，乃至战略规划与客户关系维护，都需经历一场全方位的数字化革新。具体来说，这一转型过程涉及企业利用诸如人工智能、云端运算、大数据分析、物联网等前沿数字技术，来重新塑造其商业模式与运营流程，旨在适应瞬息万变的市场动态并开创新的价值源泉。此番转型，本质不单是技术手段的嵌入，而是通过技术与业务的深度协同，驱动企业从传统经营框架向数字经济体系的全面跃进。

数字化转型这一概念广泛涉及三个核心维度：技术实施、业务流程革新及企业文化重塑。在技术实施层面上，企业通过采纳先进科技手段，旨在强化数据处

---

① 阚超. 企业数字化转型发展路径探究 [J]. 商场现代化，2024（08）.

理效能、推动操作自动化进程，并增强依赖数据的智能化决策能力。业务流程革新层面，则要求企业重新评估并优化其关键业务活动，包括供应链管理的精简、客户关系管理的深化以及生产制造流程的智能化，以此途径实现运营效率的飞跃和对客户需求的敏捷响应。至于企业文化重塑层面，数字化转型内在地促动企业构建更为灵动与创新驱动的组织氛围，确保企业能够灵活适应由技术引领的环境快速变迁。

依据该界定，数字化转型远超技术工具化的层面，它涉及企业策略、运营模式、文化和组织架构的全面革新。[①] 在推进这一转型旅程中，企业应当首先着眼于高层次的设计规划，确保技术融入的每一步都能与企业的长远战略愿景紧密咬合，旨在通过这种深度融合最大化地激活技术对业务的赋能效应。

2.1.2 数字化转型的意义

企业数字化转型的重要性不容小觑，它关乎企业在未来的市场竞争中能否持续成长及如何在全球化的竞技场中稳固其领导地位。

1. 提升运营效率与资源优化配置

数字化转型的核心价值在于运用科技工具强化企业运营效能。过往的运营模式多基于手工流程及经验判断，常面临信息不对等、决策延时及组织架构烦琐等挑战。通过实施数字化转型策略，企业能够整合自动化工作流程与数据导向的决策机制，实现工作效率的大幅跃升。比如，利用人工智能与大数据的解析力量，企业能够持续监控生产流程、供应链动态及市场需求数变，据此灵活调配资源，优化库存控制及物流安排方案，压缩运营成本同时增强生产能力。这一转型尤其在制造行业与零售领域内，通过智能生产系统与供应链管理平台的构建，极大提升了资源使用效率，缩减了损耗，加速了运营流程。

2. 数据驱动的决策与创新能力的增强

在向数字化迈进的进程中，数据已晋升为企业最关键的资产之一。企业经

---

① 曲召军. 中小型企业数字化转型动因及影响机制研究 [J]. 老字号品牌营销，2024（07）.

由数字技术的运用，能够实现大量结构化与非结构化数据的获取、储存及深入剖析。这些数据涵盖了企业内部运营的方方面面，同时也触及消费者行为模式、行业趋势走向乃至竞争对手的动态信息。通过深度挖掘这些数据，企业能更精确地进行市场预判、细化客户需求分析，并在产品创新上取得突破。比如，在金融科技领域，AI技术和大数据分析的联袂，使得银行和保险企业得以实时洞察客户的财务状态，预测可能出现的信贷风险，并据此采取前瞻性的应对策略；转观零售业，企业借由解析消费者的购买行为模式，能够更精确地细分市场板块，依据个性化的商品推荐与服务供给增强顾客的满意度与忠诚度，进而巩固市场地位。

数字化转型赋予企业创新能力以坚实的技术基础。借助大数据、人工智能及物联网等先进技术，企业能够更敏捷地识别市场机遇，实验新颖的业务模式，并通过加速迭代过程推进创新实践。诸如亚马逊、阿里巴巴之类的公司，经由数字化转型的路径，成功建立了平台化商业架构，跨越了传统零售领域的界限。它们利用AI赋能的个性化推荐系统与智能化供应链管理，实现了业务模式的根本性创新。

3.优化客户体验与提升市场竞争力

数字化转型的一大关键价值在于运用科技工具提高客户体验，并加强企业在市场中的竞争优势。在标准客户关系管理框架下，企业普遍面临对客户独特需求把握不深的困境，难以实现服务的个性化配置。反之，通过数字化转型，结合大数据分析、人工智能及客户关系管理（CRM）系统的功能，企业能有效洞察客户需求的深层次，进而提供极具个性的产品与服务方案。比如，企业借力AI支持的智能客服平台，能够即刻响应客户咨询，加速服务反馈周期；利用个性化推荐机制，依据客户的过往消费记录与兴趣指向，推送量身定制的产品建议，从而增强客户的满意度与忠实度。

数字化变革对于增强企业的市场竞争地位具有显著效果。借助技术手段的实施，企业不仅能够敏捷地适应市场动态，还能够依托创新的经营模式与竞争者拉开距离。比如，通过数字化变革的路径，企业能够利用平台化运作和生态系统建设等策略，实现产业链上下游资源整合，构造出更富竞争力的商业生态系统。此外，人工智能技术的融入，使得企业能在产品研发、市场推广、供应链管理等多个领域达到精细化操作的目标，进而抢占更多的市场份额。

4. 推动业务模式的创新与组织结构的重塑

数字化转型的范畴超越了单纯优化现有业务流程及提高运作效率的层面，其核心价值在于激发企业商业模式的革新与组织架构的根本性重塑。在传统企业环境中，管理体系多呈现为线性操作与层次分明的组织形式，这类结构在应对市场环境的快速变迁时，暴露出灵活性与适应性不足的问题。相反，数字化转型通过科技与业务的深度整合，引导企业朝着平台化、生态化及网络化的新型商业模式迈进。比如，在零售领域，企业借由建立线上线下无缝对接的数字生态系统，能为消费者创设全方位的购物体验；同时，借助平台化运营的机制，有效整合供应商、物流服务及各类服务商等多方参与者，共同营造一个互惠互利的商业生态圈。此过程内在要求企业组织结构做出相应回应，即从经典的金字塔式管理构架向更为水平化、敏捷化的组织形态过渡，以期更好地顺应市场需求的快速演变及技术革新的挑战。

5. 提升企业的抗风险能力与可持续发展

数字化转轨还能够大幅度增强企业的风险抵御力，提升其在不可预知环境中的持续发展能力。在传统的经营模式下，企业大都依附于线性的供应链结构与单一的市场进入路径，这导致它们在遭遇市场需求变动、供应链断裂等外部冲击时，易于面临运作难题。反之，通过实行数字化转轨，企业能借助智能化的供应链控制、分散化的制造策略及全方位的市场渗透力，强化其风险管理能力。比如，企业透过配置数字化供应链平台，能够实现实时监控供应链动态，并预先识别潜在威胁，及时采取有效对策。面对如疫情这样的突发状况，数字化程度更高的企业往往能利用其敏捷的业务架构与广泛的市场通道，迅速调整战略部署，缩减负面影响并维系正常运营。

此外，企业可持续发展进程中的数字化转型扮演着至关重要的角色。通过融入绿色科技、智能生产系统及循环经济模型，企业不仅能够增强其经济效益，还能减轻对自然环境的不利影响，从而推进可持续发展战略。比如，智能生产技术经由改善资源分配、提升生产效能及缩减能源消耗的路径，引导企业朝向绿色生产实践；而大数据解析技术和物联网的应用，则助力企业在商品全生命周期管理、废弃物资的再利用等环节实现资源使用的更高效率，为绿色经济领域内的企业持续成长提供动力。

2.2. AI 技术在企业运营中的核心作用

2.2.1 数据驱动的智能化决策

在当前极度竞争的商业领域中，数据被喻为"新式石油"而企业决策的智能化水平成为评估其应对市场多元化与不确定性的关键指标。基于广泛而多元的数据信息，借助人工智能技术的强化，企业决策过程正从传统的经验依赖和直观判断转向依赖体系化、自动化智能分析及预见，旨在实现决策的更高效率与精确度，此即数据引导的智能化决策（Data-Driven Intelligent Decision-Making）过程。

智能化决策的数据驱动方式已深刻转变了企业信息的获取与处理路径。过往的决策实践往往受限于历史数据的稀缺及高层决策者的经验依据，此模式不仅面临数据局限的束缚，亦易于引发主观偏颇与判断误差。反之，借助人工智能技术，企业现今能即刻捕获并解析海量的结构化与非结构化数据集，这些数据广泛覆盖市场态势、消费者行为习惯、供应链运行等多个维度。通过深度学习算法与数据分析，AI 系统能够挖掘出潜藏的数据模式与发展趋势，为决策层呈现以数据为支撑的深刻见解。以金融行业为例，AI 技术利用对市场波动性、宏观经济指针及用户行为记录的集成分析，能够预判未来的市场导向，助力金融机构调整投资配置、减少风险敞口。

由数据引导的智能化决策不仅加速了数据剖析的过程，还极大增强了决策的预见性和精确度。相比过往依赖历史数据分析与推断的传统决策模式，人工智能技术凭借其预测模型与仿真技巧，能够预知未来可能出现的市场动态与运营挑战。比如，零售业者能利用 AI 技术深入剖析过往销售记录、顾客偏好及宏观经济指标，以预测产品需求的未来趋势，借此优化存货配置与生产调度，有效规避存货过多或不足的问题。同时，AI 亦能实施市场数据的即时监控，灵活调适企业的营销战略与定价机制，确保企业在日新月异的市场环境中维持竞争优势。

智能化决策基于数据的支撑，其影响力远超乎日常运营优化范畴，更深层次地参与到企业战略规划的构筑之中。通过持续监控与剖析市场趋势脉络、竞争者行为模式及行业演进态势，人工智能技术为预见市场机遇与挑战注入了坚实的数据基础。举例而言，在开拓新市场的征途中，企业借力 AI 技术细察全球经济律动、政局变动与文化风貌，超前预判市场潜力与隐患，量身定制市场渗透计策，展现了更加精细化的战略布局能力。在此机制下，企业面对瞬息万变的市场生态，能够灵活调适战略方向，把握先发优势。

2.2.2 业务流程的自动化与优化

技术的持续演进正驱使自动化技术在企业业务流程领域的广泛采纳成为必然趋势。优化及自动化业务流程，不仅是强化运营效能和成本控制的有效策略，也是企业强化竞争优势及创新力的关键路径。借助 AI 技术的深度融入，企业得以对复杂业务流程实施智能重塑，实现资源调配与流程管控的最优化，进而驱动业务的持续改进与创新增长。

通过自动化业务流程，企业得以从密集的人力作业中解脱，将重心置于附加值更高的核心经营活动上。传统业务流程的诸多步骤，诸如数据录入、订单管理、客户服务等，高度依赖人工操作，这不仅大范围占用人力资源，还引发了效率低落及错误频发的问题。相反，借助 AI 技术实施的流程自动化，企业能够对上述流程实现智能化处理。以制造业为例，AI 引导的机械臂与自动化生产线能对生产活动进行无间断监控与即时调优，既增强了生产效能，又缩减了因人为介入而导致的偏差与损耗。在金融领域，AI 赋能的自动化系统能够自行完成贷款审核、风险评估等复杂工作流程，极大提升了金融服务的反馈速度与精确度。

人工智能技术不仅促进了业务流程的自动化进程，还通过深入的数据分析与机器学习机制，不断推动现有流程的效能优化。相比起以往依靠管理者个人经验与有限数据分析的传统优化模式，AI 技术凭借对业务流程数据的实时监控与解析，能自主发现并指出流程中存在的瓶颈及效率低下环节，进一步提出改进建议。以供应链管理场景为例，AI 通过对物流与库存信息的精密分析，能够对供应链各阶段进行精准优化，有效缓解库存积压问题，缩减物流延迟时间。

业务流程自动化及优化对于企业运营效率的提升与灵活性、应变力的增强起到了至关重要的作用。传统业务模式中，企业流程多呈现固定线性特点，面对市场环境的快速变化往往反应迟缓。而今，借助 AI 技术的融入，企业得以实现实时的业务流程动态调优，敏捷适应市场需求的波动。以电子商务为例，AI 通过对用户行为数据的即刻分析，能自主调整商品推荐及促销策略，有效提升成交转化率。在营销领域，由 AI 驱动的自动化营销体系能依据市场趋势与顾客反馈迅速调节广告投放方案与内容，确保营销举措的精确度和成效。此外，业务流程的智能化改造与升级还促进了企业与外界合作方的协同作业与资源整合。当前商业环境下，企业运营流程常横跨多个合作单位与供应商，以往依赖人工交互和手动操作的协作模式效率低、错误率高。AI 技术的应用，则让企业能够无缝链接外部伙伴，自动化执行订单处理、物流追踪及账务结算等流程，比如在跨境电商业务中，AI 可自动完成国际订单的通关、物流跟踪及款项结算，极大地简化了跨国经营的复杂性，加速了运营流程并提升了消费者满意度。

特别需要指出的是，企业流程自动化与优化的实践，其实质超越了单纯的技术领域革新，它对企业组织架构与管理模式产生了深刻变革。AI 技术的广泛部署，正驱使企业组织形态从传统的层次化治理模式向更为扁平、网络化的管理格局演进。通过 AI 赋能的自动化工具及智能化决策平台，诸多中层管理者以往负责的日常监控与协调职责被有效替代，这一转变促使企业层级精简，信息流通与决策速度显著加快。此外，流程自动化的推进亦加强了企业内部的跨职能协作，借助数据互通与流程自动化手段，打破了部门间隔阂，促成了业务流程的高度整合与协同作业。

2.2.3 个性化客户体验的提升

面对消费者需求日益增长的多元化与个性化趋势，传统的一致化服务模式已难以达到当代消费者的期望水平。借助人工智能技术的力量，企业能全方位剖析顾客的行为模式及偏好，进而实现商品推荐、服务方案与客户交流的个性化定制，有效提升用户体验，加固客户的忠诚度及满意度。

顾客体验个性化增强首要表现在商品与服务的精确诊断推送中。通过人工智能技术对消费者过往购买记录、网上浏览动作及社交平台互动等大量数据的深入挖掘，能为每一位消费者刻画出详尽的个体形象，并在此基础上实现个性化的商品推荐。比如，在电子商务平台上，由 AI 驱动的推荐系统能够依据消费者的购买动态与搜索历史，即时推送符合其喜好的商品信息。这种精确的推送不仅增强了顾客的购物享受，也极大提高了平台的转化效率与销售业绩。亚马逊的个性化推荐系统便是 AI 技术在这方面应用的一个典例，该系统通过解析消费者的购买历程、浏览行为及反馈信息，向每位用户推送高度个性化的商品推荐，极大地优化了顾客的购物体验。[①]

人工智能技术在推动企业服务个性化定制方面展现了革新潜力。过往的客户服务模式常常遵循一种标准化且被动响应的路径，难以充分适应客户的独特需求。借助人工智能技术的力量，企业能够依据每位客户的特定需求及个人偏好，量身定制服务方案。一个典型的实例便是由 AI 驱动的智能客服系统，它能利用自然语言处理技术，即时捕捉客户的需求与疑问，再结合客户的历史交互信息及偏好，推送个性化的解决策略。这一变革不仅显著加速了客户服务的反应时长，也有效提升了客户的满意度与忠诚度。

对于提升个性化客户体验而言，其进步显著地体现在交互过程的智能化与情感化维度上。随着人工智能技术的不断演进，企业借力自然语言处理及情感分析工具，得以深刻洞察消费者的情绪状态与核心需求，进而提供富含情感维度的服

---

① 王靖一，范蕴琪 . 人工智能技术在电商营销中的应用 [J]. 老字号品牌营销，2024（10）.

务体验。比如，人工智能客服平台能通过解析顾客的语音语调、文字中蕴含的情感线索，辨识其情绪状况，并依据情绪动态灵活调整服务策略，此类情感导向的服务模式，在提高用户满意度的同时，高效化解不满与投诉，有力地塑造了企业品牌正面形象及提升了客户忠诚度。值得注意的是，个性化体验的优化范围已跨越线上领域，积极向线下场景渗透。以零售业为例，人工智能技术正被广泛部署于实体店铺的个性化服务体系内，依托 AI 赋能的智能装置与数据分析平台，商家能够实现实时监测店内消费行为，依据顾客过往购买记录及个性化偏好，推送量身定制的购物指南。具体来讲，智能试衣镜能依据顾客的身体尺寸信息与时尚趋向，推荐匹配的服装风格，并借助虚拟试衣功能，使顾客无须实际试穿即可迅速锁定心仪商品，这种线上线下融合的个性化体验策略，不仅丰富了消费者的购物旅程，也显著增强了零售商的销售效能。

增强个性化用户体验不仅能促进企业的短期内销售增长，还对其长期客户忠诚度及品牌价值的提升具有深远影响。通过利用人工智能技术，企业能够构建与客户间更为紧密且持久的互动关系。比如，一个基于 AI 的客户关系管理平台能够持续监控顾客的行为模式与偏好变动，并在客户生命周期的各个阶段实施个性化服务与关怀策略，有效加深了客户的忠诚度与黏性。针对重要价值客户群，企业可借助AI分析其消费行为与偏好特征，设计专属的定制服务方案与优惠策略，进一步稳固该群体对品牌的忠诚度基础。

2.2.4 预测分析与风险管理

在当下的企业运营领域，预见性分析与风险管控已经成为企业维持竞争优势及确保长期发展的关键要素。人工智能技术的飞跃，为这些企业的预见性分析与风险管理工作带来了新动力，使它们能够在多变且复杂的市场环境中预先洞察到可能的机遇与挑战，并据此形成更加具有前瞻性的策略规划。通过深入挖掘与智能解析海量数据，人工智能不仅革新了企业进行市场展望和风险评估的方法论，也增强了其决策的精确度与适应变化的能力。

通过应用人工智能技术，企业能从浩瀚的历史与实时数据资源中挖掘出有重要意义的信息，并运用模型工具来预测市场走向及需求变动的趋势。以零售业为例，企业借助 AI 手段分析过往销售记录、季节性波动、顾客消费模式及宏观经济参数，得以预估未来需求态势，进而实现库存控制与生产调度的最优化。相比之下，常规预测手段多半建立在线性回归或基本的时间序列分析之上，面对市场环境的复杂多变性时，其效能显得捉襟见肘。人工智能技术，凭借深度学习、强化学习等前沿算法，能够把握住复杂的非线性关联及多重因素间的交互作用，从而增强预测的精确度与可信度。

在金融学界，人工智能赋能的预测分析正扮演着举足轻重的角色。鉴于金融市场固有的复杂特质与瞬息万变的特性，有效管理风险成为金融机构的要务。借助人工智能技术，这些机构能实现对市场数据、宏观经济指标及消费者行为等多元化信息的即时剖析，以此来预判金融市场走势与潜在风险。举例而言，人工智能通过解析股价的历史变动趋势、经济新闻报道、企业财务报表等诸多数据源，能够前瞻性地识别市场中的隐含风险，辅助投资者构建更为精确的投资策略。此外，人工智能技术还能够运用信用评估模型，对客户的信贷风险及违约可能性实施预测，进而助力金融机构改进贷款审核程序，减少不良贷款的比例。

与预测分析密不可分的领域是风险管理。人工智能技术为当代企业的风险管理实践开辟了新视野，赋能企业于复杂多变的风险环境中展现出更高的主动性和灵活性。传统模式下的风险管理很大程度上仰赖于主观经验判定及静态风险评估模型，此类方法在遭遇市场环境的快速变迁时，常显现出对突发风险事件反应不足的问题。反之，借助人工智能技术，企业能实现实时监控各类风险要素，并运用自适应模型动态校准其风险管理策略。以制造业为例，人工智能通过持续分析设备传感器数据与生产线运营情况，能够前瞻性地评估设备故障风险，预先规划维护时间表，有效规避因设备问题引发的生产停滞。在金融服务业中，人工智能技术同样大放异彩，它整合市场变动、行业趋势及消费者行为数据，实时辨识潜在的市场风险与信贷风险，助力金融机构提前部署风险缓释措施。此外，网络安全作为风险管理的关键组成部分，其重要性随着企业数字化转型的步伐日益凸显。在此背景下，人工智能技术通过不间断监控网络流量、用户操作习惯及系统记录，能够精准识别网络安全威胁与系统漏洞，并自主执行防护行动。比如，利用异常检测机制，人工智能能够从网络中的流量模式或用户行为中捕捉异常信号，预先察觉可能的攻击行径，为公司筑起网络安全的前置防线。更进一步，人工智能依托深度学习与数据分析技术，深入剖析过往的网络攻击案例，预测未来的攻击手法与安全弱点，引导企业提前巩固网络安全防线，提升防御系统的前瞻性和有效性。

人工智能技术不仅强化了企业对于预测分析及风险管理的能力，还促成了风险管理策略从被动响应向主动防控的转型。过往的风险管理常态往往滞后于风险事件本身，采取的是事件发生后的应对措施。相比之下，人工智能技术凭借其持续监控与智能分析的特性，能够预判潜在的风险因素，并先发制人地执行防范策略。比如，通过解析市场数据与竞争者动态，AI 能够前瞻性地预估市场可能的变动与风险，助力企业在市场剧烈变动前夕调整策略布局，从而免于市场动荡的冲击。这一前瞻性的风险管理模式，不仅巩固了企业的适应性，也显著增强了其市场竞争力与行业地位。

2.2.5 企业创新与竞争力的提升

受全球化与数字化双重驱动的影响，企业创新能力与竞争力的增强成为维持其可持续发展的重要议题。人工智能技术的深入应用为企业的创新实践引入了新活力，使之在产品研发、业务模式革新及市场竞争方面实现显著进步。借助 AI 技术，企业不仅能够强化研发效能与运营流畅度，还能够依托数据引导的创新策略，开创出崭新的商业模式与价值链条，进一步巩固其在市场中的竞争地位。

企业创新的关键动力源自技术引领，而人工智能技术的发展为企业技术创新引入了崭新的工具与途径。借助 AI 技术，企业能有效加快产品开发周期，增强产品的创新属性与品质。以制药业为例，通过 AI 技术对大量生物信息及实验数据的深入剖析，可以发掘药物研发中的新靶标，从而加速新药的诞生进程。传统药物研发高度依赖广泛实验与试错策略，不仅耗时长久，且成本昂贵。[①]AI 技术凭借其模拟与预测功能，协助研究者筛选出成功率较高的药物分子，极大压缩了研发时间，减少了研发经费。相似地，在制造业场景下，AI 技术通过融合生产数据与市场需求数据分析，助力企业改进产品设计方案与生产流程，增强了产品的创新力与市场占有率。

除技术创新层面外，人工智能技术还在促进企业商业模式的革新方面展现出巨大潜力。传统商业模式中，企业运作遵循线性路径，生产、销售、服务等各个阶段相对孤立。AI 技术的融入，使得企业能够对业务流程实施数字化与智能化的融合，构建出一个高度协调的业务生态系统。以零售业为例，借助 AI 技术的力量，企业能将生产、库存、物流及销售各环节无缝连接，形成端到端的智能化管理体系。AI 系统能即刻分析市场动态与存货信息，自主调节生产规划与物流调配策略，有效缩减库存成本，提升生产效能。这种智能化、数字化驱动的商业模式，不仅为企业的运营管理效率带来显著提升，也强化了企业对市场波动的敏锐感知与快速反应能力。

人工智能技术为商业领域开创了崭新的经营模式与价值链条。在经典的市场生态中，企业依赖于产品制造与销售来赚取利润；然而，借助人工智能技术的力量，企业能通过数据的深入开采与智能分析，开辟出增值服务的新天地。比如，互联网平台型企业运用 AI 技术，能够即刻解析用户的行为数据，为消费者定制个性化的服务与推荐，进而催生出新颖的商业形态。以 Netflix 为例，该企业凭借 AI 引导的个性化推荐系统，不仅升华了用户的观影体验，也极大增强了平台的用户黏性与订阅收益。相似地，在金融服务行业，人工智能技术透过对海量客户数据的深度剖析，能够向客户提供量身定制的金融产品与服务，进而巩固客户的忠诚度与满意度。

企业在增强创新力与竞争力的过程中，不仅表现在技术革新与业务模式的重

---

① 汪钰，钟豪，陈劲，等.大数据分析 1980—2019 年药剂研究进展 [J]. 药学进展，2020，44（01）.

塑上，还深刻体现在其组织架构与管理策略的革新转型之中。近年来，随着人工智能技术的深入渗透，传统的企业层级管理模式正逐步让位于更为灵活的网络化和平面化管理体系。人工智能技术，凭借自动化工具及智能决策系统的运用，有效承担起诸多中层管理人员的日常监控与协调职责，促使企业管理层次精简，加速了信息流通与决策进程。同时，通过促进数据互通与流程自动化，人工智能还成功消除了企业内部各部门间的隔阂，激发了跨部门合作与信息流的顺畅运转。比如，基于人工智能的智能协作平台能将研发、生产、市场营销及销售等多个关键部门的数据与流程融为一体，促成了企业内部的协同创新环境。

3. AI 与企业战略的重新定义

3.1. AI 在企业战略制定中的角色

3.1.1 信息收集与环境感知

在当下的企业战略规划进程中，搜集信息及感知外部环境是极其关键的起始步骤。战略能否成功实施，在很大程度上取决于对外界环境的准确把握，这一环境涵盖了市场动向、竞争对手态势、科技进步、消费者行为模式、政策导向等多个层面的因素。以往的战略规划通常仰赖于有限的市场调研活动、专业人士的意见征询及过往数据分析，这种策略在数据规模较小的时代或许行之有效，但步入大数据时代后，随着外界环境的日益复杂化及数据量的激增，传统信息收集方法已难以达到企业对信息时效性、全面性和深入性的迫切需求。人工智能技术（AI），特别是借助自然语言处理（NLP）、机器学习（ML）及大数据分析等工具的融入，从根本上革新了企业信息的获取与解析模式，极大拓宽了信息采集的范围、加深了挖掘程度并加快了处理速度，实现了前所未有的飞跃。[①]

人工智能凭借其卓越的数据处理能力，极大拓宽了企业信息获取的范围。过往的信息搜集活动多限制于结构化数据领域，诸如财务报告、行业分析报告及市场调研结论等，而人工智能技术则能将非结构化数据资源——包括社交媒体上的公众评论、新闻文章、多媒体内容及开放数据集——转化为可用的战略情报。自然语言处理技术的运用，实现了从大量文本资料中自动抽提关键市场动态与消费者情绪反应的过程，助力企业更加周全地洞悉外界环境的变迁。比如，通过解析

---

① 程樯，陈微. 数智化"生成式"电影多模态交互构建研究 [J]. 电影艺术，2024（03）.

各大社交平台上消费者的反馈信息，人工智能能够实现实时监控消费者偏好的动态走向，为公司在商品研发、市场策略制定及消费者互动策略上提供更为精准的决策支持。

人工智能在信息采集方面的优势不仅展现在广度层面，还体现在其即时性和动态适应性上。与以往周期性的市场研究方法相比较，人工智能技术能够赋予我们一个持续更新的环境感知工具。在全球化进程与数字化转型的加速推进下，市场环境的变迁速度显著提升，这对企业的快速响应能力提出了更高要求。通过不间断地监测与分析多元化数据源，AI能够敏锐地捕捉到市场中的细微波动。比如，借助AI技术，我们可以即时解析国际新闻动向、政策调整以及宏观经济指数等信息，实现对全球贸易状况的即时把握，并据此为企业提供即刻的战略导向建议。这种即时环境洞察能力，让企业在瞬息万变的市场环境中保持高度灵活性，加速捕捉机遇或预判并减轻潜在威胁。

人工智能还能够运用深度学习的手段，辅助企业从繁复浩瀚的数据资源中挖掘出隐含的格局与动向，进而增强信息提取的深度维度。相比之下，常规的信息分析路径多依靠线性模型及实践经验的判定，对于非线性联系或数据深层关联的捕捉能力有限。人工智能则通过不断学习与迭代处理大规模数据，能够揭示出数据内部的潜在趋向与因果脉络。以零售业为例，人工智能能通过解析消费者的购买历史、网页浏览活动及社交平台交互信息，预估消费者的潜在需求及未来消费的趋向。凭借这种深层次的模式认知，企业能够预知市场需求数变的先机，规划更具前瞻导向的战略布局。

在动态监控领域，常规的竞争情报分析往往依据竞争对手公布的财务报告及市场份额信息，然而这类资料的时效性局限，致使企业难以迅速响应对手的战略变迁。相比之下，人工智能技术能通过挖掘竞争对手的新闻报道、社交平台活动、专利提交记录、人才招聘动向等多样化的公开资源，实施即时监控其行为动态。比如，通过细致追踪竞争对手的招聘趋势，AI能够预判其即将涉足的新市场领域或新产品线开发的意向，为相关企业预留宝贵的时间窗口以预先规划应对策略，体现出显著的优势。

3.1.2 战略预测与情景模拟

在构建企业战略蓝图的过程中，预见未来的趋势与模拟多种情境成为企业应对环境不确定性、前瞻布局的核心手段。面对市场环境日益增长的复杂度与不确定性，传统预测手段(诸如时间序列分析、回归分析模型等)在应对非线性关联、交互效应及大数据量时，其效能逐渐显露局限。人工智能技术，尤其是机器学习与深度学习算法的融入，赋能企业运用更为精细、精确的预测模型，演绎市场可能出现的各种情景，为制定具有前瞻性的战略规划奠定了坚实基础。

人工智能在战略规划领域的运用，首要体现为其能对庞杂的历史资料执行深度学习及模式辨识的能力。与之相比，传统的预测模型大都立足于线性假设，受限于少量历史数据，并难以挖掘数据内部的非线性关联。人工智能则借助深度学习算法，能从广袤无垠的历史信息中提炼出复杂的相互影响模式，从而形成更为精确的预测分析。以供应链管理为例，人工智能能够整合分析长期的市场需求趋势、供货商配送历史、气象变迁、地缘政经动态等诸多因素，预判未来的市场需求数量及供应链潜在的断裂风险。这种倚重人工智能的前瞻预测，不仅强化了预测的精确度，也赋予企业先机，使其能预先规划应对策略，减轻市场变动或供应链断供可能引发的风险。

人工智能不仅强化了预测的准确性，还凭借其情景模拟功能为企业应对未来市场的不确定性提供了有效工具。相比之下，传统的景象规划手段大多基于专家的主观判断及静止的假设情境，面对复杂多变的商业环境时显得力不从心。人工智能的场景仿真则植根于其卓越的数据处理与运算能力，能够依据多样化的假设前提，动态生成并分析多种市场演变路径。比如，它能够描绘在宏观经济变量变动的背景下（诸如经济增长减速、贸易政策调整、原材料价值起伏等），企业的市场响应与财务健康状态。这一灵活的多情景模拟机制，使企业在策略规划阶段得以预先审视各战略路径潜在的风险与回报，从而在市场不确定性中实施更加坚稳的决策过程。

人工智能在战略规划上的预见性和场景模拟能力，还展现在其对复合系统的动态构建技术上。企业的运作复杂度横跨多个维度，诸如供应链管理、市场需求变动、竞争格局、技术革新等，这些变量相互交织，导致预测与场景模拟任务极具挑战。借助人工智能对这些复合系统的模型建构，可以捕获各要素间的动态关联模式，并据此仿真不同假设情景下的系统响应。以金融领域为例，人工智能能整合全球经济指标、市场波动趋势、投资者情绪等诸多变量进行模型分析，推演市场未来趋势，并在多种预设市场情境下评估投资组合的可能表现。这一复合系统动态建模的优势，使企业能更深层次地洞察外界环境因素的相互作用机制，从而在策略规划阶段实现更为周全的考量。

人工智能在战略预判与情景模拟领域的优势，还表现在其处理复杂非线性事件的独到之处。相比而言，传统预测模型往往难以驾驭诸如黑天鹅事件之类的非线性影响。然而，人工智能凭借其自我适应与持续学习的机制，在反复迭代的过程中不断优化预测模型，从而增强了对极端事件的前瞻力与应变能力。比如，人工智能能通过深入剖析金融市场过往的非常规波动情况，推断未来可能出现的市场剧变趋势，辅助企业超前规划风险控制策略。这一针对非线性事件的高效应对策略，赋予企业在遭遇市场极端震荡时以更高的应对灵活性，有效缩减了可能蒙受的损失，展现了人工智能在提升决策韧性方面的显著价值。

鉴于市场环境的不断变迁，企业常常必须依据最新的市场资讯对其战略规划做出相应调整。人工智能技术，通过即时数据分析及动态情景模拟，能紧随外界环境的变动，即刻更新预测模型与模拟成果，助力企业在实施战略时实现灵活应对与有效调节。比如，AI能够持续监控市场供需态势的波动，为公司调整生产调度或供应链策略提供支持，确保了战略的适应性和效能。

3.1.3 资源配置与优化

资源优化配置旨在促进企业最大化地高效调配资源，以达成其战略愿景。尽管如此，传统配置手段往往依赖于经验法则及历史数据分析，对于瞬息万变的外界环境反应不足。人工智能技术，尤其是通过机器学习算法、优化策略及大数据分析的融入，正逐步转型资源配置模式，使之趋向智能化、动态适应性和高精度，确保了组织在复杂多变市场条件下的资源利用效率持续优化。

人工智能在资源调配领域的首要作用体现在其对数据的深度挖掘与分析能力上。相较于传统手段，人工智能能够驾驭大规模、多维度的数据集合，涵盖财务指标、运营情况及市场动态等信息。通过剖析这些数据，人工智能能够揭示资源使用的隐蔽问题与制约因素。比如，人工智能能够借助对企业生产流程数据的解析，找出现有生产链中的低效节点，并提出改进策略，旨在实现生产能力的最大化利用。此外，人工智能还能依据历史记录与瞬息万变的市场动态，灵活调整资源配置计划。这一数据导向的方法促使企业在资源分配过程中能有效减少不必要的损耗，增强资源使用的效能。

人工智能在资源调配领域的另一关键贡献体现在优化算法的应用上。过往，资源分配多依据决策者的个人判断，而今，人工智能借助精密的优化算法，在多重限制下，能发掘出资源配置的最佳方案。以供应链管理为例，通过运用线性规划、整数规划等技术，人工智能助力企业应对多元供应商、产品及市场环境，制定出最高效的资源部署策略。这一进程不仅压缩了采购与制造成本，还增强了供应链的灵活性与反应速度。此外，人工智能预判市场需求变动的能力，使其能预先调适资源规划，确保存在市场需求数量波动时，企业能即刻调整生产计划与库存管理，防止资源的过度积压或供不应求现象。

企业内部不同部门常面临资源需求与优先级的差异，在资源有限的条件下实现跨部门协同配置是一项关键性挑战。人工智能技术通过集成各部门数据，能有效辨析各自资源需求，并遵循企业总体战略导向，优化资源在部门间的配置策略。以研发部门与市场推广部门为例，AI 可通过深入剖析市场趋势及技术革新动态，协助企业在两者预算分配上达到最佳平衡点，确保资源配置既能适应短期市场变化，又能为长期技术发展提供坚实支撑。

3.1.4 战略创新与竞争优势的构建

在确立企业战略的过程中，创新被视为维系竞争优势的核心推动力。尽管如此，常规的创新模式往往过于依赖企业内部的研发力量及市场调研活动，导致创新周期延长、风险增高，难以敏捷地适应市场动态。人工智能技术的融入，凭借其在数据处理与分析上的显著优势，革新了企业的创新路径，使创新活动更趋智能化、数据导向和高效运行。AI 技术不仅深度参与产品与服务的创新进程，亦是重塑商业模式、助力企业在白热化的市场竞争中构筑难以复制优势的重要工具。

人工智能在驱动战略创新方面的首要贡献体现在其深入洞察消费者需求的能力上。传统市场研究方法通常受限于有限的样本容量，难以全面把握消费者需求的多样性和深层次特征。相比之下，人工智能通过解析大数据资源，尤其是针对消费者行为记录、社交媒体互动数据及点击流等非结构化信息的分析，能够有效发掘消费者的隐性需求及行为模式。比如，借助 AI 技术，企业能通过解析消费者的过往购买记录、线上浏览行为及社交平台活动，前瞻性地预判其消费偏好，从而在商品研发与市场营销策略制定上实现更高精度的定位。这一过程不仅促进了产品与服务的创新以贴合市场需求，还通过个性化的商品设计和量身定制的服务增强了用户的满意度与忠诚度，进一步深化了市场战略的实施效果。

人工智能亦能借由对市场趋向的预判，驱使企业实现在技术及产品领域的革新。过往的技术革新多依仗企业内部研发团队的努力，而今，人工智能通过挖掘全球专利资料、学术文献、行业研究报告等海量信息，助力企业辨明技术革新的前沿地带与未来导向。举例而言，人工智能透过对全球专利申请记录的剖析，能够预见哪些技术板块或将成长为未来的创新热土，促使企业预先规划技术研发布局，占据技术领域的高峰。此外，人工智能还能通过仿真与优化产品设计环节的各项变量，辅助企业在商品研发流程中缩减实验开支，加速创新步伐。这一倚重人工智能的创新策略，不仅增强了企业的创新效能，还减小了创新过程中的不确定性，确保企业在日新月异的市场环境中持续保持技术领先的优势。

人工智能在驱动策略创新的过程中，亦助力企业实现商业模式的革新。在经典的商业运作模式中，企业价值创造的核心环节往往是产品销售与服务供给，而人工智能，凭借其强大的数据分析及自动化特性，正引领企业探索前所未有的商业路径。举例而言，人工智能能通过深入剖析消费者行为习惯，辅助企业构思出基于订阅模式、需求计费等新颖的盈利模式。这类以数据为支撑的商业模式，不仅能够确保企业的收入来源稳定持久，还能够借助定制化服务，增强客户的黏性与忠诚度。此外，人工智能亦能促进企业经由平台化经营，完成从传统商品销售框架向平台经济模型的过渡。具体来说，人工智能可利用平台用户数据的深度分析，协助企业精进平台运营策略，激活平台氛围，优化用户体验，从而在平台化运营之路上取得成功。

3.1.5 风险管理与动态调整

在确立与实施企业战略的过程中，风险管理工作是保障企业实现长远发展与存续的至关重要的步骤。鉴于全球化的深入与市场环境的不稳定性加剧，企业所面临的风控范畴及难度均在持续攀升。过往的风控手段主要基于静态的风险评估机制，面对市场中的突发情况与外界环境的快速变迁时，往往显得力有未逮。人工智能技术的融入，则凭借其在实时数据解析、异常识别及动态策略调整上的突出优势，显著增强了企业的风险管理效能，使企业得以在风云变幻的市场环境中，持续监控各类潜在威胁，并能敏捷地在必要关头校正战略方向。

人工智能在风险管理领域的首要贡献体现在实时数据分析与异常侦测方面。与传统的依赖周期性风险评估及审计方法相比，该技术在即时捕获市场风险信号方面展现出显著优势。通过持续监控市场动态、运营状况及财务指标等多元化信息源，AI 能在风险苗头初现时即予以识别。比如，它能实时监测金融市场活动，及时发现异常波动趋势，预先触发警报，使企业有机会在金融风险实际发生前采取预控举措。此外，该技术还适用于监控供应链数据，预测供应链潜在的断裂风险，助力企业预见性地规划应急策略。这种即时数据监控机制强化了企业的风险前置管理能力，有效缩减了可能的损害范围。

　　人工智能在监测内部运营风险方面的应用进一步彰显了其异常检测的能力。传统风险管理手段往往难以即刻捕捉到企业内部潜藏的风险因素，而人工智能则通过深度挖掘企业内部数据，能够敏锐地辨识出运营过程中的非正常状况。比如，借助对生产线数据的持续监测，人工智能能够甄别生产设备的异常运行模式，预先防范因设备故障引发的生产停滞风险。此外，通过剖析财务数据，人工智能亦能揭示出可能的财务危机，诸如资金流紧张、成本超出预算等。这种依据数据来驱动的风险管理模式，使企业得以更有效地应对外部环境的多变性与内部运营的不确定性，确保企业战略的稳步实施。

　　人工智能在风险管理领域的另一关键贡献体现在应对复杂非线性风险上。过往的风险评估方法多基于线性模型构建，难以揭示风险要素间的深层次关联及非线性作用。相比之下，人工智能凭借其深层学习与自我适应技术的优势，在驾驭高维复杂风险场景中展现出卓越效能。比如，人工智能能整合并剖析供应链中的多元化信息流——涵盖物流动态、库存状况、市场需求趋势等，从而精准辨认出引发供应链断裂的多重因素，并进一步预估潜在的供应链风险。这一系列对复杂体系的建模与解析过程，使企业有能力提前布局，在市场环境快速变化中采取预应策略，有效缓解突发风险的负面冲击。

　　人工智能技术能够实现在战略实施环节中，依据市场的瞬息万变进行灵活调整，为企业保驾护航。鉴于市场环境的多变及不可预测特性，企业战略必须顺应外界条件的变迁而做出相应调整。通过即时解析市场数据，人工智能能有效辨识外界环境的变动趋势，并即刻提出战略调整的智能行动方案。比如，借助对市场需求的持续监控功能，人工智能辅助企业合理调配生产规划与库存控制机制，以确保企业能够敏捷响应市场需求的波动，及时优化供应链策略，防止资源的过剩积压或供应缺口的出现。此外，人工智能亦能展开对竞争对手行为的持续跟踪，使企业在面对对手新品发布或市场策略变动时，能够迅速采取行动，稳固并提升自身的市场竞争地位。

　　人工智能在动态配置资源领域的另一关键应用，体现在其对资源分配的即时优化能力上。鉴于企业资源配置策略需频繁响应市场环境的变动，人工智能通过持续监控资源利用状况，助力企业在实施战略时灵活地调整资源配置策略。比如，人工智能能实时监督营销支出情况，辨别各推广途径的成效，并据此动态地重新分配营销资金，以确保企业投资的资源能实现回报最大化。此外，人工智能还能借助对生产数据的即刻分析，依据市场多样化的需求数字化地调适生产日程，保证资源部署达到最优化状态，无论面对何种市场需求情景。

3.2 数据驱动的战略决策与传统决策模式的对比

企业战略规划过程中，决策模型的选取对于企业在瞬息万变的市场环境中的绩效有着直接关联。以往的决策模型倚重于实践经验、过往数据及管理者的直观判断，而大数据与人工智能技术的飞跃，促使数据导向型战略决策模式逐渐占据企业决策方式的主导地位。这两种模式在决策路径、信息加工、决策速度、精确性及风险控制等方面显示出明显区别，这些区别不仅彰显了技术变迁对战略治理模式的渗透效应，也反映出企业在面临复杂多变情境下，对于决策支持工具与策略的多元化需求。

3.2.1 决策方式的差异

传统的战略规划方法大多依赖于管理层的实战经验和直观感知，辅以有限的过往数据分析及市场调研见解。在此模式下，决策者的个人资质与主观解析起着决定性作用。他们凭借在行业中积淀的丰富经验、对市场动态的敏锐捕捉以及企业内部信息的反馈循环，来构建战略蓝图。这一决策路径在市场环境相对稳定的情形下能够展现出其效用，尤其在数据资源稀缺或信息搜集成本高昂的背景下，经验和直觉往往能补偿数据缺失的短板。然而，该类传统决策模式的局限性在于其过度依赖决策者个体的认知框架与判断力，面对复杂多变、信息海量的市场生态时，显得难以招架。

相比而言，战略决策的过程在数据驱动模式下，高度依托于充裕的实时数据分析与定量评估。透过运用大数据的深度剖析、机器学习机制及前瞻性的预测模型，企业能从广袤的数据海洋中挖掘出富含价值的见解，构建出对未来趋势的全方位认知。此模式下，决策过程减少了对个人经验与主观推测的依赖，转而建立在实证数据的解析与模型预测的坚实基础上。比如，零售商能依据消费者的过往购买记录及社交平台上的意见回馈，推断未来的消费趋向，并依此校准商品库存与市场推广策略。数据引导的决策方式，其优势在于缩减了决策的主观性成分，增强了决策的合理化程度与精确度。

3.2.2 信息处理与分析能力的差异

在经典的决策框架下，信息处理机制核心在于管理者基于有限数据资源的整合与剖析。企业常态性地通过实施市场调研、参考行业报告及挖掘内部数据来搜集支撑决策的关键信息。然而，受限于信息源的局限性和分析能力的短板，这一传统决策路径难以实现对市场微小动态的全面且即时捕获。信息的时效滞后与完整性缺失，往往是导致决策偏差或延缓的直接因素。同时，随着市场生态的日趋复杂，数据量的爆炸性增长进一步放大了传统决策模式在应对海量信息时的局限，使得决策者在面对信息洪流时感到无所适从。

相较于传统决策模式，数据驱动的决策方法展现了其在应对大规模、高复杂度及动态数据方面的优势。企业经由人工智能技术的辅助，能够融合结构化数据与非结构化数据资源（涵盖了文本、图像及视频等形式），并通过高级分析工具实现多角度的深入理解。比如，自然语言处理技术有效地从社交媒体留言、新闻报道等非结构化信息源中自动化抽取市场动态的重要线索。另外，借助机器学习的强大力量，可以从庞杂数据中揭示出潜在的规律与发展趋势，进而做出预测。这一过程促使数据驱动的决策机制能更周全地把握市场现状与前瞻动向，赋予企业以更高的精确度来规划和调整其战略蓝图。

3.2.3 决策速度与反应性的差异

传统决策机制的一大劣势在于其决策进程相对迟缓。信息收集与分析的耗时性，叠加管理层的多层审批及讨论流程，使得传统决策往往需经历较长的时间跨度。这一特点在某些情境下可能促使企业错失市场良机，尤其在竞争白热化且态势瞬息万变的行业领域内，决策的滞后性往往会引发严重的后果。此外，传统的决策方法在应对即时变化方面普遍存在短板，其决策依据多为过往数据而非最新实况信息，因而难以迅速适应突发状况。

基于数据的决策方法通过自动化数据管理和即时分析，极大提升了决策效率。企业一旦能即刻获取市场资讯并运用 AI 模型执行预测分析，其决策过程中的时间延迟显著缩减。以金融领域为例，人工智能能够持续跟踪交易情况与新闻动向，辅助投资者在有限时间内完成买入或卖出的判断。这种迅速且即时的决策能力，使企业得以在市场趋势初现端倪时迅速响应，进而在竞争中占据先机。

3.2.4 决策精准度的差异

传统的决策模型在精确性方面常常受到信息不对等及数据缺失的局限。管理层的决策过程大多依据有限且可能滞后的信息源，这些信息还可能带有偏误，故而决策的精确度难以确保。再者，决策者的主观评估与认知偏见亦会对决策的精准性产生影响，特别在处理复杂情境或多重选项时，过往经验与直观感受可能导向错误的决策路径。

相较于其他模式，数据引导的决策路径在精确性方面展现出显著的优势。通过深入挖掘大量数据，人工智能能够揭示出传统手段难以捕捉的复杂格局与关联性。以供应链管理为例，AI 能整合历史销售记录、气象数据、市场推广情报等多种要素，实现对未来需求波动的精确预判，助力企业完善存货配置与生产调度方案。此外，人工智能的自我学习机制确保其预测模型能持续吸收新数据进行调优，从而更上一层楼地提升了决策的精确度。这种高度精确的决策方法，不仅赋能企业制定出更加高效的发展蓝图，也有效抑制了决策偏差引致的风险敞口。

3.2.5 风险管理与决策优化的差异

在处理风险管理事务上，常规决策方法通常态度依赖于静态的风险评估机制与决策者的个人见解。鉴于这些传统方法未能充分把握复杂体系的全貌，并且在灵活应对风险管理策略变化上力有不逮，当企业遭遇到突发情况或市场动荡时，往往难以迅速校准其战略方向，这一状况加剧了风险的积聚及不确定性。

基于数据的决策方法在风险管理领域展现出更优越的动态适应性。通过持续监控市场与运营的实时数据，人工智能技术能助力企业预判可能面临的风险，并提出有效的缓解策略。比如，人工智能能够通过剖析供应链的物流信息及存货状态，提前警示供应链断裂的隐患，并推荐备选供应商或修订生产日程。此外，利用情景模拟及前瞻性的数据分析，人工智能还能在企业策略规划阶段，预先评估各战略路径的潜在风险与回报，保障企业在充满变数的环境中实施更为坚实的决策方案。

3.2.6 决策模式的未来趋势

随着人工智能技术的持续演进，以数据为支撑的战略决策方式预计将在未来获得更深层次的发展。一方面，得益于数据收集与处理技术的飞跃，企业将能获取范围更广、类型更多元的数据资料，这一进展无疑将提升决策的精确性与响应速度。另一方面，人工智能所具备的自我适应学习机制预示着其决策模型将在数据积累与外界环境变迁的过程中不断自我完善，使得依赖数据驱动的决策模式在处理复杂多变的市场挑战时展现出更高的灵活性与效率。然而，这并不意味着传统的决策模式将彻底退出历史舞台。实际上，在特定情境下，传统决策模式所倚重的经验与直觉仍展现出其不可或缺的价值，尤其当面临数据匮乏或数据质量欠佳的情况时，管理者的实战经验和敏锐洞察力依旧是制定决策不可或缺的基石。

3.3 如何在企业战略中平衡 AI 创新与风险管理

3.3.1. AI 创新的价值与风险来源

在当下的企业战略领域，人工智能技术的应用被视为激发创新与转型的关键驱动力。它不仅重新界定了企业运营的各个维度，还开辟了前所未有的策略性契机。借助于自动化流程、数据引导的决策机制、个性化的服务模式，以及智能产品与服务的创新开发，AI 技术不仅强化了企业的运营效能，亦拓宽了其商业模式与市场范围。特别是在这个由数据主导的经济生态中，AI 技术的前沿应用促使企业能够以更迅猛的速度和更高的精确性适应市场需求的变化。然而，与 AI 创新的巨大潜能并存的是复杂且多维的风险体系，这些风险不仅源自技术局限，还牵涉数据隐私保护、伦理道德议题，以及市场与竞争环境的不确定性。因此，企业在奋力推进 AI 创新的征途中，必须全面洞察其价值与风险的双重属性，从而在战略规划层面上实现这两者之间的精细平衡。

人工智能创新的核心价值在于它对企业运营模式的深刻改造及运营效能的显著提高。横跨制造业、金融业、医疗保健等多个领域，人工智能通过自动化工具的部署，优化了作业流程，缩减了人为介入所导致的效率损耗与错误。[1] 比如，企业能借助人工智能驱动的机器学习模型，剖析大量数据，发掘市场走向与消费者需求的潜藏脉络，从而更加精准地制定市场战略与商品研发方向。此外，人工智能还利用自然语言处理、计算机视觉等技术，增强了客户服务的定制化程度，提升了顾客体验与品牌忠诚度。[2] 尤为重要的是，人工智能技术的革新不仅限于现存业务效能的提振，它亦是新商业模式诞生的催化剂。比如，在交通运输与物流行业，基于人工智能的自动驾驶技术正带来前所未有的变革；而在医疗健康领域，人工智能的融入则加速了精准医疗与远程诊断服务的发展步伐。

虽然人工智能的进步在商业上开辟了广阔的价值空间，但其内在的复杂特性亦诱发了多维度的风险，特别是在企业的战略规划中。这些风险根源可归结为技术的不稳定性、数据的脆弱性、伦理的挑战及市场环境的激烈竞争。首先，人工智能技术，特别是深度学习驱动的模型，因依赖大规模数据训练且决策路径不透明，内置了显著的技术风险。企业采纳这些"黑箱"模型时，可能难以全然洞察其决策逻辑，从而在核心业务策略实施时遭遇未曾预料的偏误。比如，在金融服务业内，AI 算法的模糊性或引发信贷评估失误与投资导向偏差，为企业财务稳定带来重大的威胁。另外，技术缺陷与系统运行中断的潜在风险也不容忽视，它

---

① 欧青青. 我国人工智能产业发展探究 [J]. 投资与创业，2023，34（13）.
② 魏清立. 价值链视角下企业市场营销模式创新分析 [J]. 财讯，2023（18）.

们可能打断企业运营流程，进一步放大了技术层面的风险敞口。

在人工智能创新实践的进程中，数据风险构成了一个不容小觑的核心议题。AI 技术的效能极大程度上仰赖于数据的质量与完整性，而数据的瑕疵、偏颇或遗失会直接干预到 AI 系统的性能及其产出结论。特别的是，企业在运用 AI 技术时，不得不处理海量涉及用户隐私的敏感信息，这一行为伴随着重大的隐私保护与数据安全挑战。数据的非法泄露或不当利用不仅可能招致企业承担法律责任及巨额经济惩罚，更可能对其品牌形象造成长久且难以修复的伤害。此外，随着数据在全球范围内的频繁流动，数据主权问题及跨境数据传输的合规性给企业带来了崭新的考验。企业在保障数据的安全与保密的同时，还需审慎操作，以规避触碰各国家和地区法律法规的雷区。

3.3.2 风险管理的技术与组织路径

在制定企业战略时，实现人工智能创新与风险管理的均衡，关键在于技术途径与组织策略的深度融合。鉴于 AI 技术的复杂度与多元化特征，风险管理策略必须层次分明，这不仅要求技术层面的持续精进与完善，还离不开组织架构的灵活调整、管理流程的高效优化及企业文化层面的深层引导。[①] 技术路径着重提升 AI 技术的透明度与可操控性，以此减轻技术层面的风险隐患；组织路径则致力于促进跨部门、跨职能的协作，以确保风险管理举措能切实执行，并渗透到企业的日常运营管理中。两者相互融合，不仅驱动 AI 领域的创新步伐，还使企业能系统性地识别、评估及驾驭潜在风险。

在 AI 建构与实施的进程里，数据质量及数据安全被视为关键技术路径中不可或缺的风险管理组成部分。AI 效能的高低很大程度上取决于所用数据的精确度与全面性，任何数据质量上的缺陷都将直接影响到系统产出的准确性。因此，企业有责任采取数据治理体系内的技术措施来确保数据的可靠性，涵盖从数据清洗、标准化处理到验证数据完整性的多个阶段。同时，鉴于数据隐私保护与安全

---

① 曲召军．中小型企业数字化转型动因及影响机制研究 [J]. 老字号品牌营销，2024（07）．

威胁问题愈发显著，企业还需采纳技术方案以维护数据在存储及传输过程中的安全性。近年来，诸如联邦学习、差分隐私等隐私计算技术广受瞩目，它们使得企业在无须揭露原始数据的前提下完成数据处理成为可能，既保护了数据隐私，又最大限度地提升了数据的利用价值。① 凭借这类技术工具，企业能够有效地在 AI 创新进程中管控数据相关风险，确保 AI 系统的安全性与合规性。

仅依靠技术途径无法全面应对人工智能创新中蕴含的风险挑战。组织策略作为风险管控的另一关键维度，着重于通过组织架构与管理流程的精进，强化企业内部的协同与沟通机制，更有效地辨识并处理人工智能创新进程中可能遭遇的风险因素。在此情境下，跨部门协作体系显得尤为关键。鉴于人工智能创新广泛涉及研发技术、数据治理、市场策略及法规遵从等多个业务板块的整合与配合，企业有赖于构建强有力的跨职能沟通及决策平台，以保障风险管理跨越单一部门局限，在整个企业生态系统中实现深度贯彻。借由这种跨界别的合作模式，确保了人工智能创新自始至终的各阶段，皆能敏捷地发现并妥善管理技术性、数据性及伦理性等多维度风险。

在机构发展路径上，高层管理层的介入与支持被视为风险管理取得成效的决定性要素之一。人工智能创新通常关联着策略决策与资源分配的复杂议题，这些议题要求高层管理者的持续性关注与投入。他们不仅需在策略层面驱动人工智能的创新进程，还需在风险管理体系内扮演领导与协同的角色，确立明晰的风险管理责任分工及评估体系，以保障企业在探索创新的道路上既能保持敏锐的洞察力又能实施稳健的操作。为此，企业应构建专属的人工智能伦理审查委员会或风险管理委员会之类的机制，确保高层管理者能规律性地参与到风险的辨识与评估活动中，并在紧要关头做出策略性调整。这样一种从上至下的风险管理架构有利于组织在遭遇重大的风险挑战时迅速响应，同时，凭借高层的策略指导促进组织内部的协同作业与执行力的有效发挥。

---

① 薛悟娟.大数据时代个人信息的运作模式、理论困境及保护路径 [J].中国海商法研究，2024，35（02）.

为确保技术路线与组织架构间的协同效应，企业需构建一套动态的风险响应与调节机制。鉴于 AI 技术的迅速演进与市场环境的持续变迁，企业必须展现出高度的灵活性，依据外界条件的变动敏捷地调整风险管控策略。此机制的关键在于，通过连续的监控与反馈循环，实现企业风险管理措施的动态适应。比如，企业可借助对 AI 系统运作状况及市场动向的实时监控，尽早识别潜在的技术障碍或市场转向，并借助预警系统将这些关键信息上报至高级管理层，助力企业在风险真正显现前采取预置措施。此外，企业还需周期性地复审与评估其 AI 风险管控制度，以确保存续的有效性，使之能随技术迭代与市场波动不断进化升级。

3.3.3 创新与风险管理的动态平衡机制

在制定企业战略时，将人工智能创新与风险管理融合，并构建一个动态平衡体系，是至关重要的步骤。这一体系不仅左右着技术路径的抉择，也直接影响到企业在日新月异的市场中维持竞争优势的能力。本质上，AI 技术实施是一项高度动态且复杂的活动，其创新速度远超常规技术更新周期，并常常伴随高不确定性特点。因此，企业亟须确立一种灵活且动态的平衡策略，旨在促进 AI 创新的同时，有效驾驭各类风险，保障创新的持久性，并减轻潜在的不利影响。该动态平衡体系的核心，在于企业需要不断适应外界环境变迁与内部技术演进，持续优化其创新策略与风险管理框架。

构建动态平衡机制对企业提出了在战略层面上实现高度灵活与适应性的需求。鉴于 AI 技术迭代的加速趋势，过往的线性规划手法及固定管理模式已难以满足当前需求。因此，企业需持续进行战略校准，以保证其 AI 创新活动与市场导向、科技进步及竞争格局的变化保持协调一致。在此基础上，将 AI 创新与风险控制的平衡纳入核心战略框架核心，成为强化战略灵活性的关键步骤。具体措施涉及周期性地审视市场环境、技术动态及竞争态势，并依据这些分析来指导 AI 创新策略与风险应对方案的适时调整。此种战略灵活性的实施，不仅助力企业在技术革命的浪潮中稳固领先位置，还有效降低了因技术脱节或市场变动引发的战略挫败风险。

人工智能技术实施中的不确定性与不可预见性特质，强调了企业在创新实践进程中构建灵活的风险辨识及管理体系的必要性。与传统风险管理体系中预先完成的风险识别及评估不同，在 AI 驱动的创新动态场景下，风险管理需融入整个技术革新周期。在此背景下，一个核心的动态平衡机制特性体现在其能持续于创新流程中监督风险，并于风险萌发之际迅速实施调整策略。因此，企业需部署一套即时风险监控体系，该体系需不断监察 AI 系统的运作状况、市场响应及外界环境的变动，以实现风险信号的实时捕获。一旦探测到潜在风险，系统即刻激发预警机制，透过反馈循环机制将风险情报传达给决策层，助力企业快速校正战略方向与风险管控举措。这一实时监控与反馈机制极大增强了企业面对风险的适应力，有效降低了技术性、市场性及合规性风险可能引发的负面效应。

企业在推进人工智能创新的征程中，应当借助动态平衡策略来维系创新动力与风险接受程度之间的微妙均衡。创新之于 AI，关键在于技术跃迁与市场实施的深度融合，但这不可避免地伴随着一定的风险挑战。构建此类动态平衡体系，要求企业依据其特定的市场定位、技术水平及风险承受意愿，理智界定制约风险的界限，并在创新实践的进程中灵活调适此界限。对于市场领航者而言，持有较高的风险阈值或是持续技术领跑与市场份额稳固的必要前提；相反，对于中小型企业或正处于追赶进程中的企业，采取较为保守的风险阈值有助于规避技术挫败与市场撤离的风险。因此，企业有赖于动态平衡机制，周期性地复审其在各发展阶段、各类市场情境下的风险承担力，并据此校正创新策略，确保存续风险维持在可驾驭的范畴内。

人工智能创新的持续稳定推进不仅仰赖于技术进展与市场需求的反馈循环，还需获得强有力组织架构的支撑。企业的组织架构设计、文化氛围及管理流程在促进创新与风险控制之间的微妙平衡中扮演着决定性角色。要实现这一动态平衡机制，关键在于企业内部能够促成高层次的跨部门合作，确保技术开发、市场洞察、法规遵循及高层策略规划等多个维度在创新流程中实现无缝沟通与协同作业。为此，企业应着手组建跨界别工作小组，将各类专业知识与风险管理实践经验深度融合至 AI 创新的各个阶段。同时，通过构筑支持创新与风险意识的企业文化，促使所有员工对 AI 创新领域及其潜在风险保持敏感度，鼓励员工在创新实践过程中主动辨识风险，并积极参与到风险管控的策略制定与实施之中。实质上，只有当组织整体提供坚实后盾时，动态平衡机制方能充分发挥效能，助力企业在日新月异的市场竞争中稳固其领先地位。

在 AI 创新动态均衡机制的探讨中，企业整合定量评估与定性洞察成为核心议题。尽管 AI 技术演进的基石在于海量数据与复杂算法，但于创新进程及风险调控的微妙平衡之间，企业不应单纯依赖数据导向的决策模式。定量评估固然能助力企业辨识市场走向、预估技术挑战及优化资源部署，面对高度不确定性情境，定性洞察同样扮演着不可忽视的角色。企业高管团队在擘画 AI 创新蓝图时，需将定量分析结论与实践智慧深度融合，通过周延审视市场动向、评估技术成熟水平及剖析竞争格局，以形成最适宜的战略导向。此番定量与定性分析的联袂，强化了企业在 AI 创新领域能够灵活驾驭不确定性的能力，经由策略与风险管控机制的动态调适，保障创新举措的有效实施与持久生命力。

构建动态平衡机制要求企业在创新实践中融入预见性及灵活性的风险管控手段。透过场景规划、弹性预算编制及敏捷管理模式，企业可强化风险预警及适应性能力。场景规划作为一种前瞻性的策略工具，助力企业模拟多变的市场情境与技术演进路径中的风险与机会，使企业能预判技术缺陷或市场动荡的潜在可能，并预先规划应对策略。弹性预算机制则赋予企业随市场与技术动态调整资源配置的能力，确保在充满不确定性的创新环境中，技术革新需求得到灵活满足。而敏捷管理法门提升了企业的响应速度与决策效率，凭借短期迭代与反馈循环，于创新流程中迅速识别并应变风险，维系技术创新的连贯性与策略的灵活性。

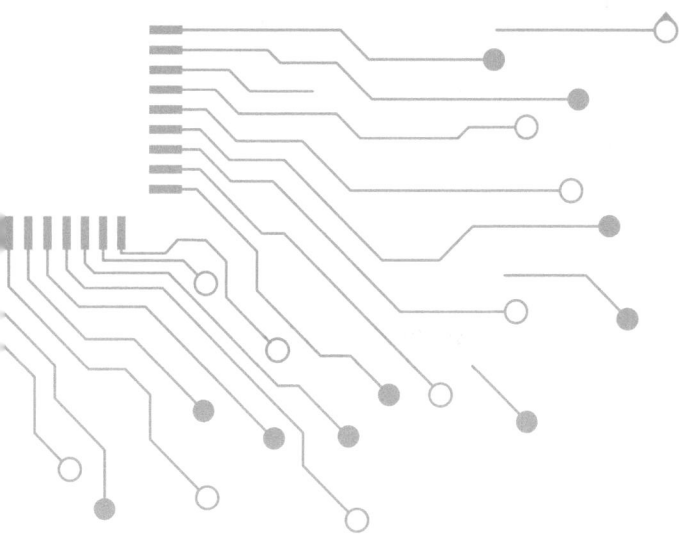

第二部分

AI 前沿技术与管理挑战

4. 可解释性 AI 与企业决策透明性

4.1 可解释性 AI 的基本概念

人工智能技术在企业运营领域的深入应用，引发了研究社群与实践者对 AI 系统决策透明度的广泛关注。为应对这一挑战，可解释性 AI（Explainable AI，简称 XAI）作为一种新兴技术途径应运而生，致力于破解深度学习模型等 AI 系统中的"黑箱"难题，力求使复杂难懂的决策过程变得清晰透明、易于理解。通过提升 AI 系统的可解释性，企业管理人员得以更深层次地把握和信赖由 AI 产生的决策结论，进而促进 AI 技术在企业运营中的高效利用。可解释性 AI 不仅是技术前沿的突破，同时也深化了管理科学中对于决策透明性、责任明确及风险控制的理论探讨与实践探索。

4.1.1 可解释性的定义

解释性特征通常被界定为一类属性，它使人类能够洞悉或合理推断 AI 决策背后的逻辑。在 AI 内部，特别是面对复杂深邃的深度学习模型，常规的机器学习方法往往是基于高维特征数据的输入，经过层层非线性的转换操作，产出具象的决策输出。尽管这一系列算法操作在技术层面上展现了高度的精准性，但对于缺乏技术背景的受众而言，其决策路径显得晦涩难懂，即便是技术专家，也常感棘手于追踪模型每一环节的具体推理脉络。因此，增强解释性技术或方法应运而生，旨在通过一系列策略与工具，使得 AI 系统的决策过程能够被人类理解或解释。

可解释性 AI 的关键在于将以人类可理解的方式阐述 AI 系统复杂的决策过

程，并保障结果的逻辑严密性和追溯性。实现这一目标的途径多样，包括但不限于简化模型架构、构筑辅助性解释模型，以及运用可视化技术直观展示模型决策流程。然而，如何在确保模型性能与增强可解释性之间达成均衡，依旧是该领域亟待解决的核心难题之一。

4.1.2 可解释性 AI 的类型与方法

可解释性 AI 的实施策略可大体归为两类：一类是可解释的模型，另一类则是后解释的模型。前者指设计之初即融入了可解释特性的一类模型；而后者，则是指那些通过在复杂模型基础之上构建额外的阐释体系来提供解释的模型。

1. 可解释的模型

透明性内在的机器学习模型，诸如线性回归、决策树及逻辑回归，构成了可解释模型的范畴。[①] 这些模型的优势在于，其推理路径可通过明确的准则或数学关联来进行阐述。以线性回归为例，各输入特征与一个显式的权重因子相对应，此因子的正负及大小直接揭示了模型预测结果的形成逻辑。至于决策树模型，则依托一连串的"如果—那么"准则实施判断，使用者能够无缝追踪各个判断节点的选取脉络，从而深入洞悉模型的推理机制。

尽管可解释模型的一大特点是其解析能力强，但这也构成了其局限性所在，尤其是在处理复杂非线性问题和高维数据集时，其性能常常无法与诸如深度学习模型之类的高度复杂的"黑箱"模型相媲美。因此，在实践操作层面，企业经常面临着在追求模型的可解释性与保持高效性能之间做出艰难取舍的问题。

2. 后解释模型

近年来，在可解释性 AI 的研究范畴内，后解释模型成为关键的研究方向。面对诸如深度神经网络之类的复杂"黑箱"模型，尽管它们的判断逻辑难以直观阐释，但借助后解释技术，我们能够为之提供合乎逻辑的解读。在这类方法中，LIME（Local Interpretable Model-agnostic Explanations）与 SHAP（SHapley Additive

---

① 黄丽冰. 深度学习模型的可解释性及其在医学影像分析应用中的研究进展 [J]. 桂林航天工业学院学报，2023，28（01）.

exPlanations）尤为突出。LIME 采取的策略是在模型决策的邻近区域构建一个局部、简化的线性模型，用以模拟高端模型的决策流程，进而针对每一具体决策给出解释。相比之下，SHAP 依据博弈论中的 Shapley 值原理，为输入特征各自分配一个效应值，以此阐明各个特征对最终判断结果的具体影响。[①]

后解释技术的优势在于其普适性特征，这意味着它们能够适应任何种类的 AI 模型，无论该模型的复杂度如何。然而，伴随而来的是若干挑战，尤其是解释的稳定性和一致性难题。不同后解释模型针对同一 AI 中的相同决策可能得出相异的阐释，这迫切需要我们深入探索如何保证解释的一致性和可靠性，以提升解释的权威性与信赖度。

4.1.3 可解释性 AI 在企业运营中的应用

4.1.3.1 提升 AI 驱动决策的透明性与可信度

在企业运营的场景下，可解释性 AI 的首要用途聚焦于增强决策过程的透明度。随着 AI 日益成为企业核心决策过程的关键参与者，管理层不仅期望接受这些系统的输出结果，更渴望深入理解它们做出特定决策的内在逻辑。此类透明度的提升，不仅是管理层决策信心的基石，也是构筑及巩固企业与外界信任关系的纽带，尤其是在金融、医疗和法律这类对透明度要求极高的敏感领域，AI 决策背后的不明晰性极易引发公众与监管层面的疑虑与审视。可解释性 AI 技术，通过对复杂算法的深入剖析与阐释，生成直观易懂的理由说明，确保了管理者及各利益相关方能清晰洞察 AI 系统决策路径的每一步，有效提升了系统的可信赖程度与接受度。

在金融业务领域，人工智能技术已被广泛整合到诸如信用评估、风险预估及贷款审核等关键环节。此类决策对企业的金融安全及个人的财务状态产生直接影响。但随之而来的是，诸如深度学习模型所蕴含的复杂运算机制，致使金融机构难以向外界阐述个别客户信用评级偏高的具体缘由，或解释为何部分客户贷款

---

① 戴勇，孟庆凯，陈世泷，等. 基于可解释神经网络的中巴公路沿线区域工程扰动滑坡危险性评价 [J]. 工程地质学报，2024，32（03）.

申请未获通过。通过引入可解释性 AI 技术，金融机构能够为每一位客户的信用打分附上翔实的解析，阐述诸如收入层次、负债比例等因素如何成为评定核心指标。这一举措，不仅强化了内部管理者对于 AI 决策机制的认知，也面向客户提升了决策透明度，有效缓解了因信息不透明而可能触发的不满情绪、投诉乃至法律争端。

4.1.3.2 促进合规性与审计透明度

在企业运营领域，尤其是受到严格监管的行业内，遵循合规性要求是企业运作的必备条件。在此情境下，可解释性 AI 技术已成为企业确保合规管理不可或缺的一环。它使企业能够为自身的 AI 决策流程生成可理解的阐释，以便在遭遇监管审核时，能够呈递充分的理据，验证决策路径的合理性与合规性。以保险业为例，在利用 AI 系统执行风险评估及确定保费标准时，保险公司可能面临监管机构的质询，要求说明为何某些群体的保费设定较高或保险覆盖范围较窄。相比起传统"黑箱"式的 AI 模型，可解释性 AI 的运用使得企业能够针对每一项定价决策，给出清晰透明的解释，揭示诸如年龄、健康状态、以往索赔历史等关键影响因素，以此符合监管期望，减少合规风险敞口。

在企业内部审计领域，可解释性 AI 同样展示出其不可或缺的价值。企业会定期执行针对其 AI 运营情况的内审工作，旨在验证人工智能的决策流程是否与公司策略及道德规范相符。可解释性 AI 技术为这一审计流程引入了透明度，它使审计员得以追溯并审视每个决策背后的理性推理步骤，确保 AI 的活动与既定目标相吻合，排除任何可能潜藏的风险或偏颇。此透明化措施不仅强化了内部审计的效能，同时也显著减少了企业因 AI 的失误或偏见而面临的法务及品牌信誉风险。

4.1.3.3 增强企业内部的协作与决策支持

阐释性人工智能不仅在外规遵循及客户关系维护方面展现其价值，还在企业内部的管治与运作上产生深刻影响。AI 技术的广泛部署往往呼唤跨职能的合作，然而，AI 系统的复杂度与不透明性常成为横亘在各部门间沟通的障碍。尤其在多部门协同决策的情境下，AI模型的"黑箱"特性可能导致管理层对其信任度减弱，限制了AI系统的应用广度与效能。此时，阐释性人工智能通过揭示AI系统决策背后的逻辑，协助不同业务板块的决策者及员工理解AI的推理过程，从而加强跨部门间的协同与合作。

在供应链管理的场景下，人工智能技术在需求预测、库存调配及物流安排上展现出了明显的优势。然而，鉴于供应链管理是一个涵盖采购、制造、物流及销售等多个部门协同作业的复杂体系，在缺乏可解释性AI的支持下，各部门可能会对其决策产生疑惑，间接地削弱了系统实施的有效性。通过引入可解释的人工智能机制，企业能够向各参与部门阐明决策背后的逻辑，揭示系统如何利用历史数据、市场动态及库存实况来制定最优策略。这一举措不仅增强了各部门对人工智能解决方案的信任度，还提升了它们执行决策的意愿和能力，继而促进了供应链整体运作的流畅性和效能。

可解释性AI还能够为公司高层管理人员带来有力的决策辅助。在制定企业战略的过程中，高层管理者必须洞悉AI所提出的分析与预测结论的底层逻辑，以保障决策的合理性。比如，AI或许会提议企业涉足某一新兴市场或终止某项业务运营，这些策略提案背后，往往蕴含着繁复的市场数据分析及高级算法模型的应用。借助可解释性AI技术，管理人员能够透彻理解AI决策的支撑理由，进而对这些提案实施全面审视，并据此做出贴合企业战略导向的决策。

4.1.3.4 改进客户关系管理与用户体验

客户关系管理系统（CRM）代表着人工智能技术在企业运营领域的广泛应用之一，尤其体现在对客户数据的深度剖析、个性化服务建议生成及客户服务流程的自动化优化上。尽管如此，顾客群体常常对由AI主导的决策及推荐持保留意见，这一点在金融、保险等紧密关联个人财产规划与风险评估的行业中表现得更为突出。在此类情境下，AI系统的可解释性成为建立消费者信赖的基石。通过为每一次决策和推荐附上充分的理据说明，可解释性AI技术极大增强了用户对于AI系统的信赖感，继而正面影响了整体的用户体验质量。

在电子商贸平台领域，人工智能支持的推荐机制能根据消费者的浏览记录及购物历史，推送个性化的商品建议。但是，倘若推荐产出缺乏明确的阐释，消费者可能会对系统推荐的依据产生疑惑，甚或质疑推荐的针对性不足。通过引入可解释性 AI 技术，平台能够向消费者阐明推荐决定背后的原理，诸如依据个人购买行为、浏览模式，以及其他类似用户的偏好等。这种开放式的解说不仅巩固了用户对推荐系统的信赖感，还进一步优化了购物体验，有力地促进了用户忠诚度的上扬。

在金融领域内，可解释性 AI 助力金融机构向客户提供透彻明晰的服务体验。具体而言，在信贷审核环节，通过 AI 对每一笔贷款申请的决策给出详尽阐释，阐明诸如信用评级、收入状况、负债比例等因素如何影响贷款的核准与否。此举措增强了服务的透明度，有效缓和了客户的不满情绪，减少了投诉事件，进而巩固了金融机构的公信力与声誉。

4.1.3.5 优化企业运营与业务流程

在企业日常运营管理的范畴内，人工智能技术已被广泛应用至预测分析、业务流程自动化及资源配置优化等诸多环节。尽管如此，复杂的 AI 偶或给企业引入不确定性因素，特别当系统发生故障或展现非预期行为时。传统的 AI 在错误追溯与解释方面存在局限，导致企业在遭遇运营挑战时，难以采取有效措施应对。可解释性 AI 技术，通过为决策过程的每一步提供详尽的阐释路径，使企业能够迅速识别问题所在，并据此实施相应策略进行调整，从而提升了解决问题的效率与精确度。

在制造业内，AI 已被广泛应用于优化生产工艺及管控产品质量。然而，如若 AI 系统提供的预测结论缺乏充分阐释，可能导致生产线管理人员难以洞悉特定异常状况的成因，进而妨碍生产决策过程。借助可解释性 AI 技术，企业能够迅速把握 AI 决策的底层逻辑，并于问题浮现之际即刻调适生产工艺流程或参数配置，以此增强生产的应变能力和效能。

4.2. AI 决策中的"黑箱"问题及其对企业运营的影响

随着人工智能技术在企业运营领域的应用日益广泛，"黑箱"现象逐渐上升为管理学与技术实践中的核心难题。尤其是深度学习与高级机器学习模型，在处理大规模数据集、精准模式识别及流程最优化方面展现出卓越效能，但这些模型的高度复杂性却导致人类使用者难以穿透其决策逻辑的迷雾，进行有效跟踪与理解。这一属性，不仅削弱了企业管理层对其决策输出的信任根基，还深刻触及了企业策略调整、运营流程改进、风险管理及合规遵从等多个关键层面。

4.2.1. "黑箱"问题的定义与本质

所探讨的"黑箱"问题，涉及 AI 系统在接收数据后，通过一系列复杂算法达成输出结果的过程，该过程对于外部用户而言呈现出高度的不透明性。特别的是，在深度神经网络等高阶 AI 模型情境下，因其内部构造的极端非线性特质及多层特征抽取机制，追踪具体的决策路径变得极为艰难，人类似乎难以穿透这一层面，理解这些模型是如何精确导出某个具体结论的。诚然，AI 系统在众多任务上展示出了优越的性能表现，但正是这种解释力的缺失，让用户无法确切洞察这些系统究竟是依据哪些具体特征或推理逻辑做出的决策。

从专业技术维度审视，深度学习模型中"黑箱"效应颇为突出。这类模型，以深度神经网络（deep neural networks，DNNs）为例，构建于多层级神经元（neurons）基础之上，每一层级通过繁复的权重配置与激活函数机制，对传入数据实施转化处理。[①] 随着网络层次的加深，模型内部形成的特征表述愈发趋向抽象化及复杂度提升。以图像辨识任务为场景，基层神经元可能仅涉及边缘检测或色彩识别等基本操作，而随着层级上移，神经元将逐步提炼更为精细的特征，涵盖物体形态、表面质地乃至蕴含语义特征的信息。尽管如此，对于这一逐级特征抽取的过程细节，即便是 AI 领域的资深研究者，亦难以精确定位每一个神经元

---

① 高心乐，邱煜炎．粒子群优化深度交叉神经网络推荐算法设计研究 [J]．西昌学院学报（自然科学版），2021，35（03）．

或网络层级在最终判断决策中的确切功能角色。

机器学习模型的"黑箱"特征与其训练所依赖的数据本质密不可分。这些 AI 经由浩瀚的历史记录培育而成，记录中蕴含的特性高度繁复、非线性特质显著，并且潜在地包含了某些隐蔽的结构或关联性。由此，模型习得的规律或准则，可能会与人类直观认知或既定的业务理性有显著区别。鉴于 AI 模型在训练期间缺乏直接的阐释机制，其内化的一套规则往往是模糊不清、难以条分缕析的。这导致企业运用 AI 辅助决策时，仅能观测到输入与输出的直接对应，却难以洞悉模型内部处理数据的具体逻辑。此种模糊性不仅削弱了决策层面对系统的信赖根基，亦加剧了企业管理层在执行 AI 驱动决策时面临的挑战。

进一步探讨，AI "黑箱"现象的根本原因在于其处理海量高维数据时固有的复杂性。当今企业环境下，大量结构化与非结构化数据累积成山，涵盖了顾客交易历史、市场动向、社交平台反馈、设备传感器信息等诸多方面。为了从这些数据宝库中挖掘有价值的信息，AI 算法不得不在高维特征空间内实施精密计算与优化策略。尤其是深度学习技术，它在解锁这类错综复杂的高维数据模式及关联方面展现出非凡能力，然而，这一过程中的发现往往超越了人类直观理解范畴，在某些情境下，既有的商业模式逻辑或管理层预设思路可能难以与之完全吻合。

在深度学习架构中，特征抽取环节采纳无监督或半监督策略实施，从而使模型能够自主地从输入数据中挖掘出隐含的结构。然而，这一特征抽取方法亦加剧了系统的阐释难度。相比之下，传统决策模型多依靠明确的业务逻辑或领域专家的知识，而 AI 则是经由数据驱动的自动化途径"学习"这些规则，并据此展开判断。鉴于这些规则系经复杂数学运算与反复迭代训练而得，其内部机制难以简明语言或直观逻辑一语道破。该类"黑箱"属性在某些应用场景中或影响有限，但在诸如金融、医疗及法学等高风险决策领域，AI 系统的不可阐释性可能导致严重的问题与潜在风险。

4.2.2."黑箱"问题对企业运营的影响

人工智能领域中面临的"黑箱"难题，涉及 AI 决策过程中内部逻辑难以被外界透彻理解或阐释的问题，已经波及企业运营的众多方面，产生了深刻的影响。尽管 AI 技术在促进决策高效性、流程最优化等方面的潜力不容小觑，但其系统本身存在的不可透明性，无疑为企业管理层的决策、风险防控机制以及合法合规性实践提出了新的障碍与考验。

4.2.2.1 决策过程中的信任与透明性缺失

当企业将 AI 系统融入其核心业务流程时，决策者期望能够透彻地掌握每一个决策背后的理据，这一点在面对策略性或高风险决策时尤为重要。然而，涉及深度神经网络等高级 AI 模型时，它们往往借助非线性运算与多级特征提取达成输出结果，此过程充斥着高度抽象化的数学运算，这即便是对于技术娴熟的专家而言，也难以实现对系统内部运行机制的直观阐释。此种不透明性直接关联到决策过程透明度的减损。

企业方面，若 AI 决策过程缺乏透明度，可能削弱管理者对其结论的信任度，进而延缓或阻碍决策实施。以金融领域为例，AI 技术在信贷评分与风险评估中的应用已颇为广泛。但当管理人员无法洞悉 AI 系统给予某客户较高或较低信贷风险评级的具体缘由时，该评估结果不免遭到质疑，继而引发人工复审或直接干预的需求。这种不信赖情绪，不仅制约了 AI 系统的效能发挥，还可能使企业在迅速适应市场动态或有效应对突发风险方面错失良机。

AI 系统中固有的"黑箱"属性，可能对组织内部的沟通协调机制产生不利影响。由于决策过程的不透明性，可能会在各部门间构筑沟通的藩篱，尤其在业务部门与技术部门之间表现得更为明显。尽管技术团队或许能把握模型的基础架构，业务部门及高级管理层却往往难以直接根据模型的输出结果做出直观评价，这一状况有碍于各方在决策环节上形成统一意见，继而影响决策速度与企业运营的整体效能。

4.2.2.2 风险管理的复杂化与不确定性增加

在传统的商业模式中，企业风险管控依托于清晰界定的规则体系与责任分配机制。然而，人工智能技术，特别是其"黑箱"特性，为企业的风险评估与管理带来了新的变数。深度学习算法的高阶复杂度及非透明性，导致当 AI 判断失误时，企业难以精确追溯错误的本源，从而在制定有效应对策略上面临挑战。AI 决策机制涉及多级特征提炼与参数调优过程，这些要素和参数往往是依据数据暗含的规律形成，倘若缺乏明确的监管与阐释，有可能潜藏未知风险因素。

企业在应对风险的实践中广泛整合了 AI，尤其是在供应链的未来趋势预判、市场需求的深入剖析及金融风险的精密评估等方面。然而，若这些 AI 系统在上述情境下提供了偏差较大的预测，例如过高预估市场需求量或未能充分认识到金融市场波动的严峻性，企业可能会遭遇重大的财务损耗及运营上的不确定性。鉴于 AI 系统内在的"黑箱"效应，管理者在复审 AI 生成的结论时，往往难以精确定位引发偏差的根源因素，从而在制定纠偏策略时面临阻碍。这一情况直接反映了 AI 决策中的不可预测性要素对企业风险管理效能的潜在制约。

"黑箱"难题可能导致 AI 在长时间运行中逐渐积累系统性风险。比如，AI 可能在学习阶段根据带有偏见的数据进行训练，这些偏见或是源自历史数据中的杂乱、不当标签或不平衡状况。若这些偏见未能得到及时识别，该系统可能会连续做出一连串偏颇的决策，使企业面临在策略规划、财务管理及市场部署等多个层面的挑战。鉴于"黑箱"模型在阐释具体决策过程方面的局限性，此类系统性风险更难被察觉和修正，因而可能对企业长期稳健运营构成重大不利影响。

4.2.2.3 合规性与法律风险的增加

随着人工智能技术在全球范围内的深入应用，监管机构对 AI 系统的合规性要求不断提升。然而，AI 系统固有的"黑箱"给企业的法规遵从带来了重大障碍。当 AI 决策过程的可解释性不足时，企业难以达到监管合规的标准，从而可能遭受法律诉讼或遭受经济处罚。

在人才选拔、信用评判及保险费率设定等范畴内，企业务必确保其 AI 模型的判断流程体现公平性、公正性并严守相关的法律法规。一旦该 AI 依赖含有偏见的数据或非正义的算法逻辑做出决策，企业可能会遭遇解释或验证此类决策合理性的困境，从而引发法律争议或公众信任度下滑的风险。特别在触及个人隐私与敏感信息管理的范畴中，AI 模型的不可透视性可能致使企业难以达到数据安全与平等处理的法定义务，这无疑加剧了合规成本，同时对企业的运营活动构成了潜在的负面影响。

"黑箱"问题可能成为企业国际化进程中的一项挑战。各国家和地区对于人工智能技术应用的法律规范存在差异，尤其在数据保护与自动化决策领域，企业必须依据各地法律出具相应的合规证明。但是，如果企业所采用的 AI 在做决策时难以阐释其逻辑，可能导致在不同地域的合规审核中遭遇瓶颈，从而影响其全球市场拓展的步伐与广度。

4.2.2.4. AI 伦理与社会责任的挑战

随着 AI 技术在自动化决策领域的深入应用，企业需承载的社会责任日益加重，尤其在遭遇算法偏见、数据歧视及非公正决策等问题的背景下。这一"黑箱"难题可能导致 AI 系统不经意间增强了社会偏见或歧视行为的效应，而此类问题对企业而言，其识别与矫正过程往往是艰难且迟缓的。

在人才选拔流程中，AI 或许会依据过往数据对申请者实施初步筛选。然而，若历史数据潜藏有关性别、族裔的偏颇，该系统可能在无意识间放大这些偏见，致使特定群体遭遇招聘环节的不公正待遇。鉴于 AI 决策机制的不透明性，企业遭遇外界质询时，往往难以提出充分的辩解，因而承受公众舆论的重压，甚或触发法律争端。这不仅侵蚀了企业的公信力，也可能对业务运作及市场表现造成长远的不良后果。

在医学界，AI 已被广泛融入病患诊断及治疗策略的拟定之中。但是，假使这些 AI 依据某些非透明的判断逻辑导出错误的诊断结论或治疗提议，病人与其家人很可能会对企业的技术水平及责任感质疑，继而对企业的品牌声誉和市场份额造成负面影响。因此，企业在采纳人工智能技术的同时，必须严肃对待其伦理职责，保证 AI 的判断流程公开透明、公正无偏，并且与社会期许相契合。

4.2.2.5 创新与战略决策的约束

尽管人工智能技术为企业的革新与战略规划开辟了广阔的可能性，但"黑箱"问题在某程度上抑制了企业对这一技术的全方位采纳。在勾勒长期战略蓝图时，企业惯常需求对技术提案做全方位审视，涵盖其可延展性、环境适应力及潜在风险。然而，AI 的不透明性导致企业在甄选与实施技术路径时遭遇了更多未知因素。决策者难以精确评估 AI 于未来发展中的潜能与限制，这一困境可能波及企业的技术资本投放与创新策略布局。

企业在诸如深度学习之类的尖端人工智能技术上可能倾注了大量资源，但因未能充分洞察这些技术的透明度与可解释性局限，或许无意间冷落了那些更易于理解和操控的解决方案。这一持续趋势可能导致企业创新策略的狭隘化，面临市场动态与技术革新时，灵活性大打折扣。此外，AI 的"黑箱"特性还可能抑制企业在开辟新型商业模式及产品革新方面的敏锐度，使之在日新月异的市场环境下难以迅速调适策略，最终可能削弱其市场竞争地位。

4.2.2.6 跨部门协作与决策优化的障碍

AI 系统的"黑箱"特性不仅牵动着企业决策的透明度与合规性问题，还对跨部门合作及信息共享机制产生了不利影响。当今企业环境下，AI 技术的实施横跨技术研发、市场营销、财务管理、人力资源管理等多个业务领域，强调的是多部门间的协同作战。然而，正是由于 AI 技术的解释局限性，各部门在对接和运用 AI 系统时可能出现认知断层，这一情况间接地削弱了部门间合作的顺畅度与效率。

尽管技术部门或许能把握 AI 的基本运行机理，业务部门与管理层却常常难以直观评估 AI 输出是否贴合公司战略导向及运营需求。此沟通隔阂可能导致各部门在决策流程中意见难以统一，继而影响企业的总体运作效能与决策品质。特别在面临战略抉择或高风险项目之际，高层决策尤为依赖各部门间的协同与信息流通。然而，一旦 AI 决策机制缺乏透明度，跨部门合作的流畅性将大为减弱，甚或引发决策偏差或迟滞。

4.3 如何提升 AI 决策的可解释性：技术与管理的双重路径

AI 决策的可解释性不仅关系技术效能的提升，还深刻影响着企业的决策透明度、法规遵从性及风险管控能力。因此，增强 AI 系统可解释性的任务是一个跨越技术领域与管理领域的复杂命题。面对这一挑战，企业需双管齐下，从技术进步和管理策略两方面着手，建立可阐释的 AI 系统，并确保这些系统能与企业管理流程及战略愿景实现无缝整合。

4.3.1 技术路径：基于模型的透明化与解释性增强

4.3.1.1 可解释性模型的选择与设计

模型的解释力从根本上受其复杂程度、算法构架及与决策产出的关联性所影响。诸如决策树、逻辑回归之类的经典机器学习模型，凭借其构造的直观性与规则的明确性，展示出较高的解释力。因此，在特定业务环境里，企业或许应优先考虑采用这些本质即具备可解释性的模型，以替代那些复杂且不透明的"黑箱"模型。

作为一类广为人知的可解释性算法，决策树通过构建层次化的规则结构来进行判断，使用户能够直接洞察每个分支节点的准则及推理逻辑。相比之下，随机森林算法，尽管通过集成多棵决策树以增强预测精确性，其解释能力却有所减损，主要归因于众多树型结构的整合模糊了单一路径的清晰度。因而，企业在模型抉择之际，面临着精确度与可解释性之间的重要权衡。尽管诸如随机森林、梯度提升树（GBDT）之类的复杂模型在准确率方面表现出色，它们的推断机制却不那么直观易懂。基于此，在追求高度解释性的情境下，决策树等简约模型依旧保有其独特的应用价值与地位。

线性回归与逻辑回归等线性模型，因其高度的可解释性而著称。这种模型类型的可解释性优势，源自其参数的直接明了：各个输入特征的权重（或系数）直接反映了这些特征对预测结果的影响力度。[①] 这对于诸多企业运营情境，比如市场营销领域中的转化率预估或财务管理中的风险量化评估，提供了清晰的解读途径。比如，在执行二分类任务时，逻辑回归模型产生的输出以概率形式展示，便于企业管理者直观理解各特定要素对预测结果影响力的大小。然而，线性模型的一个限制是其假定输入变量间不存在复杂的非线性关联，导致在处理高维或具有非线性特征的数据集时，模型效能可能受限。尽管如此，通过引入正则化等技术手段，能够在保持模型可解释性的同时，对上述问题予以一定程度的缓解。

在挑选可解释性模型的过程中，企业可纳入考虑范围的还有基于规则的体系（rule-based systems），在诸如医学诊断、财经审核等特定领域里，此类系统依旧保持着广泛的应用实践。然而，基于规则的体系亦遭遇了模型扩展能力与适应性不足的挑战，特别当处理大量数据或处理复杂非结构化数据时，其效能表现受限。因此，企业做出可解释性模型选择时，应紧密贴合业务场景的实质需求，全面权衡模型的可解释性、运行效率及未来发展潜力。

4.3.1.2 模型透明化与可视化技术的应用

企业在增强 AI 系统可解释性方面，除优先考虑采用解释力强的模型外，还可采取模型透明化策略与可视化技术予以深化。模型透明化旨在公开 AI 系统内部的决策逻辑，使之对终端用户透明可见；而可视化技术则通过图形界面展示模型的输入、输出及中间运算流程，助力用户直观掌握模型的工作原理，提升理解度。

模型透明性的关键在于揭露模型内在的特征权重分配、参数调试步骤及判断逻辑路径。在经典的机器学习模型范畴内，例如线性回归、逻辑回归等，其参数天然具有较高的透明度，允许用户直接观测各特征的影响力并推断其对预测输出的作用机制。相比之下，面对神经网络与深度学习模型等更为复杂的结构，透明度显著下降，这主要是因为这类模型的判断逻辑蕴含多级非线性计算及隐藏层的

---

① 贾俊杰，刘春海，管桐，等. 基于 CNN-BiGRU 混合神经网络的电潜螺杆泵产液量预测方法 [J]. 石油钻采工艺，2022，44（06）.

特征抽取过程。鉴于此，近年来模型透明化技术经历了快速的演进。通过深入剖析深度学习模型的结构层次，组织能够洞悉模型在每一层级的特征提取动态及其对决策贡献的角色。以卷积神经网络（CNN）为例，特征图（feature maps）的展示有助于阐释模型如何借由逐层卷积操作捕获图像中的边缘特征、纹理细节及形态结构。此类透明化措施的实施，极大增强了深度学习模型的可解释性能。

在增强 AI 可解释性方面，可视化技术扮演了关键角色。该技术通过图形手段展现了模型的输入、输出及内部运算流程，从而使用户能更直接地把握模型的工作机制。具体而言，针对决策树模型的可视化，其过程揭示了各个节点的分割准则、信息增益及决策轨迹，这些要素对于管理人员透彻理解模型的推理逻辑尤为关键。类似地，线性模型的可视化则是通过展示各特征的权重分配及预测结果的分布情况，助力用户直观认识特征与预测输出之间的内在联系。

在复杂模型的视觉表达领域，诸如特性重要性图表（feature importance）、部分依赖图（partial dependence plot，PDP）等方法能够辅助企业管理人员掌握模型对于各异输入特性的反应敏感程度。以随机森林及梯度提升树等集成学习模型为例，特性重要性图表通过为每项输入特性分配一个关键性评分，助力用户辨认出哪些特性对模型决策起着最为关键的影响作用。再者，局部依赖性图则揭示了单一或多个特性变化对模型预测输出的全面效应，为使用者提供了更为深入的阐释途径。

4.3.2 管理路径：流程优化与组织架构的支持

增强人工智能决策的可解释性，不仅需要技术层面的革新，还应重视管理策略的调整与升级。尽管技术进步能有效提升模型的透明度及可解释性，但企业内部的管理流程与组织结构必须同步做出适应性变革，以充分保障这些先进技术在实际部署中能最大化其效能。

4.3.2.1 决策流程中的透明性管理

AI 在企业决策流程中的融入对其产生了深刻影响，其中，增强 AI 决策的透明度被视为提升可解释性的核心策略之一。实现这一目标要求企业构建一套透明度管理体系，涵盖决策流程的各阶段，确保 AI 系统的操作逻辑与输出结果均能得到全面追踪与透彻理解。首要举措是将系统化的监督及审计机制嵌入决策流程。通过翔实记录 AI 决策的全链条信息——从输入数据、模型推理步骤至最终产出，企业得以确保每一决策节点均可追溯且明了其解释依据。此做法不仅助力管理层深入洞悉 AI 系统运行机理，亦为外部审计、合规验证提供了坚实的支撑材料。

透明性管理还涵盖对 AI 系统决策责任的界定问题。在经典的决策程序中，每一个决策步骤及其成果均有明确的管理者担当责任。但随着 AI 系统的融入，决策责任的一部分或全部可能转移至自动化流程，从而引发责任界定的不明朗现象。为此，企业亟须在决策流程设计中，确立 AI 系统与人类决策主体之间的责任界限。具体措施上，建议企业在决策流程中嵌入人工监督节点，以保证在 AI 决策输出存疑或异常情境下，人类决策者能迅速介入复审并做出相应调整。这一策略不仅强化了 AI 决策的精确性，同时也减轻了因决策偏差引发的风险敞口。

此外，企业应当强化对 AI 系统透明度的评价机制。在决策的各个阶段，管理层务须介入审查 AI 系统的决策路径，以确保存续的业务需求及战略导向得以贯彻。透过规律性的透明度评估，企业能及早察觉 AI 系统内部的隐患，并预先在问题深化前予以校正。此种透明化的决策流程管控，既增强了 AI 系统的阐释力，又提升了其适应性和灵活性，保障其在各类业务情境下均能高效运行。

4.3.2.2 跨部门协作与沟通机制的优化

强化跨领域合作与沟通策略是实现 AI 可解释性不可或缺的管理途径。鉴于 AI 系统决策需要融合多业务板块的数据及智能，部门间紧密无间的合作和高效沟通成为 AI 系统实施成功的关键因素。企业应构建横跨各领域的交流平台与合作模式，以保障技术团队与业务团队能在 AI 系统的构想、实施至运作的全周期中维持紧密的联动。

技术团队需在 AI 开发的初期，与业务部门开展密切的需求探讨，以确保存模组构建能贴合业务流程的实际需要，并保证其输出成果对业务部门既可理解又具实用性。此番沟通超越了单纯的技术层面，它还涵盖了将技术术语转化为业务语言的过程，旨在让非技术背景的人员亦能把握AI系统的工作原理及判断基础。有鉴于此，企业可组建涵盖多部门的专项工作组，力促技术人员与业务人员并肩参与AI系统的开发生命周期，从设计到测试。这一合作模式容许业务端依据实战要求，对系统改进提出真知灼见，而技术团队则能依据来自业务的直接反馈，持续优化模型设计及其可解释性特征。

在促进跨领域合作的范畴中，应当着重强调与法律合规部门的紧密整合。鉴于AI技术决策过程涉及广泛个人信息及敏感资料处理，合规团队的角色变得尤为重要，他们需要监督AI决策流程，确保其操作符合最新的法律法规框架及行业规范。通过此类深度协作，技术开发人员能预先辨识AI系统内潜在的法务风险点，并及时在系统部署前做出相应调整。此外，构建一套常态化的合规性复审机制，对于保障AI系统在其运行周期内持续满足监管需求同样不可或缺。跨界合作的视野不应局限在公司内部的技术与业务部门沟通，而应外延至包含合作伙伴及各利益相关方的广泛网络中。举例而言，企业可通过携手外部科研机构、供应商及消费者群体，共同探索AI系统升级与优化的新路径。这一开放式合作模式，不仅为企事业单位引入丰富的外界资源与支持，还借由多元视角的融合，增强了AI系统的可阐释力与实施效能。

4.3.2.3 员工培训与AI素养提升

AI的实际效能有赖于企业员工对该技术的深入理解和熟练掌握。因此，增强员工在人工智能领域的素养与技术能力，成为确保AI决策可解释性的关键环节。这不仅要求技术人员，也包括业务管理人员，都应具备基本的AI理论知识与操作技能，从而在日常工作中准确解读并有效运用AI系统所提供的分析结果。为了达到这一目的，企业亟须设计一套系统性的员工培训方案，涵盖AI技术基础、模型运行逻辑，以及如何透彻理解AI系统决策输出的培训内容，以全面提升员工的AI应用能力。

企业应对各岗位职工实施定向AI教育培训。技术岗位应着重学习AI算法的构造、模型优化及增强模型可解释性的策略。作为 AI 系统的关键开发与维护者，技术人员必须深刻领悟各类算法的利弊，掌握在确保模型效能的前提下，增强其透明度与可解释性的方法。此外，培养数据分析与可视化技能对他们而言同样重要，以便迅速识别并修正模型中存在的异常与偏误。相反，面向业务管理岗位的培训应集中于利用 AI 系统输出指导决策过程。尽管业务管理者非技术专家，但他们却是 AI 系统的主要应用者。因此，企业有责任协助他们把握 AI 模型的基础运行机制，特别是如何在特定业务情境下阐释模型输出，并使之与实际业务需求对接。此类培训不仅能提高业务管理者对 AI 系统决策逻辑的理解，还能促进他们在实践操作中有效利用 AI 输出，精准且高效地做出业务决策。

另外，机构应激励员工在日常运营中主动采纳并探索人工智能技术。借助对具体实例的剖析和交流，机构能助力员工更透彻地领悟 AI 的运作机理，并加强他们对 AI 决策的信赖程度。比如，机构可定期举办人工智能研习班或案例研讨会，邀请技术专家与业务专员协同参与，探讨 AI 在多样业务情境中的实施成效及可能的发展趋向。这种交互式学习途径，使员工既能从真实案例中获取知识，又可深刻认识到 AI 的限制与强项，进而更游刃有余地在实践操作中运用人工智能工具。

除却内部培训路径，企业亦能借力外部合作机制以强化员工的AI知识体系。具体而言，企业可与高等教育机构、科研单位或专业的 AI 培训中心建立合作伙伴关系，定期为职工举办聚焦 AI 尖端科技的研讨会及教育项目。这种合作模式确保了员工紧贴 AI 技术的最新动态，并促使其将这些崭新知识融入实际工作情境之中。此外，鼓励员工积极参与业界会议及技术交流论坛，也是拓宽其视野、掌握 AI 领域最新进展及高效实操方法的有效途径。如此一来，企业在提升员工技术实力的同时，也激发了他们的创新思维和自主学习精神。

4.3.2.4. AI 伦理与合规性框架的建立

随着人工智能技术在企业领域的广泛渗透，有关 AI 伦理及合规性的议题愈发引起关注。在追求提升 AI 决策透明度的同时，构建一个全面且严谨的伦理与合规体系成为企业不可或缺的任务，旨在确保AI技术的应用既能符合伦理原则，又能遵循法律规范。AI伦理挑战主要围绕算法偏见、数据不公以及隐私侵犯等问题展开，而合规性则聚焦于数据管理、自动化决策过程中的法规遵从。因此，企业实施AI系统之际，系统化地建立健全伦理合规架构是必由之路，这既是保障AI操作合法性、合规性的基石，也是减少潜在伦理争议的有效策略。

企业应确立具体的AI道德规范，保障AI技术在开发及实施环节中遵循公正、平等及透明性原则。该道德规范的核心要素，在于预防AI系统内的算法偏向及资料歧视现象，尤其在处理用户信息与人员管理判断时，算法的偏颇可能对企业的公信力与运营带来重大负面影响。构建AI道德规范的过程中，企业需全面考量技术属性、业务实况及企业公民责任等多个维度，以期AI系统的开发与应用能将对社会的不良作用降到最低。比如，在人力资本管理领域，若AI算法在招聘甄选与业绩评价中沿袭了历史数据中的偏见，可能会导致不公平决策的产出。因而，企业必须在AI系统的开发初期融入算法公平性检验机制，保证模型在各群体间的公正执行能力。

企业应当构建一套完善的AI合规性审计体系，保障AI技术从研发、实施至运作的各个环节均能满足现行法律法规的标准。AI应用中的合规性挑战主要围绕数据隐私安全及自动化决策的合法性等问题。因此，在AI技术的实际应用过程中，企业务必保证其数据处理实务与《通用数据保护条例》（GDPR）等法律规范相符，尤其在触及个人数据的运用场景下，强化执行数据隐私保护的法规，确保从数据收集、保存到利用的每一步都合法合规。另外，企业采纳AI进行自动化决策时，亦须保证此决策流程贴合相应行业规范及法律规定。比如，在金融服务领域，企业利用AI执行信用评级或风险测算时，需保证AI决策的透明度及可解释性，并为用户开辟广泛的申诉路径，使用户有权对AI决策结论发起质询及复审请求。

构建AI伦理与合规框架时，应整合对AI系统的持久监视与审查机制。组织需设定固定的周期性评估，以审查AI系统的运作状态，确保其在长期运行中仍然符合相关的伦理和法律要求。通过部署自动化监控工具及审计程序，可实现对AI 系统内潜藏问题的即时发现，并预先于问题加剧前采取修正措施。此外，构建 AI 系统风险管控体系亦为必要之举，旨在一旦 AI 系统发生失误或偏颇，能即刻启动补救行动，防止负面效应波及企业运营与社会层面。

企业在构建人工智能伦理与合规框架的过程中，应当重视同外界利益相关主体的协作。人工智能的伦理及合规议题超越了企业的内部范畴，涉及广泛的外部群体，包括合作伙伴、终端用户及社会大众。因此，在制定相关框架时，企业应主动与外部合作伙伴开展对话与合作，以保障 AI 的开发与运用能充分契合多元利益诉求。通过携手外部研究组织、行业联盟及监管实体，企业能够赢得更广泛的支持与资源，确保其人工智能技术的伦理合规性持续领跑行业前沿。

4.4 企业案例：如何应对 AI 决策中的不透明性

4.4.1 背景

作为全球首屈一指的金融机构之一，摩根大通（JPMorgan Chase）长期以来在金融服务业中稳居引领地位。近年来，随着人工智能（AI）及机器学习技术的迅猛发展，该行已将这些尖端科技广泛融入其多方面的核心业务活动之中。尤其在自动化交易系统、欺诈行为识别、风险管理策略及提升客户服务体验等方面，AI 技术的运用成效显著，不仅促进了摩根大通内部运营的高效化转型，还助力其在瞬息万变的金融市场中持续稳固竞争优势。

尽管如此，随着人工智能技术的渗透日益加深，摩根大通正面临一系列挑战，其中最为突出的是关于 AI 决策的透明度与可解释性难题。尤其在应用深度学习模型的场合，这些系统常被喻为"黑箱"，其内部算法与决策路径之复杂，外界难以直接洞察。在金融服务领域，透明度与可解释性扮演着核心角色，特别是在那些涉及信用评估、贷款授权、交易监控等直接影响客户需求与权益的业务环节中。为应对此类挑战，摩根大通已在多种业务情境下实施了一系列行之有效的策略，旨在增强 AI 系统的透明度，并保证其决策流程满足严格的法规要求。

4.4.2 摩根大通的 AI 自动交易系统 "LOXM"

在人工智能技术实施实例中，摩根大通的 LOXM 自动交易系统堪称典范。该系统是由摩根大通自主研发，以人工智能为核心驱动力的股票交易平台，旨在强化交易流程的高效性，精进交易策略执行，并在繁复多变的金融市场上取得更优表现。

LOXM 系统所倚重的核心技术乃深度学习算法，该算法经由对过往数据及市场行径模式的剖析，能够在极为紧凑的时间框架内，完成繁复的交易策略制定。这一特性赋予 LOXM 系统在高频交易领域的显著优势，使其能敏捷应对市场动态，即时执行交易操作。然而，与之伴随的是深度学习模型固有的"黑箱"效应，其决策逻辑难以直观阐释，此点在金融界激起了关于透明度与合规性的广泛热议。鉴于金融市场固有的高风险属性与监管机制的严苛标准，摩根大通在借助 AI 技术强化交易效能的征途中，必须确保每一项由 AI 驱动的决策，不仅能够被充分解析，亦要无条件符合监管规则。

4.4.2.1 透明度与模型可解释性

摩根大通深刻认识到，在高频交易这一精细且敏感的范畴中，单纯仰赖人工智能的自动决策机制是不足的。任何缺乏透明度与可解释性的决策流程，都可能招致重大的市场风险，并可能激发外界监管机构的严格审查。鉴于此，摩根大通已实施多方位策略，旨在增强其 LOXM 系统决策的透明度及理性阐述能力。

1. 模型审计

摩根大通已为其人工智能模型构建了一套严谨的审查体系，保障每个模型在部署前历经周密的评估。此审查体系涵括了对模型训练数据的审查、预测输出的验证及算法逻辑的深入剖析，旨在全链条确保模型的可靠性。借此，摩根大通能有效防止其人工智能模型内含任何偏颇或不可追溯的决策流程，从而强化了对市场风险的控制能力。模型审计的根本意义，在于它不仅是实现 AI 决策技术透明性的关键，也是符合规范要求的重要环节。摩根大通通过在 AI 系统部署前实施严密的审查流程，确保了每一个决策路径的明晰可溯，进而能够在监管机构或公司内部审计部门需要时，提供详尽的决策追踪记录以供深入审查。

2. 多模型比较与验证

在 LOXM 系统的真实应用场景中，摩根大通并未采取依赖单一人工智能模型的策略。为了增强决策过程的可靠性，他们实施了多种模型的交叉验证方法。这一组合涵盖了经典的统计学模型与当代的机器学习模型，通过比对各模型所产生的不同输出，公司能更加透彻地剖析市场环境下的交易动态。另外，采用多元模型的交叉验证策略显著降低了单个模型可能导致的偏误问题，进一步巩固了系统的抗风险能力。

对比与验证多种模型的策略，不仅对增强交易的可靠性起到了积极作用，也让摩根大通技术团队深化了对各模型性能的理解。特别在市场环境发生剧变的情形下，这类模型间的综合性比较能为决策过程增添更多元的参考信息，确保交易决策既合理又具有充分的阐释基础。

4.4.2.2 应对监管要求

在金融交易领域，监管机关对于人工智能系统的透明度提出了极高的标准，尤其在欧洲及美国等成熟金融市场中。这些监管机构不仅强调金融机构必须能阐释其自动化交易系统背后的决策逻辑，还强制要求这些实体实施实时监控并记录 AI 系统的决策流程，以保证所有操作皆符合相关的法律规范。

1. 内部合规团队介入

为了保障 LOXM 系统遵循既定规范，摩根大通的合规部门在其运行环节中扮演了核心角色。该部门周期性地审核 LOXM 系统的交易档案，力保每项交易均可追溯，并且与现行法律法规及市场准则保持一致。此外，合规部门与技术部门建立了紧密的合作机制，旨在确保人工智能系统的每一个判断步骤都被详尽记录，以便在监管机构需要时能够提供清晰的说明。

合规性评估的范畴不仅仅涉及交易成果的复核，还深入到系统运作机理及决策推理过程。合规部门的参与保证了 LOXM 系统内的每一项决策均可追溯并阐释清晰，确保在需要时能向监管机构呈递翔实的报告。此种透明度的提升，一方面加固了摩根大通在全球金融市场中的竞争优势；另一方面也为该行在错综复杂的跨国监管框架下维持合规状态提供了有力的支撑。

2. 透明度报告与外部审计

除了开展内部审查工作外，摩根大通还制度化地编制人工智能交易系统的透明性报告。这些报告旨在不仅向公司内部的相关利益群体揭示系统的运作状况，而且为外界的监管机构提供关于系统决策过程的有力证明。报告涵盖了交易绩效、系统在各类型市场环境中的行为阐释，以及详尽的风险评估分析。

借助外部审计手段，摩根大通能更有效地保障其人工智能系统的透明度与合规性。这一过程不仅有助于企业识别存在的隐患，还为其提供了优化系统的机会，进而强化系统的透明度与可靠性。

4.4.2.3 客户透明性与信任

就摩根大通面向其机构客户的视角而言，人工智能系统的可解释性是一个核心要素。诚然，LOXM 系统凭借其高效性为顾客成就了更优的交易绩效，但若该系统的工作原理超出了客户理解范畴，很可能会引起信任度的下滑。鉴于此，摩根大通采取了多元化的策略来巩固客户对 LOXM 系统的信赖基础。

1. 客户教育与沟通

摩根大通对客户教育及沟通层面给予了高度关注。为了深化机构客户对人工智能系统在交易活动中角色与决策基础的理解，公司构建了全面的教育资源与沟通平台。通过呈递翔实的交易分析报告与阐释性文件，摩根大通确保了客户能透彻把握人工智能系统如何在多变的市场环境中实施决策过程。此种开放式的交流策略不仅巩固了客户对 AI 技术的信任根基，亦使客户得以更加主动地融入交易策略的制定环节，提升了互动的灵活性与效率。

2. 可解释性工具

为增进用户对 AI 决策机制的认知，摩根大通已研制出针对性的可解释性工具集。这些工具赋予用户能力，使他们能够透过年幼的 LOXM 系统在单独交易背后的判断流程，并详述每一项左右交易成果的因素。凭借此类高透明度工具的辅助，客户能直观理解 AI 在每一步决策背后的依据，以及各因素在交易场景中的确切功能。

该工具的研制不仅优化了用户的操作体验，亦深化了用户对摩根大通人工智能系统的信赖与依托。借助这些工具，用户能够实现实时监督交易策略的执行流程，并依据实际情况做出适时调整，从而在多变的市场态势下实现更为优越的交易成效。

4.4.2.4. AI 透明性研究与合作

摩根大通在增强其内部人工智能系统透明度的同时，也投身于国际关于人工智能透明性探讨及金融科技领域的协作。通过与多家学术组织和科技企业的携手，该公司致力于探索复杂人工智能模型可解释性的提升路径，并积极推动相关技术创新的进步。

1. 与学术机构和技术公司的合作

摩根大通携手世界一流的学术组织与科技企业，深入探索强化人工智能系统透明度的策略。此类合作不仅助力摩根大通在技术创新领域稳固领导地位，亦为推动整个金融业在 AI 透明性领域的前进步伐作出了积极贡献。通过与外界专业人才的协同努力，公司得以敏捷捕捉技术前沿动态，并将之融入实际运营之中，持续提升其人工智能系统的透明度与可解释性能。

2. 参与金融科技伦理委员会

摩根大通着力参与多个人工智能伦理委员会的工作，助力订立关于金融科技中人工智能透明度与可解释性的业界准则。这些准则的建立，不仅有力推动了行业整体的透明化程度，还为采用 AI 技术的金融机构提供了可遵循的规范与指导。通过介入此类伦理委员会，摩根大通不仅彰显了其在人工智能应用领域的先锋作用，同时也为促进金融行业的可持续发展贡献了力量。

摩根大通在其 AI 透明化实践领域，特别体现在自动交易系统 LOXM 上的运用，彰显了借助技术和管理策略来保障 AI 决策过程的透明度与合规性的可能性。通过实施模型审查、融入合规团队的监督力量、加强客户对 AI 理解的教育工作，以及与外界机构建立合作机制，该公司不仅增强了系统运作的透明性，也确保了其 AI 技术在金融领域的复杂生态中能够安全稳定地操作，全面符合国际监管的标准与要求。

此实例向其他企业提供了重要的启示：AI 技术实施的成效不仅建基于模型的性能与效率，还需确保决策路径的透明度及可解释性，并通过技术管控与管理策略，以顺应外部监管需求及符合内部运营管理的标准。

5. 数据隐私与安全：AI 时代的企业风险管理

5.1 数据隐私保护的法律与伦理挑战

人工智能技术在企业运营中的广泛渗透，使得数据隐私保护议题愈发成为企业管理层、技术开发者及政策制定者的重点关注对象。AI 系统的高性能运行有赖于海量数据的支持，特别是包含个人敏感信息的数据类型。在数据导向的商业模式下，如何实现数据的高效运用与个人隐私权益的维护之间的均衡，构成了企业亟待解决的重大难题。与此同时，伴随着日趋繁复的法律规范与伦理准则，这些规范不仅限于数据的采集、保存及应用层面，还深入触及了全球化视野下跨境数据流通的管理，以及防范数据误用带来的潜在威胁等多个维度。

5.1.1 数据隐私保护的法律挑战

5.1.1.1 全球化背景下的法律合规复杂性

在当今全球化的商业舞台中，确保数据隐私保护措施符合各国法律法规已成为企业经营管理的一项关键议题。当跨国企业在世界各地运营业务时，它们必须应对各地区间法律体系的巨大差异，这种法律环境的异质性显著增加了管理跨边境数据流通及隐私保护的难度。全球化趋势促使数据频繁跨越国家界限，而不同国家和地区对于数据的采集、保存、处理及传输所制定的隐私保护法规不仅各不相同，有时甚至相互冲突。企业不仅要遵循本土的法律条文，还需考虑其海外客户、合作单位及外籍员工所在国家的法律约束，尤其是在处理涉及多国的数据时，法律遵从的复杂度尤为突显。

欧盟颁布的《通用数据保护条例》（GDPR）毋庸置疑地树立了数据隐私保

护领域的法律标杆。[①]该条例对涉及数据主体权益的保护措施异常严格，明确指示企业在对待欧盟居民个人数据的收集、处理及储存过程中，必须遵循一套严格的规范体系。这些规范涵盖了数据主体的知悉权利、查阅权限及信息删除权等，并强制要求企业遭遇数据泄露事件时，在 72 小时时限内向监管机构报告。GDPR 通过设定巨额罚款——企业全球年营业额的 4% 或 2000 万欧元两者取高——作为强有力的合规驱动力，促使企业在数据管理上不得不给予最高程度的重视。然而，全球化背景下数据的自由流通，使得企业不仅需遵循 GDPR，还需应对世界各国和地区差异化的数据保护法规。举例而言，美国缺乏统一的国家级隐私法律框架，其内部如加州通过《加州消费者隐私法案》（CCPA）独立立法，该法案虽与 GDPR 在若干条款上相互交织却也存在差异。

面对多元化的法律法规情境，企业不得不采纳灵活多变的合规策略。一方面，构建强有力的法务团队成为必然，确保实时洞悉各国隐私法规的最新动态，并依据各司法区域的具体法律规定来调整数据管理流程。另一方面，加大技术基础建设的投资力度，以保障数据处理操作能够在多样化的法律框架内实现全面合规。比如，在处理跨境数据转移问题时，采纳如标准合同条款（SCCs）及绑定企业规则（BCRs）等法律手段，是确保数据在不同司法管辖区间合法流通的关键。同时，技术部门需研发更加敏捷的数据储存与处理机制，实现在不同地理区域内的数据本地化部署，以此应对跨境数据流动日趋严格的管控趋势。

在国际化环境的框架下，合规性议题跨越了纯技术与法律范畴，触及企业战略规划的核心。企业在全球业务部署时，必须协调各国及地区差异化的隐私保护条例，这对企业技术框架构思与商业模式运作均产生了深远影响。比如，某些企业不得不重新评估其依赖数据驱动的经营策略，以适应日渐收紧的隐私保护规范。概括而言，全球视野下的数据隐私保护合规性挑战，驱使企业必须在法制遵从、技术创新及战略规划等多维度实施根本性调整，以灵活应对不断演进的法规环境。

---

① 蔡星宇 . 移动应用软件中知情同意规则的适用研究 [D]. 西南财经大学，2022.

5.1.1.2 用户同意与透明度问题

在当代数据隐私保护法规的领域内，用户同意及透明性原则占据核心位置，尤其体现在诸如 GDPR、CCPA 之类的法规架构之下，其中，确保用户享有充分的知情权与同意权被视为数据处理合法性的重要基石。尽管这些法规明确规定了获取用户同意的不可或缺性及透明度的标准，实践中企业仍需面对在有效取得用户同意方法上的难题，以及如何保证数据处理过程高度透明化的重大考验。

用户授权的合法性质疑了企业在搜集及处理个人数据之前必须确保取得用户明确、自愿且随时可撤销的同意之原则。然而，在实际操作中，企业倾向于利用繁复的隐私条款与用户协议来实现所谓的"默认同意"状态，这些隐私条款通常冗长且技术性强，超出了普通用户的理解范畴，使其难以把握其中的实际含义与可能的后果。此般形式化的同意过程，导致用户在未彻底理解自身数据处理方式的前提下，默认给予了许可，形成了"不充分知情的同意"状况。这一做法不仅偏离了法律法规中强调的"信息透明"基本原则，也无形中侵蚀了用户对企业的信赖基础。

面对这一挑战，诸如 GDPR 之类的法规引入了更为严谨的规定。这要求企业务必运用简洁明了、易于民众理解的话语，阐述数据的运用方式、采集目的、保存期限及与第三方共享的详情。然而，在人工智能技术快速发展的背景下，这一透明度标准实施起来愈发艰难。AI 数据处理机制通常蕴含着高深的算法与技术逻辑，使得企业在向用户阐释 AI 系统中数据处理的具体路径时，遭遇了技术诠释与语言沟通的双重难关。特别的是，在深度学习这类"黑箱"模型框架下，即便是开发者也难以全方位解锁 AI 决策进程的神秘面纱。在此情境下，如何构建一个既保证透明度又便于用户把握的理解框架，成为企业合规领域内亟待克服的重大障碍。

另外，企业在征得用户同意的过程中，往往未能充分考虑到"动态授权"的重要性。随着人工智能技术的演进，数据应用的范畴可能会发生变迁，导致初始采集时用户同意的数据处理目的与后来的实际应用之间出现不匹配。比如，部分企业可能在搜集用户信息时，声称是为了"个性化推送服务"但随着技术进步，这些信息或许会被进一步用于深度行为剖析或策略制定等其他目的。在此情境下，倘若企业未能适时向用户通报这一变化并重新获取同意，就可能触及法律的红线。因此，企业在操作用户数据时，需持续优化其授权机制，以确保当数据应用方向有所变动时，能够迅速取得用户的最新授权。

5.1.1.3 数据泄露与安全责任

数据隐私保护领域中，数据泄露构成了极为严峻的法律障碍，同时也是企业必须应对的最繁复且高风险的合规难题之一。随着人工智能技术的广泛部署，企业处理的数据量经历着爆炸性的增长，伴随而来的是数据敏感度的显著提升。尤其在处理个人识别信息（PII）、财务记录、健康资料等高度敏感信息时，数据泄露事件极易引发重大的法律后果及品牌信誉危机。

隐私保护法规如 GDPR 与 CCPA，对数据泄露事件的通报及处理措施施加了严格的规范。GDPR 明确指出，企业遭遇数据安全事件后，须在 72 小时时限内向监管机关报备，并视情况通告相关个人，此条款显著增加了企业在应对数据泄露时的时间紧迫性。企业不仅要火速界定泄露的范畴及可能的后果，还需立即执行应对策略，旨在将数据泄露对个人信息主体的不利影响降至最低。此外，GDPR 强调，企业若未能按时通报数据泄露事件或未实施合适的补救行动，可能会面临重大的经济处罚，这对企业的经济状况与公众信誉造成了双重风险。

在人工智能时代背景下，数据泄露的风险呈现出更为严峻的态势。AI 技术的发展高度依赖于庞大的个人数据集以支持其训练及推理过程，而这些数据的集中保管形式使之成为黑客侵袭的显著目标。攻击者能够通过突破企业数据库或 AI 系统的防线，非法获取大量个人数据，甚至可能利用对 AI 模型的逆向分析手段，推导出模型内部蕴含的敏感信息。尤其在涉及深度学习等高级 AI 模型时，个人数据逆向泄露的风险骤增，迫使企业在构建数据保护机制时，必须加大对 AI 系统安全性的强化力度。

除外在的安全挑战，企业亦需正视内在数据泄露的重大隐患。众多数据泄露案例并非源于外部黑客的侵袭，而是企业内部管理漏洞或人员操作不当所致。[①]比如，部分员工可能因操作错误或未能遵循数据安全规范，致使敏感信息在未加密的状态下遭泄露或散布。在若干实例中，甚至出现了内部人员蓄意泄露数据的情形，此所谓"内在风险"成为企业在数据安全管控领域中极难防御的威胁之一。

面对数据泄露所带来的法律与安全难题，企业需构建一套完善的数据安全管理机制，涵盖部署高强度的加密手段、执行严密的访问权限管理，以及定期开展安全审查等措施。此外，强化员工在数据保护方面的教育培训也不容忽视，以确保存档操作人员均能遵循相应的法规及安全规范。企业还应拟定紧急应对策略，旨在一旦发生数据泄露事件，能够即刻响应，缩小泄露事件的不良后果，并迅速向监管机关及数据主体通报情况。

5.1.2 数据隐私保护的伦理挑战

5.1.2.1 数据挖掘与个人隐私的边界

在人工智能技术和大数据分析的驱动下，数据挖掘已然成为现代企业获取竞争优势的重要策略。然而，这一技术在为企业创造了显著经济效益的同时，也触发了关于个人隐私界限的深入伦理探讨。本质上，数据挖掘涉及对大规模数据集进行深度剖析与处理，旨在揭示其中隐含的规律、联系与信息。此过程常常包含对个人数据的细致分析，特别是当这些数据触及用户行为模式、情绪状态、健康信息、社交网络等敏感领域时，无疑加剧了对个人隐私潜在侵犯的风险。

数据发掘技术的强大力量让企业能透过来自用户过往行为资料的分析，预见其未来行动与偏好。然而，这种预判行为可能会导致个体隐私界限模糊，甚至在未经用户授权下，对其日常生活带来实际性干扰。比如，企业依据用户的购物记录与网络浏览历史，得以推断用户的经济能力、家庭构成，乃至健康状态。一旦此类信息遭滥用，用户可能面临不公正的商业和社会关系。更甚者，企业或许会借助这些私密信息对用户实施个性化推送及精确广告投放，尽管这短期内或能提

---

① 马征远 . 企业会计管理，便利与挑战并存 [J]. 云端，2024（13）.

高企业经济效益，但从伦理视角审视，此做法有侵犯用户自主抉择权及隐私权益之嫌。

数据挖掘领域的边际挑战同样反映在对数据的广泛获取与深入剖析之中。随着物联网（IoT）技术的广泛应用，企业如今能够经由多元渠道积累大量用户行为信息，甚至包含用户不经意间留下的数字痕迹。举例而言，智能家庭设备能记录下居民的日常作息模式；智能手机则可追踪持有者的地理位置信息；社交媒介平台能够解析个人的社交网络及情绪变动。这些数据在未经用户充分知情或明确授权的情况下被采集与解析，显然已超越了传统隐私保护的界限，构成一种"隐性监视"的局面。此现象被研究社群标注为"隐私边界的消融"意指科技进步的同时，个体的隐私界限正逐步变得模糊乃至受到侵袭，公众的隐私权益在悄无声息中被削减。

更深层次地探讨，数据挖掘技术的普及化及其深远的影响力，使得保护个人隐私的伦理议题变得愈发错综复杂且迫切。AI通过对个体行为模式的精密解析，能够深切洞察个人生活习惯、心理健康、身体状况等私密信息，其涉及范围或已超越表面数据的采集，直指个人最为私密的领域。例如，对健康数据及生物识别信息的深入挖掘，涵盖了心率、睡眠规律、血糖浓度等高度敏感的健康参数，一旦这些信息遭到滥用或泄露，可能对个人生活造成长远而难以预料的影响。此外，随着AI技术的飞速发展，数据挖掘的潜力正不断增长，未来企业或许能以更隐蔽、复杂的方法来获取用户数据，在未得到用户充分认知或授权的情况下，实现对用户的精细剖析。这种技术能力与用户自我保护能力间的不均衡状态，无疑放大了隐私侵犯的潜在风险。

从伦理的视角审视，数据挖掘活动的合理性在于其是否充分尊重个人的知悉权利、同意权限及隐私权益。尽管诸如《通用数据保护条例》（GDPR）之类的法律规范已为数据挖掘设定了具体的合规范则，要求在搜集与处理个人信息之际，必须获取数据主体的明确授权，并明确告知数据处理之目的及应用范畴。[①] 然而，在实际操作中，诸多企业通过繁复的条款及隐私策略，致使用户难以实质理解其信息的真实用途与处理路径，甚而在不经意间，用户的隐私权益似乎遭到了"隐性侵犯"。再者，随着 AI 模型复杂性的攀升，特别是以深度学习为代表的"黑箱"的出现，企业面临向用户阐释数据具体应用及处理流程的难题，而这种透明度的缺位，无疑进一步放大了数据隐私保护的伦理挑战。

鉴于此，运用数据挖掘技术务必建立在保护个人隐私的基础之上，企业收集与处理数据环节必须严格执行知情同意原则，保证流程的透明度及结果的可解释性。企业应通过精简隐私条款、加强用户教育活动及提供明晰的数据应用指南，以确保用户能彻底理解数据挖掘的手段与意图，并在任何时刻都能自主决定其数据的用途。同时，监管机关需强化对企业数据挖掘操作的监察，确保企业在追求技术创新的同时，坚守道德准则，防止对个人隐私造成不当侵犯。总结而言，数据挖掘技术带来的伦理挑战，超越了单纯的技术维度，触及社会伦理深层次，需要企业与社会协同努力，在科技进步的浪潮中，充分保障个人隐私权益不受侵害。

5.1.2.2 数据所有权与使用权的争议

在探讨数据隐私保护的伦理领域中，数据所有权与使用权的冲突占据核心位置。随着人工智能时代的到来，数据作为一种新兴的"资本"形态，正由企业经由收集、分析及应用的过程转化为庞大的经济价值。但与此同时，围绕数据所有权与使用权的纷争，在企业与数据来源个体之间日渐显著。从传统视角审视，个人作为数据主体，理应享有其个人信息的所有权；然而，在实践操作层面，企业多借助技术路径与经营策略，对这些数据实施深度开发利用，甚至在某些情境下，视数据为企业独有的"资产"进行管理和交易，这一权力失衡的状态促成了关于数据所有权伦理的深入探讨。

---

① 王喆.数字经济背景下消费者数据隐私保护的法律机制研究 [J]. 法制博览，2024（11）.

关于数据所有权的法律界定目前仍面临显著的模糊性和不确定性。尽管诸如 GDPR 之类的法规已明确赋予个人对其数据若干权限，包括访问、删除及数据可移植性等，但在实际操作和技术层面，这些权利的践行常遭遇复杂挑战。从法理上讲，数据主体对其个人信息享有控制权，然而，在企业实施数据收集与处理的实践里，通过繁复的用户协议和先进技术手段，这些权利的界限变得模糊不清。比如，用户在注册某服务时，往往必须接受一份冗长而细致的隐私政策，这类政策实质上可能将数据的所有权与使用权让渡给了企业。尽管法律名义上保留了用户对数据的控制权，但实际上，企业通过精心设计的协议条款，有效掌握了数据的实际支配力。此现象在技术领域内被形象地描述为"隐性数据剥夺"意味着用户在缺乏充分认知或难以有效反抗的状态下，其对个人数据的实际控制能力被悄然削弱。

对于数据使用权限的议题，已经触发了深远的伦理讨论。企业在收集个人数据后，常实施深度剖析与开采工作，旨在创造新颖的商业价值。通过 AI 对海量数据的加工与解析，能够揭示出用户的行为模式、消费倾向，乃至心理特点等深层次信息。这些信息，尽管根源在于用户的原始数据，但企业经加工处理后，普遍将其归类为企业自身的"知识产权"或"商业机密"范畴。这一数据使用权限边界的模糊，导致个人数据的所有权与使用权关系变得复杂，使得数据主体在企业大规模利用与解析其数据时，难以实现相应回报。比如，部分企业通过剖析用户数据，推动新商品或服务的研发，甚至借由数据交易实现巨大经济收益，而数据主体却无缘参与这一过程，不仅未得到相应经济补偿，亦无法对数据最终应用方向施加有效管控。这种权益配置的不均衡，明显有悖于伦理层面的公正原则。

从伦理的视角审视，数据的所有权与利用权限的争端，超越了单纯的法理界限，触及对个体权益与尊严的根本尊重。当下，数据已成为信息时代中不可或缺的社会资产，确保个人在数据领域的权利获得充分尊重与保障显得尤为重要。企业界在实施数据的采集及运用时，应遵循"信息透明与同意"及"益处均沾"的原则，这意味着，在数据收集与应用的全过程中，务必详尽披露数据的用途规

划，并保证用户能从其数据的商业化中赢得相应的回馈。有学者提出，数据主体
应享有"数据收益权"即当企业凭借数据创造经济价值时，应对数据来源主体给
予一定的经济补偿或其他形式的回馈。尽管此观点尚未在广泛的法律体系内获得
确立，但基于道德考量，设立数据收益权能有效缓和企业与用户间的数据权益矛
盾，推动构建一个更为公正的数据生态环境。

数据的复用问题构成了数据所有权与使用权争议的一个核心维度。在搜集用
户数据的过程中，企业常常声明数据仅会被限定在特定用途内运用，诸如增强用
户体验或实现个性化推荐。然而，随着企业数据处理技术的进步，数据的潜在应
用范围往往超出了最初预期。比如，企业可能在未获得用户明确授权的情况下，
将数据应用于广告定向投放、市场研究，乃至政治宣传活动，这类行为不仅剥夺
了用户的知悉权益，还对数据的所有权及使用权范畴提出了新的道德考验。面对
这一挑战，企业亟须提升数据复用环节的透明程度，确保用户在数据被使用的过
程中享有充分的知悉权与操控权。

5.1.2.3 算法偏见与公平性问题

人工智能技术在数据隐私保护领域能够引发的伦理困境之一，便是算法偏见
与公平性议题的凸显。随着各行业广泛采纳 AI 系统进行决策辅助，依赖数据驱
动的策略日益成为组织运营与政府治理的关键工具。然而，此类算法的判断依据
往往是历史数据，而这些数据不可避免地嵌入了社会偏见与不公平因素。核心问
题聚焦于 AI 模型在学习训练阶段，不仅吸纳数据中的偏见，甚而有放大效应，
导致实施时决策结果的非公正性，违背了伦理公平的基本原则，并可能对特定社
会群体带来实质性伤害。

算法偏见的生成与其所依赖数据的质量密不可分。AI 通过海量历史数据进
行学习，而这些数据往往是社会不平等与偏见的镜像。[①] 以招聘场景为例，AI 可
能依据过往招聘记录来训练其模型，假如这些数据中蕴含性别或种族的偏颇，系
统则可能在筛选求职者过程中复现此类偏见，致使女性及少数族群申请者遭自动

---

① 杨秋香 .AI 时代媒体转型发展的进化与异化 [J]. 中国报业，2023（21）.

淘汰。同样地，在司法领域，某些 AI 技术被部署以评估犯罪风险，其判断依据为历史犯罪统计数据；若这些数据内含对特定族群的偏见，系统在预测风险时，可能会对这些族群做出有失公允的评估。此现象不仅侵害了特定群体的利益，亦对社会整体的公正性与正义性提出了严峻考验。

AI 算法的"黑箱"属性加深了算法偏见问题的复杂层次。众多 AI 算法，尤其是基于深度学习的算法，展现出极高的复杂度和难以解析的特性。在这种"黑箱"模型内部，AI 系统做出决策的过程往往难以阐释或把握，即使是算法的创造者也无法精确阐述系统是如何达成某一特定决策的。这种透明度缺失和解释性的匮乏，导致算法偏见问题更难被察觉及修正。即使某些决策产出明显偏向一方，相关企业或组织也难以从技术层面对其开展深入剖析和调整。而这种不可解析性，进一步催化了社会公众对于 AI 技术的信任赤字，特别在诸如医疗、金融、教育等敏感领域，算法偏见有潜力对个人生活造成长远且深刻的影响。

算法偏见应对的核心难题在于技术进展及应用实践过程中，如何保障人工智能体系的公正性与公平性。在开发 AI 时，企业需警觉数据潜在的偏颇性，并采取相应策略于模型学习阶段予以修正。有学者建言，通过融合"公正性限制"或执行"偏见消除"算法，以保证 AI 在决策流程中免受数据既有偏见影响，从而做出无偏判断。此外，企业可借由扩大数据采集范围、融入更多样化的训练样本，以及在模型验证环节嵌入公平性度量等手段，来减轻算法偏见的不利作用。尽管上述技术方案能在某层面缓和算法偏见问题，但从本质上攻克此难题仍面临重重困难，尤其是处理多层面交织的复杂决策情境下，如何实现公平性与精确性的均衡，仍旧是一大未解挑战。

解决算法偏见问题不仅是一个技术挑战，还涉及伦理与社会制度的深刻反省与革新。在 AI 的研发与部署过程中，企业必须践行其社会责任，保证技术进步不致加剧社会不平等或孵化新型歧视形态。因此，建议企业在 AI 系统开发阶段构建跨学科的评审体系，吸纳伦理学、社会学及法学等领域的专家参与，以强化技术孵化过程中的公正性和透明度。同时，政府与监管机构应加强对 AI 技术应用的监察力度，建立健全相关法律法规框架，确保企业在AI技术研发与应用中，遵循公平、公正、透明的原则，有效防范算法偏见带来的潜在社会负面效应。

5.2 企业在数据治理中的角色与责任

5.2.1 数据治理的战略角色

在当下的数字时代背景下，数据治理已然跃升为企业运作与战略规划的重心议题。企业内部的数据治理实践，其本质超越了单纯的技术实施范畴，上升至一项关乎全局的战略性职能，贯穿并影响着组织的每一环节。数据作为企业至关重要的资产，不仅为日常业务运作奠定基石，更是驱动企业创新突破、构筑竞争优势及保障长远可持续发展的核心要素。因此，数据治理在企业层面上的战略价值，突出表现在强化决策支撑体系、优化风险管控机制、确保合规性稳健执行，以及激发持续创新动能等多个维度。

数据治理在企业决策支撑领域发挥着核心作用。随着企业日益倾向于依据数据指导运营，确保数据的精确性、全面性和统一性成为高效决策的基础条件。通过构建统一的数据管控体系，数据治理促进了跨部门及业务板块间的数据标准化、可获取度及一致性，有效遏制了信息孤立现象。此外，其战略意义还表现在对数据资产的深度开发与优化策略上，借助严密的管理体系，企业能整合、剖析并运用其海量数据资源，旨在最大化地将数据价值融入创新进程与日常运营之中。

从组织理论的视角审视，数据治理在战略层面的重要性体现在促进一种数据导向文化的塑造。企业迈进数字化转型的征程中，自领导层至基层普及数据导向的思维模式显得至关重要。数据治理的范畴超出了技术部门的单一责任领域，它呼唤高层管理层的积极介入和支持，以保障数据治理策略渗透到组织的每一角落。尤为突出的是，高层的参与意义重大，因为数据治理的实践不仅仅是技术决策的范畴，它还深刻触及企业文化底蕴、组织架构布局及战略导向的调适。借由推动数据文化的培育，企业能确保数据在指导决策、激发业务创新及构筑战略蓝图中占据中枢位置。这种数据引领的文化氛围不仅是运营效率提升的催化剂，也是企业在激烈的市场竞争中捕获更多机遇的金钥匙。

在企业数据治理策略的构筑中，风险管理是一个不可或缺的组成要素。随着数据量呈指数级增长，诸如数据泄露、侵犯隐私及网络袭击等隐患亦随之加剧。该策略的前瞻性显现在其对数据风险的预判与控制能力上，通过构建一个系统化的数据治理架构，企业能有效辨识、评估并应对此类与数据紧密关联的风险。尤其在当今人工智能与大数据技术广泛应用的环境下，数据的复杂度与敏感性再度攀升，企业亟须借助严谨的数据治理规程来维系数据的安全性及个人隐私的保护。数据治理不仅充当着防护数据风险的盾牌，也是企业迈向长期可持续性发展的稳固基石。凭借高效的数据风险管控，企业得以规避可能面临的法律责难、信誉损耗，以及由数据外泄诱发的财务亏损。

数据治理在企业创新推进中的战略意义不容小觑。作为驱动企业创新的关键资源，数据为新产品的研发、市场开拓及业务模式革新提供了强有力的支撑。通过实行高效的数据治理机制，企业能从浩瀚的数据宝藏中挖掘出宝贵的信息洞见，为人工智能技术的运用与创新项目的推进奠定基础。例如，借助对消费者数据的深入剖析，企业能精确捕捉市场动态，进阶开发个性化定制的产品与服务。同时，数据治理也为企业的智能系统构建了坚实的数据基础，保障了 AI 模型的精确度与可信度。在此过程中，企业不仅实现了运营效能的提升，也加速了创新步伐，促成了业务的持续性增长态势。

5.2.2 数据治理中的技术责任

在数据治理的技术维度上，企业肩负着数据安全性、个人隐私保护、数据质量保障及数据可利用性等多方面的重任。随着人工智能、大数据、云计算等多项先进技术的广泛普及，企业所面临的数据治理难度亦随之增加，变得更为复杂。[①] 面对这一现状，企业不仅要采用前沿科技手段来实现数据的管控与防护，

---

① 刘瑶．数字经济背景下的智能财务理论与发展研究 [J].老字号品牌营销，2024（05）.

还需确保这些技术应用严格遵守伦理规范、法律规定及合规要求。技术层面的数据治理责任，不仅体现在技术工具的配置与实践操作上，还深刻体现在技术策略与管理模式、法律法规的有机结合之中，旨在确保数据从产生至废弃的全生命周期中都能得到有效管理和妥善保护。

企业在数据治理范畴内的技术职责，核心体现在维护数据安全的层面上。当前，数据安全议题已跃升为全球企业关注的重心，尤其在频繁发生的资料泄露、网络侵袭及隐私侵犯事件背景下，确保数据安全成为企业的首要使命。在此过程中，企业需实施一套多维度的技术策略，涵盖数据加密技术、访问权限控制、身份验证机制、数据脱敏处理及信息匿名化等，旨在全方位保障数据在存储、传输和处理各环节的安全无虞。加密技术作为数据保护的关键支柱，对于数据在存储与传输阶段的安全至关重要，要求企业务必采取高强度的加密手段来防御未授权访问及信息外泄。此外，构建严密的访问控制体系同样是数据治理的技术关键之一，企业需依托严格的权限管理制度，限定仅有经过正当授权的人员方可接触特定数据，以此举措有效减少数据泄露的潜在风险。

在企业数据治理的范畴内，数据隐私保护构成了技术职责的关键组成部分。随着全球范围内隐私保护法律制度的日趋严谨，企业亟须采纳技术方案来确保用户的个人隐私获得充分保障。此领域内的重要技术涵盖数据脱敏、信息匿名处理及差分隐私等多个方面，它们在数据的分析与处理流程中扮演着保护用户隐私的至关重要的角色。具体而言，数据脱敏技术能够在维护数据分析结论有效性的同时，实施对敏感信息的移除或模糊处理，以此实现数据利用与隐私保护的和谐统一。另一方面，匿名化技术致力于消除或替换掉可识别个人信息的数据元素，即便数据不幸外泄，亦难以直接追溯到个体身份。此外，差分隐私技术作为一种进阶策略，通过向数据中融入随机噪声，有效阻止了从统计分析回溯到单个用户信息的可能性，进一步巩固了隐私防护的壁垒。

企业在数据治理体系中承担着确保数据质量与完整性的技术职责。数据质量直接关联到 AI 算法的训练效能与数据分析的精确度，因而企业必须致力于数据的正确性、全面性和统一性维护。为了实现数据在其全生命周期中的高水准管理，企业需采纳数据清洗、数据质量监督及数据标准化等技术策略。例如，通过数据清洗手段能有效辨识并修正数据内的错误、重复项及不协调之处，保障数据的精确度与适用性。而数据标准化则确保了跨源数据在格式、计量单位及编码规则上的和谐一致，防止了分析偏差因数据格式不一而生。此外，企业应利用数据质量监测软件实施数据质量的动态跟踪，即刻识别并纠正数据问题，确保数据质量的持续优化。

5.2.3 数据治理中的合规责任

在当今全球信息化与人工智能技术飞速推进的环境下，确保数据治理活动遵循法律法规的合规性责任，已成为企业运营管理和战略规划的重点关注领域。企业日常运作中不仅要应对庞大的数据量处理，还必须保证这些数据从收集、保存、利用到分享的每一个环节，都能与国内外法律规范相契合。合规性在数据治理中的独特价值，不仅体现在它是企业规避法律风险的基石，更在于它助力企业构筑社会信赖、增强品牌形象及促进长远发展的深远意义。

在数据治理范畴内，合规责任涉及企业在多种法律体系下应遵循的行为准则。鉴于数据隐私保护问题愈发突出，全球各国及地区已陆续颁布了严格的隐私保护法律条款。这些法律条文对企业在数据收集、存储、处理及传输等所有阶段设定了严谨的标准。对于跨国经营的企业而言，确保其数据治理措施符合各经营地的法律规定至关重要，否则可能遭遇大额罚金、法律诉讼和品牌信誉的损害。

在这样一个涉及多层面、跨区域的法规体系中，企业的合规义务变得极为繁复。企业必须清晰界定其自身的法律背景，并据此制定数据治理策略及操作流程，以保证在全球各国家和地区经营活动中遵循相应的法律规范。比如，在处理跨国数据转移事务时，企业务必熟悉目的国家的法律要求，尤其是涉及个人数据传送过程，确保资料传输与储存的合法性。鉴于跨国数据流通常伴随着不同标准的数据隐私保护挑战，企业需借助与第三方订立的标准合同条款（SCCs）途径，或是采纳隐私盾认证等机制，来保障数据的国际流动既符合全球标准也满足本土法规。这一系列举措不仅彰显了企业的合规责任感，同时也是维系其全球业务运作连贯性的关键一环。

合规义务不仅仅是一个技术实施的问题，它还深刻触及企业的结构组成与管理体系。众多隐私保护法律条例均明确规定，企业需配置专职的数据保护官（Data Protection Officer，DPO）或是隐私合规部门，来负责审视企业数据治理的实际操作是否与相关的法律规范相契合。[①] 在此架构中，DPO 起着核心杠杆的作用，其任务范围不局限于监控数据处理的合规状况，还涵盖向高级管理层提供关于数据保密及安全的专业咨询、介入数据治理框架的规划，以及担当与监管实体沟通的桥梁。这一系列要求表明，企业在践行合规义务的过程中，不仅要立足技术维度，确保存储的信息安全无虞、个人隐私得到妥善保护，还亟须从组织结构上筑基，构建一套行之有效的管理机制，以保障合规程序的顺畅执行与落实。

5.2.4 数据治理中的伦理责任

在人工智能、大数据及云计算技术迅猛推进的背景下，数据治理中的伦理职责已成为企业无法回避的重大课题。企业日常运作中涉及海量个人数据与敏感信息的处理，此过程不仅牵涉到用户隐私的维护，还广泛触及公平性、透明度及企业社会担当等伦理议题。身处数据引领发展的时代，企业于数据治理中肩负的伦理责任，不仅是法律遵循性的体现，也是其践行社会责任与追求可持续发展的关键所在。因此，企业务必在数据治理活动中统合考量技术维度、社会影响及伦理原则，确保资料处理实务符合社会伦理准则，并在创新科技浪潮中，积极主动地承担起社会责任。

伦理责任的一个重要体现是对个人隐私权益的维护。随着数据采集与处理技术的飞速发展，企业能够更加深入地洞察用户的行径、偏好及习惯模式。然而，这种技术力量的壮大，也暗含了侵犯个人隐私的潜在威胁。因此，企业在实施数据收集及利用时，必须坚持"知情同意"基本原则，确保用户在充分知悉数据采

① 张弛. 数据保护官岗位角色技术能力分析 [J]. 中国信息安全，2019（02）.

集的目的、处理方法及其可能涉及的风险后，自主做出允许数据被收集和使用的决定。企业应当避免滥用自己的技术优势，规避以隐蔽形式或未经用户明示同意便搜集个人信息的行为。此外，建立健全机制，保障用户能随时撤销其数据使用的授权，亦是企业责任所在。这种对用户隐私权的尊重态度，不仅是数据治理框架下伦理责任的具体实践，也是企业构建用户信任、增强用户黏性的核心策略之一。

伦理责任的一个重要方面是防范算法偏见及歧视现象的发生。随着人工智能和机器学习技术渗透至各行各业，企业日益倾向于利用数据导向的算法来指导决策。然而，这类算法决策的合理性与公平性议题已成为社会广泛关注的焦点。算法因依托历史数据进行学习，可能在不经意间吸纳了社会中存在的偏颇见解与不公平状况，若企业在数据治理环节未能有效辨识并纠偏，AI 系统则有潜力在决策执行中复现乃至放大社会的不公平性。比如，招聘筛选、信贷批准及保险费设定等场景下，一旦输入数据隐含性别、族裔或年龄等方面的偏见，AI 算法可能导致对特定群体的无意识不公正对待。因此，企业负有在数据治理中积极遏制算法偏见与歧视行为的伦理重责，确保存储 AI 决策机制与社会公平正义原则相契合。实现此目标的途径多样，比如在算法训练阶段实施数据去偏技术，或在算法输出后执行公正性审计，以保障 AI 系统的客观性与透明度。

在企业迈进数字化转型的征程中，数据治理的伦理责任成为不可小觑的关键议题。这要求企业不仅要保证其数据治理活动与法律法规相契合，还需多维度审视自身行为，涵盖社会责任担当、个人隐私保护、算法公正性、操作的透明度及对环境的影响等，全面评估数据处理的伦理后果。秉持伦理责任于数据治理之中，企业不仅能够有效规避伦理危机与公众争议，还能借此契机改善社会形象，深化用户信赖，并为公司的长远发展注入核心动力。

5.3 数据泄露的风险与应对策略：技术与管理的结合

5.3.1 数据泄露的主要风险来源

在当下的企业运营环境，数据成为核心驱动力，与此伴随的是数据泄露风险的广泛性和复杂性显著增加。随着人工智能、大数据、云计算等先进技术的深入运用，企业所面临的泄露风险呈现出多维度特征，既涉及外部恶意侵袭，也包含内部操作不当、技术防护缺陷，以及与第三方合作潜在的安全隐患。因此，全面把握这些风险源是制定切实可行防御策略的基础和先决条件。

首要因素在于，数据泄露的重大成因之一是外部侵袭，尤其随着人工智能与大数据技术的广泛部署，企业日益成为黑客及网络侵犯者的重点目标。鉴于 AI 对海量数据的依赖，无论是用于训练抑或推断过程，均涵括了个人隐私与商业机密信息，故而成为网络不法分子的重点觊觎目标。网络侵犯行为的复杂多变性加剧了企业所面临的外围风险。常见的侵犯策略涵盖了网络钓鱼、恶意软件植入、分布式拒绝服务（DDoS）打击及勒索软件散播等，此类行径不仅潜在引发数据外泄，更可能对企业的系统运行及业务连续性造成长远的负面影响特别的是，在人工智能驱动的企业运营场景下，侵犯者常利用 AI 系统的复杂度与数据依赖特性，执行具有针对性的侵犯操作，比如通过对输入数据的操控（即对抗性攻击）以误导模型判断，而这一系列行径往往是为窃取高度敏感信息铺路的初步行动。

其次，内部安全隐患是构成数据保护风险的一个关键组成部分。尽管机构已从技术及管理层面实施多维度防护策略，但内部人员或合作方的操作差错及恶意行径仍可能引发重大的数据泄露事件。有研究指出，相较于外部侵袭，内部威胁所带来的危害程度往往更为严峻，尤其是当处理涉及高度机密的信息时，内部个体基于其权限与接触范畴的优势，使信息暴露的风险显著增加。这一风险体现在两个层面：其一，由于安全意识缺失或执行操作时的疏忽，内部员工可能会无意识中触发数据泄露，诸如未实施加密措施即传输敏感信息、系统访问权限配置不当、对外无意泄露机密文档等错误操作均属此类情况。其二，则涉及蓄意行为，即恶意内部人员利用自身岗位与权限优势，非法获取或泄露公司数据以谋求个人利益或对公司实施报复。特别的是，在 AI 情境下，鉴于数据的高度敏感性与巨大价值，内部威胁的潜在破坏力被进一步放大。

再者，技术缺陷构成了数据外泄的另一项显著风险要素。随着人工智能技术复杂度的不断攀升，相关系统及算法内潜藏的技术漏洞变得愈发难以彻底根除。在此类系统中，常见的技术缺陷涉及数据传输的不足加密、身份验证机制的不健全、因模型架构过度复杂而引发的脆弱性（例如，对抗性攻击的易感性），以及数据存储与处理流程中的技术瑕疵。特别是那些深度依赖云计算与分布式架构运营的企业，横跨多平台的数据转移与存储步骤中的防护漏洞可能为黑客敞开了入侵的大门。此外，AI 的"黑箱"加剧了辨识技术缺陷的挑战，企业难以实现对 AI 系统各技术层面的全面监控，致使安全隐患在系统内部隐匿存在且久未被发现。一旦这些技术漏洞遭受恶意利用，数据外泄的概率将显著攀升。

最后，外部合作机构所引发的风险在数据泄露事件中占据显著比重。当前企业运营环境中，企业广泛依靠外部供应商、业务伙伴及服务供应商来强化技术支撑、处理数据或开发 AI 算法。然而，对于这些第三方实体的安全管控措施，企业难以实现全面掌握，尤其是当数据在不同组织间共享与传输时，泄露风险骤增。在此类合作框架下，企业数据需在第三方系统的传输、储存及处理流程中流转，而这些系统可能并未达到企业内部设定的安全与合规标准。此外，第三方供应链的多层复杂性导致数据在传递链条的多个点位上易受暴露，任一环节的防护缺陷均可能牵动整个数据流转过程的失守。特别的是，跨境数据传输场景下，不同国家和地区法律监管政策的异质性进一步加剧了数据泄露问题的复杂度与不可预测性。

5.3.2 技术应对措施

在人工智能驱动的时代背景下，确保信息安全的关键在于运用技术手段有效防御数据泄露风险，这构成了企业风险管理的基石。鉴于数据的流动性与依赖性日益增强，技术保护措施成为数据安全管理体系中的核心要素。因此，企业必须依据数据从产生至消亡的全生命周期，实施一系列紧密衔接的技术策略，旨在全方位保障数据在采集、保存、加工、传输及最终销毁过程中的安全性。

首先，数据加密技术是确保数据安全、防范信息泄露的重要策略。该技术致力于将原始数据转化为密文形式，从而使数据在传输和储存环节遭遇拦截时，非法访问者无法直接解读数据实质。在 AI 的设计中，应将加密措施全面融入数据的整个生命周期。针对静止数据（即存储中的数据），推荐企业采纳高强度的加密算法，例如 AES–256，来实施数据的加密保存，保证这些数据在存储媒介上的不可读性。而对于动态数据（即传输中的数据），采用端对端加密（E2EE）机制能够保证数据在多个节点间的传递流程中维持加密状态，有效抵御中间人攻击的威胁。特别是在云计算这种环境下，数据频繁地传输与存储加剧了泄露的风险，而端到端加密技术显著降低了这一潜在风险。此外，构建一个健全的密钥管理体系，对于维护加密过程的安全至关重要。这一体系应涵盖密钥的创建、保管、分配及安全销毁等环节，且操作流程需遵循业界公认的最优实践指南，以最大限度地减少密钥被窃或破解的风险。

其次，实现数据安全的关键策略涉及身份验证及访问控制机制的实施。多因素认证（MFA）通过集成了密码、生物特征、动态口令等多种验证要素，有效提升了非法侵入者突破系统防线的难度。在 AI 系统下，身份验证的应用范畴应超越用户层面，涵盖系统间的数据交换过程。比如，当一个 AI 组件意欲与另一组件共享数据时，必须经由身份验证流程以验明交互行为的合理性。另一方面，访问控制机制通过对用户及系统数据访问权限的严格界定，进一步缩减了信息泄露的风险敞口。当前，基于角色的访问控制（RBAC）与基于属性的访问控制（ABAC）是两种主流的管理手段。RBAC 依据预设角色来分配数据访问权限，区分不同角色用户的访问界限；而 ABAC 则是一种更为灵活的模式，根据用户特性、环境情境等因素动态调整访问授权，以此适配 AI 系统的多样性和变通性需求。

再次，采用数据脱敏及匿名处理技术是防范数据泄露的关键策略，尤其在涉及数据传播与分析的情境下，企业必须在确保敏感信息不外泄的基础上利用数据资源。数据脱敏技术通过遮盖或改变敏感信息的形式，使得数据即便遭遇泄露，攻击者亦难以解读其实际内容。此技术涵盖了一系列实用方法，诸如掩码技术、替代法及扰乱技巧，能有效捍卫个人识别信息（PII）等核心数据的安全。针对人工智能训练数据集，借助数据脱敏手段，企业能够保障模型训练过程不牵涉真实的个人资料，相应减轻了数据泄露的潜在威胁。另一方面，匿名化技术致力于切断数据与其原始标识之间的联系，以此阻断直接追溯到特定个人的可能性。该技术在大规模数据解析与分享环境中展现出独特优势，既能维护数据分析的效用，又成功规避了侵犯个人隐私的隐患。

最后，AI 模型的安全防护技术是确保数据安全不可或缺的一环。鉴于 AI 模型固有的"黑箱"极易遭受对抗性攻击，攻击者利用精心构造的数据输入诱使模型产生误判，从而可能窃取模型内部数据。为应对此类威胁，企业必须采纳对抗性防御策略，比如实施对抗性训练（adversarial training）机制，该机制能让模型学会辨识及抵抗有害输入信息。此外，模型嵌入水印技术成为另一项有力的防护措施，企业通过在 AI 模型中融入特定水印，得以监测和追溯模型的非法流通或泄露事件，保护模型的知识产权与数据安全。而联邦学习（Federated Learning）作为 AI 模型训练的创新方法，被视作显著降低数据泄露风险的途径。该模式摒弃了集中存储与处理数据的传统，转而利用多节点进行局部数据训练，仅同步模型参数而非原始数据，极大程度降低了数据泄露的潜在风险。

5.3.3 管理策略与风险预防

面对数据泄露风险的防控，技术措施虽构成基本防线，但仅凭技术屏障难以充分应对复杂多变的安全挑战。在此背景下，管理策略作为数据保护体系的另一个核心支柱，展现出整合技术资源、化解风险隐患、增强人员安全认知及巩固规章制度执行力的重要价值。一个高效的管理策略不仅能体系化地预先防范数据泄露，还能够依托构建积极的组织文化和稳固的制度架构，全面提升企业的安全防御效能。具体而言，数据泄露的管理策略与风险防控举措包括数据的分类与级别管理、人员教育与安全意识的提升、数据管理政策的制定与实施，以及对供应链与第三方风险的严格把控。

在数据泄露风险的防控措施中，数据分类与分级管理体系构成了最基本的战略之一。企业日常运作涉及生成及处理海量异质数据，这些数据根据其敏感度和重要性的不同而有所差异。通过实施合理化的数据分类及分级管理制度，企业能确保各类和各级数据获得与之相匹配的保护措施，有效遏制数据泄露的风险。具体而言，数据分类过程涉及依据数据的属性、应用领域及其敏感程度，将其划分成多个类别，如个人识别信息（PII）、财务记录、客户资料、业务纪要等。数据分级则是根据数据的重要度和敏感水平来确定其访问权限及安全防护层级。采纳这一管理策略，使得企业能够针对不同敏感性的数据定制差异化安全保障方案。比如，高度敏感数据可能要求实施更严密的加密手段、精细的访问控制机制及全面的审计追踪，而低敏感度的运营数据则可采取相对宽松的保护策略。这种层次化的管理模式有助于企业优化安全资源分配，防止因防护过度或不足引发的风险。

在构建了数据分类及分级管理体系之后，企业还需实施一整套严谨的内部控制规章，以保障数据使用的安全性。此体系的核心要素涉及数据应用的授权界定、操作流程及责任归属，确保每一步数据的访问与传递活动均留有可追踪、可审计的痕迹。企业应当拟定翔实的数据访问权限规则，清晰划分不同职务与角色在特定情境下对特定类型数据的访问权限，采纳基于角色的访问控制（Role-Based Access Control，RBAC）模式，能大幅度降低数据误用与滥用的风险。此外，构建数据利用的日志记录系统与审计程序，对于及时发现并追溯异常操作或数据外泄的源头至关重要。凭借这一系列严密的内部监管体制，企业不仅能有效遏制内部安全隐患，同时也为抵御外来风险构筑了坚实的防线。

在企业管理策略中，强化员工培训及提升安全认知占据了核心地位。尽管技术工具在数据保卫战中扮演着重要角色，但最终防线的稳固有赖于员工的操作习惯与警惕性的维持。因而，企业需实施持续且结构化的培训课程，旨在全面提升员工群体对于安全规范的认识与执行力度。诸多信息安全事故的根源并不在于技术系统的漏洞，而是员工的疏忽与安全意识匮乏所致，比如未实施加密的敏感信息传递、轻率点击不明邮件链接，以及密码管理上的疏漏，这些均能触发数据泄露的危机。透过规律性的安全教育活动与实战模拟，企业可提高员工对如网络欺诈、恶意软件等常见威胁的辨识技能，同步提升他们在处理敏感资料时的警觉性与遵循法规的自觉。此外，依据不同职位与职能特性定制化安全培训方案，确保每位员工深谙自身职责范畴内的数据保护规范，共同营造企业内部浓郁的安全文化氛围，亦为关键之举。

除内在管理体制，供应链及对外协作机制同样是企业数据泄露风险管控中的核心要素。当前企业环境普遍特征为，企业广泛依靠外界供应商、云端服务提供商及其他协作单位来强化技术支撑或执行数据处理工作。此等外部合作虽有力推动了运营效能的提升，却不免为数据泄露风险敞开了额外的缺口，尤其体现在跨越组织边界的资料传输与共享环节。为有效抑制第三方关联风险，企业需对一切涉及数据共享的外界伙伴实施严谨的安全审核机制，并明确定义第三方在安全保障方面的职责与承诺。在契约构建中，透过数据处理协定（Data Processing Agreements，DPA）与服务级别协定（Service Level Agreements，SLA），企业可确保第三方遵循既定的数据安全规范及法律规定。此外，企业应设定周期性安全评估与审计机制，以验证第三方的数据防护举措是否贴合业界最优实践。特别当作业触达跨国数据转移范畴时，确保第三方合作方遵从各国家和地区关于数据隐私的法规要求显得尤为重要，借由高效的第三方监管体系，企业不仅能够减少供应链中潜在的数据泄露风险，亦能保证数据在整个合作网络中获得充分的保障。

5.3.4 数据泄露应急响应与恢复机制

尽管企业能采取综合技术及管理策略以防堵资料外泄，现实中此类事件仍旧难以完全避免。不论是外部侵扰、内部操作失误，或是第三方合作中存在的安全缺漏，一旦资料外泄发生，企业将面临严峻的法务、财务及品牌信誉风险。因此，构建一套完备的资料外泄紧急应对与恢复体系，对于企业在面对危急时刻迅速做出反应、最大限度减少损害至关重要。此体系需涉及事件的初步侦测、即时应对措施、后续复原工作，以及事后的总结反馈与持续改进，以确保企业在遭遇资料外泄后能即刻启动高效应对程序。

在应对数据泄露这一紧急情况时，及早发现显得尤为重要，这是应急响应策略的基石。企业应当构建一个全面的监视和检测体系，以确保能够迅速捕捉到任何数据泄露的初步迹象。鉴于现代企业广泛运用自动化系统与人工智能辅助的分析工具来管理数据，引入基于 AI 的安全监控解决方案成为必然选择。此类系统通过不间断地审查网络流量、记录数据访问日志和监测系统行为，旨在辨认出非正常的访问模式或异常的数据传输活动。比如，借助机器学习算法，AI 能有效识别出不寻常的登录行为、数据传输量的突增或权限变更等可能引致数据泄露的事件。此外，配置入侵检测系统（IDS）与入侵防御系统（IPS），可以强化网络监控，实现实时防御，从而阻挡可能引发数据泄露的恶意侵袭。一旦系统探测到可能存在数据泄露的线索，应即刻激活应急响应程序，确保事件在初期得到妥善管控，防止损失的进一步扩大。

当数据泄露的初期侦测得到落实后，企业亟须即刻激活紧急应对机制。首先需组建一个专门的数据泄露紧急应对小组（Incident Response Team，IRT），该小组成员通常涵盖数据安全专业人士、法律顾问、IT 技术人员及高层管理人员。IRT 的首要职责是迅速评判事件的严峻程度，并规划后续的应对策略。具体应对措施涉及将受损系统隔离、切断数据泄露源，并加强对未泄露数据的防护。例如，企业可采取临时切断网络链接、终止特定服务器运行或收紧用户访问权限等手段，以遏制数据泄露的进一步蔓延。同时，企业应立即保存所有相关的日志记录与系统数据备份，为后续的事件复盘与取证分析提供依据。此外，IRT 还需担当起与外界利益相关者的沟通重任，包括通报监管机关、客户及业务伙伴，确保信息流通的透明度并遵循相应的法规规范。

在初步遏制数据泄露事件后，企业必须转向恢复环节，确保受波及数据与系统的快速恢复与正常运行。此过程核心涉及受损数据的复原及系统安全弱点的弥补。企业应利用备份机制来还原泄露或毁损的数据，并对相关系统执行全面的安全审计与修复措施，确保类似的漏洞不再出现。特别的是，在 AI 的情境下，恢复策略还需融入数据模型的重训与验证环节，确保预测精确度不减，系统运行无虞。此外，在整个恢复期间，企业宜实施追加的安全防护，如采用多因素认证、升级加密协议、收紧访问权限控制等手段，筑起坚固防线，防止数据泄露事故的重演。

在完成事件应对及系统复原后，企业需实施全面的风险评估与事件复盘工作，意在汲取经验教训，进一步优化日后的应急响应体系。复盘工作的关键点在于深入剖析数据外泄的根本原因，评审企业在危机处理中的效能，并辨明在技术支持、管理体系及操作规程上的缺陷。举例而言，企业可依托翔实的事件分析报告，探究数据外泄系由技术防护漏洞、管理层决策偏差或外部合作漏洞所引发，并依据事件特异性，定制化地提出改进策略。这一事后回顾过程，不仅为增强企业后续的安全防御矩阵提供助力，同时也为构筑更周密的数据外泄应急计划奠定了实证基础。

对于数据泄露事件涉及的法务合规层面，其重要性不容忽视。鉴于全球各国家和地区对于数据隐私保护立法的差异性，企业一旦遭遇数据泄露，必须遵循相应法规，在限定时间内向指定监管机关及受害用户通报情况。以欧盟颁布的《通用数据保护条例》（GDPR）为例，明确规定企业需在数据泄露事件发生起 72 小时内向监管机构报告，并视情况向受到影响的个人通报。因此，在构建紧急应对机制时，企业需全面融入法制合规考量，确保在不幸事件突发之际，能够迅速履行法律规定的通报责任，防止因信息隐瞒或迟延发布而招致额外的司法风险敞口。

数据安全紧急应对体系应当内置周期性的模拟练习及预案验证环节。借助规律性的紧急模拟操练，企业能评估其紧急预案的实际效能，并提高紧急应对团队的协同作业能力。比如，企业可利用模仿各类攻击情境（如网络钓鱼、勒索软件侵袭或内部数据外泄）的方式，来检验紧急应对体系在多样情境下的响应速率与处理效能。在模拟演练过程中揭示的问题需及时文档化并着手改进，以确保企业的紧急应对体系能在将来的实战情境中发挥实效作用。

5.4 多方协同中的隐私计算与联邦学习

鉴于企业日益增长的数据依赖性，如何在确保数据隐私安全的同时，充分挖掘和利用数据资产，成为横跨技术、管理和法规领域的重大课题。在此背景下，多方协同环境中的隐私计算与联邦学习作为一种新兴技术及管理模式，为解决这一难题提供了可行的路径。该模式的关键在于，它能够在不直接暴露原始数据的情况下，促进跨机构、跨地区的数据联合分析，既加大了数据隐私的防护力度，又提升了合作情境下数据的利用效率和价值创造。

5.4.1 隐私计算的技术框架与应用

隐私计算（Privacy-Preserving Computation）的兴起是对日益增长的数据隐私安全需求的直接响应，特别是在人工智能技术和大数据时代背景下，数据已成为促进企业创新与提升竞争力的关键资源。然而，数据开放共享与个人隐私保护之间的冲突愈发显著，这一矛盾在跨界、跨地域的数据合作中表现得尤为激烈。作为一种新兴技术理念，隐私计算致力于运用多样化的计算方法与加密手段，在确保数据免于直接暴露的同时，依旧能够参与到数据分析与处理过程中，力求在维护数据隐私与挖掘数据价值之间达成最优平衡状态。

隐私计算技术框架涉及的核心技术主要包括同态加密、安全多方计算及差分隐私等，它们各自针对特定的使用场景展现出独特优势，在促进企业间数据合作中扮演着多样化的角色。

1. 同态加密（Homomorphic Encryption）

在隐私计算领域内，同态加密技术展现出了极大的发展潜力。该技术核心优势在于，数据在加密状态下即可直接进行运算，且运算结果经解密后保持正确无误，从根本上缓解了数据在传输与存储期间可能遭遇的隐私泄露问题。这一特性让数据所有者能够在无须揭露原始数据的前提下，实现跨机构的数据协同计算，极大地拓宽了数据合作的边界。以金融行业为例，银行能够借助同态加密手段对客户的交易记录实施加密保护，继而在不解密的状态下辨识潜在的欺诈活动，显著降低了信息外泄的风险。医疗领域亦是同态加密应用的亮点，各医疗机构能通过加密病患信息实现数据共享，共同探究疾病的发展趋势与治疗成效，确保了患者隐私的同时推进了医学研究。综上所述，同态加密不仅加固了数据安全保障体系，还为跨界数据合作铺设了可行之路。

2. 安全多方计算（Secure Multi-Party Computation，MPC）

安全多方计算技术，作为一种分布式计算模型，旨在达成隐私保护目的，使多个参与者能够在不揭露自身数据信息的前提下，共同完成特定函数的计算任务。其核心竞争力体现在无须集中存储数据，而是借由各参与方的协同努力以实现全局数据分析。鉴于此分布式特性，该技术尤为适用于那些既要求多方面合作又受限于数据隐私法规的环境。比如，在横跨国界的企业供应链管理场景下，众多供应商能够运用 MPC 技术实施供应链优化算法，无须开放各自的敏感商务信息。此外，MPC 技术还在金融领域展现出广泛应用潜力，使得银行及金融机构能够在不透露客户资料的情况下，联袂评估市场风险及欺诈活动，这一合作模式在增强数据共享安全性的同时，也有效规避了因数据泄露而可能引发的法律责任。

3. 差分隐私（Differential Privacy）

差分隐私技术，作为一种通过融入随机噪声至数据处理结果以守护个人隐私的方法，区别于同态加密及安全多方计算，其核心关注点在于保障分析结论中的个体资料安全，以至于即使分析结果遭到非法获取，也无法逆向揭示特定个体的实际信息。该技术在大规模数据处理领域，如政府统计项目、市场调研活动中，展现出了举足轻重的作用。比如，在政府执行公开统计数据时，借助差分隐私手段，能有效防止个体的详细资料外泄。而对于企业，尤其是互联网企业，差分隐私的价值同样显著，它使得企业能够在不侵犯用户个人隐私的前提下，深入挖掘用户行为模式，为个性化推荐机制及广告策略的精进提供强有力的数据支持，实现了隐私保护与数据商用价值开发的双赢局面。

除了上述三种技术框架，隐私计算领域还涵盖了其他重要技术，如可信执行环境（Trusted Execution Environment，TEE）。作为一种基于硬件实现的数据保护方案，TEE 通过在计算硬件内部构建一个隔离且安全的运行环境，来保证数据在处理阶段免受其他系统组件的非法访问或修改。当前，TEE 技术在云计算场景中展现出了广泛应用潜力，特别是在促进云服务供应商与客户端之间的安全合作方面。借助 TEE，企业能够安心地将含有敏感信息的数据委托给云端服务商进行处理，而无须忧虑数据在传输和处理期间遭遇第三方不法分子的窃取或泄露风险。

隐私计算技术的推广运用，不仅促进了跨企业间的数据合作，还为应对法律法规要求开辟了新途径。随着《通用数据保护条例》（GDPR）等全球隐私保护法律的强化实施，企业面临的数据管理和流通合规标准不断提升，在此背景下，隐私计算成为一种在遵循监管规范的基础上充分发挥数据潜能的技术工具。举例而言，GDPR 明确指出数据处理器必须保证个人信息的匿名处理或假名化，而隐私计算方法，诸如差分隐私及同态加密，恰好契合此类法律规定，利用科技手段有效减少数据隐私泄露的风险。此外，该技术还助力企业应对跨国数据流动中的合规难题，特别对于横跨多国运营的国际企业，隐私计算使得在全球范围内实现数据协同与分析的同时，无须实际跨越国界传输原始数据成为可能。

隐私计算技术的应用范畴跨越了多个行业界限。特别是在金融业中，诸如银行和保险公司之类的机构能够运用此技术，在确保个人数据隐私安全的基础上，执行诸如信用风险评估及反欺诈分析等数据驱动的业务操作。以往，此类分析往往依赖于集中式数据处理模式——即将客户信息汇总至一个中心服务器进行处理，这种方式不仅可能加剧数据泄露的风险，还伴随着繁复的法规遵从问题。而隐私计算通过维持数据在各自机构内部处理，规避了集中处理的环节，极大减少了数据外泄的可能性，并且简化了合规难题。此外，金融机构还能够借助隐私计算与外部数据供应商合作，在不披露客户敏感信息的前提下，获取更为精准的市场风险评估和投资策略建议。

在医疗保健领域，隐私计算技术展现出广泛的应用潜力。鉴于医疗信息的高度敏感性，如何在确保患者隐私的前提下推进疾病研究、药品开发及医疗服务的改善，成为该行业面临的一项重大考验。隐私计算的引入使得医院、科研单位及制药企业能够在不公开原始患者医疗记录的情况下，实现数据的协同分析与探索。例如，多家医疗单位能够借助同态加密手段，联合执行大型临床试验数据解析，探讨特定疾病的传播途径与治疗成效，无须向合作方透露患者的详细信息。类似地，制药企业可运用差分隐私技术，从医疗单位的患者资料中提炼统计分析结论，指导新药开发中的疗效评估与副作用检测工作，同时防止泄露个人隐私细节。这种策略不仅强化了医疗数据的开发利用效能，还为隐私保护构建了坚实的科技屏障。

5.4.2 联邦学习的概念与实施

联邦学习（Federated Learning）作为隐私计算在机器学习领域的具体应用，近年来得到了广泛关注和研究。与传统的集中式机器学习方法不同，联邦学习旨在解决多个数据持有者在不共享原始数据的前提下，协同训练机器学习模型的问题。[①]联邦学习的核心理念是将模型训练过程分布式地进行，即各数据持有者在本地进行模型训练，然后只将模型的参数（如梯度、权重等）发送到中央服务器进行聚合，而非传输原始数据。这种去中心化的训练方式不仅减少了数据泄露的风险，还有效满足了数据隐私保护和法律合规的要求。

联邦学习这一概念最早源于 2016 年谷歌的创新提议，其初衷是针对移动设备环境中的个性化模型训练应用。如在智能手机内置的输入法应用程序里，用户输入的信息常附有极强的个人隐私属性。传统模式下，需要汇总全部用户输入数据至服务器端进行集中处理，这种方式不仅潜藏了数据外泄的危机，同时也背负着庞大的数据传输与存储开销。相反，联邦学习技术使得用户数据能够在本地设备上直接参与模型训练过程，仅需上传模型的参数变动至服务器。[②]随后，服务器汇总并整合各设备提交的参数更新，以此来迭代优化全局模型，并将新模型版

---

① 车亮，徐茂盛，崔秋实. 基于联邦学习的短期负荷预测模型协同训练方法 [J]. 湖南大学学报（自然科学版），2022，49（08）.

② 葛斌，吴彩，张天浩，等. 基于联邦学习的边缘计算隐私保护方法 [J]. 安徽理工大学学报（自然科学版），2022，42（06）.

本分发至每一台设备。此流程确保了用户原始数据的全周期本地留存，极大增强了数据隐私的安全防护。

联邦学习的执行流程蕴含多个核心技术步骤。首要步骤涉及各参与实体（诸如智能手机用户、企业实体、医疗机构等数据保有者）在其本地环境中运用自身数据进行模型的训练及迭代。此过程的成果体现为模型参数的修订，而非模型本身的全量传输或原始数据的暴露。常规上，这一操作依托于梯度下降法原理展开，意味着在每一次训练周期结束后，各参与方依据本地数据计算模型的梯度变化，并将此梯度更新信息传输至中央服务器汇总。

随后进入模型参数的传递与整合环节。在此过程中，中央服务器的核心职责是从各参与单位收集模型参数的更新信息，并依据预设的整合策略，计算出全球模型的最新更新。常见的整合策略采用加权平均法，该方法依据各参与单位所贡献的数据量大小，对其参数更新实施加权平均处理，旨在确保拥有更大数据量的参与者对全局模型的影响力更为显著。此策略有效地解决了各参与方间数据量不均的难题，促进了模型训练的公平性与效率。

尽管联邦学习在实践操作中展现出巨大潜力，但其实施路径上横亘着一连串挑战。首要难题在于通信效率的瓶颈。鉴于联邦学习采用的分散式训练架构涉及参与节点与中央服务器之间的密集参数交换，如何在维持模型预测准确性的基础上有效降低通信负担，成为亟待解决的核心议题。尤其在移动设备及边缘计算环境内，通信带宽资源通常受限，频密的大规模参数传输可能导致网络拥塞乃至设备运行能力衰减。有鉴于此，科研人员已探索多种策略优化路径，涵盖梯度稀释技术、非同步更新机制等，旨在缩减通信成本，提升联邦学习的整体效能。

面临的另一项关键挑战在于模型聚合环节的安全隐患。尽管联邦学习机制已成功规避了直接数据交换的问题，但在模型参数的传递及整合流程中，仍存有遭受外界侵扰或篡改的风险。比如，存在不良动机的参与者有可能通过提交虚假的参数更新，干预整体模型的训练成效，甚或触发模型失效乃至背离原定训练目标。为应对这一安全威胁，联邦学习实践中常规采纳隐私计算领域的先进技术，如同态加密及差分隐私策略，以强化模型训练全程的安全防护级别。具体而言，同态加密技术能保障各参与节点上传的参数更新信息在传输期间维持加密状态，仅允许中央服务器实施解密及聚合操作；而差分隐私技术则是通过对模型参数融入随机噪声的方式，有效阻止了中央服务器逆向分析参数更新来还原个别参与者的敏感数据信息。

联邦学习技术的运用范畴广泛，尤其在金融、医疗及互联网等对数据保密性要求极高的行业中展现出巨大的应用潜力。以金融行业为例，不同银行及金融机构能够借助联邦学习手段，协同构建反欺诈模型及信用风险评估系统，无须交换各自宝贵的客户资料。这一合作模式在增强模型精确性的同时，有效规避了数据外泄风险及确保了遵从法律法规的要求。医疗领域中亦呈现相似趋势，多家医疗机构能利用联邦学习技术，共同优化疾病诊断模型，进而增强疾病的早期识别与诊断精度。鉴于各医院数据库包含高度敏感的个人健康信息，不便直接分享，联邦学习通过促使各医院在本地进行模型训练，保障了病人隐私权的安全无虞。

互联网企业亦能采纳联邦学习技术来优化其个性化推荐系统及广告部署策略。举证而言，多个在线购物平台能借由联邦学习共享用户行为数据分析的模型训练成果，无须揭露各自用户的私人信息，以此途径实现更加精确的个性化推荐及广告推送。这种策略不仅增强了用户的平台体验，同时也严格保障了用户的个人隐私安全。

除已提及的应用场景外，联邦学习技术在智慧城市建设、交通管理系统优化及能源分配等领域展示出广泛的应用潜能。具体而言，各交通管理机构能够借助联邦学习，协同构建交通流量预测模型，旨在优化信号控制策略，缓解交通拥堵并降低事故频发率。在能源领域应用方面，电力企业可利用联邦学习合作训练电力需求预测模型，以此提升电力调度的精准度与效率，有效遏制能源的无谓损耗。

5.4.3 多方协同中的隐私与合规性管理

在涉及多方面数据协作的场景中，隐私计算技术和联邦学习的应用，不仅仅是技术领域的一项考验，还关联着深层次的隐私守护及法规遵循难题。随着全球范围内数据隐私保护法律规范的持续强化，机构与企业在推进跨领域的数据合作项目时，面临着必须双管齐下，在技术实施与管理制度上均需妥善解决隐私保护与合规性的挑战。在此现状之下，隐私计算与联邦学习为实现多方合作中的隐私保障与合规管理需求，开创了新颖的技术实施方案与管理指导框架。

在探讨隐私与合规性管理的关键议题时，核心挑战聚焦于如何实现在多主体数据协作的框架内，既能维护信息的私密性，又能促进数据的有效共享与利用。过往习以为常的数据共享模式倾向于采用集中式的数据整合策略，亦即各参与实体将自身数据汇聚至一个中央服务器进行统一处理。然而，这种模式暴露出几个显著缺陷：首先，集中的数据存储与运算模式实质上加剧了数据泄露的风险，一旦中央服务器遭遇安全侵袭或管理不当，所有涉事方的敏感信息都将面临极高的外泄风险；其次，鉴于不同参与者对于数据隐私保护的需求层次不一，且遵循的法律法规存在差异——尤其是跨国合作情境下，各国间关于数据隐私的保护法规繁复多样，如何在这样的法律生态中确保数据共享行为的合法性与合规性，成为亟待解决的重要课题。

隐私计算与联邦学习采纳了一种分布式的数据处理架构，以此绕开了传统集中式数据整合所带来的隐私安全隐患。在此框架下，各数据保有者能够运用诸如同态加密及安全多方计算等加密手段，参与到协同分析和运算流程中，无须揭露原始数据细节。而联邦学习则将此概念延伸至机器学习领域，容许各参与实体在本地进行模型训练，并经由模型参数的交流而非直接数据共享，实现整体模型的迭代优化。这种分布式的处理方式，在技术层面有效抑制了数据泄露的风险，同时也灵敏地适应了不同主体在隐私保障及合规性要求上的多样性。

在隐私计算与联邦学习的技术架构内，合规性管控的关键聚焦于建构一个高效的数据利用与管理体系，以保障所有参与者在数据协作过程中的权利与责任界定明晰。面对多方位的数据协同作业，首要之举是确立数据应用的权限及范畴共识，具体细化哪些数据资料可被纳入计算范畴、计算的终极目标何在、数据的有效使用时限等问题。这些问题通常需要通过订立数据处理协议（Data Processing Agreement，DPA）的形式来标准化，以此强化各方在数据合作框架内的责任归属与义务界限。数据处理协议不仅构成了法律合规的基石文件，也扮演着技术实操中的指南角色，力保隐私计算与联邦学习活动在合规的轨道上顺畅推进。

隐私计算与联邦学习场景下面临的数据管理议题同样值得重视。在多方位协作的数据共享进程中，数据管理的核心在于保证合作的透明度及可操控性。为此，企业与机构需拟定详尽的数据应用规范，以确保每位参与者都能透彻理解并恪守数据保密的原则。比如，在联邦学习实践中，尽管各参与方并不直接交换原始数据，但在模型参数的传递与整合阶段，仍潜藏数据泄露或遭受侵扰的隐患。针对这些潜在风险，各方必须建立健全的数据利用监督及审计体系，旨在一旦出现数据泄露或非授权使用情况，能够即刻追踪到问题的起因并执行相应的纠正行动。

针对隐私计算及联邦学习的合规管控，涉及对其数据处理流程的审核与评估。为了保障数据的私密性与安全性，机构需定期执行隐私影响评估（Privacy Impact Assessment，PIA），以审查这些先进技术的应用是否满足现行法律法规的标准，并辨识任何可能的隐私威胁。[①] 作为一种综合性的合规管理手段，隐私影响评估透过数据管理流程、技术应用及组织策略的全方位审查，力保数据处理活动既合规又安全。在开展评估时，企业应着重考察数据存储、传送及处理等关键阶段，评判隐私计算与联邦学习在此背景下的隐私保护效能，并依据评估反馈做出适时的调整与技术改良策略。

随着数据隐私保护法律规范的持续发展，隐私计算和联邦学习的合规性管控也需要灵活适应这些变化。各国家和地区针对隐私保护的法律框架随技术进步而迭代更新，因此，企业与组织应当积极跟进相关法律条款的最新变动，以保证其

---

① 张弛.数据保护官岗位角色技术能力分析 [J].中国信息安全，2019（02）.

在隐私计算及联邦学习技术实践上与最新的法律规定相契合。如，随着诸如《加州消费者隐私法案》(CCPA)新兴规定的问世，处理涉及美国消费者信息的企业必须确保其隐私计算及联邦学习技术实施方案能够充分满足 CCPA 所设定的合规界限，涵盖对个人信息处理中的删除请求权、知情权等多项权益的维护。因而，对隐私计算和联邦学习的合规性管控，不仅是技术实施层面的加固，也是企业数据管理策略与法律合规蓝图的关键组成要素。

5.4.4 隐私计算与联邦学习的未来发展趋势

面对人工智能、大数据技术的持续演进与隐私保护需求的日益增长，隐私计算技术和联邦学习预示着在未来的探索与实践领域内拥有巨大的潜力。这两种技术不仅贴合了当前对于数据隐私安全保障的迫切需求，更为数据共享合作与行业创新模式开辟了新的路径。展望其发展趋势，将涵盖技术深化优化、应用领域的拓宽、隐私计算与联邦学习标准体系的建立，以及与其他新兴技术的深度融合。

隐私计算与联邦学习技术的深层次优化预示着它们将成为未来学术探索的关键方向。目前，在实际部署中，这些技术仍需克服诸如高昂的计算复杂性和繁重的通信负担等难题，尤其是在涉及大规模数据交互的场景下，确保隐私安全的同时提升计算和通信效率，成为研究领域的核心议题。例如，尽管同态加密技术允许数据在加密状态下直接执行计算操作，但其相较于未加密状态下的运算显著增加了计算资源的需求，这在很大程度上阻碍了该技术在大规模应用场景中的广泛采纳。因此，未来的研发工作将聚焦于设计更加高效的加密算法，旨在缩减同态加密带来的计算复杂度，拓宽其适用范围和实践潜力。

在未来，隐私计算与联邦学习技术的应用范畴预期将获得更广泛的延伸。当前，这些技术在数据密集且对隐私要求较高的行业，如金融、医疗及互联网领域中占据主导地位。然而，随着技术的日渐成熟，它们将逐步渗透至更多元化的行业领域中。比如，在智能制造场景下，多家制造业企业能够借助联邦学习的手段，共同优化其生产流程与供应链管理体系，促成跨企业合作的智能制造模式及资源的最优化配置。能源行业里，电力企业则能利用隐私计算技术，汇总并分析来自不同区域的电力消费数据，以此来优化电力调度策略与能源分配计划，推动能源使用的高效化。此外，在智慧城市建设及交通管理系统中，隐私计算与联邦学习技术同样发挥着关键作用，通过集成分析交通流数据，改进交通信号的智能调控机制，从而提升城市交通管理的智能化水平。

随着应用领域的不断拓宽，隐私计算技术与联邦学习的发展趋势将着重于标准化进程的推进。目前，该领域内的技术创新及实施应用尚缺乏一个统一的标准框架与规范体系，不同机构间所采纳的技术架构及通信协议的多样性，限制了技术间的顺畅交互。展望未来，随着这些技术的全球化渗透，建立一套通用的技术标准及协议成为关键任务。例如，界定隐私计算安全性能的标准方法是什么？如何构建一套评估联邦学习模型合并稳定性的机制？这些问题的妥善解决将是促进隐私计算与联邦学习标准化及其行业广泛应用的重要步骤。此外，这一标准化过程亦涵盖法律合规性层面的统一，鉴于全球范围内数据隐私法规的不一致性，企业在全球数据合作中遭遇繁复的合规障碍。未来，通过标准化，隐私计算与联邦学习有望为跨国数据协作的合规管理带来简化方案，加速全球数据合作的前进步伐。

6. AI 伦理与企业社会责任

6.1. AI 伦理问题的基本框架

6.1.1 数据伦理

数据伦理构成了人工智能伦理体系内的核心要素，原因在于AI系统的效能、运行及决策制定过程极大程度上仰赖于数据资源。作为 AI 模型训练的根基与技术实践中的推理决策依据，数据在其收集、保存、加工及利用的每一环节均面临复杂的伦理挑战。数据伦理探讨的焦点多集中于隐私权保障、数据准确性、数据归属权、公平性使用数据，以及数据在多元社会环境下的合法性与伦理性议题。身为研究学者，深化数据伦理的探索不仅是缓解 AI 技术负面效应的关键途径，也是确保该技术长远发展的重要基石。

在数据伦理的广泛探讨中，隐私问题占据了极为突出的位置。AI 对大量个人数据有着高度依赖，用以支持其训练及性能提升，此类数据涵盖了生物识别信息、社交互动模式、健康档案及金融交易记录等高度敏感资料。因此，保障数据隐私成为人工智能应用领域中亟待解决的首要伦理困境。未获得用户明确授权而进行的数据收集、处理及分享实践，可能侵犯个人隐私权，并潜藏数据被滥用的风险。比如，社交媒体平台或智能手机应用程序常在用户未能充分知悉的情况下，搜集其地理位置信息、通信记录及网页浏览历史，这些信息进而可能服务于商业广告定向投放、个人行为画像的构建，乃至成为政府监控的工具。隐私议题不仅关乎个人权益的捍卫，也深刻影响社会对于人工智能技术的接纳程度与信赖水平。鉴于此，研究者与开发者在建设 AI 之初，就必须确保数据收集及利用流程严格遵循隐私保护的伦理准则。

尽管法律框架的建立构成了处理隐私问题的首要步骤，但从技术维度实施隐私保护策略同样不可或缺。科研人员已探索多种技术创新路径，诸如差分隐私（differential privacy）、联邦学习（federated learning）等，旨在实现个人数据隐私的最大化保护，同时确保 AI 的效能与运行效率不受影响。差分隐私技术通过向数据集植入噪声，确保在数据利用流程中无法追溯到个体的特定信息；而联邦学习则促进了 AI 模型训练流程的革新，使得在无须汇总用户数据的前提下亦能完成学习任务，显著降低了数据外泄的可能性。这些技术实践为数据隐私的维护筑起了坚固的防线，但实践中，寻找隐私保护与数据有效利用之间的微妙平衡，仍旧是一个亟待攻克的复杂议题。

除却隐私权的保障，数据质量议题同样在数据伦理讨论范畴内占据重要位置。AI 系统的效能及决策精准度极大程度上取决于训练数据的质量；一旦数据携带偏差或未能充分代表总体，AI 系统所产出的结论极有可能出现谬误或不公。比如，若一个服务于招聘领域的 AI 系统采纳了蕴含性别或种族偏颇信息的数据进行学习，该系统在评估候选人时，可能会无意识地对特定群体施加歧视。此类偏误不仅侵蚀了 AI 系统的公正性根基，也可能对社会中本就处于不利地位的群体带来实质性伤害。因此，确保数据质量不仅是技术层面的拷问，而且更深层次地触及了伦理的领域。

为提升数据质量，学者们引入多种数据治理体系，旨在保证数据从收集、标注至处理的每一步均能符合伦理规范。首先，数据收集环节需遵守法律性、透明度及知情同意原则，确保数据源的合法性并得到用户充分授权。其次，数据标注过程应重视精确度与公平性，以确保标注的准确无误及一致性，减轻人为偏见对数据质量的潜在干扰。最后，在数据处理与应用上，务必执行数据最少化原则，仅在绝对必需时利用数据，防止数据的过度利用或误用。实施这些数据管理策略，能够有效缓解数据问题对 AI 系统带来的不利影响，从而增强 AI 技术的公正可靠性。

　　数据伦理学探讨的关键议题之一涉及数据的所有权与使用权问题。[①] 在当今这个由数据驱动的社会背景下，数据被视作一种极为宝贵的资源，尤其在大数据技术和人工智能迅速推进的环境下，其经济价值愈发显著。不过，关于数据所有权的归属、数据使用的合法权限，以及数据利用所产生利益的合理分配，在法律框架及伦理领域内引发了广泛的讨论与争议。传统观念倾向于认为，数据的创造者，即个人或机构，自然应成为数据的所有者，并保有决定其生成数据使用途径的权利。但随着数据共享机制的普及与数据交易市场的兴起，数据所有权与使用权的界定变得日益复杂化。比如，某科技企业可能通过其运营平台积累了海量用户信息，这些信息的产权究竟应归于平台持有，还是应回归至用户自身？进一步而言，平台在未经用户明确同意的前提下，是否有处置数据、将其转售给其他实体的权限？这些问题触及了数据的法理属性，并且深入触及数据应用的伦理界限。

　　面对数据所有权的复杂性所带来的挑战，学者们引入了一种称为"数据信托模型"（data trust model）的创新方案。在此模型框架下，数据拥有者将其数据的运用权限委托给可信赖的第三方组织，由这些组织承担起监管数据使用的责任，以确保数据利用既符合伦理规范又满足法律规定。该模型的突出优点体现在，它在维护数据所有者权益的基础上，有力推动了数据的正当共享与有效利用，从而最大限度地发挥了数据对社会的积极效用。尽管如此，数据信托模型的实际执行仍需克服多重障碍，特别在涉及跨国界或跨界别数据共享的场景下，不同司法管辖区及行业间的法律法规与伦理标准可能存在冲突，构建一个全球性的、统一的数据治理体系，成为当前亟须解决的关键议题。

　　对于数据伦理议题的探讨，应当延伸至数据公平利用的层面。人工智能技术的广泛部署存在潜在风险，可能在数据资源分配不均衡的现状下加剧社会不公平现象。具体而言，部分国家与企业因掌握大量数据资源而享有显著的经济与技

　　① 赵磊磊，陈祥梅．数智时代教育大数据风险：表征样态与化解路向 [J]．贵州师范大学学报（社会科学版），2022（02）．

术优势，相比之下，数据获取能力薄弱的区域或群体面临更加边缘化的境地。例如，大型科技企业坐拥海量用户信息，得以借助数据分析与人工智能技术提供个性化服务，而数据资源受限的中小企业则在竞争中处于劣势。这种数据分配不均不仅威胁到市场公平竞争的原则，也可能进一步扩大社会的不公平差距。有鉴于此，学者们呼吁在全球领域内强化数据资源共享与流通机制，特别是促进公共领域数据资源的社会开放性，以保障人工智能技术的演进能为全人类带来福祉，而非仅为少数企业或国家创造利益。

6.1.2 算法伦理

于人工智能科技的演进历程中，算法作为构成 AI 体系之核心逻辑与决策机制的要素，扮演着不可或缺的角色。它们不仅界定了 AI 系统处理数据、实施推理及做出判断的方式，同时也深刻地影响着系统的公正性、透明度及可解释性的层面。由此，算法伦理成为 AI 伦理探讨框架内的又一关键议题。设计与应用算法的过程中，众多伦理考量浮现水面，涵盖了算法的透明度与可解释性、算法内在的偏颇与歧视问题，以及算法自主性与责任归属的界定等。这些问题不仅作用于 AI 系统的效能与可信度，更对社会的公正伦理价值观带来长远而深刻的影响。因此，研究学者有责任深化对算法伦理的探究，以确保 AI 算法的设计与实践能够契合伦理准则，防止对社会群体及个人权益造成不应有的伤害。

在算法伦理的探讨范畴中，算法的可透明度及可解释性是核心议题之一。当前，众多 AI 决策进程建基于复杂算法，尤其在涉及深度学习与神经网络技术领域时，其内部运作机制往往难以把握与追溯。寻求在维持算法高效表现的同时，公开充分的解释性资料，仍是技术层面的一大挑战。再者，用户对于解释的需求存在多样性，从普通用户到技术专家乃至监管机构，对解释层次的要求各不相同。鉴于此，研究者面临在增强可解释性与保持算法复杂度之间的权衡，旨在确保 AI 系统既能展现出优越性能，亦能对各类利益相关方提供必要的透明化信息。

在算法领域中，偏见与歧视现象构成了一个亟待解决的伦理难题。AI 算法的决策机制从根本上依赖于其训练所用的历史数据，而这些数据不可避免地承载着社会与历史的偏颇。比如，若一个 AI 招聘系统采纳了隐含性别或种族偏见的训练数据，该系统在做决策时，很可能会无意识地复制并放大这些偏见，进而在结果上对特定群体造成不利影响。这种内置于算法的偏见，其后果不仅限于个体所遭受的非公正待遇，还可能在诸如就业、教育、医疗及司法等关键领域中进一步扩大社会的不平等裂痕。学者与研究人员已察觉到，众多 AI 系统在实际部署中均显露出某种程度的偏见表现，比如面部识别技术在辨识不同肤色人脸时的准确度差异就是一例。因此，算法偏见不仅是一个技术层面的挑战，更是触及伦理深处的问题，它考验着 AI 系统的公正性与合法性的根基。

为探究并应对算法内在的偏颇问题，学者们已提出多种技术方案及伦理框架。技术层面而言，开发人员能够运用去偏算法、重新加权技术等，在模型训练环节削弱数据偏误的影响。比如，通过在训练过程中实施公平性约束算法，能明确减少对特定群体的不公正处理，从而提高 AI 系统的公正性。此外，在数据收集与处理阶段，保证训练资料的广泛性和典型性，是对抗算法偏见的关键一环。采用更为均衡且包容的数据集，能让 AI 系统更全面地映射社会的多元特性，防止对特定群体造成体制性偏见。然而，技术手段虽能在某程度上缓和偏见问题，其根本原因却深深依赖于社会结构之中，单纯依赖技术手段无法实现偏见的根除。因此，研究者强调，要从根本上解决算法偏见，除了技术创新之外，还需获得社会政策与法律框架的支撑，诸如制定反歧视法律条款，强化 AI 系统的伦理审查与监管力度。

在算法伦理领域中，探讨算法自主性与其衍生的责任归属问题是至关重要的一个方面。随着人工智能技术的持续飞跃，众多 AI 系统在自动驾驶、机器人技术、智能家居等场景下，已经能够实现在缺乏人类直接参与情况下的自主决策与行为执行。然而，这种自主性的增强同时也触发了责任认定上的伦理困境。当 AI 系统在其独立决策流程中犯错或引发不良后果，该由谁来承担这一责任？责任的归属，是否应归咎于算法的设计者与开发者，抑或那些部署及应用这些 AI 系统的机构与个人用户？此问题的棘手之处，在于 AI 的决策逻辑深嵌于复杂的算法模型与海量数据之中，其过程往往难以追溯且理解透彻，从而在责任追究时，界定明确的责任主体成为一项艰巨挑战。

为应对这一挑战，学者们引介了"责任算法"（accountable algorithms）的理念，该理念贯穿于算法设计与实施的全链条，旨在确保每一个决策节点均具备可追溯性和可解释性特征，以此在发生故障时精确界定责任归属。责任算法的根本原理，在于增强算法的透明度与操纵性，以保障人类在 AI 决策流程中的监督与掌控力不受侵蚀。此外，立法者与政策构建者应着手构建清晰的法律架构，用以指导 AI 系统的责任认定。例如，可以通过设立 AI 责任保险制度，强制 AI 系统开发者与操作者为可能产生的误差与风险投保，从而在损害发生时，为受害者提供经济上的慰藉与赔偿。

6.1.3 责任伦理

在人工智能伦理体系内，责任伦理构成了一个核心讨论点，尤其是随着 AI 系统自主性提升及应用领域的不断拓宽，责任认定与分摊问题愈发显著。相较于传统技术体系中责任归属相对明晰，如交通事故中驾驶者、制造商及道路维护方依据情况承担相应责任，AI 技术的融入——以自动驾驶、智能医疗及金融决策等领域的应用为代表——则颠覆了既有的责任配置格局。AI 所具备的"自主决策"功能，使之能在缺乏人类直接介入的情况下做出重要决策，从而引出一系列关于责任归属的深层次伦理议题。面对这些挑战，研究学者亟须深入探讨如何在 AI 系统的构建、研发及实施各阶段合理布局责任，以确保在技术失误或对人类构成伤害时，能够有据可循地追究责任，维系社会的公正与正义原则。

AI 中的决策流程常展现出极高的复杂度及不透明性特征，这导致在遭遇故障时，追溯错误根源面临重重困难。此技术特点造成的问题在于，当 AI 系统出现差错时，确定责任归属成为一大难题。比如，若自动驾驶车辆遇上了交通事故，且系因 AI 系统做出错误决策所致，那么责任该由研发该系统的厂商承担，还是归咎于提供训练数据的第三方机构，抑或使用该技术的驾驶员？这种责任归属的模糊性，不仅仅在技术实施上构成了挑战，同时在伦理道德与法律领域内激起了广泛的讨论和争议。

面对这一挑战，学者们已提出多元的责任归属理论框架及实践指南。其中广为接受的概念为"责任分散理论"强调在 AI 的开发与应用流程中，应将责任广泛分配给各个关联方，涵盖算法设计师、数据供应商、系统构建者、终端用户及监管实体。此责任分摊模式的优点，在于全面涉及 AI 系统生命周期的每一步，确保每一参与主体对其引发的风险与结果负有责任。具体而言，算法设计师承担确保算法公正、透明之责；数据供应商需保证所提供数据的精确度与无偏差性；系统构建者则需关注系统的安全及稳定性；用户在操作过程中需遵循伦理准则与操作指导；监管实体则负责立法规范，以维护 AI 系统的运用符合公众利益。通过这种多边合作与监督机制，在 AI 系统发生故障时，能精准追溯责任源头，有效阻止责任界定的模糊化与逃避现象。

责任分散理论在实践应用中仍面临若干难题。首先，AI 系统做出的决策往往是多因素、多层级交织的产物，决策过程牵涉众多独立模块与下级系统的协作，如何在这种复杂的技术架构内合理划分责任边界，仍旧是一大难题。以金融领域的 AI 系统为例，一次交易决策或许植根于多种算法模型与数据来源的综合判断，一旦该系统引发重大的投资损失，问题的症结究竟在于算法设计的缺陷、原始数据的偏颇，还是用户操作的失误，此类问题的烦琐性致使责任归属难以一概而论。其次，责任分散可能导致责任淡化现象，各参与方可能仅背负微小部分的责任，这让在事后追溯中对任何单一实体实施有效的法律或伦理问责变得尤为困难。此问题在规模庞大、跨越国界运作的 AI 系统中更为突出，比如全球范围的社交媒体平台或国际化自动金融系统，如何跨法律体系与文化差异，公正且合理地分摊责任，构成了当前 AI 伦理探究的重大课题之一。

面对责任分散诱发的难题，部分学者倡导采纳"责任汇聚机制"该机制在 AI 开发生命周期中指定单一主体承担主导责任，其他参与者则担当辅助责任角色。此机制着重强调在事故出现之际能快速锁定首要责任实体，旨在提高问责流程的效率与公开性。以自动驾驶技术为例，汽车生产商或核心 AI 软件供应商通常被视作系统安全与可靠性的首要责任人，而驾驶员仅在特定情境下分担较轻的责任。然而，"责任汇聚机制"亦遭遇其独特困境，尤其在 AI 高度自治场景下，开发者难以实现对所有系统行为的全面掌控。值得注意的是，深度学习模型的决策路径复杂且非传统编程逻辑所能详尽预设，故而，将 AI 在复杂情境中的决策失误全然归咎于开发者是否公正合理，仍是一个饱受讨论的议题。

与责任伦理紧密关联的另一核心议题是 AI 系统的"问责性"（accountability），该概念与责任归属密不可分，强调 AI 决策进程的可追溯性和审计性，确保一旦发生问题，能明确界定责任主体并采取相应追责措施。传统技术体系中，问责性的实现多依托于日志记录、操作审查等方法。然而，AI 系统特别是深度学习模型所固有的"黑箱"特性，为其实现问责性带来了前所未有的障碍。面对这一挑战，研究人员积极探索增强 AI 系统问责性的技术策略，比如提升系统可解释性和透明度，从而使用户及监管机构能更深层次地洞悉 AI 决策背后的理据与流程。在此背景下，可解释性 AI 作为一种旨在加强 AI 系统问责性的创新技术应运而生，它通过揭示决策路径的可解释性，辅助用户及开发者逆向剖析 AI 决策逻辑，进而确保在决策失误时，责任归属得以明确。

除技术创新之外，构建法律与政策层面的问责体系亦是不可或缺的一环。众多国家及地区已启动相关法规的制定工作，旨在明确 AI 开发人员与应用者的法律责任。同时，关于自动驾驶的立法实践在欧美地区正逐步成形，致力于明确自动驾驶系统内部的责任分配，倾向将责任主体定位为汽车制造商或系统开发公司。然而，法律架构的建构往往追不上技术演进的步伐，尤其在人工智能技术日新月异的今天，现行的法律框架和政策措施或难以有效应对接踵而来的责任伦理新挑战。[①] 鉴于此，学界普遍呼吁强化全球 AI 技术的法律监督及伦理评估机制，旨在确保科技进步的同时，社会能为责任归属与问责性议题构筑起坚实的法律与政策防线。

---

① 王文玉. 司法人工智能：实现裁判正义的新路径 [J]. 大连理工大学学报（社会科学版），2022，43（06）.

关于责任伦理的探讨涵盖了人工智能技术在军事及安全领域的应用，特别是自主武器系统（Autonomous Weapon Systems，AWS）的迅速演进，已激起广泛的伦理辩论。这类系统能够在缺乏人类直接干预下实施判断与攻击，致使责任伦理议题变得尤为错综复杂。面对自主武器系统在战场上的失误决策，假若导致非战斗人员的伤害，究责问题便突显出来：应是由武器系统的设计者、操控系统的军事指挥官，抑或部署该系统的国家来承担这一过失？这些问题超越了纯技术范畴，触及深层的伦理法则界面。国际对此初步交锋，众多国家与国际组织极力主张全面禁用或严格约束自主武器系统的发展及应用，确保人类在战事决策中的核心角色，以防止 AI 在高自治水平上做出无法挽回的错误判断。尽管如此，全球对于自主武器的法规范畴尚不健全，责任归属依旧是一片模糊地带，亟待明确界定。

在探究责任伦理的范畴时，一个不容忽视的议题集中在 AI 于医疗、金融等高风险领域的运用上。这些领域的决策对个人及社会福利产生深远影响，故责任归属问题显得尤为重要。以医疗领域为例，AI 在疾病诊断、治疗建议等方面的广泛应用，若其决策失误，对患者健康构成威胁，责任的承担主体便成为一个问号：是研发该系统的科技企业应承担责任？抑或采用该系统的医疗从业者应承担责任？同样，在金融领域，AI 的决策可能牵动大额资金流转及市场稳定性，一旦其决策偏差引发金融市场动荡，追责的矛头应指向何方？这些问题呼唤的不仅是技术层面的应对策略，更需法律规范与伦理框架的共同支撑。

6.2 企业在 AI 伦理问题中的责任：算法偏见、数据歧视与社会影响

6.2.1 识别与缓解算法偏见的技术责任

人工智能技术在企业运营领域的广泛渗透，使得算法偏见问题日益凸显，尤其在自动化决策的关键环节，诸如招聘选拔、医疗诊断、金融服务及刑事判决等方面。这里所述的算法偏见（algorithmic bias），意指 AI 系统在数据处理、逻辑

推理或生成输出时，对特定群体产生的不公平倾向。[①] 这类偏颇可能源自训练数据的不充分代表性、模型建构的内在局限，或是AI系统实际部署中的不当操作。因此，企业在采纳AI技术实践中，必须积极承担起辨识并减轻算法偏见的责任，确保决策机制的公正性、透明度及可阐释性。

算法偏见不仅是一个技术层面的议题，它还深刻触及社会正义、伦理道德及法律合规范畴。为此，在开发AI系统的实践里，企业必须全方位地从资料搜集、算法架构设计、模型训练到实际部署等各个环节，辨识并预先防范所有可能导致偏差的源头。学者们普遍达成共识，即企业能通过强化资料的多样性和代表性、融入公正性限制的算法机制，以及提高模型的可解读性和透明度等综合技术策略，来有效减轻算法偏见问题。这些举措不仅巩固了AI系统的伦理基础，也增强了社会各界对于AI技术的信赖感，缩减了可能引发的法务与名誉风险敞口。

6.2.1.1 加强数据多样性与代表性

在人工智能领域中，数据扮演着不可或缺的基础角色，其质量直接关联到系统功能的优劣及决策过程的公正程度。偏见问题在算法设计中颇为显著，这很大程度上归咎于训练素材内部存在的偏颇，尤其是当纳入的数据集缺乏充分的多样性和全面覆盖性时，无疑加剧了AI系统对社会不公现象的复制与扩大。鉴于此，企业需将确保AI应用所依赖数据的广泛多样性和均衡代表性视为其技术责任之首。唯有依靠全面且均衡配置的数据资源，AI系统方能有效规避在服务不同社群时显露偏颇的可能。

数据集合的多样性特征体现在其内含丰富多样的属性与变量，旨在全面映射现实世界的复杂性结构。企业在数据采集环节，常受限于过往记录及特定群体样本的依赖，这种局限性的数据获取途径易于引发偏差效应。如，若面部识别算法仅基于白人面部图像进行学习，则在辨识其他族群时效率将大打折扣，凸显了数据分布不均的弊端。此类失衡不仅关乎系统效能的降低，还可能在实践操作层面

---

① 陈龙，曾凯，李莎，等.人工智能算法偏见与健康不公平的成因与对策分析[J].中国全科医学，2023，26（19）.

促使对少数群体产生技术性的不公。有鉴于此，企业在构建数据集初期即应强化多样性意识，保证所收录的数据能横跨不同的性别、种族背景、年龄层、社会经济层级及地域范畴。借由融入更具代表性的数据资源，企业能够大幅度削减 AI 技术在服务多元人群时的误判率，促进决策输出的公正均衡性。

除多样性之外，企业还需聚焦于数据的典型性，这是确保分析准确性的重要基石。数据集若未能充分代表社会的实际面貌，可能导致 AI 系统预测出现显著偏误，反映在实际行动中即为判断失准。比如，在构建信用评估模型时，若训练数据过度偏向经济繁荣区域，则该模型很可能无法精确评估经济欠发达地区客户的信用状况，这种由数据偏差引发的问题，不仅会干扰企业的策略规划，也可能促成对特定社群的不公正对待。因此，在资料搜集与预处理阶段，企业务必保证各族群样本能均衡体现其现实生活中的特性和需求。实现这一目标的策略包括采取再采样（resampling）或加权（reweighting）等技术，借以校正数据集中少数群体的样本量，确保其在模型学习过程中的比重合理且不失真。

另外，企业在数据处理及净化步骤中应采纳去偏差策略，以深度削减数据中潜在的偏向性。比如，在人才选拔系统的设计中，性别、族裔、年龄等因素常对决策过程造成非正常干扰，企业可通过隐蔽这些敏感属性或实施数据重均衡策略，来阻止模型训练过程中受此类要素过度干预。借助这类技术方法，企业能有效缓和源于数据层面的偏颇问题，从根本上降低算法偏见的出现概率。

6.2.1.2 引入公平性约束算法

尽管多样性和代表性在数据中是减轻算法偏见不可或缺的基础要素，但仅仅提升数据质量并不能彻底根除这一问题。算法设计及其训练流程中潜在地嵌入或增强了偏见，尤其是当追求模型整体性能最优化时，往往会无意中牺牲对特定群体公正性的考量。因此，在构建和训练 AI 模型的实践中，企业必须融入公平性约束机制（fairness-aware algorithms），旨在保障各群体在决策场景中能够获得平等的待遇。

公平性约束算法的根本理念，在于模型训练环节中，将公平性作为核心优化目标内嵌其中。此类算法通过向模型损失函数融入公平性限制条件，力促模型跨不同群体的表现实现最大程度的一致性。比如，企业可采纳"平等机遇"原则（Equal Opportunity）或"均等误差率"标准（Equalized Odds）等度量手段，来评估模型针对不同性别、族裔及年龄群体预测的精确性，并在训练流程中，对这些度量标准实施约束。借助这种策略，企业能在确保模型总体效能不受影响的前提下，有效缓解针对特定群体的系统性偏颇现象。

在人工智能领域，融入公平性限制的一个典型途径是对模型的损失函数实施调整。常规的 AI 模型设计倾向于片面追求预测精确度或误差的极小化，而引入公平性约束的算法，则是在此基础之上，加入了控制不同群体间性能差异的调节要素。以信用评估系统为例，在模型的训练阶段，企业不仅致力于提升对全体用户的综合预测准确度，还确立了各类族裔与性别群体错误率维持在合理区间的附加要求。这种兼顾多目标的优化策略（multi-objective optimization），成功地缩减了模型针对特定群体的偏误现象，有力保障了 AI 系统的公平属性。

另一种广为采纳的方法路径涉及在数据预处理或后续处理阶段实施公平性限制。在数据准备初期，机构能够运用诸如重校样本权重或再次抽样的技术策略，以达成各群体在数据集中的均衡表征，进而减轻原始数据偏差对模型学习的不利作用。此数据预处理步骤能有效抑制模型在训练环节中对特定群体的倾向性偏误。比如，在构建医疗 AI 时，通过融入更多元的族群、性别及年龄层次的实例资料，企业能保障模型在评估疾病危险性时，不至于对任何群体造成不公正的预测结论。

在完成模型训练之后，企业可采纳后期处理技术来校正模型产出，以确保存续决策结论满足公平性标准。该技术核心聚焦于调整模型的输出结果，例如，在人才招募场景下，若 AI 模型对特定性别或族群的应聘者存在不公筛选情况，企业则能借助后期处理手段，对此类筛选结果实施修正，力保各群体的均衡代表性得以妥善维护。尽管此技术无法根本上根除算法偏见，但在实践操作层面，能大幅度提升 AI 系统的公平性能。

6.2.2 防范数据歧视的治理责任

在 AI 系统的发展与实践历程中，数据歧视成为企业亟待解决的一项核心伦理挑战。所谓数据歧视（data discrimination），主要是指因数据本身存在偏差或数据处理过程不当，而引发 AI 系统决策时对特定群体产生的非公正性影响。该问题的根源往往深植于数据的搜集、保管、分析及运用等各阶段中的偏颇与不公，这些因素直接作用于 AI 系统的输出结论，进一步拉大了社会的公平差距。作为 AI 伦理管控的支柱部分，防止数据歧视成为企业不容忽视的管理职责。这不仅要求企业在技术层面上削减数据歧视，还务必在数据管理及伦理审视领域构建起有效的机制，确保 AI 系统的公正性和公平性得以维系。

企业在人工智能技术实施中的数据管理职责，涉及数据从搜集、保存至分析处理及分发的全周期管理。因此，抑制数据歧视不单是技术层面上的难题，更是关乎企业社会职责、法规遵从及伦理道德的多维度议题。为了妥善应对这一挑战，企业必须全方位施策，涵盖构建数据管理和伦理审查机制、运用数据前处理及消除偏误技术，以及推广隐私计算与伦理导向的数据合作模式。这些策略不仅能够助力企业规避数据歧视带来的潜在危机，还能提高社会对 AI 的信赖度，缩减由数据偏向触发的伦理与法律纠纷。

6.2.2.1 数据治理与伦理审查机制的建立

构建并应用 AI 的企业，其基础性工作在于实施数据治理，以此作为预防数据歧视的基石。企业必须确立一个健全的数据治理框架，保证数据从收集、存储、处理到共享的每一步操作均符合伦理准则及法律规范。数据治理的范畴不仅涵盖数据质量和安全的保障，还深入到 AI 中数据使用的公正性及全面性考量。作为数据管理的中枢，数据治理机制务必实现数据生命周期内的严密审核与监控，旨在排除任何潜在的或明显的歧视性要素渗透至 AI 系统之中。

数据治理的首要职责在于保障数据的合法性和符合伦理规范。在搜集数据的初始阶段，企业务必严守数据隐私保护的相关法律法规及伦理准则，以确保数据获取途径正当且过程透明。此外，在数据收集环节，企业应重视提升数据的全面性与均衡性，确保 AI 能够公平地代表各个社会群体的数据。通过对数据采集渠道与方法的细致审查，企业能有效防止在数据获取阶段即陷入不公平的偏颇性。

道德审查体系构成了数据治理架构中的一个核心环节，专注于审查数据应用是否契合伦理准则。企业可借由组建独立的道德评议委员会或是数据监察团队，来定期审核及评估 AI 内数据的运用。此道德审查体系需广泛涉及数据的多元性、代表性及公正性，以保障 AI 在操作敏感数据时，不会引发针对特定群体的偏见效应。如，在人才选拔、信贷审批这类实施场景下，企业尤其需要细查数据资料中是否嵌含种族、性别之类的敏感要素，并保证这些要素在模型训练阶段不会诱发决策偏颇。此外，该伦理审查机制还需具备灵活性，能依据数据应用情境的变迁迅速调整审核基准，确保数据治理体系维持其有效性与时代适应性。

确保数据的透明性及可追溯性是对数据治理与伦理审查机制的必然要求。企业需构建一套明晰的记录与审核体系，全方位记载数据的采集源头、处理手段及应用意图，以实现数据利用全链路的可追溯管理。一个透明化的数据治理体系，不仅能内部强化对数据偏颇问题的预警与管控，亦能对外提升各利益相关方对其数据操作的信任级别。借助公开而透明的管理系统展示，企业向公众明确其在抵制数据歧视上的职责与决心，有效缓解由数据歧视诱发的伦理纷争与法律挑战。

6.2.2.2 数据预处理与去偏差技术

尽管数据治理体系能够为构建防范数据歧视的基础发挥关键作用，但消除数据内在偏差仍是一项技术挑战，尤其在历史数据已潜藏偏颇的情况下，这些偏误依赖于社会历史中的不平等，诸如种族偏见与性别歧视等。AI 在利用此类数据训练过程中，可能非故意地吸纳并增强这些偏见。因而，企业必须在数据预处理环节采取技术措施，对数据集实施去偏矫正，旨在削弱 AI 决策过程中对特定群体产生的不公正影响。

数据预处理及偏差校正技术的根本目的在于，借助数据清洗、重采样、赋能等方法途径，根除可能诱发偏颇的数据集内因素。以招聘场景为例，性别、族裔等涉及隐私的属性常对 AI 模型训练施加不良影响，致使其在预测环节对特定群体存在偏见。企业可通过抹除或遮蔽此类敏感属性，保证模型训练进程中不依据这些特征做出判断。此番去敏感化技术手段（de-sensitization）能大幅度削减模型对敏感属性的偏向性，进而增强决策的公正性与合理性。

除了解决数据敏感性问题，企业还能采纳重分配权重（reweighting）和重新配置样本（resampling）等策略来增强数据集合中各群体的均衡体现。历史数据的偏颇常体现为特定群体样本的稀缺或品质欠佳，这进而影响模型在解析这些群体资料时的效能。重分配权重方法经由提升少数群体样本的权重比重，保障它们在模型训练环节受到充分的关注。相反，重新配置样本技术则是透过扩充少数群体的样本量，促使模型在训练阶段能更有效地掌握这些群体的特性。这些策略能有效提高数据集的均衡度，缓解因数据代表性欠缺而引发的模型偏误。

去偏差技术还涵盖数据清洗和修正（data cleansing and correction），尤其在处理含有噪声或不精确信息的数据集时，数据清洗能显著提升数据质量。以金融行业为例，历史数据间或存在广泛反映社会经济差异的偏颇，企业可透过筛查数据中的离群值或极端实例，剔除可能诱导模型偏向的干扰数据。此外，数据调整策略也涉及数据合成与增强操作（例如利用生成式对抗网络等手段），创造更多具备代表性的样本，使模型得以在丰富多样的数据集上开展训练，从而增强其泛化能力。

6.2.2.3 隐私计算与伦理数据共享

在 AI 的发展与实践进程中，寻找数据隐私保护与促进数据流通之间的均衡点，构成了企业必须承担的另一核心治理职责。随着人工智能技术的广泛渗透，企业在面对海量用户数据处理时，频繁遭遇多主体间数据共享及协作需求的难题。然而，这一共享行为中的隐私泄露问题与伦理困境，特别是潜在的数据歧视风险，已成为企业在构建 AI 伦理管理体系时的重大考验。因此，融入隐私计算技术与伦理导向的数据共享机制，成为企业有效应对数据歧视、强化隐私保护的关键策略。

隐私计算技术是在确保数据隐私安全的条件下实施计算与数据分析的一系列

方法，它们能够在不直接揭露原始数据的前提下，提炼出有价值的数据模型或分析结论。①借助这类技术，各企业在进行数据共享及联合模型训练时，能有效规避因数据泄露或误用而可能引发的偏见性决策问题。

差分隐私技术作为一种隐私保护手段，旨在保障数据分析及模型训练环节中，单一数据项的私密性免于泄露。该技术透过在数据集或模型产出中融入适度的噪声元素，成功阻挡了外界侵袭者利用模型逆向还原个别数据信息的可能性。在抵制数据歧视领域，差分隐私扮演着关键角色，它能够有效阻止敏感属性（如种族、性别、健康状态等）在 AI 内的不当利用，进而缩减模型对特定族群产生的不公平或歧视性效应。

协同计算技术中的多方安全计算允许多个参与者在保护各自数据隐私的前提下共同执行复杂数字任务。此技术成功应对了多主体数据协作中的隐私保护难题，尤其在金融及医疗等涉及敏感信息领域，企业可借助多方安全计算与其他数据保有者协同进行模型培育，无须揭露原始数据。该数据共用策略既能守护数据私密性，又可通过融合多源数据的优势，削弱模型在特定群体数据分析中的偏误，从而增强 AI 的公正性与全面性。

6.2.3 应对社会影响的社会责任

人工智能技术的广泛部署，促使企业在推动科技进步的征途中，肩负起重大的社会责任，特别在解决算法偏见、数据歧视及社会效应等议题上。尽管 AI 系统在增强效能与创新力方面成效显著，但其可能无意识中加大社会不平等的鸿沟，削弱公众信赖，并对法规体系构成挑战。因此，在技术的研发与实践环节，企业应当积极担当起缓解这些社会效应的职责，确保存储技术在惠及社会的同时，避免引发负面的伦理与社会后果。这一责任的践行可从缩小社会不平等差距、增强社会透明度与公众信任感、投身社会对话及政策形塑三大层面细致探究。这些责任不仅是企业社会形象与公信力建设的关键，也直接关联到其长期的

---

① 胡启元. 隐私悖论下的数据与计算 [J]. 上海信息化，2023（08）.

商业可持续发展蓝图。

6.2.3.1 减少社会不平等的责任

人工智能技术在众多领域中的运用，可能对社会不平等状态产生复杂而双面的影响。一方面，它有能力为弱势群体开辟更广阔的机会空间，如在教育资源的优化获取、医疗服务品质的提升，以及金融普及服务的增强等方面发挥作用。另一方面，若 AI 系统的构建与实践缺乏足够的谨慎，可能导致社会不平等现象的加剧，特别是当算法中存在的偏见与数据中的歧视未能得到妥善遏制之时。因此，企业肩负着通过技术及制度层面的革新，主动减轻社会不平等现状的责任，确保存续的 AI 系统能为各个社会群体均等地提供公正的机会与资源。

企业在开发和运用 AI 技术时，首当其冲承载着缓解社会不平等的重责。这要求 AI 系统的创制需深入顾及社会多样性的全貌，防止单一群体数据的偏颇运用导致模型构建或判断的局限。过往数据常映射出社会既有的不公，若企业未能在 AI 培训阶段对这些数据实施妥善的净化与去偏见处理，AI 系统或将无意识地维系乃至增强现存的不公平状态。比如，在人员选拔、信贷批准及司法裁决等紧要环节，如若 AI 机制依赖以往含有偏见的信息做出决策，极可能对特定族群、性别或经济社会地位偏低的群体带来不利后果。因而，企业构思 AI 系统之际，务必执行去偏差策略、提高数据的全面性等方法，以保障系统输出对每位个体的公正性。此间，企业可利用公平性约束的算法、重采样技巧及其他纠偏措施，来消减 AI 决断中的非正义表现。

企业应致力于借助技术应用的普及性设计来缓解社会不均衡状态。具体而言，人工智能在教育、医疗卫生及金融服务等领域的融入，有望为社会资源稀缺群体开拓更多可能性。通过远程教育平台的搭建，AI 技术使偏远地区学生能够享有高质量教育资源；利用智能化诊断手段，AI 在医疗欠发达区域为患者带来更加精确的治疗建议；凭借包容性的金融体系，AI 确保了信用记录不足或资金获取渠道有限的群体享有公正的贷款机遇。企业在这些领域的创新实践，不仅强化了其市场竞争力，也深刻体现了在缩小社会差距方面的积极作用。因此，在

AI 技术研发及市场推广策略中，企业必须将社会效益置于核心位置，以确保技术发展既普及又公正。

减轻社会不平等的重担不仅限于技术领域，还要求企业在制度创新及履行社会责任方面发挥作用，以促进社会公平的真正实现。具体而言，企业应携手政府部门与非政府组织（NGO），共同探索人工智能技术在公共服务领域的运用，尤其是在教育、医疗卫生和社会福利等方面，主动融入社会公益项目，确保技术进步惠及弱势群体。此外，构建内部伦理审查机制对企业而言至关重要，该机制需定期审视 AI 在缓解社会不平等方面的成效，并据此反馈调整技术策略与应用场景。通过上述技术实践与制度建设的双轨策略，企业不仅能够为消除社会不平等贡献力量，更能在此过程中扮演积极的引领角色。

6.2.3.2 提高社会透明度与公众信任

随着人工智能技术的迅速演进，确保技术的透明度及赢得公众信赖成为企业在面对社会影响时的关键考量。AI 系统中存在的"黑箱"以及算法潜在的偏见问题，频繁触发社会对于其公平性和可信度的审查。公众普遍关注的是，在诸如招聘、贷款审批、医疗诊断等直接影响个人福祉的领域，AI 决策过程的不透明性可能引发不公正，继而侵蚀公众对这一技术的信任根基。因此，提升透明度，以加强公众对 AI 技术的认知与信赖，确保其应用与社会伦理准则相契合，成为企业的责任所在。

提高社会透明度的根本途径在于强化 AI 的可解释特性。经典的深度学习及神经网络模型，常因结构复杂与决策过程的难以透视，被贴上"黑箱"模型的标签。企业在设计实施人工智能解决方案时，应优先考虑那些可解释性强的模型，或是运用诸如 LIME、SHAP 之类的可解释性工具，来为复杂的模型决策增添一份透彻的理解。增强的可解释性不仅能助力专业人士洞察模型的推理逻辑，还为用户及监管主体提供了一个明了的决策参考，有效缓解因算法偏见或数据歧视导致的信任缺失。通过融合更多可解释性技术，企业不仅能够提升 AI 的透明程度，同时也将加固公众对于此类技术的信任根基。

除却技术层面的透明显现，企业还需致力于提高社会交互及信息公布的透明度。企业应积极公布其 AI 的构建原则、数据采集源、模型验证手段及伦理审查架构，以确保存在的利益相关个体能明晰企业抑制算法偏见与数据偏颇行为的举措。特别是当决策范畴触及公众利益时，企业需构建一个公开的责任追溯机制，保障公众能够就 AI 的决策实施质询，并收获透明的响应。比如，在人才选拔体系或信贷审批流程中，企业应容许申请人洞察 AI 模型的决策基础，并设立申诉通路，确保每一名申请人享有公正待遇。借由此类透明化信息揭示及开放性对话，企业能有效缓解因信息不对等而生的公众不信赖情绪。此外，企业还应借助教育培训及科学普及活动，加强公众对于人工智能技术的认知深度。鉴于人工智能技术固有的复杂性，公众常感困惑与不安，尤其当议题涉及个人隐私、数据保护等敏感区域时，公众更易对技术产生排斥心态。因此，企业负有通过科普教育、公众启蒙及媒介传播等路径，向社会各界阐明人工智能技术的运作逻辑、可能带来的挑战与应对策略之责。这不仅能够强化公众对技术的领悟力，亦能提升公众对企业的好感与信赖度，长远来看，为企业营造一个利于发展的良性社会生态。

6.2.3.3 参与社会对话与政策制定

随着人工智能技术对社会影响的不断深化，企业在面对这一系列社会效应时，不仅要着眼技术革新与内部管理的强化，还需主动投身于社会议题的讨论与政策形塑过程之中。人工智能技术的实践范畴广泛触及伦理及法律的诸多层面，尤其在个人隐私保护、数据安全性保障，以及算法公正性等方面，现行的法律法规体系和政策规范时常滞后于技术迭代的前沿。因此，企业应当主动承担起促进公共对话的责任，携手政府部门、学术研究机构、行业联盟及非政府组织等多元主体，共同推动构建更加健全的人工智能伦理与法律框架体系。此举不仅能有效帮助企业在法律风险面前未雨绸缪，更能为人工智能技术的长远发展奠定一个更为稳固且透明的社会基础环境。

当企业涉足社会对话与政策拟定环节时，首要之举是施展其技术专长，为决策者献上科学且精准的技术导向与支撑。鉴于 AI 技术的迅猛发展，政策制定者常面临理解技术深度及预估其潜在效应的挑战。因此，企业应考虑携手政府机构，积极参与政策顾问委员会或技术工作小组，向政策制定者传授 AI 技术的专业认知与实战经验。如，在立法触及算法透明性及数据隐私保卫之际，企业能就技术实施途径与可行性提出见解，力保政策构建既能坚固守护公众福祉，又不至于对技术创新构成不必要束缚。此外，企业亦可通过行业组织或技术联合阵线，推进行业标准与规范的建立，确保业界在抵制算法偏见与数据歧视行为上步调一致。

除却技术支持的供给，企业在政策形塑的舞台上，更应主动介入伦理对话，驱动人工智能技术伦理规范体系的建构。此技术的实践范畴，超越了纯技术维度，触及深远的伦理观和社会价值导向。举例而言，于自动驾驶、医疗诊断、刑事审判等场景下的 AI 应用，频繁面临在效率、隐私、自由与安全之间的微妙平衡挑战。在政策议程中占有一席之地的企业，须秉持社会责任的视角，促动 AI 伦理准则的制定与普及，以保障技术实践与社会伦理价值观的契合。具体而言，在推进自动驾驶法律框架构建之时，企业应积极投入关于安全标准、责任界定及伦理判断的探讨，确保该技术的社会应用被广泛的伦理共识所包围和支持。

企业在涉足社会对话及政策构建的实践中，应重视强化与民众的交互沟通。政策生成不仅是政府与企业之间的闭门讨论，广大民众的声音参与及监督力量也是不可或缺的一环。当企业在推进人工智能技术的政策架构之际，须采取主动姿态，聆听公众的见解与忧虑，保证政策成形过程富含民主精神与包容特质。比如，在关乎数据隐私权保障及算法透明性的法律制定环节，企业可通过多元渠道如公众意见征询、社会调研活动、媒介传播等，广泛搜集民间反馈，确保存在的政策导向能深刻体现社会主流价值观念及民众核心利益。这一开放形态的社会交流过程，既能让企业在政策议程中担当积极角色，也有助于提高公众对于人工智能技术及其背后企业的信赖感。

6.2.4 预防与应对 AI 伦理问题的法律责任

在人工智能的研发及实践进程中，企业难以回避复杂的法律责任问题，尤其是当牵涉算法偏见、数据不公及其对社会效应的影响时，界定法律责任的界限与归属成为亟须破解的关键议题。为了预先防范和合理应对 AI 技术引发的伦理挑战，企业必须在法制层面肩负起相应的职责。这责任不仅要求企业严格执行合规体系，还涵盖了在 AI 系统出现差错或问题情况下，确立清晰的责任归属。透过建立完备的法务合规架构和明确的追责机制，企业不仅能够降低可能的法务风险，亦能保障 AI 技术在遵循伦理及法律规范的基础上，实现良性发展。

6.2.4.1 确保合规制度的落实

在人工智能技术的推进及实践环节中，企业务必保障其活动与现行法律法规及相应行业规范相契合。尽管 AI 技术的迅猛发展导致现有法律框架在诸多层面显现出滞后与不充分，但这并不意味着企业可放宽对法律法规遵从性的要求。相反，随着各国不断制定与 AI 相关的法律政策，企业需在技术开发及应用的每一阶段构建健全的合规管理体系，以确保 AI 系统的合法性和合规性，此乃企业法定义务的展现，亦是对社会应尽的基本责任。

为保障 AI 系统的合法合规性，企业需构建起一套全面的数据管理体系及合规监控机制于组织内部。此体系应涵盖数据从采集、保存、分析至传播的全部流程，确保每一环节均遵守相应的法律法规及伦理规范。此外，企业应配置专责的合规管理部门或指派合规专员，负责监察 AI 技术的研发运用是否契合现有法律框架，并定期审查可能涌现的法规风险。一个健全的合规体系不仅能有效帮助企业从法律维度降低风险敞口，亦能提高其社会公信力，进一步巩固市场地位及竞争优势。

算法透明度及可解释性的实践应当成为合规体系不可或缺的一部分。近期，算法的不透明性问题激起了广泛的法规与道德讨论，尤其在那些触及个人权益判定的关键领域，诸如人员招聘、信贷审批、医疗诊断等。缺乏透明度和可解释性的 AI 决策流程，可能导致不公正的结果，甚或引发歧视性后果。鉴于此，企业负有法定义务，需保障其 AI 系统的透明度和可解释性达到足够水平，确保各利益主体，包括用户、监管机关等，均能明晰 AI 系统的运作逻辑与决策依据。为实现这一目标，企业可采纳诸如 LIME、SHAP 之类的可解释性机器学习工具来提升系统的透明程度。此外，建立健全的用户申诉机制亦至关重要，确保用户在对 AI 决策持有异议时，能够及时获得反馈与解决途径。

在实施合规制度保障措施的同时，企业必须高度重视AI的可靠性与信赖度。鉴于 AI 技术的复杂特性和内在变异性，其在实践操作层面可能潜藏安全风险及技术缺陷。因此，企业肩负责任通过一系列严谨的测试与验证程序，以确保 AI 在其应用环境中的可靠性与信赖度得到保证。尤其在诸如自动驾驶、金融交易、医疗诊断这类高风险领域，AI 系统的安全性显得尤为重要。企业应建立定期评估与审核 AI 系统性能的机制，确保其在多样情境下运作的表现达标，从而防止由技术失误或不当决策引发的法律责罚。

企业在实施AI技术的国际化部署时，需高度重视各国及地区间的法制异同。鉴于全球范围内对 AI 技术的监管政策存在显著区别，确保 AI 系统的跨国合规性成为企业必修课。比如，欧盟在数据保护法律上设定了较高标准，而另一些国家对 AI 使用的规制则相对宽泛。因此，企业在全球业务开展中，需依据各法域的具体要求来调适 AI 系统的开发与应用策略，以保障其经营活动全程遵循所在地的法律规则。构建全球性的合规体系，有助于企业大幅消减跨境活动中的法律风险敞口。

6.2.4.2 法律问责与 AI 系统的责任归属

在开发及应用 AI 的过程中，确立法律责任的归属是企业必须正视的一项核心法务议题。鉴于 AI 的高度自治特性和复杂构造，一旦系统发生失误或问题，界定应由哪一方承担法律后果便成为一项挑战。尤其在遭遇算法偏见、数据歧视及安全漏洞等伦理困境时，AI 的责任归属问题更显错综复杂。因而，企业在设计与实施 AI 之际，负有明确责任界限的义务，并须在系统发生故障时，即刻履行相应的法律责任。

　　传统的责任归属模型多建立于人的行动及决策流程基础之上，尤其当决策直接源自人类时，责任主体界定较为直观。相比之下，AI 因其能自主做出决策，常在无外界干涉情形下实施判断，致使责任归属问题变得错综复杂。以自动驾驶技术为例，一旦自动导航系统引发交通事故，确定责任方——生产该系统的厂商、系统设计者、车辆持有者抑或操作员——时常成为法律争论的焦点。相似地，在采用 AI 进行人员筛选的场景里，若算法偏见导致某一群体遭遇不公平对待，企业是否应对算法产生的决策结果负有司法责任，仍旧是一个有待解答的议题。鉴于此，企业在部署和运用 AI 系统的过程中，须预先构建明晰的责任归属框架，以确保在发生不利情况时能迅速锁定责任实体。

　　在构建法律责任追究体系时，企业首要任务是界定 AI 开发人员、运维人员及使用者的责任范围。开发人员应对 AI 系统的架构设计及算法逻辑承担主要责任，确保技术方案自设计初期即无显著缺陷或违背伦理原则。运维人员则需负责系统实践操作中的监管职责，保证其在执行过程中遵循相关法律法规及伦理准则。同时，使用者在操作 AI 系统时，也应分担对产出结果的责任，尤其在涉及高危应用情境下，使用者必须确保操作方式符合既定指引及安全规范。通过上述角色责任的明确定位，企业能有效缓解因责任归属不明而引发的司法争议。

　　在特定情境下，AI 的判断机制可能牵涉众多利益主体，使得责任归属问题变得愈发错综复杂。以金融行业为例，一个 AI 系统往往是多方开发者协作的产物，并被部署于多个金融机构之中。一旦系统做出错误决策，界定责任方究竟是落在开发者群体，还是使用该技术的金融机构上，便成为一大难题。为应对这一挑战，企业应当在合作协议中清晰界定各参与方的责任范围，并采取责任保险等手段来缓解潜在的法务风险。具体而言，企业可借由签订责任分配协议，事先确立在 AI 系统运行故障情况下，每一相关方应承担的责任份额。此外，购置责任保险也是企业分散风险的策略之一，借此可将部分法律后果转嫁给保险公司，有效减轻因 AI 系统故障引致的财产损失。

　　在构建 AI 的法律问责体系中，企业需尤其重视产品责任领域的考量。依据当前的产品责任法律法规框架，若将 AI 系统视作产品范畴，企业则需对系统应用过程中浮现的任何瑕疵或问题承担相应的法律责任。举例而言，一旦 AI 辅助医疗诊断系统因技术缺陷而导致误诊情况，企业极可能面临产品责任追偿的法律挑战。因此，在研发及部署 AI 系统的过程中，企业必须确保系统的稳固性和可信度，以防止因产品质量问题而触发法律责任。此外，针对全球各国家和地区法律环境的差异性，企业应合理采纳产品责任保险策略，以便有效应对可能涌现的法务风险敞口。

企业在实施 AI 系统的同时，必须考量其伦理责任的范畴。在一些场景下，尽管 AI 系统的运作符合现有的法律法规，其决策输出可能导致伦理层面的争议。比如，AI 在执行招聘任务时，或许未触碰任何法律条文，但若其选择结果显示出对性别的偏向或种族的歧视，企业仍可能面临伦理层面上的社会质疑。因此，确保 AI 系统的合法合规性之外，企业还必须顾及该系统是否与社会的广泛伦理价值观相契合。应对这一考验，企业可组建内部伦理审查机制，周期性地审查 AI 系统的决策产出是否达标于伦理准则，且在必要时刻对系统做出调整或升级。

6.3 如何在企业运营中建立 AI 伦理规范

6.3.1 明确企业的 AI 伦理原则与目标

在人工智能技术的研发与实践领域中，伦理考量的繁复性已远超乎传统技术与商业领域的范畴。企业界在界定 AI 伦理准则及目标之际，亟须采纳更为宏大的视角来审视此议题，细究伦理架构如何内嵌于企业战略规划、运作机制及其社会交互的各个维度之中。AI 技术所面临的伦理困境，不仅仅停留于技术层面上的公正性与隐私保护，更需重视其对系统的潜在影响、对社会长远后果的塑造，以及企业在这一连串进程中的责任担当。因此，企业构思 AI 伦理规范之时，务必挣脱局限于技术层面的狭小视野，打造出一个兼具前瞻预判性、多面向考量且能动态适应伦理环境变迁的框架体系。

首先，企业务必认识到人工智能的社会复杂属性及其可能产生的全面性影响。这意味着伦理准则不仅要着眼于保护单个用户或直接涉众，还应拓展至审视人工智能技术对宽泛社会架构与体系的波及效应。特别是，大规模的自动决策系统等 AI 技术有能力重塑产业格局、劳动构成及社会资源配置模式。因此，在制定 AI 伦理规范时，企业需采纳全局视角，预测其技术对经济、政治和社会体制的长远影响。比如，以自动化为切入点，虽然 AI 促进的自动化短期内可能提高经济效益，但也潜藏引发大规模失业或加剧社会不平等的风险。企业应将这类宏观社会效应融入伦理审议范畴，保证 AI 技术部署不致促成结构性的不公平或放大既存社会矛盾。

其次，企业务必跨越"符合规范"的局限，将道德追求内嵌为企业长远规划的重心。不少企业在遭遇人工智能伦理挑战时，倾向视之为达成法律规章的必经之路，过于依赖外界监督来标定伦理范畴的界线。然而，伦理议题的繁复多变性揭示，单纯依仗法规范则不足以应对，特别是法律条文时常滞后于科技进步的现状下。因此，企业应积极采纳超越法规要求的道德责任，确立高于合规基准的道德追求。这些追求需植根于企业的长远发展蓝图，而不应仅仅充作短期风险调控的手段。比如，企业可规划长期的社会可持续性发展目标，保障人工智能技术在驱动经济增长的同时，亦能提高社会的全面性和公正性。这种超常的道德思维，既能助力企业在日新月异的技术变迁中占据主动，又能强化企业的社会责任意识及公众信赖度。

再次，构建 AI 伦理原则时，必须赋予其灵活性以适应技术与社会环境的迅速变迁。鉴于 AI 技术的迅猛发展，诸多伦理议题往往在其应用的初始阶段未能充分显露，且伦理风险在多样化的应用场景中展现各异的形态。因此，企业需深刻理解，AI 伦理原则不应视为固定不变的标尺，而是亟待持续修订与优化的指导体系。为此，企业可探索设立类似于"伦理模拟环境"或"伦理研究实验室"的机制，以此来持续检验并评价 AI 技术所引发的伦理效应，尤其是针对新兴技术、功能升级及新领域应用的情况。这种具备动态适应能力的伦理架构，赋予企业在面对技术演进与社会变迁时，能够敏捷地调整伦理导向及实务规范，有效应对此过程中涌现的新挑战与风险。

最后，企业在构建 AI 技术伦理框架时，应着重阐明"责任分配"的原则。相较于传统技术，AI 系统因具备更高的自动化与自主性，其责任归属问题变得更为错综复杂，特别是当 AI 的决策逻辑难以被全然理解或驾驭时。面对 AI 决策可能诱发的失误与偏颇，究责对象应指向研发者、运营方，抑或终端用户？此不确定性强化了责任界定议题在 AI 伦理探讨中的核心地位。因此，企业界在拟定伦理规范时，需细化责任链条，确保每一参与环节的个体均能为其在系统决策及后续结果中所扮演的角色承担相应的责任。这一举措不仅提升了 AI 系统的透明度与可靠性，还确立了在遭遇问题时的责任追踪体系，有效抑制了责任逃避与推卸的行为模式。

此外，AI 伦理原则的构建需深入顾及技术所带来的"长期性风险"及"不可逆转性"维度。一旦某些 AI 技术普及应用，其对社会的塑造作用可能成为不可逆的事实。如，政府机构与企业广泛采纳以 AI 为核心的社会治理手段，或将深刻触及社会自由、民主参与的核心价值。倘若此类工具的设计与执行阶段忽视了伦理考量，其潜在的负面后果将难以逆转。因此，在确立 AI 伦理导向时，企业必须采纳长远视角，审视技术潜在的不可逆性，尤其是当技术触达大规模社会管控、公共安全维护及基础设施建设等敏感地带。这意味着，技术孵化的初步阶段就必须预见可能的伦理挑战，并在技术的普及部署上秉持审慎原则，确保技术的实践不致对社会结构造成长远且难以修复的伤害。

为保障伦理目标的实效性，企业需构建一个持续运作的伦理评审与反馈体系。通过例行的伦理审核与评估流程，企业能及时识别并修正 AI 技术实践中的伦理偏移。此评审机制旨在不仅揭示问题，更在于问题浮现后的迅速校正行动。企业可吸纳外来伦理审核机构或组建专业顾问团，对 AI 系统的操作实施独立监督，以确保伦理导向免受内在利益冲突或短视商业诉求的干扰。这样的独立监督架构有利于增强企业在 AI 伦理议题上的透明度与公众信任，同时，也能为公司带来更全面、客观的伦理风险分析。

6.3.2 建立跨部门协作的 AI 伦理治理结构

在企业运作的范畴内，人工智能伦理议题常常包含技术、法规、伦理及社会因素的多维度考量，这导致任何单一部门或专业范畴难以独立圆满处理此类问题。因此，构建一个跨越各部门合作的人工智能伦理管理体系，对于企业制定伦理准则而言至关重要。这样的管理体系旨在汇聚跨领域的专业知识，同时保障人工智能伦理标准能在企业的各阶段和层次上得到贯彻执行。

构建 AI 伦理治理体系的关键要素在于促进跨学科与跨职能领域的合作。企业应当意识到，鉴于 AI 伦理问题的多维度特性，整合技术、法学、社会科学及企业管理等广泛领域的专业知识显得尤为重要。在 AI 系统的开发过程中，技术团队往往偏向于聚焦于模型效能与技术实施层面，却可能无意间忽略了其潜在的伦理后果。这种局限性凸显了仅凭技术团队难以全方位辨识并应对算法偏见、数据不公等问题的现实。因此，企业亟须构建一个涵盖技术专家、法务顾问、伦理学研究者、数据科学专家、社会科学研究人员及各业务板块负责人的综合协作机制，协同参与到 AI 系统的策划、开发、实施及后期监管全链条中，以期实现伦理治理的全面性和有效性。

在跨领域合作的管理架构下，一个由 AI 伦理委员会或相似的道德审议团体充当关键实体，负责全面审视和监管所有人工智能项目的伦理层面。此委员会需有独立运作与权威决策的能力，确保在识别伦理隐患时迅速实施补救措施，并拥有对违背伦理标准项目进行修正或中断的权利。企业必须为该委员会配置充分的资源及决策自主性，并保证其能直接向上级最高管理层反馈工作情况。伦理委员会的设立，不仅巩固了企业解决 AI 伦理挑战的能力，也提升了企业的公众信任度及社会责任形象。

在探讨跨领域合作的维度中，确保各职能部门间的资讯流通与沟通无缝对接显得尤为重要。AI 的构建与部署，本质上是一个多部门协同的复杂过程，而沟通障碍时常成为伦理考量被疏漏的因素之一。以技术团队为例，在推进 AI 系统开发时，可能未充分意识到法规部门对资料隐私防护的具体细则；反之，法规部门亦可能未能全面理解技术实施的难度与局限。缺乏高效沟通机制的后果，是专业知识与实践经验的割裂，从而在系统设计的初步阶段便错失了识别并处理伦理挑战的良机。鉴于此，企业需要构建一套完善的沟通体系，以保障在 AI 项目进展的每一步骤中，所有部门能维持紧密无间的合作态势。具体策略上，可以通过定期组织跨界部门会议及工作坊等形式，为各方创造一个开放交流的环境，确保伦理议题能在项目的萌芽阶段即获得充分的探讨与应对。

针对跨领域合作的治理体系，应强调其灵活性与适应力。鉴于人工智能技术的迅猛发展与企业伦理挑战的持续演变，所构建的 AI 伦理管理体系必须摆脱僵化，具备随技术进步与社会变迁而适时调整的能力。比如，随着 AI 技术渗透至众多新领域，企业或需纳入新颖的伦理审查手段，比如自动化伦理评估工具、算法审查技术等，旨在增强伦理审查的效能与精确度。此外，依据 AI 技术实施的具体情境，企业应灵活调适其伦理管理的重心与流程。特别的是，在承载高风险判断的任务中，诸如医疗诊断决策、金融策略规划等，强化 AI 系统的伦理审查及测试显得尤为重要，确保其决策过程的公正性与透明度成为必行之举。

在实现跨领域合作的实践内，企业应重视整合外部利益群体的参与。AI 伦理议题不仅波及企业内部的利益范畴，亦涵盖了广泛的公众利益与外界利益群体。因此，在构建 AI 伦理管理体系时，企业不仅要依托内部的跨界合作机制，还需主动寻求与外界专家、学术团体、非政府组织、行业联盟等实体建立合作联系。举例而言，企业可通过聘请外部伦理学或社会科学领域的学者担任 AI 伦理顾问委员会成员，为企业的伦理审查及决策流程引入外界独立视角与建议。纳入外部利益群体的见解有助于企业深刻洞察公众对于 AI 技术的期许与顾虑，确保 AI 系统的开发与运用能够贴合社会广为接受的伦理准则。

为确保跨领域合作的 AI 伦理管理体系在实践层面发挥实效，企业需构建一套完整的评审与反馈体系。通过例行实施内部审核与外来评价，企业能对其 AI 伦理管理体系的运作状态进行全面审视，辨明存在的缺陷，并依据评估结论予以调整优化。此外，企业应开辟一条畅通的反馈路径，激励员工就 AI 系统的伦理议题建言献策。借由这一自下而上的反馈策略，企业能够迅速识别并应对 AI 系统中潜藏的伦理挑战，保障伦理准则在企业日常业务中的充分执行。

6.3.3 在 AI 开发中嵌入伦理评估与审查机制

鉴于 AI 技术的复杂度与日俱增及其影响的深远扩展，伦理议题已从辅助性的系统开发考量晋升为开发全周期中的核心要素。构建伦理评审机制旨在不仅揭示可能潜藏的伦理挑战，更要保障 AI 系统自始至终能践行预设的伦理准则，防止引发未曾预见的社会反响。

将伦理评估内置于技术开发过程的核心，在于将其视为技术设计的有机组成部分，而不仅仅是后续的审查环节或符合规范的简单验证。传统技术开发模型倾向于侧重性能提升与商业目标的实现，常常直到产品成型后期或即将部署时，才引入伦理审查环节。然而，这种滞后处理策略难以有效驾驭人工智能技术引发的多重伦理困境，缘由是众多伦理议题早在技术架构的初步设计阶段即已潜藏其中。因此，提前实施伦理评估机制，意味着在技术构思与初步开发阶段融入伦理审查，既能预先防范可能的伦理风险，也能确保 AI 的伦理性自始至终贯穿其设计思路。这种被称为"嵌入式伦理"（embedded ethics）的策略，强调技术团队必须在每一个设计决策节点融入伦理考量，并与伦理学领域的专业人士建立持续的合作关系。

为了在人工智能开发进程中有效融入伦理审查机制，企业需采纳一种系统化的方法，即引入伦理评估工具集与框架体系。这包括运用算法公平性检验、数据偏斜识别软件，以及可增强 AI 决策透明度的解释性技术，为伦理审查奠定实证基础。借助此类工具，企业能对模型的公正性、透明度及可靠性实施量化评估，发掘潜在的偏误与伦理挑战。这些工具不仅助力技术团队辨明问题所在，还为企业提供了具体的改进行动指南，确保 AI 解决方案的设计与伦理原则相契合。此外，企业应维持这些工具的迭代与革新频率，以适配新兴技术伴生的伦理困境。比如，鉴于生成式 AI 技术的飞速跃进，其所引发的新伦理议题，诸如内容的真实性验证、创作者权益保护等，迫使企业采纳新颖的伦理评估模式，以便全面审视 AI 模型的运行伦理。

再者，伦理审查体系需超越单纯的技术层面审查，将 AI 系统的全面社会效应评估纳入其中。鉴于 AI 技术实施对社会的辐射影响深远，且这些效应未必能在技术孵化初期充分显露，企业有责任将社会影响评估（Social Impact Assessment，SIA）融合进其伦理审查程序，以确保存护 AI 系统在实践操作中不对社会架构、族群互动或公众福祉构成不良后果。比如，在医疗卫生场景下，AI 系统的裁决不仅直接关联到患者的安康与生命安全，同时波及医生职业行为模式、医患互动模式乃至医疗资源配置。借力 SIA 的实施，企业能更透彻地预见其 AI 系统的潜在社会反响，并预先规划应对之策，以期实现技术进步与社会和谐的双赢局面。

持续性与动态性对于伦理审查机制而言至关重要。AI 技术所携带的伦理风险并非一成不变，而是随时间推移及技术迭代而演进。因此，伦理审查不应局限于 AI 系统部署前的一次性评审，而需覆盖其整个生命周期过程。企业应当构建周期性的复审机制，定期对 AI 系统实施伦理再评估，尤其在系统经历重大更新或触达新应用场景之际。借此连续性的监督过程，企业能够即时识别并应对可能出现的伦理挑战，确保存续的 AI 系统与伦理规范保持契合。

伦理审查机制的功效性本质上仰赖于企业内部的协同与交流机制。鉴于伦理议题常常横跨技术、法规、商业等多个知识领域，仅凭技术团队一己之力难以实现对其全面的认知与应对。故此，构建一个贯穿各部门的伦理审查小组显得尤为重要，确保涵盖技术专家、法务顾问、数据科学专家、伦理研究者等多方面的参与者介入到伦理审查流程中。这种跨界别的合作模式，不仅能强化对于伦理议题的警觉性，还为 AI 的研制注入了多维度的透视镜，力保其设计与实施能够贴合各领域的伦理标尺。

6.3.4 持续进行 AI 伦理培训与意识提升

在企业运作的范畴内，确保人工智能伦理的实际践行，不仅仅是建立在健全的技术工具和管理架构之上，还深深植根于企业全体成员对人工智能伦理议题的认识与理解之中。因此，持续开展人工智能伦理的教育训练与提升意识水平，成为保障人工智能伦理准则在企业内部得以落实的核心环节。通过周密规划的教育项目，企业能够确信其员工掌握了足够的伦理知识与能力，在人工智能技术的研发、部署及运用的全过程中，能够积极辨识并妥善处理可能出现的伦理挑战。

企业须深刻理解人工智能伦理问题的繁复性与多元面向，这不仅要求技术人员掌握深厚的专业技能，还应深谙其蕴藏的社会学、法学及道德议题。因此，构建全面的 AI 伦理教育体系显得尤为重要，内容应广泛涉及算法公正性、数据隐私权保障、社会效应评估、责任界定等诸多层面。企业应规划分层次、跨领域的培训项目，以确保来自不同岗位的员工均能习得与自身职责紧密相关的伦理知识。比如，技术人员的培训重心可放置于如何在算法构思中消减偏见、提升透明度；而法务团队则需精熟 AI 系统在维护隐私与数据合规方面的法规框架。此外，负责业务运营的管理层也应通晓 AI 技术对社会的潜在影响及伦理挑战，从而在策略规划时将这些考量要素纳入其中。

对于技术团队而言，AI 伦理教育应当更加深化且具备高度的专业特性。鉴于技术开发人员在设计及实施 AI 系统过程中的核心作用，他们不仅要熟悉伦理议题的理论基础，还需掌握实现问题解决的实际技术手段，比如识别并减少数据集偏见的方法、利用模型解释工具增强算法的可透明度，以及在模型训练环节嵌入伦理评价机制等。这些技术挑战的应对策略，并非一成不变的标准化流程，而是要求技术人员依据特定的应用情境与数据属性，灵活地加以调整与应用。因此，企业有责任为技术团队提供深层次且紧贴实战的伦理教育，促使他们在技术构思与开发各阶段能主动融入伦理思考。

此外，针对非技术人员的 AI 伦理教育亦需实施精细化定制。鉴于 AI 技术在各企业领域的广泛渗透，非技术人员与 AI 系统的交互日渐频繁，尤其在业务策略规划、客户关系维护及营销策略部署等方面。企业有责任确保这类员工掌握 AI 伦理的基本原则，使其能洞察工作中 AI 应用的道德风险，并能自主发现并上报可能出现的伦理问题。比如，营销部门利用 AI 分析顾客数据时，必须熟知数据保密的相关法规，确保实践活动与企业的伦理准则及社会期待相符。通过此类伦理培训，企业可保障 AI 伦理议题不仅局限在技术层面讨论，而是内化为企业文化的组成部分，实现全员参与及实践。

除却标准的教育课程，企业可采纳创新增强员工的 AI 伦理认知。比如，企业能定期策划"伦理研究工作坊"或"伦理黑客松"活动，促使员工在实操中遇见并攻克 AI 伦理难题。这类兼具参与性和实用性的教育模式有利于员工深入领会 AI 伦理问题的多维性，并锻炼其在实际业务中应对这些挑战的技巧。另外，企业可通过个案剖析、仿真决策等途径，使员工置身具体情境下掌握应对 AI 伦理问题的方法。比如，借由复盘历史上的 AI 伦理冲突实例，员工能更直接地认识到哪些举措可能触发伦理危机，以及怎样防止企业内部再现相似困境。

为确保培训成效，企业需构建一套完备的评估体系，周期性地检验及回馈员工在 AI 伦理知识与意识方面的掌握情况。此举不仅能助力企业直观评估培训实效，还能为后续培训方案的制定提供实证数据与改进导向。比如，企业可通过定期举行测验、发放问卷或组织面谈等形式，摸底员工对于 AI 伦理议题的认知深度，并依据收集到的反馈信息，适时校正培训素材与方法。借此持续的反馈循环与灵活调适策略，企业得以保障 AI 伦理教育与时俱进，紧密贴合技术演进与社会变迁的步伐，维护其效度与关联性。

AI 伦理教育的宗旨不仅在于增强员工的理论认知，更在于内在地塑造一种"伦理氛围"。这种氛围应激发员工在日常业务操作中自主地辨识并应对由 AI 技术引发的道德困境，并勇于在发现不当行为时即刻采取干预措施。企业可通过设置诸如"伦理引领者"或"伦理大使"的角色，来促进伦理文化的建立与普及。这些引领者在各部门中扮演模范角色，协助同行识别并克服 AI 伦理难题，并按期向上级管理层反馈伦理问题处理的进展。凭借这种高层与基层间的交互推进策略，企业能内部培育出一股坚实的伦理自觉，保障 AI 伦理议题在组织的每一层级均获得充分的关注与妥善的管理。

6.3.5 建立 AI 伦理的监督与问责机制

在企业运营的范畴内，落实 AI 伦理实践并非仅仅关于初步的策略规划与系统设计，还涉及构建一个有力的监督及责任追究体系，以保障伦理准则在实际部署中得到贯彻。这一监督与问责体系的建立健全，构成了企业维护其 AI 技术全周期合乎伦理性运行的核心策略。它不仅赋能企业进行持续性的伦理风险监测，还在面临伦理失范时确保能迅速启动纠正行动，并且明晰各参与方的责任界限。

对于 AI 伦理监管体系而言，关键在于确保其独立运作的能力与权威性。内部监督机制固有的局限性，如易受商业逐利性、组织架构权力偏向及短期目标导向等因素影响，可能导致伦理考量的边缘化或削弱。因此，构建一个独立的伦理监管实体，或是融入外部第三方评审机制，来对 AI 技术的伦理实践进行全面而独立的审视，显得尤为重要。这样的安排能够防护 AI 应用免于内部利益冲突的侵扰，确保评估结论的无偏见与公正性。具体实施上，企业可探索与学术界、非政府组织及行业联盟构建合作伙伴关系，定期执行 AI 系统的伦理审查与潜在风险的预评估。借力外部监督的广角镜，企业能够收获更加宽泛且不偏不倚的反馈信息，进而为优化其 AI 伦理规范的践行提供坚实基础。

为保障监督机制的有效运作，企业需构建一套全面的评估准则及实施流程。此套标准应广泛涉及 AI 系统的多维特性，如算法公正性、数据处理的透明度、决策可阐释性，以及对社会效应的考量等。通过确立具体的量化标准，企业可对 AI 系统的伦理绩效进行量化的解析，并依据评估结论采取必要的改进策略。举例而言，企业能借由规律性的算法审查，发现并指出系统内潜在的偏颇与不公现象，并据此调整模型构架或数据集，以缓解这些伦理风险。此外，企业亦可采纳用户回馈、实施数据分析等手段，持续监督 AI 系统在实践操作中的性能，确保其输出结果与伦理规范相契合。

构建问责体系同样是至关重要的环节。鉴于 AI 的复杂特性和日益增长的自主决策能力，责任归属问题变得尤为棘手，特别是在涉及多部门及众多利益相关者的 AI 决策流程中。因此，企业需清晰界定从 AI 系统的开发、部署至应用全链条上的责任分配，确保各个环节的参与者对其行为后果负有相应责任。这一举措不仅提升了 AI 系统的透明度与公信力，还在问题出现时提供了明确的责任追溯路径，有效遏制了责任逃避或推卸的行为。比如，企业可通过制定"伦理责任分配表"细分公司内部各部门及个人在遵循 AI 伦理准则中的具体职责与义务，涵盖技术团队、法务顾问直至高级管理层，确保每一环节的个体对其行为担责。此外，企业应确立明晰的奖惩制度，对在处理 AI 伦理问题上表现出色或有违规范的员工，施以相应的奖励或惩戒措施，从而保证问责机制在实践层面的约束力和执行力得以落实。

监督与责任追究机制的效能，核心在于信息的开放性和透明度。组织在运用 AI 时，承担着向内部团队及领导层负责的同时，也应对诸如用户、顾客、监管机关等外部利益群体保持信息的畅通无阻。透过揭示 AI 的运作实况、伦理审查结论及优化策略，组织能强化社会对该 AI 的信赖感，并缩减可能出现的伦理争议范畴。比如，企业可设定发布定期的"人工智能伦理通报"以此向大众展示其 AI 在伦理评估中的成效、采纳的改进举措与揭露的问题。这一信息公开的体系，不仅对提升企业的社会担当意识大有裨益，还能够为其他业界同行和企业提供富于价值的经验借鉴与教训，共促整个领域朝向更加负责任的态势演进。

监督与责任机制的设计应着眼于灵活性及可扩展性的提升，以便适配 AI 技术与应用领域的持续演进。鉴于 AI 技术的飞速进步及其伦理挑战的相应扩展，企业构建的监督与责任体系必须具备动态适应性，以有效回应新兴挑战。比如，随着生成式 AI、大型语言模型及自动化决策系统的广泛采纳，企业或需融入新颖的伦理审查工具及监管程序，以保障这些新兴技术的伦理合规性。此外，依据具体的应用情境，企业应机敏地调整监督与责任机制的聚焦点与覆盖范畴。在诸如医疗诊断、财经策略等高风险决策场景下，企业需强化 AI 系统的伦理审查力度与责任追究流程，力保系统的公正透明性。

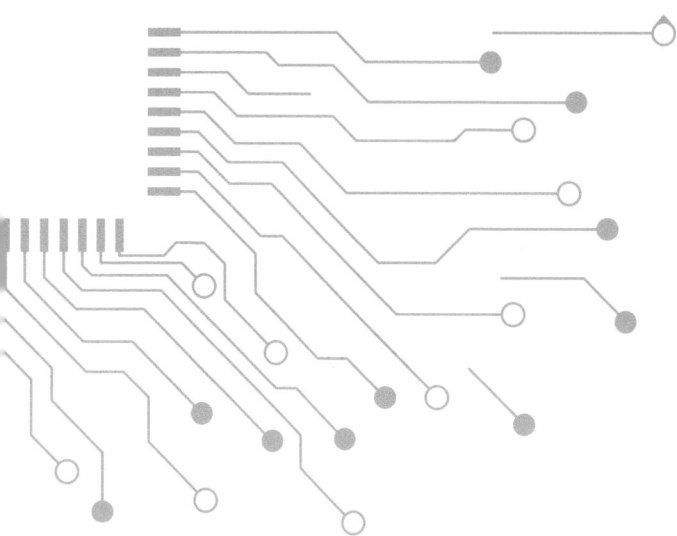

第三部分

AI 在企业运营的具体应用

7. 供应链管理中的 AI 应用

7.1. AI 如何优化供应链的各个环节

7.1.1 需求预测与市场响应的智能化

在供应链管理系统中，需求预测构成了一个关键且富有挑战性的组成部分，它深刻影响着企业的库存管控策略、生产调度规划乃至物流分配方案，同时也是决定企业能否敏捷适应市场变动、持续稳固竞争优势的核心因素。尽管传统的预测手段大多依据历史销售记录、季节性模式及宏观经济参数，广泛采纳时间序列分析、回归分析等经典统计学模型，这些方法在市场环境相对稳定的情况下展现了一定的有效性。但面对当前市场特性日益复杂多变、不确定性显著增加的新常态，它们的局限性越发突出。人工智能技术（AI）的兴起，为这一领域注入了革新动力，通过运用深度学习、机器学习及自然语言处理（NLP）等一系列先进技术，AI 能够有效整合多元、大规模的数据资源，构建出更为精确、动态且充分个性化的预测模型，从而极大地增强了企业对市场动态的响应灵敏度。

人工智能在需求预测领域的核心竞争力之一，在于其增强了对多元化数据源的处理及应对复杂数据结构的能力。与之相比，传统的预测模型往往局限于处理结构化信息，如销售业绩、存货档案及促销活动记录等，而对于非结构化数据资源，比如社交媒体留言、公众舆论趋势及气象变迁等，则显得力不从心，处理效能近乎空白。反观人工智能，尤其是自然语言处理技术的融入，为挖掘非结构化数据中的宝贵知识开辟了新的可能。通过对涵盖社交媒体动态、商品评价及新闻报道的广泛数据流进行即时解析，AI 系统能捕获消费者的感受趋向、行业动向及隐含的消费需求变迁。比如，若某一商品在网络上骤然成为热议焦点，AI 即可借助情绪智能分析，解码大众对此商品的情感反馈，并将此信息转化为预示需求波动的早期信号。这一持续且多角度的数据融合能力，赋予了 AI 相较于传统手段更为超前且精确的市场变动识别力，为企业输送具有前瞻性的市场智能。

人工智能不仅在数据处理方面展现出优越性能，其通过自我学习机制实现的动态适应能力，更是远超传统需求预测模型所能及。传统的预测模型构建后，通常依赖不变的参数与结构，面对市场条件的变迁，模型预测的精准度逐渐下滑，尤其在遭遇市场环境的剧烈变动，比如全球经济震荡、自然灾难或突发公共卫生事件时，其适应力显得尤为欠缺。相反，人工智能利用机器学习领域的自我学习与在线学习技术，在模型运行中持续自我优化。凭借对实时数据的反馈吸纳，AI 能灵活调整预测模型的权重与参数，保障模型紧贴市场变化的脉搏。比如，人工智能能依据最新的销售业绩、库存状况及市场反馈，自主校正需求预测模型的参数配置，确保预测输出随时间进展而不断精进。这一动态调节机制，使 AI 不仅能更准确地预判未来需求趋势，还能够在市场环境骤变时迅速响应，助力企业在竞争白热化的市场环境中维持高度的灵活性与应对能力。

人工智能在需求预测领域的另一项关键技术贡献，是其利用深度学习模型对复杂的因果结构进行辨识与建模的能力。相较于仅能应对线性关联的常规统计模型，在面对需求数据内蕴含的非线性动态及多维度交互效应时，传统方法的效能显得相对局限。反之，人工智能范畴内的深度神经网络展现出卓越的非线性映射性能，能够凭借其多层次的网络架构，解析出数据内部的精细交互模式，进而构造出高度精确的预测机制。比如，消费者的购买行为是多元因素如价格变动、促销活动、竞争者的市场战略及消费者偏好的变迁等交织作用的结果。借助深度学习技术，AI 能自主发掘这些变量间错综复杂的关系，并评估它们对需求预测的具体贡献。如，某种商品的需求量可能因某个社交媒体热议话题而骤增，这类突变趋势往往是传统模型难以把握的。但 AI，通过整合分析社交媒体数据、消费者的购买记录及行业发展趋势，能够前瞻性地捕捉到这类需求变动的先兆，并融入预测模型之中。这种对非线性关系的深刻洞察，不仅提升了人工智能预测的精确度，也助力企业深挖市场变动的根本动因，为制定更为精细的市场营销策略提供了坚实的基础。

另外，人工智能在需求预测领域的实施极大增强了企业对市场动态的迅速响应及供应链的灵活性。过往，常规的需求预测往往伴随较长的周期，企业投入大量精力于数据的搜集、处理与解析，难以敏捷适应市场的快速变迁。相比之下，人工智能凭借其即时数据处理与前瞻预测的能力，使企业能够即刻感知市场变动并采取行动。例如，当某商品在特定市场的消费需求猛然增加，人工智能能够迅速辨认此趋势并主动调适预测模型，促动企业高效调整生产调度、库存配置及物流部署，以确保存货供应能紧贴需求波动，防止因市场突变引发供应链断裂或消费者流失的问题。这种由人工智能赋能的即时预测与动态适应机制，不仅为供应链注入了更高的灵活性，也强化了企业抵御市场不确定性影响的实力。

人工智能在需求预测领域的另一关键应用层面是聚焦于异常识别及预测精度的增强。传统的预测手段在处理数据集中的非典型波动或需求的突变时面临挑战，尤其当数据样本有限或变动范围大，这些模型的预测偏差较为显著。相比之下，人工智能依托异常检测技术和概率预测模型，能有效辨识数据中的非正常模式，并依据这些模式校正预测输出。比如，若某商品销量猛然偏离其历史平均水平，人工智能可通过剖析该商品的销售轨迹、市场反馈及外界环境变迁，判断此波动属于市场趋势的根本性转变还是纯粹的临时性异常，并据此校准预测结果。借助这一异常监控机制，人工智能极大提高了需求预测的精确性，缩减了预测偏差所引发的供应链不协调现象。

7.1.2 库存管理与优化的自动化

在供应链管理体系内，库存管理扮演着不可或缺的角色，它不仅作用于企业成本构造的形塑，还直接影响到运营效能及客户服务的质量。传统模式下的库存管理策略，依赖于预设的安全库存水准与静态补给机制，这种策略虽能在一定范畴内保障供应链的连贯性，但面对市场需求数量的急速变迁与供应链不稳定性加剧的场景，其效能与适应性明显减退。高库存会引发资金占用增多和仓储费用上升的问题，反之，库存不足可能导致缺货现象、交货延期，乃至顾客资源的流失。因此，企业面临的挑战在于，如何在确保库存水平适中的前提下，最大程度减少库存成本的开销。人工智能技术（AI）的融入，为库存管理开创了崭新的自动化与智能化处理路径。借助大数据分析、机器学习方法、优化算法规则，以及物联网（IoT）技术的综合运用，AI 系统能实现实时库存监控、需求波动预测，并自主执行库存策略的最优化调整，极大提升了库存管理的效能与精确度。

人工智能在库存控制领域的运用彰显于其持续监控与动态调适的效能。相较于传统的库存管理系统，其特点在于依赖周期性的存货盘点及往期数据评估，从而难以瞬时捕捉库存的动态变迁，引发信息延后与决策时机滞后的问题。人工智能技术，凭借物联网装置与传感器网络的集成，能够实现库存的即时监控，自动化收集包括存货现状、储位信息、商品流转状况等多维度数据。在此基础上，AI 系统能依据这些鲜活数据，灵活把握库存的实时变动趋势，并依据市场需求数量的起伏迅速校正库存管理策略。例如，当某商品销量陡增，AI 系统即能迅速辨识库存短缺的潜在风险，自发生成补给提案或修订生产日程，以维系供应链的连贯性与库存的充裕水平。这种即时监控库存的能力，赋予企业更强的灵活性去应对接踵而至的市场需求波动，有效缩减库存过剩与供不应求的双重风险。

人工智能在库存控制领域的另一关键运用体现在智能补给与库存最优化上。与之相比，传统的库存补给策略依赖于静态的安全库存标准及预设的补货周期，对于市场需求数量的变化及供应链中的不确定性因素反应不足。通过引入机器学习技术和优化算法，人工智能能够对库存补给过程实施智能化决策，这一过程涵盖了对历史销售记录、市场未来需求的预测、物流周期乃至供应商交货时长等多元信息的综合性分析，从而制订出最为高效的补货方案。比如，AI 能依据即时的市场需求预测及库存动态，自主调节补货的时间与数量，有效防止因补货时机不当而引发的库存过剩或短缺问题。更进一步，它还能基于不同区域的市场需求预测及物流成本考量，实现库存的智能化分布，确保存货能以最低成本和最短时间抵达目标市场。这种智能化的库存管理与优化手段，不仅帮助公司缩减库存成本，还促进了库存周转速度的提升，全面增强了供应链的运作效能。

人工智能引领的库存优化在仓储管理的智能化方面亦展现显著效果。作为库存管理关键构成部分的仓储管理，涵盖商品的存放、拣选、入库及出库等多个流程。传统仓储管理模式多依托人力操作与固定仓库布局，难以企及高效的库存管控水平。相反，借助人工智能技术，企业能够推进仓储管理向自动化与智能化转型。通过部署自动化仓储系统、机器人技术以及传感器网络，AI 能实时追踪商品的储存位置、库存量与仓库容量，并运用高级算法对商品的存放与拣选路径进行最优化设计。比如，依据商品需求频次与出库优先等级，AI 能自主调整商品存放位置，确保高需求商品紧邻出库区，有效缩减拣选时间与物流开支。此外，利用仓库机器人自动执行拣货、包装、入库等任务，AI 极大提升了仓储管理的效能与精确度，同时消减了因人为操作导致的错误与延迟。

人工智能在库存控制领域的另一关键应用聚焦于强化风险管理及库存配置的灵活性。面对供应链中繁多的不确定性因素，诸如市场需求的波动性、供应商交付延期、自然灾变等，这些变量均会对库存管理系统构成显著挑战。传统模式下的库存管理较多依仗过往数据与主观经验判断，对于未来可能出现的风险难以实施迅速且精准的干预。相比之下，人工智能技术凭借其大数据分析与机器学习算法的优势，能够预见供应链内部的潜在风险点，并针对性地提出库存策略的调整方案。比如，通过整合分析全球市场动态、气象变迁趋势、供应商历史交付记录等多元信息，AI 能够预判特定商品的供应链风险态势，进而及早建言企业增设安全库存水平或探索备选供应商路径，从而有效减少供应链断裂的可能性。这一基于 AI 的风险预见与应对机制，从根本上提升了库存管理的敏捷度与韧性，助力企业更从容地驾驭供应链环境中的变数与不确定性。

7.1.3 供应商选择与供应链协同的智能化

供应商筛选及供应链协同机制构成了供应链管理的中枢环节，它们直接影响到供应链的总体效能、成本控制及产品交付品质。传统上，供应商甄选程序大多依据历史合作经历、价格因素、供货周期及质量标准等几个核心评判维度。这种依赖有限数据资源的决策模式，在特定时期内能够满足稳定性需求，但在全球化加剧、环境快速变化及复杂性提升的当代市场背景下，显得过分简化，难以适应供应链内部日益复杂和充满不确定性的挑战。诸如供应商延期交付、商品质量问题，以及供应链中突发的断裂风险等因素，常对企业的运营活动造成重大影响。因此，企业急切寻求一种更智能、数据导向的供应商评估与协同管理模式。人工智能技术的融入为此领域引入了创新解决方案，借助大数据分析、机器学习及自然语言处理（NLP）等先进技术，AI 能从多角度、多层面的数据中挖掘关键信息，助力企业做出更加精确的供应商选择决策，并运用智能化工具促进供应链的协同与优化。

人工智能在供应商筛选过程中的运用，首要体现在其处理多方面数据的能力上。传统上，供应商的选择决策大多依据少量结构化信息（例如，报价、交付周期、以往合作历史）进行，这限制了对供应商综合素质及隐含风险的全面评判。相比之下，人工智能借助大数据技术，能挖掘大量非结构化数据中的价值信息，促使企业做出更周全的供应商评价。比如，通过自然语言处理技能，人工智能能从公开渠道如新闻报道、行业研究报告、社交平台反馈乃至供应商财务报表等多元化来源中，提炼出供应商的行业信誉度、财务稳健状态、技术革新实力等诸多核心指标，并且融合企业内部数据库资源（包括供应商的既往供货记录、品质评估报告等），从而勾勒出一个立体的供应商概况。这种跨领域的数据分析手段，让人工智能能够全方位地权衡供应商的长期合作价值及其可能蕴含的风险，助力企业在供应商抉择时实现更加严谨与理智的判断。

人工智能凭借机器学习的手段，能够对供应商的未来绩效及其可能蕴含的风险进行预判。相比之下，传统的供应商评估机制多呈现出静态特性，主要依据过往绩效来推断未来趋势，却忽略了诸如市场环境变迁、供应商内部运营管理动态等重要因素。人工智能则通过深入挖掘历史数据，识别出供应商绩效的潜在规律，并结合外界市场环境的最新变动，对供应商未来可能的绩效表现加以预测。

比如，人工智能能整合分析某供应商的既往交货记录、财务健康状态、市场需求数量变动等诸多要素，以预测该供应商未来在交货及时性、产品质量稳定性方面是否存在变数，并且预先警示可能出现的供应链断裂风险。这种前瞻性的预测分析，使企业能够在风险真正浮现前采取预案，比如及早物色备用供应商或调整库存管理策略，从而提升供应链的整体韧性与防风险能力。

人工智能在供应商筛选领域的另一关键应用体现在智能合同治理与绩效评价上。传统模式下的供应商管理，涉及合同的订立及执行过程，多依赖人工操作，难以实现对供应商履约情况的即时监控。相比之下，人工智能技术借助智能合约与自然语言处理手段，能将合同管理流程自动化，并运用实时数据解析方法，动态追踪供应商的履约进度。比如，系统能够自主解析合同条款，提炼出诸如交付期限、质量规范等核心履约指标，并将其与供应商的实际履约表现进行比对，从而编制出时效性强的绩效评估文档。一旦供应商的执行情况偏离了合同既定标准，系统即会自动生成警示信息，促使企业及时介入，采取应对策略。这一智能化的管理模式，不仅显著提高了供应商管理的效能，也增强了供应链的透明度与可操控性，助力企业更有效地监管供应商行为，维护供应链的稳固与连贯性。

人工智能引领的供应链协同优化策略进一步增强了供应链的总体效能。在经典的供应链协同框架下，从供应商、生产商到分销商等各个节点的信息流通常呈现碎片化状态，匮乏实时数据共享与协作机制，这一状况导致了信息不对称及决策滞后问题。借助人工智能技术，企业能够促成供应链各阶段信息的集成与即时协同作业。通过 AI 对供应链上下流实时数据的融合处理，一个高度互联的供应链协同网络得以构建，促成了企业间、部门间的无缝信息传递与深度数据分析。比如，AI 能够持续追踪供应商的生产进度、库存量、物流动态等信息，并将这些数据与企业内部的生产调度规划、市场需求预估等相结合，从而制订出最优化的供应链协同方案。这种智能化的协同模式不仅显著减少了供应链中的信息延时与不确定因素，还促进了供应链全链条的最优化配置，提升了供应链的反应速度与适应性。

人工智能技术在选定供应商及促进供应链协作过程中的运用，通过跨领域的数据分析、机器学习算法、智能化合同管理机制及即时数据流通体系，促成了供应商筛选的智能化转型与供应链协同效应的深度优化。此技术不仅助力企业实现更加精细化的供应商挑选策略，还显著增强了供应链的透明度与灵活性，全面升级了供应链的运行效率及抵御外部风险的能力。

7.1.4 物流配送与路径优化的智能化

物流配送作为供应链管理终端环节，直接影响着消费者体验及企业运营效能。传统物流配送管理模式下，路径优化多基于人工经验与静态规划工具，面对复杂多变的交通情况、需求的即时变动以及突发状况（例如交通堵塞、恶劣天气）时显得力不从心。这些难题不仅推高了配送成本，亦延长了送达时间，进而削弱了顾客满意度。伴随电子商务与全球贸易的蓬勃兴起，物流配送面临前所未有的复杂度与不确定性挑战，促使企业急切寻求更智能化、动态化的物流配送解决方案。人工智能技术的融入，为物流配送系统及路径优化领域带来了一场革新，凭借机器学习、深度学习、图像识别、实时数据分析等先进技术，AI 能够实现实时的配送路径监控与调整，灵活优化物流资源分配，极大提高了物流配送的效率与精确度。

人工智能在物流分配领域的一个关键应用体现在动态路径优化上。相较于传统路径优化算法，其通常依据历史记录与静态运输网络模型构建，面对诸如实时路况变动、气象条件变迁、客户需求的即时调整等动态变量时显得力不从心。人工智能技术则通过融合实时交通流数据、气象预测信息及客户地理位置资料等多种信息源，能够设计出最佳配送路径，并依据实际情况灵活调整配送策略。比如，AI 能够接入交通管理系统数据库，持续监控道路拥堵状态，结合配送车辆当前地理位置、顾客位置、交货紧急度等诸多要素，自动生成最高效的配送线路，确保货车能够有效规避拥堵区域，以最短时间达成配送目标。此外，借助对天气预报的分析，AI 能预见不良天气情况，预先规划调整配送日程，维护物流作业的安全性与高效性。这一动态路径优化机制的实施，不仅帮助企业减少了物流成本的支出，同时也提升了配送准时率与消费者满意度。

人工智能引导的物流分配优化在指挥调度与资源策略配置方面亦展现出其优势。相较于依赖固定时间表与人为经验的传统物流调度模式，面对需求波动及资源动态变化时的适应性较弱，人工智能则借助大数据分析与机器学习手段，实现了物流资源的智能化策略调度与最优化配置。举例而言，AI能整合当前订单需求、存货布局、车辆地理位置、驾驶员工作时数等多种因素，自动生成最为高效的配送调度方案，力保每辆运输车与每位驾驶员的工作效能达到最优化状态。进一步地，通过预测模型，人工智能能够预判未来物流高峰时段（诸如节假日等），预先调配更多运输资源，以防资源短缺引发的配送延迟问题。此外，它还能够实施对运输车辆运行状况的持续监测，预测维护需求，以保障物流运输过程的安全无虞及连贯性。这种智能化的资源调度与配置策略，不仅为物流分配效率带来了显著提升，也强化了企业面对市场变动及突发事件的应对能力。

在推进物流配送智能化与优化的过程中，人工智能通过融入无人驾驶技术与智能仓储管理系统，有力地推动了配送服务自动化水平的跃升。无人驾驶技术，预示着未来物流配送领域的一项关键技术，正逐渐渗透至实际物流运作场景之中。企业借助 AI 引导的无人驾驶技术，能够促成配送车辆的自动驾驶实现，从而减少对人力驾驶员的依赖，有效控制物流成本开支。例如，无人驾驶货运卡车可在设定的运输路线上执行远距离货物输送任务，而 AI 则利用实时数据分析与路径最优化策略，保障无人驾驶交通工具安全且高效地完成既定运输使命。此外，人工智能还在智能仓储系统中发挥作用，促成了仓储管理作业的自动化与智能化转型。具体而言，在仓库管理阶段，AI系统经由机器人及传感器网络的配合，自主完成商品挑选、打包、入库、出库等一系列流程，大幅度提高了仓储管理效能，同时显著降低了人为操作失误与时间延误。这一整套从仓储到配送无缝对接的全自动化管理体系，为相关企业构建了一套更高效且具有成本效益的物流解决方案框架。

人工智能在物流分配领域的另一项关键应用体现在增强客户体验上。相对而言，传统的物流管理方式在应对客户需求时往往不够精细，难以满足个性化的配送需求。人工智能技术则通过深度挖掘客户数据并进行需求预判，能够设计出更为个性化的物流解决策略。比如，依据顾客的购买记录、地理位置信息及时间偏好等因素，AI 能预估出最适宜的配送时段，并预先规划车辆调度，以确保商品能在顾客最为便利的时刻送达。此外，AI 还借助自动化的客户服务系统，与顾客保持即时沟通，提供诸如订单追踪、预计到货时间等服务，进一步优化了物流体验。这种基于人工智能的定制化物流服务，不仅有效提高了顾客的满意度，同时也强化了企业的竞争优势地位。

人工智能在物流分配与路径规划领域的运用，通过实时路径优化策略、智能化调度系统、无人驾驶载具技术，以及客制化服务的导入，极大增强了物流分配的效能、精确度及消费者满意度。它不仅助力企业缩减物流成本，还提升了供应链的柔韧性和对市场的敏捷反应，保障企业在竞争白热化的市场环境中维持物流领域的竞争优势。随着人工智能科技的不断演进和其应用的深化，物流分配的智能化转型将日益成为供应链管理中的一个核心趋势，为企业的运营效能提升和消费者体验优化奠定坚实的基础。

7.1.5 风险管理与供应链弹性的提升

在供应链管理领域中，风险管理扮演着不可或缺的角色，尤其在全球化及供应链网络日益复杂化的当下，所面临的各类风险与不确定性因素急剧攀升。这些风险涵盖自然灾难、政局不稳、供应商财务困境、市场需求变动，以及突如其来的公共卫生危机等，均可能对供应链的稳定性构成严峻挑战。传统上，供应链风险管理工作多依据历史记录与主观判断，对于潜藏风险的及时有效应对略乏力。然而，人工智能技术的融入，为供应链风险管理领域带来了一场革新。借助大数据分析、机器学习算法、预测模型构建及仿真技术，AI 能够预见并识别供应链内部的潜在风险点，从而拟定出相应的策略应对方案，极大增强了供应链的灵活性与抵御外部冲击的能力。

人工智能在供应链风险管理体系中的关键作用展现在风险预判与预警系统方

面。过往的风险管理策略通常依据历史经验和既往数据，对于未来风险的精确预测能力有限。相比之下，人工智能借助大数据分析及机器学习算法，能从广泛来源的多源数据中发掘隐藏的风险指标，并运用预测模型实现对未来风险的量化评估。比如，人工智能能整合全球市场动态、气象预报、政局变动及供应商财务报表等诸多信息，预先识别供应链中可能涌现的风险事件，并及时触发预警信号。一旦发现某供应商存在财务困境，人工智能即可前瞻性地辨识出该供应商按时交付能力的潜在风险，并建议企业提早探寻备选供应商路径，以规避供应链断裂的风险。此外，人工智能亦能凭借实时数据监督机制，察觉物流输送过程中的隐含风险因素（如交通事故、不良天气状况等），并相应地预先调适物流规划，保障商品的安全与准时送达目的地。

人工智能引导的风险管控通过采用仿真模拟手段，助力企业测评在多种风险场景下的供应链恢复力。相比之下，常规的风险管理手法多为静态模型，难以充分考察供应链在面临不同挑战时的整体表现。人工智能技术则凭借其在供应链仿真模拟领域的应用，得以构建多样化的危机情景模拟（如供应商断供、自然灾难侵袭、市场需求数量剧变等），并进一步分析供应链在此类情境下的适应及抵抗能力。比如，AI能够虚拟重现一个核心供应商突然停止供应的紧急状况，借此衡量企业的存货储备、物流调度效率及生产调度方案是否足以保障供应链的不间断运行，并依此提出系统性的改进策略。这种前瞻性的仿真模拟做法，使得企业能够预先察觉供应链体系中的脆弱节点，并及时部署加固措施，以提升整个供应链体系的韧性与灵活性。

人工智能在风险管理领域的另一关键应用体现在其对供应链弹性的动态优化方面。供应链弹性指的是供应链系统在遭遇不确定性因素及风险事件时，迅速复原并适应变化的能力。传统模式下的供应链弹性管理多倚重静态的安全库存量设定及备用供应商策略，对于动态环境的适应性不足。相比之下，人工智能技术凭借其即时数据监测与机器学习算法的优势，在风险事件突发后，能够智能化地调适供应链策略，保证供应链系统的迅速复原。比如，当某个供应商因意外情况无法如期供货时，AI 能够依据当前市场的需求状况、库存实际情况及物流运力，自动生成新的供应链资源配置方案，以维护生产与配送流程的连贯性。此外，人工智能还能基于实时数据分析，前瞻性地预估市场需求的未来变动趋势，据此灵活调整库存管理及生产规划，确保供应链体系能高效恢复至常态运行。这一动态调节机制的引入，极大提升了供应链的韧性，赋予企业在面对供应链复杂变局时更高的灵活性与应变能力。

人工智能在供应链风险管理体系中的运用，通过实施风险预见、模拟仿真及动态调整策略，极大增强了供应链的抵御风险能力和灵活性。它不仅使企业能够前瞻性地辨认供应链环节中的隐含风险，还配套提供了多种风险场景下的应对方案，保证了供应链在遭遇不可预知事件或紧急情况时迅速复原与调整的可能性。随着人工智能科技的不断演进及其应用的深化，智能化的供应链风险管理预计将成为企业运营管理中的一个核心竞争力要素，为企业的长久发展奠定稳固的基础。

7.2 预测分析与实时优化：AI 如何提升供应链的效率

面对市场环境日趋复杂多变的现状，传统供应链管理模式在应对需求不确定性、市场波动及全球供应链风险方面显得力不从心。在此背景下，人工智能技术的融入为供应链管理开辟了新路径，通过实施预测分析和即时优化策略，AI 技术在供应链各关键节点上实现了效率的跃升、成本的削减及响应速度的大幅度增强。

7.2.1 精准需求预测与市场感知

人工智能技术的融入，为需求预测领域带来了前所未有的变革。该领域得益于诸如机器学习、深度学习及自然语言处理等先进技术，能够从多样化的数据源中挖掘出深层的结构与因果逻辑。与依赖单一数据来源的传统方法不同，AI 能整合历史销售记录、市场走向趋势、社交媒体情绪反应、搜索引擎数据分析、气象信息、宏观经济指标等多维度数据，构建出更为精确且动态调整的需求预测模型。比如，通过剖析社交媒体上的用户评论及其情感色彩，人工智能能够洞察潜在的消费倾向与市场心理动向，预先调整预测策略，助力企业敏捷应对市场波动。这种跨数据领域的融合分析与非结构化信息处理能力，让人工智能在庞大的异质性数据中发掘出隐含的市场脉动，输出高精准度的需求预测结果。

人工智能在需求预测领域的另一项核心竞争力在于其动态适应机制。与传统的预测模型相比，这些模型往往静态地依据历史市场行为设定不变的参数与权重，面对市场环境的急速变迁时，难以迅速做出响应式的调整。相反，由 AI 主导的预测系统则内建了"在线学习"（Online Learning）与"适应性学习"（Adaptive Learning）机制，能够依据流动数据的最新变化，持续迭代优化其预测参数。比如，AI 利用"强化学习"（Reinforcement Learning）策略，在预测过程中自主调节权重配置，以确保存量预测模型能贴合最新生效的数据进行自我完善。这一动态适应特性，赋予了 AI 预测模型迅速适应市场快速变迁的能力，它不仅能够把握长期需求的发展趋向，还能够有效应对短期市场变动，诸如季节性需求变化、促销活动的突发影响等诸多变数。

人工智能在精确预测需求领域的另一关键应用聚焦于异常识别及需求突变的预先警示。传统预测模型多局限于捕捉线性趋势或周期性需求变动，却时常忽视了需求的非连续性跃变或异常振荡。这些由明星代言、突发事件乃至全球性事件诱发的突发性需求增减，往往是引发供应链断裂及库存紧张的核心因素。借助异常检测算法，人工智能能实现实时监测市场动态与消费行为变迁，敏锐感知任何偏离常态的需求信号。当系统识别到某商品需求出现急剧上扬或下降的趋势时，会即刻触发预警机制，助力企业预调生产日程与库存管理规划，有效规避因预测不确导致的供应链风险敞口。

人工智能还有能力借助深度学习技术来构造长期需求的预测模型。通过搭建多层级的神经网络架构，深度学习能够揭示需求数据内部的复杂关联及非线性特性。与传统的线性模型相较，这类模型能识别出更为细腻的市场需求数字模式，并且能够实现对未来市场需求的预见性推测。比如，人工智能能挖掘历史数据里的潜在规律，再配以宏观经济领域的外部数据，来预判市场长期需求的演变趋向。拥有这样长期预测需求的能力，对于指导企业的战略规划意义重大，它助力企业预先安排生产规模、调配供应链资源及策划市场渗透策略，确保了企业在日后的行业竞争中握有先发优势。

人工智能不仅在构建预测模型方面显示出强大的效能，还能够智能化地阐释及展示预测结果背后的逻辑。借助可解释性 AI，企业决策层能更深层次地洞悉预测结论的成因，超越了单纯依赖黑箱模型输出的局限。通过生成富于解释性的报告，AI 揭示了影响市场需求数量的关键驱动要素，诸如季节性变动、营销举措、宏观经济政策等，从而助力企业深化对预测的理解，并在策略规划时实现精准施策。这一解释性功能对于增强供应链的透明度及提升决策辅助效能具有核心价值。

7.2.2 库存优化与智能补货决策

人工智能在库存控制领域的首要实践体现在运用需求预测实现库存管理的动态化。过往的库存管理方案大多依据历史记录与实践经验设定静态库存量，面对市场需求的不可预知变动时反应不足。相比之下，人工智能技术，尤其是机器学习与深度学习，能够整合需求预测、供应商供货周期、仓库容积、物流费用等多个变量信息，从而制订出适应性强的库存优化方案。比如，通过解析各种商品的销售轨迹与市场动向，人工智能能够预测即将发生的需求波动，并据此灵活调整每种商品的库存量。对于需求变化剧烈的商品，系统会提议企业提升安全库存量，以备不时之需；而需求相对恒定的商品，则推荐缩减库存，以减少库存占用的资金。

人工智能亦能运用强化学习算法来提高补货决策的质量。强化学习作为一种基于奖励反馈的机器学习模型，使人工智能得以在与库存管理系统频繁交互的过程中，掌握在各类市场环境下的最佳补货策略。通过仿真多种库存控制策略及补货计划，人工智能能够评量各方案的成本效益比，并自行抉择最优的补货路径。比如，面对供应商交货周期延长的情况，人工智能能够提示企业预见到这一问题并提早实施补货，以防备因供应商延期而导致的库存枯竭；而在市场需求呈现短期振荡的情形下，人工智能则能借助即时数据解析，灵活调节补货的频率与数量，确保存货水平紧贴市场需求的脉动。采纳强化学习驱动的智能化补货决策机制，不仅促进了库存管理的效能提升，也削减了库存管理中的变数与潜在风险。

人工智能在库存控制领域的另一关键应用体现在多层次库存管理系统中。面对全球供应链网络的复杂性，企业亟须在众多地理区域及各级库存点间实现库存管理的协同。传统方法在处理此类多级库存控制时，常呈现出分散化的特征，各节点间信息交流与协同机制匮乏，进而引发库存过剩与资源虚耗的问题。而今，借助人工智能技术，尤其是全局优化与多目标优化算法的应用，能够汇总并分析跨库存节点的实时数据，从而制定出最优化的库存配置策略。比如，AI 能综合考量各仓库的存货状况、市场需求布局及物流成本等因素，以此来优化存货配置与资源调度流程，旨在帮助企业以最小成本达到最佳服务标准。一旦检测到某区域库存水位告急，该系统能迅速提议从其他富余库存点调货，有效应对局部库存短缺可能导致的供应链断链风险。这一基于人工智能的多层次库存优化方案，不仅促进了库存资源使用的高效性，也显著增强了供应链系统的灵活性与抵御外部冲击的能力。

人工智能亦能与物联网（IoT）技术融合，达成库存管理的自动化及实时监控功能。具体而言，物联网技术利用传感器与 RFID 标签，持续追踪库存的实时状态，涵盖库存量、商品位置乃至储存环境（诸如温度、湿度）等关键信息。通过与物联网架构的集成，人工智能能够即时获取库存变动数据，并依据这些数据智能化地调适库存管理策略。例如，在某个仓库的库存量逼近预设警戒阈值时，系统将自主启动补给程序，以确保存货供应不间断。另外，人工智能还能依据仓库的具体储存条件（如温度波动）灵活调整储存方案，防止因储存条件不佳造成的商品损耗。这种物联网支持的库存管理模式，极大增强了库存管理的透明度与精确度，同时缩减了人工介入带来的错误与滞后，为供应链的整体效能带来了显著提升。

由人工智能引领的库存管理系统还能够强化企业面对供应链中突发情况与不确定性挑战的能力。通过实施数据解析与前瞻性的模型预测，人工智能能预先甄别供应链上的潜在威胁，并且为企业的应对措施献计献策。如，当某供应商出现送货延期的情况时，人工智能即可借助其预测模型来衡量这一延期对库存存量及需求满足度的潜在影响，并自主生成应急库存管理方案，力保供应链的顺畅运行。此外，人工智能亦能依据市场动态的微妙变化，前瞻性地调节库存量，有效规避因需求的暴涨暴跌而引发的库存积压或短缺现象。这种立足于人工智能的应急库存管控策略，极大地提升了供应链的韧性，赋予企业在处理供应链中不确定性因素及突发事件时更多的稳定性与灵活性。

7.2.3 供应链整体优化与端到端协同

面对全球化的加速推进，供应链的复杂程度日益加剧，企业已不再局限于单一来源或地区的生产与分销模式，而是趋向于构建一个跨越国界、横贯多个行业的供应链生态体系。在此类高度复杂的网络环境中，传统供应链管理模式的局限性愈发凸显，体现在各部门或供应链节点间存在的孤立状态，以及信息交流与协作优化机制的缺失，这些因素共同作用，导致了供应链效能的降低、反应速度减慢及资源的非高效利用。人工智能技术的融入，为供应链的全面优化与端到端协同作业开创了崭新的理论模型与技术工具。该技术通过汇总供应链各阶段的动态信息，运用智能分析与优化算法，不仅实现了供应链的全局性最优化配置，还促进了跨部门合作，极大增强了供应链的整体效率与快速响应能力。

人工智能在强化供应链全面优化方面的首要贡献，体现在其对供应链各阶段数据的集成与深入剖析能力上。过往的供应链管理系统多呈现分散态势，企业内部诸如采购、制造、物流及销售等部门各自运用独立的信息系统，导致信息流通不畅，无法促成供应链的整体最优化。相比之下，人工智能借助大数据技术的威力，能够捕获并汇总供应链每个节点的即时数据——涵盖供应商的生产调度、物流运输的当前动态、仓储的库存量、市场需求的波动情况等，并将这些多元化数据进行系统化的处理与解析。这一数据集成过程不仅消除了供应链各节点间的信息壁垒，更为实现供应链的全方位优化奠定了坚实的数据基础。

在对供应链进行全面优化的过程中，人工智能依托诸如线性规划、非线性规划及动态规划等优化算法，结合智能调度策略，能够制订出覆盖供应链全链条的最优规划方案。[①] 举例而言，人工智能能通过深入剖析供应商的生产能力与供货周期，融合企业自身的生产规划及市场需求的前瞻预测，自动生成最为高效的采购与生产方案，力保企业在成本控制最低的前提下，实现生产效能与市场适应速度的最大化。此外，人工智能还擅长实施物流运输的实时监控，根据实际情况灵活调整运输路线与配送安排，以确保存货能以最快速度抵达目标位置，有效缓解运输延时及库存过剩的问题。这一系列全局性的优化措施，使得人工智能极大地促进了供应链运作效率，缩减了资源消耗与成本开销，同步增强了供应链的总体反应灵敏度。

供应链的全程协同是实现供应链全局优化的至关重要的因素。这一过程涵盖了从原料供应商、生产商、经销商直至最终消费者的每一步，确保信息的即时流通与作业流程的无间断对接。相比之下，传统供应链管理模式中，各参与节点间的信息共享与协同合作机制不够健全，导致信息传播速度缓慢、应对迟缓及资源分配失衡等问题频现。人工智能技术，凭借其智能化分析与决策工具，为供应链各节点间搭建起实时协同与动态优化的桥梁。比如，借助物联网（IoT）技术，AI 能持续监控供应商的生产活动、库存情况及出货动态，并立即将这些关键数据传送给生产方与物流服务商，促使各方依据最新生产物流实况灵活调整生产调度与配送方案，有效规避由信息滞后引发的供应链断裂或延迟风险。

人工智能在端对端协作中的另一项核心应用，乃是针对供应链实施智能化的调度与资源最优化配置。具体而言，诸如生产设备调配、物流车辆安排及仓库存货管理等供应链上的资源调度问题，常构成效率低下的重要根源。然而，借助于诸如强化学习与遗传算法等智能化优化手段，人工智能有能力在供应链的各个阶

---

① 陈尚聪，李强，刘安英. 运用供应链理念探索采购管理机制创新 [J]. 招标采购管理，2021（06）.

段实现资源利用的最大化。比如，依据市场需求数字化预测及当前生产进度，AI能够自主调节生产设备的运行计划，力保生产线全速运作，缩减设备闲置时段与资源消耗。此外，它还能依据物流实况与市场需求的瞬息变动，灵活校正物流车辆的行驶方案，确保存货能遵循成本效益最高的路径与时间框架抵达终点，从而压缩物流开支并减少延误可能。

人工智能在强化供应链的全局优化与端到端协同作业中，不仅促成了运营效能的跃升，还大幅度提高了供应链的灵活性及应变反应速度。面对市场需求的急速变迁或供应链内部的突发状况，人工智能能够依托即时数据解析与预测模型构建，迅速拟定应对策略并实施动态调节，以维系供应链的连贯性和高效率运作。如，当某供应商的生产日程遭遇延误时，系统能自动生成备选方案，重新调配其他供应商的生产调度或扩容安全库存量，保障供应链的无碍运行。这一套基于人工智能的供应链综合最优化与无缝协同机制，不仅助力企业削减供应链管理的开支，更极大增强了供应链的适应力与抵御外部冲击的能力，为企事业单位在波谲云诡的市场大环境下稳固竞争优势奠定了坚实的科技基础。

7.2.4 实时优化与应急响应能力提升

在供应链管理领域，具备实时优化的能力是对抗突发状况及适应动态变化的核心要素。日常运作中，供应链的各环节，包括市场需求波动、供应商交付延迟及物流运输变动等，均可能遭遇变故或中止，而传统的静态规划方法及既定流程框架，在应对这些快速变迁时显得力有未逮，往往引发供应链效能的衰减甚至系统的断裂。人工智能技术，凭借其对数据的即时分析与动态优化策略，赋能企业于紧急情形下迅速做出决策并自适应调整供应链的各个节点，有效增强了供应链的紧急应变力与总体运作流畅度。

人工智能在实时优化供应链进程中的角色首屈一指地体现在对供应链各阶段的持续监控与深度数据分析上。传统模式下的供应链管理系统，其组成单元多为孤立操作，企业难以即刻捕获来自供应商、物流服务商及仓储合作方等外部环节的运作动态，这一瓶颈常导致面对供应链断裂时应对迟钝。反观，借助物联网

（IoT）技术与实时数据流转分析手段，人工智能能够触及供应链每处核心节点，实现诸如供应商生产进度的追踪、物流车队位置的定位、仓储存量情况的掌握等动态监测，并经由大数据分析工具对海量数据实施即时处理与剖析，进而在确保供应链全景洞察的同时，达到状态的实时把握。一旦供应链流程中浮现异常状况，AI能迅速辨识并触发警报机制，确保企业能够即刻启动响应程序，采取必要的应变措施以维护供应链的顺畅运转。

在应对紧急情况与实施即时优化过程中，人工智能的优越性不仅体现于其对突发状况的敏捷反应，还表现在自动化决策与动态调适的能力上。与之相比，传统的应急管理体系高度依赖人力判断，要求管理人员依据供应链的即时状况进行剖析并设计应对策略，这一流程往往费时且易于出现决策偏差。人工智能技术，特别是通过运用强化学习方法与动态规划算法，能在危机发生的瞬间自动生成最适宜的应急处理方案，同时对供应链的各阶段运作进行即时性调整。例如，在遭遇供应商无法如期供货的情形下，系统能基于现有的库存状况与市场需求的预估分析，自主调节采购策略并探索备选供应商资源，以维护供应链的顺畅运转。此外，人工智能亦能持续优化物流分配路径与调度安排，保证商品在最短时间达到指定位置，从而减轻由物流迟延引发的供应链断裂风险。

人工智能在增强应急反应机制方面的一个关键应用体现在供应链的韧性优化上。供应链韧性指的是供应链遭遇外界环境变迁或突发情况时的回复力与适应性。传统模式下的供应链韧性管理方法大多基于预先设定的安全库存标准及紧急应对预案，缺乏依据即时数据进行灵活调整的能力。相比之下，人工智能利用预测分析及自我学习技术，能整合市场需求变动、供应商交付周期、物流输送状况等多个动态数据维度，自主优化供应链的韧性管理策略。比如，人工智能能够依据市场需求的起伏，灵活调适安全库存量，有效准备应对可能的需求激增或供应商延期供货问题。同时，它还能通过即刻分析供应链中的瓶颈及低效区域，提早察觉可能的供应链断裂风险，并自发形成应急处置方案，保障供应链的不间断运行及高效性。这种基于人工智能的韧性优化策略，不仅能助力企业在面对突发事件时迅速重建供应链运营，还极大减少了供应链管理中的变数与风险敞口。

人工智能在供应链实时优化领域的应用，进一步促进了供应链智能调度与资源灵活配置的发展。举例而言，依据市场需求数量的预测及物流运输的实时状况，人工智能能够自适应地调整生产设施的作业计划和物流运输的调配策略，以确保供应链体系内的资源分配达到最优化状态。面对市场需求数量的突发增长，系统能自主启动额外的生产能力和物流资源供给，保障生产和物流服务与市场所需相匹配；反之，在需求减缓时期，通过合理缩减生产活动和物流调度频次，防止资源闲置与成本无谓增加。这一智能化调度与动态配置机制，极大增强了供应链的运作效能与紧急应变能力，使企业能更有效地掌控供应链中潜在的变数与非常态事件，提升其韧性与反应速度。

7.2.5 供应链风险预测与应对策略制定

人工智能在供应链风险预测领域的运用，首要体现在其基于数据的风险识别与预测模型建构上。与传统依赖经验评估及静态风险模型的风险管理模式相异，人工智能通过大数据技术的运用，能够汇总多源实时信息——涵盖供应商生产情况、物流运输进度、市场需求波动、自然灾变预警乃至政治风险指标等，构建出适应供应链动态环境的风险预测模型。举例而言，人工智能能深入挖掘供应商的过往交货记录、财务健康状态及市场行为等多源数据，前瞻性地评估供应商潜在的违约风险或供货延迟问题，并为企业预置应对策略。此外，它还能够解析全球地缘政经态势与灾害预警情报，为供应链中可能遭遇的外来风险提供预见性分析，助力企业事先规划应急措施，从而有效降低供应链中断的风险敞口。

在制定供应链风险缓解策略的过程中，人工智能展现出显著的优势。传统策略大多依赖于预设的应急计划，面对突发事件时灵活性不足，难以实现实时调整。相比之下，AI 通过运用强化学习及优化算法，能够依据最新的风险数据，自动生成最适宜的应对方案，并对供应链各环节实施动态优化配置。例如，当遭遇自然灾害影响导致某供应商无法如期供货时，AI 系统能立即依据市场当前需求及库存情况，自主调节采购方案与供应商结构，以维护供应链的顺畅运转。此外，AI 还能够借助即时数据分析，识别供应链中存在的制约因素，并采取动态优化手段，调整生产进度及物流安排，加速供应链在面临风险事件后的恢复进程，确保其迅速回归常态运行。

人工智能在供应链风险管控领域的另一项核心应用聚焦于风险的持续监控与即时预警系统。借助于大数据分析技术和异常识别算法，人工智能能够实现对供应链各环节的实时监控，捕捉到任何可能预示风险的细微迹象，并迅速触发预警机制。比如，通过不断跟踪供应商的生产进度及物流企业的配送情况，AI 能够预测出送货延期或物流受阻的隐患，并即刻通知相关部门启动应对预案。此外，AI 还能够通过剖析市场需求的实时数据，发现市场需求数量的非正常波动趋势，为市场骤热或骤冷的情况提供早期预警，从而使企业能够敏捷地调整生产计划与库存管理策略，有效规避由市场需求波动引发的供应链断裂风险。

7.3 案例分析：以沃尔玛的供应链为例

作为全球零售领域的领头羊，沃尔玛（Walmart）构建的供应链系统被公认为当代企业供应链管理的典范。该企业自早期便在物流领域推行革新，并在后续年月里不断深化数字技术的应用，借此持续优化其供应链流程，有效提高了作业效率及对市场动态的适应能力。尤其是沃尔玛近期将人工智能技术嵌入供应链管理之中，进一步巩固了其在全球零售舞台上的竞争优势。本章节旨在从企业管理运营研究者及 AI 技术专家的双重视角，细致探究沃尔玛如何借力 AI 技术促进供应链的全链条优化，并详述这一策略在其需求预测精度提升、库存管理智能化、物流调度优化及风险防控强化等核心板块的具体实施，以此展现沃尔玛在供应链管理领域的前沿探索与实践成果。

7.3.1 沃尔玛供应链管理的历史演进

沃尔玛在供应链管理领域的卓越成就并非一蹴而就，而是经年累月的技术积淀和管理模式的不断创新铸就的成果。自 20 世纪 80 年代初期，沃尔玛率先实施了"交叉对接"（Cross-Docking）物流策略，旨在缩减配送环节的库存量并加速商品流通，为构建其供应链竞争优势奠定了基础。此后，沃尔玛不断拥抱变革，引入条形码扫描技术、电子数据交换（EDI）等一系列先进信息技术，有效增强了信息传递的时效性和供应链的可视化程度。

迈入 21 世纪以来，沃尔玛在全球扩张的征途中遭遇了供应链复杂度显著提升的挑战。为应对此类日趋繁复的全球供应链系统，沃尔玛着手利用诸如物联网（IoT）、大数据分析及云计算等前沿科技工具，驱动其供应链向数字化转型迈进。时至今日，人工智能在沃尔玛供应链改良进程中占据了核心地位。通过 AI 技术的嵌入，沃尔玛得以在更广阔的数据范畴与更深层次的数据维度中，运用自动化及智能化手段实施决策过程，进而促成了供应链的全面最优化。

7.3.2. AI 在需求预测中的应用

需求预测向来是供应链管理领域的关键议题之一。特别是对于沃尔玛这类规模壮观的零售巨头而言，其需求预测的准确性不仅直接作用于库存控制的效能，还关乎整个供应链系统的运行效率。面对的困难在于，沃尔玛在全球范围内拥有数千家门店及众多 SKU（库存量单位），这样的体量使得传统预测模型在应对市场快速变化时显得愈发吃力。因此，近年来，沃尔玛逐步采纳人工智能技术，旨在增强需求预测的精确度与应变能力。

在沃尔玛实施需求预测的过程中，人工智能显著依托于机器学习及深度学习这两种先进技术。这些方法能够挖掘海量过往销售记录、市场走向与诸多外在变量（涵盖气候条件、公众假期、特别促销活动等）之间的复杂联系，从而构建出更为精确的预测模型以把握需求变化。比如，面对节庆期间的销售高峰，AI 系统能够融合历史数据与多维度外部信息（消费者行为模式的变动、气象条件的变迁等），对特定区域内某种商品的需求数量波动做出预估，并基于此预判来指导库存管理策略的动态调整。

另外，人工智能的自我适应学习机制使得沃尔玛能持续改进其需求预测模型。相比之下，传统预测模型依赖于人工参数调整和定期更新，而 AI 模型则依据实时数据进行自我演化与校正，灵活地适应市场需要的动态变迁。如，在遭遇市场突发状况（诸如疫情暴发、自然灾害等）时，人工智能迅速汲取新信息以应对新情境，校准需求预测模型，促使供应链反应机制实现显著增强。

7.3.3. AI 在库存管理中的应用

在沃尔玛的供应链管理体系中，库存管理占据着核心地位。该体系旨在通过精进的库存管理实践，实现成本控制与商品供应之间的高效平衡，具体而言，即在减少库存占用成本的同时，确保商品的充分可得。为了达成这一目标，沃尔玛逐渐融入了人工智能技术，借助智能库存管理系统的力量，不仅增强了库存管理的精确性，还大幅度提高了处理效率。

1. 库存水平优化

通过综合分析历史销售记录、市场走向及季节性变动等因素，人工智能能够实现各类商品库存量的动态调控。相比之下，传统的库存管理系统依赖于静态设定的安全库存标准，而人工智能技术则依据市场需求的即时变迁，自主优化库存补充策略。以沃尔玛为例，其运用人工智能技术预判特定商品的销售轨迹，依据实际情况灵活调整该商品的安全库存量，有效缓解了因预测误差引发的库存过剩或短缺问题。

2. 库存调拨与分配优化

沃尔玛在全球范围内实施的库存管理模式超越了单个仓库或店铺的局限，强调的是多点联动的协同管理。这一模式利用人工智能技术，依据各库存节点的现存库存量、市场销售预测及物流费用等多维度数据，自主执行库存调配与分发的最优化策略。比如，当识别到某门店库存短缺，AI 系统能即刻从地理位置邻近且库存充裕的仓库调配商品，这一决策旨在缩减物流开支并确保商品迅速到位。如此一来，不仅极大增强了沃尔玛供应链体系的适应性与反应速度，还有效控制了运输成本，减少了因库存不足可能引发的销售机会流失，体现了智能化库存管理的高效与前瞻。

3. 滞销品和过剩库存管理

作为全球零售业的巨头，沃尔玛面对着管理众多 SKU 的挑战，难以避免部分商品遭遇销售迟缓或库存积压的状况。通过人工智能对海量销售数据的精密解析，系统能自主辨认出销售不畅的商品，并相应地提出库存调整策略。举例而言，依据商品的销售周期及市场需求数量的动态变化，AI 能够提议对那些流通缓慢的商品采取折扣促销措施，或是将之调配至需求旺盛的其他市场区域。这种基于人工智能的库存优化方案，极大促进了沃尔玛降低库存占用资金的成本，并增强了其供应链运作的整体效能。

7.3.4. AI 在物流调度和配送管理中的应用

沃尔玛构建的全球物流网络，面临着如何在最短时间内以最小成本实现商品从分销点到商店及消费者手中的高效转运的难题，这一挑战构成了其供应链管理体系中的核心议题。人工智能技术，通过智能规划物流路径与优化配送策略，有效增强了沃尔玛物流网络的运行效能。

1. 运输路径优化

通过解析实时的交通流动、物流体系运行情况、气象资料及配送需求，人工智能能自主制定出最高效的运输线路图。这一举措不仅缩减了商品的在途时间，亦减轻了燃油的消耗量及配送开支。以沃尔玛为例，其部署的 AI 驱动物流管理系统能够持续跟踪每辆运输车辆的运行状态，并依据实时交通状况与天气条件的变化，灵活校正运输路径，有效避开了交通拥堵或不良天气引致的时间耽搁。这种智能路径规划策略，不仅增强了物流配送服务的精确度与时效性，同时也大幅度削减了运输成本。

2. 运输资源优化

人工智能在运输资源的优化配置领域同样展现出了重大影响力。它通过集成市场需求数量、运输能力及库存状况的多维度分析，实现了运输资源配置的智能化管理。比如，在面对销售旺季或特别促销活动时，基于对需求趋势的预判，人工智能能够前瞻性地扩充物流资源部署，包括提升运载工具的数量或调整配送的频次，以保障商品按时送达。相反，在需求相对稳定的阶段，则会合理缩减运输资源的投入，以此来削减非必要的物流开支，提升运营效率。

3. "最后一公里"配送优化

电子商务领域的迅速扩张使得"最后一公里"配送问题成为供应链管理研究中的一个关键议题。沃尔玛公司借助人工智能技术对其末端配送网络实施了优化策略，旨在实现商品高速度递送至顾客手中。该技术通过分析预测消费者的预期收货时间及融合实时交通信息，规划出最优配送路径与时间安排，进而极大化配送效能。此外，人工智能还致力于改进配送车辆的装载模式，缩减空驶率并有效控制配送成本。这一基于人工智能的末端配送系统优化举措，显著增强了沃尔玛在电子商务行业的竞争优势。

7.3.5. AI 在供应链风险管理中的应用

全球范围内供应链的操作促使企业遭遇的风险类型及复杂程度日渐攀升，涵盖了自然灾难、政治不确定性、供货商违约行为、物流链断裂等诸多方面。沃尔玛借助人工智能技术的实施，极大增强了其供应链的韧性及面对突发事件的快速反应效能。

1. 风险预测与预警

人工智能技术通过实时监测与分析供应链中的数据，能够预见性地辨识出供应链中可能潜藏的风险。具体而言，该技术能动态追踪供应商的生产活动数据、货物运输流程的状态，以及市场需求数量的波动，从而早期预知供应商可能面临的交货延误或物流传输中断等问题。此外，人工智能还能够融合外部信息资源（涵盖国际政经局势变动、自然灾变预警等），对可能影响供应链运作的外界因素进行预判，并预先触发警报，助力企业及早规划应对之策。

2. 供应链应急管理

人工智能技术不仅能够助力沃尔玛预先识别并评估潜在风险，还在面对突发情况时，迅速制定出最优化的紧急应对策略。比如，当某供应商因遭受自然灾害影响而无法如期供货，AI 能依据当前库存状况、市场供需情况及其他供应商的生产力，自主开发出备选方案，适时调整采购策略以维护供应链的稳定性与连贯性。另外，面对物流运输的中断或延迟问题，人工智能亦能灵活调整运输路径或重新配置其他物流资源，保证商品可以及时送达指定地点，从而体现出其在保障供应链弹性中的关键作用。

3. 供应链弹性优化

沃尔玛利用人工智能技术提升了其供应链的弹性管理水平。通过实时监控供应链各个环节，人工智能能够动态优化弹性管理策略。面对需求突然增加或供应商延期交货等情形，系统能自主调节安全库存量，保障供应链运行的稳定性。此外，人工智能还具备预演多种风险情境的能力，为公司预先规划多套应急方案，确保供应链在遭遇意外事件时迅速恢复正常功能。

7.3.6. AI 在供应链协同与透明化中的应用

实现沃尔玛供应链管理中的协同与透明化目标，关键在于利用人工智能技术。通过 AI 驱动的分析工具及决策辅助系统，沃尔玛得以促进供应链每一环节的即时协同作业与信息透明化管理。

1. 供应链信息透明化

借助人工智能技术，沃尔玛得以实现在供应链上下游各个节点的信息透明性管理。具体而言，沃尔玛通过与供应商及物流合作方的数据集成，保障了供应链每个环节能即时获取最新的运行情况，从而有效规避了因信息延迟引发的供应链断裂风险。[1] 此外，人工智能还利用数据视觉化手段，将供应链的运作态势直接呈现给决策层，助力他们迅速辨明供应链中的制约因素与潜在风险，并即刻部署相应策略以应对。

2. 端到端协同优化

借助深度学习技术和优化算法的力量，AI 赋能沃尔玛实现了供应链从源头到终端的全面协同与优化。举例而言，AI 系统能够整合供应商的生产调度信息及交货周期，与沃尔玛市场需求的预估分析相结合，自主制定出最为高效的采购及生产策略，保障各环节间的流畅对接，从而有效规避因信息差异或规划不协调

---

① 陈丽，李威 . 沃尔玛供应链管理对中国零售业的启示 [J]. 价值工程，2011，30（34）.

而引发的供应链迟滞或断裂问题。

　　经由透彻探究沃尔玛在供应链管理领域的实践，我们发现人工智能技术在其间起到了决定性作用，具体体现在供应链效率的优化、风险抵御能力的加强及供应链协同效应的提升。沃尔玛所展现的供应链管理模式，不仅是现代零售业供应链管理创新的缩影，也向同行们在推进供应链数字化进程上贡献了宝贵的实践经验。展望未来，随着人工智能科技的不断演进，沃尔玛在全球供应链管理领域的主导地位将得到巩固，并将持续为全球零售业的智能化发展提供先驱解决方案。

8. 客户关系管理（CRM）中的 AI 应用

8.1 AI 如何提升客户体验与服务定制化

8.1.1. 个性化推荐系统与动态客户画像

在当今的企业运营领域，增强客户体验及提供个性化服务已成为企业维系市场竞争优势的关键策略。尤其是人工智能技术在客户关系管理（CRM）中的两大核心应用——个性化推荐系统与动态客户画像技术，正快速成为企业改进客户体验不可或缺的方法。这些技术手段使企业能更深层次地剖析客户需求，从而精准推送个性化的服务与产品建议，有效提升顾客满意度及增强品牌忠诚度。

8.1.1.1 个性化推荐系统的核心原理

个性化推荐系统的核心在于深入挖掘用户行为数据，从中剖析用户的隐性需求，并据此提出定制化的产品与服务建议。过往的推荐系统多依托于简化的规则及标准化操作流程，但面对用户需求日新月异、日趋多元及个性化的现状，这些传统方法的不足愈发显著。在此背景下，依托于机器学习及深度学习算法的个性化推荐系统顺势而出，极大增强了推荐的精确度与实用性。

个性化推荐系统的核心技术通常涵盖两种主要类型：协同过滤方法与基于内容的推荐策略。协同过滤技术通过探究相似用户的行为模式及偏好倾向，进而预测并推荐符合用户潜在兴趣的商品或服务。此方法展现出较强的适应性，在拥有充足用户行为数据的情形下，能够高效地为新晋用户生成个性化的推荐列表。相反，基于内容的推荐机制侧重于利用用户过往的交互信息，诸如浏览记录、点击内容及消费历史等，通过对这些内容特征的深入分析，从而推送类似特性的产品或服务给用户，以期达到精准推荐的目的。

尽管传统的协同过滤方法及基于内容的推荐系统在处理大规模、高维的用户数据时，常遭遇性能瓶颈及精确度局限，但近年来，深度学习技术已蔚然成风于个性化推荐领域。通过部署深度神经网络（DNN）架构，企业能有效从庞大且类型多样的数据中挖掘更深层次的特征关联，从而增强推荐的精确度。举例而言，卷积神经网络（CNN）与循环神经网络（RNN）被广泛整合到个性化推荐策略中，特别是针对图像及文本数据的处理，这些先进模型凭借对非结构化数据的深入学习，能够为用户推送更贴合其个性化偏好及需求的商品建议。

8.1.1.2 动态客户画像的构建与优化

动态构建的客户画像（Dynamic Customer Profile）构成了个性化推荐系统的核心支柱。传统上，客户画像的绘制主要依据静态信息，诸如年龄、性别、职业等人口统计学特征，以及较为有限的历史消费记录。然而，这种静态描绘方法往往难以捕捉到客户需求的实时变迁，尤其是在当今快速演变的数字化运营场景下，客户需求和偏好易受多维度外界条件的左右，包括时间、地理位置及情绪状态的变化等因素。因此，动态客户画像技术日益成为企业强化个性化推荐精准度的关键策略工具。

基于实时数据不断演进的客户概况构建是一种动态的客户信息管理方式。它涉及汇总个体在多种接触点上的活动数据，涵盖浏览历史、社交媒介互动、交易记录，以及反馈意见等多个维度，旨在为企业勾勒出更为饱满且灵活的客户形象。在此过程中，数据集成技术，特别是数据融合与多源数据整合步骤，扮演着核心角色。企业必须统合跨渠道的数据源，实施数据清洗与标准化流程，以保证信息的协调性与精确度。

在完成数据处理步骤后，机器学习算法利用这些蕴含多维度特征的数据，构建出客户的实时动态肖像。相比之下，传统的静态客户画像则显得静止不变，而动态客户画像的优势在于它能随时间演进，持续反映出客户需求与偏好的动态变迁。例如，某个消费者可能在夏季时节更偏爱与运动相关的产品，而到了冬季，则转而关注保暖类商品。通过不断地监测并分析客户的行径数据，动态客户画像系统能够自发地优化其偏好预测模型，以此来保证推荐内容的精确度和与当前时节的贴合性。

构建动态客户画像的过程涵盖了复杂数字特征处理环节，即特征工程。该环节涉及从原始数据中提炼、转换及整合特征，旨在创造能增强模型效能的新型特征。在构造动态客户画像时，特征工程不仅涵盖用户行为数据的基本汇总操作（例如，过往购买频次、页面浏览持续时间等），还深入考虑到多种非直观特性，诸如客户的潜在兴趣领域、消费水平趋势以及情绪导向等。通过探查这些非直观特性的深层次信息，企业能够更加精确地预判客户需求的动态变迁。

8.1.1.3 个性化推荐与动态客户画像的协同作用

个性化推荐系统与动态客户画像技术在增强用户体验及服务个性化定制方面展现出互补优势。动态客户画像技术为个性化推荐系统供应了丰富而精确的信息输入，而个性化推荐系统则凭借其精准推荐反馈，进一步细化和完善客户画像。这一相互促进的过程为企业构建了一个循环强化的客户体验优化机制。

具体来说，个性化推荐系统借助于对动态构建的客户画像数据的深入剖析，能够向客户推送高度个性化的产品或服务建议，旨在提高购买转化效率及提升客户满意度。此过程中的每次推荐反馈，无论促成交易成功还是遭遇用户拒绝，均会被系统反馈至客户画像的持续更新环节中，进而不断完善轮廓数据的精确度与全面性。这一循环往复的机制，赋予了客户体验优化以自我迭代的能力，确保推荐策略能随客户需求的演进而灵活调整。

个性化推荐系统与动态构建的客户画像相结合，能助力企业自动且精确地完成客户细分（Customer Segmentation）任务。通过深入剖析这些客户画像，企业可将客户群依据其特异需求及行为模式进行细粒度划分，进而为各细分群体量身定制差异化的推荐方案。这种基于人工智能技术驱动的客户细分策略，不仅提升了企业资源配置的效能，还借由其精准的推荐服务增强了客户的满意度体验。

8.1.1.4 个性化推荐系统的未来发展

随着人工智能技术的不断进步，个性化推荐系统与动态用户画像技术的实施范围预计将迎来更广阔的拓展。将来，个性化推荐系统的应用将超越传统的电子商务平台界限，渗透至金融服务、医疗保健、教育培训等多个行业领域。通过深度挖掘消费者行为数据，此类系统将能为用户提供更加周到的服务提议及解决方案，进而增强用户体验的个性化维度。

前沿技术，如强化学习的融入，预示着个性化推荐系统将迎来崭新进展。借助于强化学习算法机制，个性化推荐系统能在与用户的交互环节持续地学习与优化其推荐策略，进而实现推荐精确度与时效性的双重提升。比如，人工智能能够借助探索性推荐的方式探测用户的隐性需求，并依据用户的反馈信息不断校正其推荐模型，以此达到更加个性化的服务效果。

AI 技术在 CRM 领域中的两大应用——个性化推荐系统与动态客户画像，正显著重塑着企业与顾客交互的模式。通过实施精准推荐及构建动态的个体客户画像，企业能够赋予顾客更为贴切的个性化服务体验，进而增强顾客的满意度与对品牌的忠诚度。

8.1.2 自然语言处理（NLP）与智能客户交互

自然语言处理（NLP）作为人工智能学科内的一个关键分支，近年来在客户关系管理（CRM）领域的应用展现出了显著的发展。该技术使企业能有效解析与应对客户使用自然语言表述的需求及意见，极大促进了客户互动的自动化与智能化升级。借助 NLP 技术，企业实现了与客户的智能交流，这不仅缩减了客户服务的成本开销，还促进了更加个性化交流体验的提供。

8.1.2.1. NLP 的核心技术与应用

自然语言处理技术的关键在于借助计算机算法，仿真人类对自然语言的解析、生成及处理机制。此技术涵括众多细分领域，诸如文本分析、语义理解、情绪识别及机器翻译等。这些技术赋予企业强有力的手段，使之能自动化处理及深入剖析消费者经由文本、语音等方式传达的信息内容。

在客户互动领域中，自然语言处理（NLP）技术的重要应用范畴涵盖了智能客服系统（Intelligent Customer Service）、聊天机器人（Chatbots）及语音助手（Voice Assistants）。这些先进的交互系统利用 NLP 技术来解析用户的查询内容，依据情境反馈恰当的答案或指导建议。比如，当用户询问某一产品的操作流程时，NLP 系统能通过语义解析机制，自动搜索匹配的产品指南并递送详细的操作步骤。这种智能化的客户互动模式，不仅显著增强了企业的服务效能，还使得用户能够享受到更加快捷、精确的服务体验。

8.1.2.2 智能客服与聊天机器人的应用

自然语言处理（NLP）在客户服务领域的应用典范体现在智能客服系统与聊天机器人上。过往的客户服务模式高度依赖人工操作，不仅消耗可观的人力资源，还难以实现客户询问的即时反馈。相反，借助 NLP 技术的智能客服体系能够自动应答客户的一系列标准询问，涵盖订单状态查询、商品推介及售后支持等，有效缩减了企业的运营成本支出。

由自然语言处理技术支持的聊天机器人，通过解析自然语言的机制，仿真人类客服的交流模式，与用户展开连贯的多步骤互动。这样的互动模式不仅增强了用户的交互体验，还借由透彻把握用户需求的深层背景，提供了定制化的解答方案。比如，某一电子商务平台部署的智能客服系统，在接收到用户关于退货流程的询问时，能够自动检索用户的订单详情，并依据商品种类的差异，给出相对应的退货规定及操作指南。此类个性化的服务举措不仅增强了用户满意度，还显著缩减了问题处置的时间跨度。

在智能客服系统内部，自然语言处理技术的核心价值体现在对客户需求的深入理解和语义层面的精准分析上。具体而言，意图识别技术是解锁服务类别匹配的关键步骤，它使系统能够迅速归类客户所提出的问题或需求。而实体抽取功能，则通过对客户自由表达的文本进行细致筛查，捕捉诸如订单编号、商品种类等关键信息，为实现高度个性化的服务体验奠定基础。

8.1.2.3 语音助手与语音交互的应用

除文本沟通外，自然语言处理在语音助手机制及语音交互领域的应用亦广受赞誉。通过集成语音识别技术和自然语言理解能力，语音助手使用户能借助语音命令与企业实现无缝交流。与传统的文本交流形式相比，语音交互展现出更为直观和高效的特性，尤其在移动终端及智能家居环境应用中，显著提高了用户的交互体验质量。

比如，某一金融服务业的企业已成功部署一款语音助手，它能依据用户的口头指示，协助用户查询账户结余、执行转账任务及获取投资策略信息。通过自然语言处理技术的集成，该语音助手不仅能够精确解析用户的命令意图，还能运用语音合成技术（Speech Synthesis）反馈处理结果给用户，实现信息的语音化传递。这一套基于语音的智能化交互体系，大幅度优化了用户的操作流程，全面增强了用户体验的满意度。

语音助手的关键技术组成部分涵盖语音辨识、语义阐释及语义生成。其中，语音辨识技术致力于将用户的语音信号转化为文本形式，而语义阐释则是借助自然语言处理算法来剖析语音信息的深层意义，并据此构建相应回应。至于语义生成，则是通过将系统内部形成的文本再转码为语音输出，以闭环整个语音互动流程。此过程中，深度学习模型的融入显著提升了语音助手在复杂情境下的认知与处理效能，使之能灵活适应广泛的用户需求场景。

8.1.2.4. NLP 在情感分析中的应用

情感分析技术在客户交互领域是 NLP 应用的又一关键方面。它使企业能自动化辨识客户在交流环节中的情绪反应，诸如不满、愉悦、担忧等，进而指导服务策略的调整，优化客户的整体体验。该技术核心依托于深度学习原理及自然语言解析算法，能够从客户的文字及语音材料中提炼出情绪特征信息。

如，在应对客户投诉的情境下，情感分析技术能够通过解析顾客言语中蕴含的情感色彩，鉴别顾客是否呈现负面情绪态势，并自动化地将此类投诉升级，转由人工客服介入处理。这种建立在情感分析基础上的智能化互动系统，不仅能助力企业迅速锁定并化解客户难题，还能显著减少客户流失，提升客户的总体满意度水平。

情感分析系统的效能提升关键在于整合多源模态数据的分析处理。该系统不仅限于文本层面的挖掘，还深入探索了诸如声调、语速等非文字信息，以此作为增强情感判定精确度的辅助手段。例如，系统辨识到用户语音中出现高频率的音调和急促的语速时，这往往标志着用户情绪可能趋向于不满或紧张。基于这一情感理解，系统能够即刻调适服务策略以更好地适应用户需求。

8.1.2.5. NLP 技术的未来发展与挑战

虽然自然语言处理技术在增强客户交互体验方面已取得明显进步，其持续发展仍面临若干难题。首要挑战源自自然语言自身的复杂度与多义性，这导致 NLP 算法在实践应用中难免存在一定比例的理解偏差。具体而言，用户提出的问题常蕴含隐性的意图或构建于复杂的语境之上，这对 NLP 系统深化语义理解能力提出了更高标准。

信息隐私问题是自然语言处理技术实践中不容忽视的重大挑战。在用户与企业互动的场景中，频繁涉及个人敏感信息的交流，涵盖身份特质与交易历史等范畴。面对这些富含价值的数据，如何在严格保护个人隐私及数据安全的基础上，高效利用其促进自然语言处理模型的学习与提升，成为企业部署此类技术时亟须解决的核心议题。

随着诸如深度学习及强化学习等先进科技的不断演进，自然语言处理（NLP）技术在客户交互领域的应用正趋向更广阔且深化的层面。举例而言，借助强化学习机制，NLP 系统能于与客户的持续沟通过程中动态学习并优化其交流策略，从而达成更高层次的智能化与个性化服务体验。此外，多模态融合技术（Multimodal Fusion）的引入，进一步增强了 NLP 系统对多元信息的解析与处理效能，确保其在复杂多变的交互情境下依旧能提供高效能的服务支撑。

8.1.3 预测分析与客户行为预判

预测分析——作为提升客户体验领域内人工智能的关键应用手段，通过深入探索历史记录与即时数据，能够预测客户的未来行为模式及需求变迁。此分析流程融合多项人工智能科技，涵盖机器学习、统计学模型及数据挖掘等领域，使企业能够在客户行为显现前夕，就预先采取行动，不仅优化客户体验，还实现了服务的个性化定制。借助预测分析的力量，企业转型为主动预见客户需求的先行者，而非单纯应对需求的跟随者，由此得以制定出更为精确且具有针对性的市场推广与服务策略。

在顾客关系管理系统（CRM）的范畴里，预测分析具备辨识出潜在高价值顾客的能力。传统上，企业通过客户细分（Customer Segmentation）模型依据过往数据来归类客户群，而预测分析则是在此基础之上融入实时数据，助力企业前瞻性地发掘出未来可能贡献高价值的客户群体。该过程涉及深入剖析顾客的行为模式，诸如过往购买记录、网页浏览行为、社交媒体互动等诸多维度，利用人工智能技术来预估哪些顾客展现出更高的消费潜力或更坚定的品牌忠诚度。这使得企业能够在顾客旅程的初始阶段即采取个性化服务策略和激励方案，从而达到提前培育与维护高端客户的目的。

预测分析作为一种策略，能够助力企业前瞻地评估顾客流失的可能性。面对市场激烈竞争，顾客流失（Customer Churn）成为企业亟待克服的重大障碍。借助人工智能技术，企业能依据顾客的行为模式数据，构建起流失预测模型（Churn Prediction Model），从而预先甄别出潜在流失顾客群体。比如，一旦观察到某顾客的互动频次、消费节奏或反馈情感出现明显下滑，这一预测模型即会触发警报，促使企业采取诸如定制化促销活动、优化后期服务等即时干预手段，旨在保留顾客。这种倚重 AI 的流失预见性策略，既能有效遏制顾客流失率，又在很大程度上为公司节约了顾客维系成本。

此外，预测分析还具备提升企业评估及优化客户生命周期价值（Customer Lifetime Value，CLV）的能力。通过模型化顾客的长期行为数据，人工智能技术能够预估单个客户未来一段时期内的可能消费贡献，从而辅助企业更有效地调配市场营销资源。比如，对于 CLV 值较高的客户，企业可提供更加个性化的增值服务与专属折扣，而 CLV 值较低的客户则适宜采取标准化服务策略以维持关系。这种依据 CLV 实行的资源配置方法，能有效提高企业的投资回报比率（ROI）。

从技术实施的维度考量，预测分析构建于一组复杂的算法与模型之上。尽管传统的回归分析（Regression Analysis）和时间序列分析（Time Series Analysis）构成了该领域的基本支柱，但随着数据体量与复杂度的攀升，机器学习方法在预测分析中的运用愈发广泛。具体而言，诸如随机森林（Random Forest）、支持向量机（SVM）和梯度提升树（Gradient Boosting Trees）等算法，在浩瀚的数据资源中发掘潜在模式并产出高精确度预测结果的能力尤为突出。

深度学习技术的应用显著增强了预测分析的效能，尤其在应对文本、图像及视频等复杂非结构化数据时展现出非凡能力。通过多层级的抽象学习过程，深度神经网络（DNN）能够提炼出更为精髓的特征，不仅优化了预测模型的精确度，还加强了其广泛适用的泛化能力。比如，卷积神经网络（Convolutional Neural Networks，CNN）在图像识别与视觉数据解析领域的实践，助力企业预估消费者对特定视觉元素的偏好趋势；而长短期记忆网络（Long Short-Term Memory，LSTM）则在时间序列的预测任务上大放异彩，有效捕获并分析了消费者行为中的长期模式与关联性。

预测分析的效用不仅限于预测单个客户的行动趋向，还体现在揭示集体行为模式的趋势上。举个例子，人工智能通过运用聚类分析（Clustering Analysis）方法，能识别出行为特征相近的客户群组，并对其未来需求的动态变化进行预估。这种侧重于群体行为趋势的预测分析，为公司提供了制定更为精细化市场营销策略的依据，进而增强综合客户服务体验。

8.1.4 自动化流程与客户旅程优化

在当代企业运营领域，自动化流程已成为强化效率与优化顾客体验的重要策略。随着人工智能技术的持续演进，其在客户关系管理中的应用范畴日益拓宽，尤其在塑造卓越的客户旅程方面展现出显著效果。AI赋能的自动化流程极大提升了用户的全程体验，进而增强了顾客的满意度与忠诚度。

顾客体验路径概括了从初次邂逅品牌直至完成购置及后续支持的整个链条。此链条内嵌多个核心触点，涵盖了品牌识别、需求探测、商品评估、购买决定、售后维护等环节。过往管理顾客体验路径的方式多依赖人力介入及手动操作，不但效率低下，亦难以确保每一步骤上客户体验的统一性与和谐。反之，借助人工智能技术赋能的自动化工作流，企业能实现在顾客体验路径的各个节点上智能交互与服务的渗透，力保顾客体验的流畅衔接与个性化定制。

在潜在客户探索之旅的初步阶段，自动化工作流程能够助力企业运用精确的市场推广举措吸引目标群体。举例而言，依据用户的行动数据，人工智能技术能自主激活个性化的市场推广活动，如当用户查看了某个特定商品后，随即向其推送相关的商品建议或限时优惠资讯。这种依据用户行为而定制的自动化市场策略，不仅增强了用户的购买转化可能性，还显著缩减了用户的决策时间跨度。

当客户与品牌互动加深时，由人工智能引导的自动化程序能有效提高消费者的购买体验。比如，智能客服系统能在消费者浏览商品过程中即刻提供协助，解答消费者的困惑，并依据消费者的具体需求推送个性化的商品建议。借助自然语言处理（NLP）技术，这些智能客服系统能够模仿真人客服的交流模式，与消费者展开多回合对话，增强了互动体验的质感。同时，自动化流程还能通过持续监控消费者的行动数据，发现可能阻碍购买的潜在因素，如消费者在结算环节的长时间滞留，系统则能主动提示消费者完成购物流程，或供给相应的付款援助，保障消费过程的顺畅无阻。

在售后支持领域，人工智能赋能的自动化程序显著地提升了服务效能。企业能依托自动化工具即时监控客户的使用动态与反馈信息，据此给予定制化的售后支持。比如，顾客购买商品后，AI平台会自动推送操作手册、保养提示及产品更新通知，助力顾客深入挖掘产品的使用价值。此外，该自动化体系还借力情感分析技术监测用户反馈的情绪色彩，敏捷识别潜在问题并自动生成应对策略，以确保用户在产品的全生命周期内享受不间断的援助与服务体验。

自动化流程在优化客户体验之旅方面扮演着关键角色。借助人工智能技术，企业能系统分析并提升客户历程里各接触点的数据处理与流程效率，揭示那些不利因素对客户体验造成阻碍的环节。举个例子，通过剖析客户在各个触点的交互信息，AI 能够识别某阶段存在较高的客户流失趋势，从而指引企业对该阶段的服务流程优化或界面重构。此外，自动化工作流还能依托数据智能，灵活校准客户旅程的各组成部分，以维护个性化与连贯性的客户体验标准。

自动化流程实施的基础是多技术的集成与配合，涉及工作流自动化（Workflow Automation）、机器人流程自动化（RPA，Robotic Process Automation）以及 AI 驱动的智能决策系统（AI-Powered Decision Systems）。工作流自动化依据预设规程与逻辑，自动执行客户体验旅程上的多种作业，如信息收集、订单管理、反馈循环等。相比之下，RPA 通过模仿人工操作行为，高效自动化完成高频率、低复杂度任务，例如资料输入、订单配对等，给企业运作效率带来了显著提升。

智能化决策系统，由 AI 技术驱动，构成了自动化流程的中枢，其运作依托于机器学习算法及实时数据解析能力，在客户体验的每一步骤中实现最优化决策制定。比如，该系统能依据客户的行为模式记录，自主调适市场策略、个性化推荐商品或改进服务流程设计，以确保存在的每一决策举措均贴合客户的独有需求。

8.1.5 实时数据分析与决策支持

在企业推进数字化转型以增强客户体验的过程中，实时数据解析（Real-Time Data Analytics）扮演着至关重要的角色。这一技术使企业得以在客户互动的各个阶段即刻收集行为信息、情绪反应及需求变动，依托这些宝贵数据迅速实施精确的决策支持（Decision Support）。随着人工智能技术的融入，实时数据分析不仅在数据处理效能上得到了显著增强，还借力智能化算法提供了具有预见性的策略支撑，助力企业在竞争白热化的市场环境中维持高度的灵活性与快速响应能力。

在过往的企业客户数据分析实践中，普遍采纳的是事后批处理的方式，即企业需等待客户体验全程结束后，才汇总并分析相关数据，据此来指导之后的运营策略调整。此模式虽然能回顾性地揭示历史数据的价值，却因反馈周期较长，而在应对市场动态及顾客需求的即时变迁上显得力不从心。随着人工智能与大数据技术的飞跃，实时数据处理分析系统已悄然成为主流，它在提升客户体验优化时效性方面，显著优于传统方法，标志着企业决策支持工具的一次重要革新。

即时数据解析技术依托于流处理机制（Stream Processing），实现对用户行为信息的即刻捕获与分析。这涵盖了用户在网页浏览、社交平台互动，乃至通过智能硬件生成的操作数据，AI 均能迅速抓取这些资讯，并运用机器学习手段辨识用户的需要及其行为模式。该技术对数据的实时处理能力，赋予了企业即时反馈的契机，从而定制个性化服务或商品推荐方案，增强用户的满意度与忠诚度。

在支撑决策活动的领域内，由 AI 引导的实时数据分析体系能够运用复杂的算法及模型为企业输送精确的决策指导。比如，企业能够借助实时数据分析体系观测消费者的购买行为模式，一旦体系识别到消费者在某商品页面驻留时间较长却未实施购买操作，AI 便能主动创制个性化的优惠或促销策略，并即刻送达消费者，激励其完成交易过程。这种建构于实时数据之上的决策辅助手段，不仅能有效提高消费者的转化比例，还能够凭借精细化服务增强消费者的全面体验感。

在客户关系管理领域中，实时数据分析展现出了其在动态客户细分（Dynamic Customer Segmentation）方面的另一关键作用。传统方法依赖于过往数据及静态属性，诸如顾客的年龄、性别和地区等人口统计特征来进行客户分类。[①] 然而，这类静态数据驱动的细分模型往往难以捕捉到客户需求的瞬息万变。通过运用实时数据分析技术，企业能够依据客户最新的行为模式实施动态的客户细分策略，继而为各个细分市场定制差异化服务方案。比如，某位消费者在初期可能显现高度的价格敏感度，但随着个人消费能力的增强，其偏好可能转向更高档次的商品。这时，实时数据分析便能迅速辨识出这一需求变迁趋势，并自主调适服务策

---

① 邢科云. 大数据背景下电子商务营销的优化路径研究 [J]. 商展经济,2024（05）.

略，以确保提供的客户体验既个性化又精确无误。

另外，即时数据分析赋予企业以全局运营透视的能力，助力其在市场竞技场中实现策略决策的更高精确度。比如，人工智能通过对海量市场数据实施即刻分析，能揭示新兴市场机遇或隐含的竞争挑战，并向企业提供相应的决策导向。凭借这类依据实时数据驱动的策略决策辅助，企业得以更有效地掌握市场脉动，迅速调适运营策略，维系并增强其市场竞争力。

为达到实时数据剖析的目的，企业必须构建一个高效的数据基础架构。首要步骤是配置如 Apache Kafka、Apache Flink 之类的分布式数据处理平台，这些工具能应对大规模数据流的即时处理与深入分析。接着，企业应借助人工智能技术来开发智能决策系统，以保证数据处理的即时响应速度及决策输出的高度精确性。此外，构建一个健全的数据管理体系也不可或缺，旨在保障在实时数据剖析流程中，数据的保密性与法规遵从性得到妥善维护。

8.2 从客户数据中挖掘价值：AI 驱动的个性化推荐系统

8.2.1 数据驱动的客户洞察与行为模式分析

在当下的企业竞争环境中，客户数据已然转化成一种极为关键的战略资源。借助人工智能技术的力量，企业能够从海量的客户数据中挖掘出深度见解，并实现客户行为模式的精细化解析。此过程不仅有赖于数据的汇集，更深层次上，依靠的是由 AI 推动的复杂算法与模型，这些技术使实时提炼动态数据中的核心信息成为可能，进而构建起对客户的全面理解。在这一系列操作中，客户洞察力（Customer Insight）与行为模式分析（Behavioral Pattern Analysis）构成了个性化推荐系统的基础支柱，为系统精准供给了必要的输入参数，从而保障推荐服务能贴合每位客户的独到需求。

基于数据的信息提炼对于理解客户行为至关重要，它涉及多源数据的融合与剖析。这些数据涵盖了经典的结构化信息，诸如顾客的统计学特征、过往购买档案及网页浏览模式，同时也吸纳了非结构化数据的范畴，包括消费者在社交平台上的评论、商品反馈及语音交流记录等。对于后者这一类复杂数据的挖掘，则需借助自然语言处理技术和情感分析等先进手段。通过细致的情感解析，企业能洞察消费者对不同商品或服务的情绪反应，并据此校正其产品推广战略。比如，若AI算法辨识出用户对某系列商品持否定观感，系统将智能化地调整推送产品线，以减少可能激化的用户不满情绪。

由人工智能引导的客户理解系统能够借助深度学习技术揭示出隐藏的行为模式。相比传统上依据规则与假设分析行为模式的数据分析方法，此 AI 系统利用数据导向途径，自主发掘行为规律。尤其是通过应用卷积神经网络（CNN）与循环神经网络（RNN）等先进深度学习算法，系统能从海量客户行为记录中提炼出典型特征，进而在预测客户偏好上发挥效能。比如，RNN 在处理时间序列数据方面表现出卓越性能，能够把握客户行为的时间关联特性，预测其未来可能的行为路径。这一机制不仅使系统能够辨认出客户当下的需求轮廓，还赋予了预测潜在需求的能力，从而极大提升了推荐服务的个性化精确度。

行为模式分析不仅限于个体层面的应用，还能够通过聚类分析（Clustering Analysis）方法深入挖掘群体的行为模式特征。利用无监督学习算法的优势，AI能够实现对具有相似行为倾向用户的分类聚合，从而为多样化的客户群体量身定制差异化推荐策略。例如，运用 K– 均值聚类算法（K–Means Clustering）或高斯混合模型（Gaussian Mixture Model），系统能够有效辨识出高端消费群体、成本意识强烈的消费者群体及高度品牌忠诚群体，并针对每一群体设计相匹配的推荐计划。这种立足于群体行为特征的推荐机制，不仅提升了推荐系统的效能，还在资源约束环境下，助力企业精准投放资源至最具潜力的客户细分市场，进而优化投资回报率（ROI）表现。

在技术实施层面，行为模式分析深深植根于大数据技术的坚实基础之上。企业必须依托数据湖（Data Lake）或数据仓库（Data Warehouse）的架构来集成多源信息资源，并借助 Apache Hadoop 或 Spark 这类分布式计算平台，处理规模庞大的用户数据集。[①] 这一数据处理手段为 AI 注入了强劲的数据驱动力，使之能从海量信息中挖掘出富有价值的行为模式。另外，随着边缘计算技术的兴起，企业现可实现在靠近用户接触点的位置处理数据，达成对消费者行为的即时监控与剖析，从而进一步增强了推荐系统的时间敏感性和反应敏捷度。

在以数据为驱动力的客户理解与行为模式探索领域中，保护个人隐私及确保数据安全的议题同样占据着不可小觑的地位。全球隐私法律规范的日趋严谨，要求企业在搜集与分析客户数据的过程中，务必遵循合法性与合规性的基本原则。面对这一挑战，企业可采纳诸如差分隐私技术和联邦学习等先进策略，旨在不损害客户隐私的前提下深化行为模式研究。以联邦学习为例，该技术使多个终端或系统能够在不公开原始数据的情况下联合训练 AI 模型，这一做法不仅加固了客户数据的隐私壁垒，还促进了模型的普遍适用性，保障了在跨平台环境下推荐系统的敏锐洞察力与高效行为分析性能。

8.2.2 实时推荐与客户旅程优化

在构建个性化推荐系统时，即时推荐机制（Real-Time Recommendation）扮演着提升用户体验及提高转化效率的核心角色。鉴于客户旅程（Customer Journey）日益复杂多变，用户的喜好与需求可能在短时间内出现明显波动。因此，企业亟须借助人工智能技术来即时捕捉客户需求，以保证推荐信息与用户当下的兴趣及需求维持高度契合。此外，即时推荐不仅是一项技术挑战，也是策略规划的关键一环，它迫使企业全面优化客户行程中的每一触点，并通过 AI 系统的循环学习与调适，灵活应对客户的动态变化。

实时推荐系统的关键要素在于对数据流处理技术（Stream Processing）的有效运用，该技术与传统的批量处理方法（Batch Processing）形成鲜明对比。数据流处理的独特之处在于其能够在数据产生的瞬时完成数据分析与处理流程，确保了人工智能推荐系统能够在毫秒级的时间尺度上实现个性化推荐内容的即时生

---

① 贺晓松.大数据背景下的数据仓库架构设计及实践研究[J].中国新技术新产品，2022（19）.

成，这一点对于现代企业的运营而言至关重要。尤其在诸如电子商务、线上娱乐及社交平台等领域，这些场景下客户互动频繁，实时推荐机制能够大幅度增强用户的黏性与满意度。比如，当用户浏览某个电子商务平台上的商品时，AI能够依据对其浏览行为的实时监测，灵活产出关联商品推荐，并且，通过对用户停留时长、点击模式等细致数据的解析，洞悉用户的潜在购买意愿，进一步采取个性化刺激手段（例如分发优惠券、实施限时折扣）来引导并加速消费决策的形成。

为了达成此类即时推荐功能，企业必须构建一套复杂的技术支撑体系。首先，利用诸如 Apache Kafka 的分布式消息传递系统，以确保客户行为数据能够迅速传递并处理，实时输入至 AI 推荐系统中。接下来，通过运用如 Apache Flink 或 Google Cloud Dataflow 这样的实时数据分析引擎，可以在数据抵达的第一时间完成处理，并借由复杂事件处理（Complex Event Processing，CEP）技术发掘出推荐的最佳时机。比如，一旦系统监测到用户在某个商品页面的驻留时间超过预设阈值，AI 系统便能自动生成个性化推荐信息，并迅速通过弹窗或推送通知的形式送达用户端。这种即时反馈机制，不仅增强了用户体验，同时也凭借推荐内容的高度相关性有效提升了用户的购买转化率。

实时推荐系统成效的关键在于强化学习算法的整合。尽管传统的推荐方法，诸如协同过滤与内容推荐，能够依托历史数据分析实现个性化推送，它们往往在应对用户偏好动态变化时显得力不从心。相比之下，强化学习通过持续与外界环境的互动，能够使推荐策略随用户行为的变动而自适应调整，保证推荐信息的时效性和关联度。比如，一个建基于强化学习的推荐模型能够利用奖惩机制不断打磨其推荐内容，一旦用户对推荐采取正面行动（点击、购买等），系统即会依据这些正向反馈调优推荐策略；遇到用户忽视或否定推荐内容的情况时，系统亦能做出调整以减少无效重复推荐。这一自我进化的过程促使实时推荐系统能在用户消费路径的每一环节推送最适配的建议。

顾客行程的完善也是实时推荐技术的一个关键应用层面。现今的顾客行程普遍涉及多样化的接触界面及通道，涵盖线上服务平台、移动应用程序、社交媒介及实体店面等。顾客在这些不同的触点上可能展现出多样的需求与行为倾向，因此，企业必须借助人工智能推荐系统来实施全渠道的即时推荐策略（Omnichannel Real-Time Recommendations），以保证顾客在各类通道中的体验既统一又连贯。比如，当顾客在移动设备上浏览某商品后，该智能系统能够在其踏入实体店瞬间，通过消息推送或店员引导，提供相应的产品资讯或特惠。此类跨通道的即时推荐举措能极大提高顾客的体验满意度，并借由无缝衔接的服务流程推动顾客的消费决策进程。

为了达成全渠道的实时推荐目标，企业需借助客户数据平台（Customer Data Platform，CDP）来整合并处理跨源的数据流。CDP 能够在瞬时内收集并汇总客户的线上及线下活动信息，随后借助 AI 对这些信息实施统一分析，产出跨越不同渠道的个性化推荐内容。此外，边缘计算（Edge Computing）技术的融入能进一步增强推荐系统的实时反馈性能与处理速度。具体而言，企业可策略性地在接近用户接触点的位置布置边缘计算节点，以此实现本地化处理用户数据并即时生成个性化推荐，有效规避了数据传输及处理过程中的时延问题，提升了推荐服务的即时反应能力。

实时推荐系统的价值不仅限于强化消费者的购买体验，还深远地体现在它对客户关系管理的长效作用上。此系统确保企业在消费者整个接触链路上都能维持一种高效率的互动模式，加深客户的参与度及忠诚感。比如，Netflix 凭借其即时推荐机制，持续向用户提供量身定制的视听内容，有效提升了用户留存比例及平均观看时间。同样，亚马逊通过分析顾客的购买记录与浏览行为以实时推荐商品，极大增强了购物体验的个性化，促使购买频率显著增长。这些实例彰显出，实时推荐系统不仅能为商家带来即刻的经济效益，更重要的是，它通过不断优化消费过程的每一步，加固了消费者的长期忠诚及品牌依附度。

8.2.3 跨平台数据整合与全渠道推荐

在当前企业运营的情境下，客户的活动模式与数据源头展示出多元化特性，横跨线上及线下多种平台与通道。鉴于客户在各个接触层面的表现行为特性和需求可能存在明显区别，仅依赖单一平台的数据解析往往不足以全面揭示客户的真正意向。因而，跨平台数据整合（Cross-Platform Data Integration）和全渠道推荐（Omnichannel Recommendation）成为企业精准把握个性化推荐精髓的关键所在。

实现跨平台数据集成的关键在于破除数据孤立现象（即数据孤岛），并汇总源自多元化渠道的信息进行集中的处理与剖析。传统的企业数据管理系统惯常采取将线上及线下数据独立处理或运用异质性的数据架构来操控各业务单元的数据。然而，这样的数据分割模式难以适应现代客户关系管理（CRM）的诉求，特别在需要高度个性化的推荐系统场景下，单一数据来源只能供给关于客户行为的局部画像。借助跨平台数据集成技术，企业能够将来自电子商务平台、移动端应用程序、社交媒介及实体店铺等多个触点的数据予以统一化处理，构筑一个全方位的客户视图（Unified Customer View）。比如，将客户在互联网上对某一商品的浏览记录与其在实体店相似商品的购买历史相结合，可以进一步细化并提升推荐策略的精确度。

构建跨平台数据整合的能力依赖于一个强大且适应性强的数据架构体系。企业普遍需要部署数据中台或客户数据管理平台（Customer Data Platform，CDP），这些系统负责实时捕获、集成并深入剖析源自多源渠道的信息流。其中，CDP 扮演着核心角色，它不仅赋能跨平台的数据融合处理，还依托机器学习机制产出覆盖全渠道的个性化内容推荐。这类系统采纳统一的数据规范及标签管理系统来治理客户信息，保障在不同平台间数据的无碍流通，有效缓解数据重复及一致性挑战。

在进行数据集成时，数据清洗（Data Cleaning）和数据标准化（Data Standardization）构成了不可或缺的环节。鉴于各数据源在格式、字段规格及更新速度上的异质性，比如，源自电子商务平台的数据侧重于商品与交易信息，而社交媒体数据则富含交互及情绪色彩，这些结构性差异必须借助数据清洗与规范化的程序来统一，以保障数据能被推荐系统有效吸纳。特别针对非结构化数据，诸如用户评论及社交互动，企业可运用自然语言处理技术展开文本挖掘，提炼出有价值的情报，并将其融入结构化数据之中，从而增强推荐系统的精确性与个性化水平。

全方位推荐策略并非单纯的数据集成产物，而是企业确保消费者体验连贯性（Consistent Consumer Experience）的核心举措。鉴于消费者在各类渠道上可能展现多样的需求与偏好，推荐系统需具备依据各平台消费者行为动态调整推荐算法的能力。例如，当消费者在移动设备上浏览商品后，系统需能在其切换至桌面端时延续展示相关商品信息，或于消费者步入实体店之际，借助定制化消息通知推送专享优惠，实现线下互动。这类跨渠道的推荐实践，不仅能有效提高消费者的购买转化比例，还强化了消费者对品牌的忠诚度（Brand Loyalty），确保顾客在任何接触点均能享受到协调统一的推荐服务。

为了达成全方位的推荐服务，企业需借助边缘运算（Edge Computing）技术来增强推荐系统的即时反应能力。该技术使得企业能够在接近用户接触点的位置处理数据，无须将全部数据传输到中央服务器，从而缩减了推荐信息的反馈时长。比如，当顾客步入实体店时，AI 能够就地分析其在线行为数据，并结合其即时的店内购物行为，迅速生成个性定制的推荐内容。这种即时的跨渠道推荐策略能有效压缩消费者的决策时间，并借由个性化的促售手段促使消费者完成交易。

8.2.4 推荐算法的个性化优化与模型迭代

在构建及部署个性化推荐系统的过程中，推荐算法的效能对于系统的精确度与响应速度起着决定性作用。然而，鉴于用户需求与行为模式的持续动态演化，推荐算法必须内置自我调整及循环进化机制，以便紧跟变化趋势，持续输出个性化匹配的推荐信息。因此，实现算法的（Personalized Optimization）与模型迭代（Model Iteration），成为确保推荐系统有效实施的两大关键支柱。

个性化推荐算法的优化关键在于能动态适配不同用户的特有喜好及行为模式，持续调整推荐策略以实现更高级别的定制化服务。尽管传统的推荐机制，例如 Collaborative Filtering）和基于内容的推荐（Content-Based Recommendation），能够在某种程度上产出个性化的推荐结果，它们仍受限于过往数据的局限，面对用户偏好的即时变动响应不足。鉴于此，企业正逐步采纳复杂度更高的深度学习技术及强化学习算法来提高推荐效能。比如，神经网络协同过滤技术（Neural Collaborative Filtering, NCF）通过整合深度学习架构，得以更深层次地挖掘用户与商品间潜在的关联性，进阶推荐系统的精确度与相关性，从而提供更为贴合用户预期的信息推送。

个性化优化的关键层面涉及针对各客户群体实施差异化算法调优。鉴于不同客户的行为习惯与偏好存在明显区别，某些建议方案可能对某类客户奏效，而对其他客户则未必适宜。比如，价格敏感型消费者更倾向于接纳折扣及促销资讯，相反，品牌忠诚型顾客则更重视商品品质与企业形象。通过实施自动化客户细分技术，企业能将客户群体划分成多个子集，并为每一种客户群体定制专属的推荐算法。尤其在大规模推荐系统情境下，企业可借助无监督学习方法与聚类分析技术，挖掘客户群体的潜在特质，并依据这些特性来优化推荐策略，以达到更精准的服务供给。

在个性化优化的范畴里，强化学习算法扮演着核心角色。它与经典的监督学习方法形成鲜明对比，后者依赖于预定义的标签指导学习过程，而强化学习则是通过持续与外界环境的互动，自我优化其推荐策略，旨在实现长远利益的最大化。将其应用于推荐系统中，强化学习能够灵活适应用户行为的瞬息万变。比如，一个基于强化学习机制的推荐系统，能够即时捕捉用户的反馈动作（点击、购置、忽视等），并据此微调推荐逻辑，确保推荐内容紧密贴合用户当下的兴趣偏好。尤其值得注意的是深度强化学习技术，该技术巧妙融合了深度学习的强大力量，使得在错综复杂的多维场景中设计出最优化的推荐策略成为可能，极大地增强了个性化推荐的效能与精准度。

推荐系统持续优化的关键环节涉及模型的迭代过程。面对用户行为与市场环境的动态变化，推荐算法须历经不断迭代以维持其效能与效果。此迭代过程涵盖了算法的升级、参数的微调及模型架构的优化。为保障推荐系统的高性能表现，企业可运用 A/B 测试与多臂老虎机算法（Multi-Armed Bandit Algorithms）实施不同推荐策略的实验与验证。具体而言，A/B 测试助力企业评估不同推荐算法的成效，并依据用户反馈的实际数据分析选取最佳策略。另一方面，多臂老虎机算法能够在不干扰用户体验的前提下，通过灵活调整推荐策略来持续提升推荐内容的质量与相关性。

在迭代推荐系统模型期间，系统需要运用在线学习机制以实现对新进数据的即时适应性融入。与之相比，传统的推荐系统多依赖于批量处理模式来训练模型，需在周期性地更新数据后重启模型训练流程，这种方式在应对用户需求的动态变化时显得不够灵敏。而采纳在线学习方法，则使得推荐系统能够在用户行为模式发生偏移的瞬间，即刻调整模型参数，保障推荐结果的时效性和关联度。例如，面对用户消费需求的快速变迁，诸如季节性偏好的转移或突发性的购买意图，在线学习机制能敏捷地识别这些变动，并据此校正模型参数，输出更加贴近用户个性化喜好的推荐信息。

8.2.5 隐私保护与数据安全的挑战

个性化推荐系统在企业领域的广泛运用，使得数据隐私保护与安全保障议题突显其重要性。该类推荐系统效能的提升，很大程度上仰赖于对用户数据的深入剖析，此类数据涵盖用户的个人信息、行为模式乃至交易记录等敏感内容。因此，企业在追求推荐系统高效运作的同时，如何妥善维护客户的个人数据隐私与安全，已成为亟待解决的关键问题。

近年来，世界各地的隐私法律体系日趋严谨，标志性法规对企业在涉及数据采集、处理及储存的行为规范设置了严格的法律遵循标准。这些法律规定企业务必向用户明确其数据采集的目的及用途，并在用户提出数据删除或更正请求时迅速响应。此趋势对个性化推荐系统的设计与运作构成了新的挑战，因其运行机制依赖于长期积累的用户历史数据以实现推荐内容的高度个性化。为适应这一变革，企业需采纳以隐私优先（Privacy-First）的设计策略，确保隐私保护措施贯穿于数据管理的每一个步骤之中。

隐私计算技术（Privacy-Preserving Computation）是确保数据私密性的关键手段之一。它使得机构能够在无须直接查看用户原始数据的前提下，依然能够完成数据分析和处理工作。在这一领域，差分隐私技术（Differential Privacy）是一种广泛应用的方法，通过向数据集成随机噪声，机构能够在维护个人隐私的同时，掌握数据的综合统计特征。此外，联邦学习作为一种分布式的机器学习实践，促进了多个机构或终端在不公开各自原始数据的基础上共同优化推荐模型。具体而言，多家公司能够借助联邦学习机制共享推荐模型的参数更新，无须交换个人用户信息，以此途径在保障隐私的前提下增强推荐服务的表现力和精确度。

信息安全领域中，保护个人隐私的一个核心层面涉及数据安全。在企业处理客户信息的过程中，确保数据在传输与储存环节的安全性是不可或缺的。这时，加密技术（Encryption）扮演了关键角色，尤其是端到端加密技术（End-to-End Encryption），它能够在信息传递过程中构建起一道坚不可摧的防线，即使信息被第三方截获，其内容依旧无法被解析，从而保证了高度的通信保密性。另一方面，对数据访问实施严格管控同样极为重要，企业应采纳严密的权限管理机制，限定仅有经过授权的个人或系统能够接触客户数据。在此基础上，多因素身份验证（Multi-Factor Authentication，MFA）和零信任架构（Zero Trust Architecture）作为两大核心技术手段，为实现上述目标提供了有效路径。这些策略和技术的综合应用，显著增强了企业防御数据泄露及未授权访问的能力，进一步巩固了数据安全的防线。

尽管个性化推荐系统与用户隐私保护之间存在本质上的冲突，但两者并非不可调和。个性化推荐机制仰赖庞大的用户数据集以优化其模型，数据量的增加直接关联到推荐精确度的提升。反之，强化隐私保护则要求服务提供商在数据处理环节限制个人数据的使用范围，这一举措可能对推荐系统的效能产生负面影响。因此，寻求隐私保护与推荐效能之间的均衡成为业界关注的重点。企业可采取数据匿名化及伪匿名化策略来应对这一挑战。数据匿名化过程涉及移除数据记录中的个人标识信息，确保数据在分析应用时无法追溯至特定个人。相对地，伪匿名化则是将个人识别信息与其余数据分离开来储存，即便数据遭遇泄露，攻击者也难以将信息与实际用户一一对应，从而为用户隐私增设了一道防护屏障。

8.3 案例分析：Netflix、亚马逊的个性化推荐算法

在顾客关系管理（CRM）领域内，个性化推荐算法业已演化为强化用户体验及助推商业转化率飙升的核心技术组件之一。全球领跑者如 Netflix 与亚马逊，凭借多年在个性化推荐科技领域的精耕细作，不仅在拉动用户基数扩张与维持用户黏性方面成效显著，更借助推荐算法的杠杆作用，促成了其商业版图的持续性繁荣。本研究将全方位剖析这两巨头的个性化推荐体系，涉及算法设计原理、数据处理机制、用户行为模式构建、个性化推荐的策略性优化以及模型的迭代更新等多个维度，旨在深入发掘 AI 赋能的 CRM 战略下，它们取得斐然成就的根本原因，并对这一领域的未来发展趋向展开探讨。

8.3.1. Netflix 的个性化推荐算法

作为全球首屈一指的流媒体服务平台，Netflix 仰仗其高效个性化的推荐引擎，向每位订阅者推送量身定制的观看内容。其成功之处，非但在于丰富且高质量的媒体资源库，还归功于其精确无误的推荐机制，让用户得以在浩瀚的内容海洋中迅速觅得符合个人喜好的电影或电视剧。Netflix 的推荐算法经历了初期的简单协同过滤（Collaborative Filtering）技术，逐步发展至现今的混合推荐系统（Hybrid Recommendation System），该体系融合多样算法模型，旨在最大化推荐的精准度及效果。

1. 数据来源与处理

Netflix 的电影推荐机制核心在于分析用户的观影活动信息，这涵盖了用户的观看历史、评分情况、浏览模式、检索历史，以及他们在影片播放过程中的互动行为，例如暂停、回放与快进等操作。此外，Netflix 还整合了来自社交网络的信息、用户的地理位置以及所使用的设备类型等补充数据，以此来进一步细化并优化推荐算法。这些数据特征表现为高容量且持续快速更新的数据流，对系统提出

了高效实时数据处理能力的要求。

Netflix 运用诸如 Apache Kafka 和 Spark 这样的分布式数据处理架构，能有效应对庞大的数据量，并借由数据清洗、规范化及特征工程的流程，将原始数据转化成推荐系统可利用的输入特性。比如，用户观看视频的持续时间可视为其对某内容兴趣深浅的一个指标；而透过时间序列分析方法，Netflix 能洞察用户在各个时间节点及特定情境下的观看偏好，据此生成的推荐则更具个性化色彩。

2. 算法架构与推荐策略

Netflix 的推荐系统实例展示了混合推荐策略的典型应用，该系统融合了协同过滤方法、基于内容的推荐策略（Content-Based Recommendation）、深度学习技术及强化学习模型等多种算法组件。每一组成部分都被设计来针对具体数据特征与应用场景进行优化，随后，通过一种加权集成机制整合这些组件的输出，以生成最终的个性化推荐清单。

在 Netflix 的推荐系统发展初期，协同过滤算法便已崭露头角，该技术依托于用户间相似度的剖析，进而推送彼此可能偏好的内容。然而，面对数据稀疏性（Data Sparsity）的挑战，尤其是新进用户或新颖内容所遭遇的有限数据量问题，协同过滤的效能显著下滑。为应对这一局限，Netflix 创新性地融入了内容基线的推荐策略，这一策略通过挖掘影视作品的元数据（Metadata），诸如种类、导演、演员等特性信息，来实现向用户建议风格相近的作品，从而有效丰富了推荐系统的多样性和精确度。

近期以来，深度学习技术在 Netflix 推荐系统中的应用日益广泛，尤其体现在卷积神经网络（CNN）与循环神经网络（RNN）对非结构化数据的高效处理上，诸如电影图像、描述文本及字幕信息，这些技术进步显著增强了推荐系统的精确度。比如，Netflix 借助自然语言处理（NLP）工具深入挖掘用户对影片的评论与评分资料，并融合情感分析（Sentiment Analysis）手段，以识别用户对各类内容的情绪取向，从而实现推荐策略的精细化调整。此外，Netflix 引入了强化学习（Reinforcement Learning）机制，依据用户的即时互动反馈，诸如点击行为与观看持续时间，动态地优化推荐内容，旨在提升用户体验的满意度与长期参与度。

3. 用户画像与行为建模

Netflix 的个性化推荐系统在构建用户轮廓及行为模型层面彰显了卓越的技术实力。这一过程涵盖了用户的明确信息（例如个人偏好、地理位置、设备类别等）与大量潜在信息（诸如观影行为模式、互动习惯等）的综合。通过深入挖掘这些数据，Netflix 为每位用户塑造了一个鲜活且立体的多维用户轮廓。

在行为建模领域，Netflix 运用了多任务学习策略（Multi-Task Learning）与时间序列建模方法（Sequential Modeling），将用户观看视频的行为视作一个按时间展开的序列。通过应用诸如循环神经网络（RNN）及长短期记忆网络（LSTM）等深层学习模型，Netflix 能有效预估用户未来可能的观影倾向。这一策略使平台能够敏感捕捉用户短期兴趣的变化趋势，同时融入其长期稳定的偏好模式，从而实现推荐内容的高精度个性化定制。

4. 模型迭代与实时优化

Netflix 的推荐系统展现了自我进化与优化的特性。该系统借助 A/B 实验方法及多臂老虎机策略，得以在保障用户体验不受干扰的前提下，探索并提升推荐策略的有效性。比如，Netflix 会执行实验以比较各推荐模型的性能，并依据用户的真实反馈灵活地调适算法参数。此外，Netflix 运用在线学习机制，使推荐模型能够实时更新，迅速适应用户行为及偏好的动态变化。

为加速推荐过程的时效性，Netflix 运用了边缘计算技术（Edge Computing），实现用户设备端的部分推荐算法处理，从而缩减数据传输中的延迟问题。此外，通过实施缓存策略，Netflix 能够在用户开启应用程序的瞬间展示个性定制的推荐信息，有效增强了用户的体验感受。

8.3.2 亚马逊的个性化推荐算法

作为全球首屈一指的电子商务巨头，亚马逊的个性化推荐系统在引导消费者购买决策及增强购物体验方面扮演了核心角色。与 Netflix 相异的是，亚马逊的推荐机制不仅要顾及用户的浏览及购买活动轨迹，还需应对海量商品目录的挑战，并在生成推荐时综合考量库存状况、价格波动、促销活动等多种复杂因素。

1. 数据来源与处理

亚马逊的推荐系统构建于广泛收集的用户行为数据分析之上，涵盖了用户的浏览历史、购物车添加项目、过往购买记录、搜索词条以及商品评价等多个维度。此外，该系统还整合了用户的地理位置信息、使用设备类型及社交媒体互动情况等多源数据，以实现推荐内容的进一步个性化优化。类似于 Netflix 的策略，亚马逊运用了大规模分布式数据处理架构——特别是在 AWS 平台上部署的 Hadoop 与 Spark 技术，来实现实时处理与深入分析庞大的用户数据流。

为增强推荐系统的精确性，亚马逊运用了高级的特征工程方法，转化用户行为数据为模型可处理的特征变量。诸如用户的购买频次、商品浏览持续时间，以及商品间的相关性等特点，均能助力推荐系统产出更为个性化的推荐信息。

2. 算法架构与推荐策略

亚马逊的推荐系统采纳了一种综合推荐策略，该策略融合了协同过滤、内容导向推荐、矩阵分解（Matrix Factorization）技术、深度学习等多样化的推荐算法。其中，协同过滤作为支柱算法之一，依托于分析用户的购买及浏览活动，使得亚马逊能够向用户推荐那些被相似用户选购的商品。然而，在遭遇冷启动问题（Cold Start Problem），尤其是涉及新品或新用户的情境下，由于数据稀缺，协同过滤算法的推荐效能会有所减弱。

针对这一挑战，亚马逊实施了内容导向的推荐系统，通过详尽分析商品属性（诸如品牌归属、种类划分、价格范畴等），向用户推送相仿商品。此外，亚马逊采纳了矩阵分解方法，借助将用户与商品的交互数据映射到低维潜在特征空间（Latent Space），旨在揭示用户的隐性购物倾向。

近期以来，亚马逊在深度学习模型的应用上取得新进展，尤其在应对用户评论和商品描述这类非结构化数据处理方面展现出卓越效能。借助自然语言处理的先进手段，亚马逊能有效解析用户评论蕴含的情感色彩，揭示消费者对特定商品的实际需求。比如，消费者针对某商品的积极反馈，可能映射出其对相似商品的隐性偏好，为推荐算法的迭代与优化开辟了新路径。

3. 个性化推荐与长尾效应

亚马逊的推送系统设计不仅仅着眼于推广流行商品，更通过高度定制化的推荐策略，激发长尾商品（Long Tail Products）的市场潜力。所谓长尾现象（Long Tail Phenomenon），描述的是尽管单个长尾商品的销售量或许有限，但因商品种类繁多，其总和形成的销售规模不容小觑。亚马逊通过推介这些通常不为消费者主动探寻的长尾商品，不仅有效促进了总体销售业绩的增长，还极大地拓宽了商品的可见度与认知度。

借助个性化推荐算法，亚马逊能根据用户的过往购买活动及浏览历史，向用户推送他们可能感兴趣却尚未购买的商品。比如，一旦用户完成某商品的购买，系统便会推介类似但略显差异的商品，引导用户探索新的购物领域。此推荐机制不仅强化了用户的购物体验，也有力促进了长尾商品的市场渗透。

4. 实时推荐与库存优化

亚马逊的推送系统与其供应链管理体系紧密相连。在为用户提供建议商品时，该系统不仅着眼于用户的个人倾向，还会全面考量商品的库存状况、物流费用及促销活动等多方面因素。比如，系统若侦测到某商品库存告急，便会倾向于推荐库存充裕的替代品，以防止用户挑选无法迅速配送的商品。同时，亚马逊运用实时更新的推送机制，依据用户的在线浏览行为和购买历史，灵活调整推送策略，确保给用户的建议始终贴合其瞬息万变的需求状态。

借助于强化学习算法，亚马逊的推荐机制得以依据用户的即时反应，诸如点击率、加入购物车及实际购买行为等，来灵活校准其推荐策略。当观察到用户对某类产品展现出高度兴趣时，系统将即刻提升此类商品的推荐优先级，并透过定制化的营销信息，包括但不限于价格减免、优惠券发放等手段，促使用户完成消费行为。

5. 模型迭代与持续优化

借鉴 Netflix 的做法，亚马逊的推荐系统实施了持续的模型更新策略。透过

A/B 实验方法，亚马逊系统性地改进各推荐算法的表现，并依据用户的直接反馈微调模型参数。具体而言，亚马逊会探索多样的推荐展示界面设计、商品排列规则等，旨在不断增强用户的购物体验。

另外，亚马逊运用在线学习技术手段，实现推荐模型的即时更新，以适配用户行为及市场条件的变化情况。比如，在诸如 Prime Day、黑色星期五此类大规模促销时段内，消费者的购买行为对比日常展现出明显差异，此时推荐系统必须迅速适应此类变动，并借由灵活调整推荐算法来最优化销售业绩。

9. AI 与市场营销

9.1. AI 如何重新定义市场营销策略

9.1.1 数据驱动的精准营销：从宏观分析到微观决策

在市场营销领域，以数据为支撑的精细化行销策略已成为企业间竞争的关键要素。人工智能技术的融入，使数据处理与分析的效能和深度远超传统手段，精细化营销的实践亦从宽泛的市场趋势洞察延伸到个体消费行为的细微洞察。AI技术赋能企业，使之能从浩瀚的非结构化数据资源中发掘宝贵信息，并借由精密的算法模型将其转译为实战性的市场攻略。这一变革不仅促进了营销资源配置的优化，也显著增强了企业在全球化市场环境中的适应力与竞争力。

从广泛的视角分析，人工智能引导的精细化市场营销能借助大规模数据分析手段来预见并揭示市场走向。相比之下，传统的市场研究途径，诸如问卷调查与焦点小组讨论，常受限于样本数据量不足，难以全方位展示市场的动态变迁。人工智能技术则凭借其在数据处理上的显著优势，能整合社交平台信息、用户行为记录、感应器数据、行业研究报告等多种渠道的数据，挖掘出有深度的市场见解。利用机器学习这一工具，包括支持向量机、随机森林、梯度增强决策树等诸多算法，AI 能够对市场实行细分、聚类及预判，助力企业辨认市场机遇与隐含风险。这样一种覆盖全局的分析方法，不仅为公司的市场定位策略、商品设计规划、广告宣传部署等提供了坚实的理论支撑，而且能预估市场需求的起伏，从而规划出更具前瞻性的营销战略蓝图。

人工智能的实质贡献在于其微观层面应用的深度，该过程涉及将广泛的市场趋势剖析细化为针对个人的营销策略决策。在以数据为支撑的精细化营销场景里，AI 依托深度学习技术，对单个消费者的行为模式开展建模与深入剖析。诸如浏览记录、过往购买经历、点击动态及社交互动等个体行为信息，构成了 AI 算法不可或缺的数据源。这些数据经过深度发掘后，企业能更精确地洞悉消费者的需要、偏好及消费习性，进而使个性化营销推送成为可能。比如，AI 能利用序列建模技术，如长短期记忆（LSTM）或双向 LSTM 网络，根据用户过往行为预测其未来动向。这一模型不仅锁定用户的长期兴趣趋向，也能敏锐捕捉短期内的兴趣变动，为企业找准时机，推送高度相关的商品或服务提供依据。此外，通过强化学习机制，AI 能持续优化个人营销方案。强化学习的精髓在于依据消费者的即时反馈（点击、购买等）灵活调适营销策略，旨在提升用户参与度与转化效率。

在微观营销领域，人工智能透过用户画像技术实现了针对个体的高度营销定制化。利用聚类分析方法及协同过滤技术，人工智能能根据用户的行为信息，将其划归至不同的细分市场或族群中。这一划分超越了传统以年龄、性别、收入为基准的界限，转而依据用户的行径模式、兴趣偏好、交互习惯等更为精细的数据层面进行。用户画像具有动态性，随用户行为的演化而适时更新。凭借实时数据分析技术，人工智能不断校准用户画像的精确度，促使企业的营销策略具备更强的灵活性与个性化色彩。

人工智能在精确定位营销活动中的一个关键作用体现在其对多元异构数据的驾驭与整合能力方面。市场推广数据通常源自多元化渠道，涵盖了线上及线下的消费者行为记录、社交平台信息、客户服务体系内的资料等。这些数据显著地呈现出异质性和非一致性特征，传统数据处理手段在有效整合这些信息上显得力有未逮。借助自然语言处理、计算机视觉技术及图像识别等先进手段，人工智能不仅能够实现对跨源、跨格式数据的统一处理流程，并且能从中挖掘出有价值的信息。比如，人工智能能够解析社交网络上的用户评论内容，辨识用户对于产品的感情趋向，并将此反馈融入营销策略的精细化调整之中。通过这种多源数据的综合分析与利用，人工智能赋能企业获得更宽广、更精细的市场透视视野，进而辅助制定出更为精确的营销战略规划。

AI 在精准营销中的应用还体现在营销效果的评估与优化上。传统的市场营销效果评估通常依赖于事后分析，如点击率、转换率等指标。然而，AI 通过实时分析技术，能够在营销活动进行的过程中不断评估其效果，并根据用户的实际反馈动态调整营销策略。例如，企业可以通过 A/B 测试和多臂老虎机（Multi-Armed Bandit）算法，实时对比不同营销方案的效果，并选择最优方案进行推广。这种实时优化不仅提高了营销活动的效果，还减少了企业的成本投入。

9.1.2 个性化用户体验的全方位提升

在人工智能重塑的市场行销策略领域中，增强个性化用户体验成为其最为突出的成就之一。过往，市场行销中的个性化多限于基础的消费者分群及定制推送服务，但人工智能的融入则将个性化体验推送至一个前所未有的层面。凭借深度学习、自然语言处理及行为预测等先进技术，人工智能能够赋予每位用户高度个性化且动态变化的互动体验，进而大幅度提高用户的满意程度与品牌忠诚度。通过即时分析用户行为，人工智能不仅能洞悉用户当前的需求，还预判其未来行动趋势，从而实施全面的个性化营销策略。

对于提升个性化用户体验而言，其首要体现的是在用户画像的持续构建与优化进程上。人工智能通过即时分析行为数据，能够为每一位用户创造出一个富含多层面信息的个性画像。这些描绘不仅涵盖了用户的直接信息（诸如年龄、性别、所在地理位置），还涉及了用户的潜在信息（比如浏览行为模式、兴趣偏好、消费趋向等）。借助深度学习模型，诸如卷积神经网络（CNN）与循环神经网络（RNN），人工智能能从繁复的用户行为数据中提炼出核心特征，进而形成更为精确细致的用户画像。更值得关注的是，人工智能利用实时数据处理技术，能够不断更新这些用户画像，确保它们紧贴用户的最新行为趋势与需求变化。这一动态更新的用户画像机制，为企业的个性化推广策略奠定了稳固的基石，确保每一次与用户的交流互动都能依据最新用户信息进行调优与定制。

人工智能在个性化推荐系统领域的运用，促使了用户体验的显著增强。[①] 相较于传统的推荐系统，由人工智能驱动的新型推荐系统在依赖协同过滤算法的基础上，进一步融合了深度学习、强化学习等多种前沿技术，从而实现了推荐内容的高度个性化与即时性。该系统通过深入挖掘用户的历史行为模式、兴趣标识、社交网络活动等多元化数据，能够为用户即时推送最为贴合其当前需求的商品或服务。以电子商务平台为例，人工智能可根据用户的浏览轨迹与过往购买记录，推送关联商品；同时，它还能敏捷地捕捉到用户的短期兴趣变化，动态优化推荐列表。这种时效性强的个性化推荐策略，在改善用户购物体验的同时，也助力企业实现了更高的转化效率。

在增强个性化用户体验的进程中，人工智能领域的自然语言处理（NLP）技术展现了其重要价值。通过运用 NLP 技术，人工智能能够洞悉用户的语言表述并执行深度的情绪解析（即情感分析）。这使企业能更精确地洞察用户对于产品或品牌的真情实感，进而定制个性化的市场推广素材。举例而言，人工智能能够解析用户在社交平台上的留言或意见回馈，发现用户对某商品的不良情绪，并即刻推送解决策略或优惠以重获用户的信赖。此外，人工智能还能够借助智能客服平台（例如：聊天机器人）展开个性化的交流互动，为用户提供及时且精确的服务体验。这种依赖 NLP 技术实现的个性化交流模式，不仅增强了用户的满意程度，同时也缩减了企业的运营开支。

人工智能在增强个性化用户体验方面还有一个关键应用是预见性分析。该技术通过深入探究用户过往的行为模式，能够预估用户的未来行动路径，并据此提出定制化的建议或解决策略。以金融服务领域为例，AI 能依据用户的财务现状、消费趋向等细致数据，推断他们未来的理财规划需求，并精确推荐匹配的理财产品。同样，在娱乐领域，借助 AI 的洞察力，根据用户以往的观影记录，可以预先判别他们未来可能偏好的影视内容，并及时推送相关信息。这种依赖于预见性分析来实现的个性化体验服务，显著增强了用户的参与感与满意度。

---

① 王晔 . 新零售下智能推荐对消费者购买意愿的影响研究 [D]. 天津大学，2021.

对全面营销渠道的融合亦彰显了个性化用户体验的增强。通过 AI 技术整合及解析用户跨渠道的行为数据，确保为每位用户提供连贯且个性化的体验。比如，依据用户在移动平台的活动模式，AI 能调节其在桌面端或实体店铺接收到的营销信息，保障用户在各类接触点上的体验维持一致性。这种贯穿所有渠道的个性化服务不仅加固了用户的品牌忠诚度，同时也为企业的营销成效带来了实质性的提升。

人工智能在增强个性化用户体验方面的一个关键应用领域，是自动化营销内容的创造与优化处理。借助自然语言生成技术（NLG），系统能够基于用户的特定偏好，自主生产出量身定制的营销信息。比如，系统能为每位用户单独生成富含个人色彩的电子邮件、短信或是推送通知，其中包含用户可能关注的产品推介、特别优惠等信息。这一自动化的信息生成流程，不仅有效缩减了企业的劳动力成本，还显著增强了营销信息的相关度及吸引力，从而提升了与用户的互动效果。

9.1.3 营销自动化与智能化：从人工操作到自主决策

在传统的市场营销实践里，市场从业者往往不得不亲自管理和实施大量重复性质的工作，如广告部署、电子邮件分发、数据解析等。这些工作不仅消耗大量时间和精力，还易于受到人为错误的干扰。随着人工智能科技的迅速演进，营销自动化的趋势正朝着更高智能的层面迈进，逐步取代了以往的手动操作模式，转而采用高度自动化的决策机制。通过运用机器学习（Machine Learning）、深度学习（Deep Learning）、自然语言处理（NLP）等关键技术，AI 为营销平台嵌入了自我进化与优化的功能，使之不单能高速完成重复任务，还能够依据动态数据做出独立判断，进而提高营销成效和资源利用的效率。

人工智能在营销自动化领域的核心影响力表现在其对广告投放策略的智能化升级上。过往的广告部署方式多基于营销人员的主观判断及对目标受众的初步剖析，然而，这种策略往往受限于其固有的局限性，难以准确把握消费者的个性化需求及其行为模式的变化。随着人工智能技术的融入，广告投放机制摆脱了既定规则的束缚，转而依据实时数据流与用户行为的动态信息进行调适。通过运用诸如卷积神经网络、长短时记忆网络（LSTM）等深度学习模型，AI 能够深入剖析用户的行为模式、兴趣取向及消费习性，在广告推送流程中实现即时优化。举例而言，程序化广告（Programmatic Advertising）便是借力 AI 算法，依据每位用户的实时数据分析，自动执行广告展示的时间、频率及内容的决策过程，以此保障广告传播的高精度匹配。这种智能化的传播策略不仅有效提升了广告的点击与转化效能，同时也大幅度削减了营销成本的无效支出。

人工智能驱动的营销自动化系统在内容创作与分配领域的运用，彰显了其卓越的智能化功能。以往，内容制作通常高度依赖人工编写和编审流程，这不仅效率低下，还难以实现针对广大受众的个性化内容传播。相反，人工智能利用自然语言生成（NLG）技术与自动化编写算法，能够自主创造贴合特定用户需求的个性化材料。通过深入分析用户行为模式及兴趣偏好，AI 系统能即刻生成个性化邮件、社交媒体动态、广告文稿等，并依据用户反馈灵活调整内容策略。这种智能化内容创造方式不仅增强了内容的相关度和吸引力，还显著减轻了人力创作的负担。此外，人工智能运用多臂老虎机（Multi-Armed Bandit）算法，在内容传播环节实施动态优化，智能分配不同版本的内容，旨在最大化用户互动度与转化效果。

在营销自动化向智能化迈进的过程中，人工智能领域的机器学习与强化学习技术显著增强了营销决策的自适应性和灵活性。过往，常规营销活动依据预设策略和流程执行，这些策略多建立在历史经验和数据基础之上，面对市场环境的瞬息万变，反应机制略显僵化。人工智能经由强化学习机制，在营销活动执行期间，能够依据消费者的即时反馈，自主调节策略部署。比如，系统能根据用户点击、浏览及购买记录等行为信息，动态调整广告的曝光频次、内容构成与投放平台，旨在提升用户参与度与转化成效。强化学习的精髓，在于其维持"探索—利用"（Exploration-Exploitation）平衡的策略，这一机制驱使营销实践不断尝试新策略并迭代既有方案，从而保障策略迭代与效果优化的持续性发展。

人工智能引领的营销自动化在整合与优化营销流程方面亦展现出显著优势。传统营销流程常呈现孤立状态，不同传播渠道与部门间的信息流通受阻，导致营销活动效率低落及资源分配不当。人工智能经由自动化工作流（Workflow Automation）技术的应用，成功跨越渠道与部门界限，实现营销流程的无缝对接与效能提升。它依据用户行为数据，自主激活相应营销举措，如个性化的电子邮件投递、广告推送、社交平台互动启动等。这一系列自动执行的营销程序，在增强企业运营效能的同时，确保了用户体验的连贯性与个性化定制。比如，人工智能能借鉴用户移动设备端的行为模式，无间断地优化其在电脑端接收到的营销内容，保障多渠道下用户体验的和谐统一与个性适应。这样全面覆盖的自动化营销策略，不仅为企业的营销成效带来显著增幅，也深化了用户的品牌忠诚度。

人工智能在营销自动化的融入极大增强了对营销成效的即时监控与优化功能。过往的营销效果评估多基于回顾性分析，诸如点击率、转化率等度量标准，这类数据通常具有滞后性，难以满足即时决策的需求。相比之下，人工智能通过即时数据解析与反馈系统，在营销活动的推进过程中持续评价其效能，并能依据接收的实时用户响应灵活调整策略。比如，人工智能利用 A/B 测试及多臂老虎机算法，能在第一时间比较各异营销策略的表现，并择优推广。这一即时监控与优化的机制，推动营销自动化从执行层面向战略层面深化，助力企业实现资源的最优化配置与营销成果的显著提升。

营销自动化向智能化的转型有力地促进了营销与销售职能的紧密融合。过往中，营销部门与销售部门大多作为两个分离的实体运作，因信息流通不畅而难以维持客户体验的一致性。现今，借助人工智能技术驱动的工作流程自动化与高度智能化的客户关系管理系统，实现了营销到销售的无缝过渡。比如，人工智能能基于营销活动的反馈，自主甄别高价值潜在客户信息，并即时传达给销售团队，同时为销售代表提供定制化的销售策略指导。这种跨领域的深度整合，不仅提高了客户转化的效率，还显著提升了客户的满意度与长期忠诚度。

9.1.4 客户生命周期管理（CLM）的智能化与精细化

客户关系管理中的一个核心环节是客户生命周期管理（CLM），该过程全面涉及客户从吸引、成长、保持直至重获的整个周期。过往实践中，CLM很大程度上基于经验和历史资料实施静态评估，面对客户需求的动态变化时反应不够灵敏。随着人工智能技术的融入，CLM实现了由静态向动态及智能化的转型，通过持续监控消费者行为、进行前瞻性分析及实施精细化管理策略，确保企业在CLM的每一关键阶段均能采取最适宜的措施，有效提升顾客在整个关系期间的潜在价值，即顾客生命周期价值（Customer Lifetime Value，CLV）。

人工智能在客户生命周期管理的初步环节——客户获取阶段，展现出其核心影响力。过往的客户获取策略倾向于依赖大范围的市场推广举措，诸如广告发布、促销活动之类，而此类行动的成效评估往往模糊不清。随着人工智能技术的融入，企业能更精确地识别潜在客户群体，并据此设计出更为精细的获取策略。借助于大数据分析的力量，AI系统能从多元化的信息源，包括社交媒体、搜索引擎结果及行业研究报告中，提炼出反映潜在客户行为模式的特征。通过运用聚类算法（Clustering Algorithms）和分类算法（Classification Algorithms），实现客户群体的自动化细分（Segmentation），这一过程完全基于数据分析。这样的数据驱动型客户获取方式，在提升获取效率的同时，也有效削减了成本。此外，人工智能还能运用预测模型来预判哪些潜在客户转化的可能性最高，助力企业合理配置资源，集中营销投资于高潜力客户群体，以此来优化客户获取的回报率。

在客户培养周期中，人工智能凭借行为解析与个性化推广手段，助力企业增强客户的互动频次及购买重复性。通过运用深度学习算法，人工智能能对客户的过往行为构建模型，预判其未来需求，并呈递个性化的商品建议。举例而言，电子商贸平台可借力AI技术，依据顾客的浏览历史与购物足迹，推送量身定制的商品推荐，进而提升顾客的购买频次与平均每单消费额。此外，人工智能还能够借助强化学习机制，持续优化推介策略，依据顾客的即时反馈灵活调整推介内容，这种个性化的推送不仅升级了顾客的购买体验，同时也使企业达成了顾客价值的最优化利用。

客户关系维系环节在客户生命周期管理框架内占据核心位置，人工智能技术通过持续监控顾客行为模式，助力企业实现客户流失的早期识别与干预。相比之下，传统客户维系策略多依赖周期性的沟通回访，此类做法因反应迟缓，往往难以捕捉到客户流失的初期信号。借助 AI 对顾客行为大数据的实时分析，系统能精确辨认出顾客流失的风险迹象。比如，AI 系统通过深入剖析客户的交互频率变动、消费行为趋势及反馈信息，可以预判客户流失的可能性，并预先部署挽留措施。此外，利用情感分析工具，AI 能细腻解读消费者的评价与反馈，探测任何隐含的消极情绪，引导企业即刻优化客户维系方案。这种融入 AI 技术的客户维护机制，不仅提升了顾客的满意度水平，还有效抑制了客户流失，延长了顾客的整体忠诚周期。

在客户关系维护的终极阶段——客户重获阶段，人工智能技术展现了其不可或缺的价值。面对已流失的客户群体，传统挽回手段倾向于依赖广泛撒网式的促销与优惠政策以期重获青睐，但这般做法往往因缺乏精准定位而收效甚微。反之，人工智能通过深入挖掘客户过往的行为模式，能够甄别出具有较高挽回潜力的目标客户，并据此量身定制个性化挽回计划。举例而言，依据客户既往的购买记录及个人偏好，AI 能精准推送个性化的优惠信息或专属促销活动，有效提升客户的回归概率。此外，人工智能运用多臂老虎机算法持续迭代测试多种挽回策略，以动态优选最高效的挽回路径，进一步促进了客户回流比率的攀升。

人工智能在客户全生命周期管理领域的运用，不仅限于预测及剖析客户行为，还深入到客户价值的精细运营层面。以往对客户价值的评估大多基于购买频次、单笔交易额等简化的标准，这些标准很难全方位揭示客户的实际价值。借助人工智能技术，企业能从多个角度对客户价值进行精细衡量，并据此制定出差异化市场策略，针对不同价值层级的客户采取特异化的营销手段。通过运用聚类与分类算法，AI 能够实现客户群按价值的细分，针对高端价值客户给予更个性化服务与优惠政策。比如，依据客户的购买习惯、交流活跃度等因素，AI 可将客户群体划分为高、中、低不同价值段，并为顶级价值客户定制专享的忠诚度项目或回馈方案，旨在增强其忠诚度及延长其价值周期。

在推进客户生命周期管理向智能化转变的过程中，人工智能技术还在促进客户沟通方面发挥着自动化与个性化增强的作用。过往的客户交流模式多建立在人力客服支撑或定期批量邮件投送的基础上，这些策略往往难以在广泛范围内实现沟通内容的个性化定制。通过融入人工智能技术，企业得以实现在客户沟通领域的自动化操作与个性化体验双重提升。比如，借助智能客服平台（如聊天机器人应用）可以即时与客户展开对话，处理客户咨询，并能依据客户需求智能化地推送商品或服务建议。此外，利用自然语言生成技术（NLG），系统能自动生成富含个性色彩的电子邮件或消息文本，甚至能依据客户的互动反馈灵活调整沟通策略。这种基于人工智能的自动化沟通模式，既增强了客户的整体满意程度，又在一定程度上缩减了企业的运营成本支出。

9.2 数据驱动的营销自动化与精准投放

9.2.1 资料生态体系与多维度数据整合：奠定智能营销决策的基础

在当下的高数字化市场情境下，企业做出营销判断的依据不再是单一数据来源或过往数据的浅层分析，而是构建在一个复杂且持续演进的数据生态体系之上。尤为重要的是，多维度数据的融合与深入剖析，构成了企业打造智能化营销战略的基石。这一生态体系涵盖了不仅限于传统结构化数据，还广泛涉及非结构化、半结构化数据及跨渠道、跨平台的实时数据流。借助人工智能赋能的技术工具，企业能够高效整合同类异源数据，促成从数据获取至智能化决策的顺畅循环。

构建数据生态系统要求企业拥有高度的数据整合能力。该过程中的核心挑战在于实现多源数据的有效集成。用户的交互痕迹源自多种渠道，涵盖社交媒体、电邮通信、网页浏览行为、实体消费场景及移动应用程序等。这些数据性质多样，既有结构化的形式，例如交易历史与个人统计信息；也有非结构化的体现，诸如社交平台的评论、用户原创内容及音频资料。面对体量庞大且类型繁多的数据，常规的数据库管理系统及分析手段时常难以迅速应对和深度剖析。相比之下，人工智能技术凭借其在海量数据分析上的优势，特别是借助大数据处理工具（例如 Hadoop、Spark）和数据湖架构的概念，能够跨越数据来源与格式的界限，将各类信息汇总至同一平台完成预处理作业，为深入分析与科学决策奠定坚实的数据基础。

在多维度数据分析集成的实践里，人工智能技术的作用不仅限于数据的合并处理，还深入到数据预处理及特征工程（Feature Engineering）环节。特征工程是构建 AI 模型过程中的一项关键步骤，通过自动化特征选取技术，能够从复杂的多维数据集中挖掘出对预测最具影响力的因素。以市场营销场景为例，系统能自主地从用户的点击行为模式、过往消费记录、社交互动的活跃程度等大量变量中筛选出与未来消费倾向紧密相关的特征。这一系列操作显著增强了数据的利用效能，让企业能从庞大的数据海洋中提炼出有价值的市场策略洞察。

构建一个高效的数据生态系统，不仅需涵盖数据的集成与多维度处理能力，还需兼具即时处理与动态响应的特性。在过往的营销场景下，数据分析常呈现出滞后性，企业大多依赖历史记录进行静态解析，难以紧贴市场趋势与消费者行为的最新动向。AI 技术的融入，为实时数据流处理（Real-Time Data Streaming）开辟了新路径，使企业能够在消费者行为发生的瞬息捕获数据，并迅速做出应对。比如，当用户浏览网页期间，AI 即可介入，对用户的点击模式进行即时解析，推测其潜在购买意向，并推送最为契合的商品建议或个性化的优惠信息。这一系列基于当前数据流的营销策略选择，显著增强了营销活动的精确度与响应速度。

构建数据生态系统时，数据的完整性和有效的数据治理体系是不可或缺的考量因素。企业在实施多源数据融合过程中，常会遇到数据质量参差不齐、信息冗余及数据空缺等诸多挑战。人工智能技术，通过自动化执行数据清洗与治理程序，极大增强了数据的精确度与一致性。比如，利用 AI 驱动的数据去重算法（Data Deduplication）能够自动甄别并消除重复记录，而缺失数据补全技术

（Missing Data Imputation）则能填补数据空白，确保了企业在制定市场营销策略时，基于的是一个高可靠性的数据支撑平台。

多维度数据融合的又一关键层面涉及数据的多级剖析。在完备的市场营销决策流程中，各种类型的数据常需划分至不同层级以进行深入探讨。举例而言，用户的交易信息与行为痕迹可能展现出不一致的细节层次，交易信息多半保持相对稳定的状态，而行为痕迹则处于持续变动之中。人工智能技术经由分级剖析手段，得以同步探究不同精细度的数据，并将这些分析结论融入一个统一的决策体系中。具体来说，人工智能不仅能够对用户的静态人口统计特征实施分析，还能够实时跟踪其动态行为模式，为个性化营销策略生成更为饱满的用户画像。

9.2.2. AI 驱动的营销预测模型：从静态分析到动态优化

在以数据为驱动力的营销自动化进程里，人工智能支持的营销预测模型是实现由静态解析向动态调优过渡的核心机制。过往的营销策略大多立足于历史数据的静止分析，面对市场环境与消费者行为的快速变迁显得力不从心。相比之下，人工智能经由机器学习及深度学习等先进技术的应用，能够达成对消费者行为的动态预判与即时优化，助力企业在全球化市场波动中持续保有竞争优势。

基于人工智能的营销预测模型核心在于深入剖析过往的海量数据并构建模型。此过程利用监督学习技术，对消费者以往的行为模式进行模拟，以预见其未来可能采取的行动。比如，系统通过挖掘用户的浏览轨迹、点击习惯及购物历史等信息，能够预估其潜在的购买意向与偏好。在实践中，广泛应用的预测模型涵盖了几何回归模型、判定树算法、随机森林方法以及支持向量机等。经由对历史数据集的训练，这些模型能够输出精准度高的预测结论，为公司的营销策略规划奠定实证基础。

传统的预测模型多呈现出静态特征，它们依据稳定的数据集完成训练任务，面对消费者行为的瞬息万变则显得适应性不足。为破解这一难题，人工智能技术，尤其是深度学习与强化学习等动态优化方法，被引入以实现在模型训练流程中的连续学习与自我调整。比如，深度学习领域的循环神经网络（Recurrent

Neural Networks，RNN）及长短期记忆网络（Long Short-Term Memory，LSTM），能够有效处理时间序列数据，把握用户行为的时间序列关联性，从而提升预测消费者未来行为的精确度。这些进阶模型不仅能够针对用户当下的需求做出预判，还擅长揭示用户行为的长期演化轨迹，为企业的市场营销策略规划提供更为深远的视角。

在动态优化领域，强化学习的应用显得尤为关键。它与传统的监督学习方法相异，通过实施"探索—利用"策略，在充满变数的环境里逐步演进其策略。实质上，这一过程涉及人工智能不断尝试新颖的营销策略，并依据接收的用户响应指标（如点击率、转化率等）来持续自我提升性能。以企业广告部署为例，人工智能能自主调节广告素材、展示频率及发布平台，以此实现广告效应的即时优化。在此背景下，Q学习（Q-Learning）及深度强化学习算法作为重要工具，助力人工智能在繁复多变的市场营销生态中寻觅最优化的策略组合，旨在实现投资回报率的最大化。

预测模型的关键层面之一涉及多维度的预测分析。用户的行动取向深受多元因素的交织作用，诸如性别、年龄层次、经济收入、地理分布、个人兴趣、社交活动等。通过人工智能技术对这些多维度数据进行深度剖析，能够同步考量各类影响因素，进而在预测结果上实现更高的精确度。比如，利用深度学习工具如多层感知器（Multilayer Perceptron，MLP）能够构建用户多属性的模型，从而预判其未来行为趋势。这种跨维度的预测机制，不仅强化了预测的准确性，也赋予企业以独特优势，使之能识别出具有高价值潜力的客户群或可能出现流失迹象的顾客群体，并针对这部分人群设计个性化的市场推广计划。

由AI引导的营销预测模型展现出了卓越的实时反应能力。相比之下，传统营销体系中的预测大多依赖于历史数据分析的离线处理方法，面对市场趋势与消费者行为的即时变动显得力不从心。AI技术通过采纳实时数据流处理手段，能够在消费者行为发生的瞬息之间完成预测任务，并即刻调适营销策略以适应新情况。比如，在用户浏览网页的进程中，AI能够即时解析其点击模式，估测其潜在的购买意向，并火速推送最为契合的商品建议或优惠资讯。这一依据实时数据分析的动态预测机制，显著增强了营销活动的精确度与响应速度。

由人工智能技术支持的营销预测模型，在其应用范畴上超越了广告投放与产品推荐，深入客户生命周期管理（CLM）的各个层面。该模型通过剖析客户在不同生命周期阶段的行为趋向，助力企业细化并优化客户运维策略。比如，借助预测模型，人工智能能预先识别出具有流失倾向的客户群体，并针对性地设计个性化挽留方案，诸如发放专享优惠或提供定制服务，从而有效抑制客户流失现象。另一方面，对于潜在高价值客户，人工智能能够预判其未来行为路径，进而部署VIP服务及个性化商品推荐策略，以此途径增强客户的长期价值（CLV）维护。

9.2.3 内容生成与个性化推送：AI 赋能的动态内容营销

在数字营销领域的新纪元里，内容创作与分发已从过往人工设定及静态投放的模式，演进到由人工智能引导的动态内容创造与个性化传播阶段。现今企业营销策略的精髓，不再是广泛覆盖的粗放型策略，而是侧重于数据导向的精确内容推广——运用 AI 技术来生成极具个性化的信息，并在最合适的时机通过最适宜的渠道送达潜在客户，旨在促进更高效的用户交互与转化。这种由 AI 加持的动态内容营销方式，在增强营销效能的同时，也极大地优化了用户体验并加深了品牌忠诚度。

人工智能在内容创造领域的运用主要展现在自然语言生成（Natural Language Generation，NLG）及图像生成技术上。NLG 技术赋予了 AI 依据用户过往的行为信息与当前情境，动态创造出高度个性化的市场推广文本的能力。相比传统的内容制作手法，NLG 的优势在于它能即时依据个人的喜好、行为趋势及标识兴趣来定制内容，保证每个接收者看到的营销资讯与其需求极度契合。比如，在线购物平台能利用 AI，通过深入挖掘用户的浏览历史、过往购买记录及个人偏好，自动生成具有针对性的商品推介说明和特惠情报。这种依赖数据支撑的自动内容创作方式，显著增强了营销内容的关联度，同时大幅度减轻了人力创作的负担与时间消耗。

人工智能在图像生成与优化领域的应用正持续进步。通过深度学习技术领域中的生成对抗网络（GANs），AI 系统能自主创造出贴合用户审美需求的视觉素材。[①]GANs 借由对庞大数据集中的图像进行学习，能够产出兼具高度创新性和视觉吸引力的图像，并依据用户反馈进行调整优化。比如，电子商务平台可以利用 GANs 技术生成功能各异的产品展示图片，并基于用户点击率及转化率的回馈信息，自动筛选出最具吸引力的版本进行推广。这一自动化的素材创作与优化流程，不仅增强了用户的视觉体验，同时也极大地提升了营销内容的成效转化率。

在定制化信息推送领域，人工智能凭借对多元化数据指标与即时用户交互记录的整合分析，得以实施极高精度的内容推荐。该推送模式的关键在于即时感知用户需求并做出灵活应对。鉴于当代用户行为路径的复杂多变性，传统的静态内容分发策略很难充分迎合用户的个性化期待。为破解这一难题，人工智能运用机器学习及强化学习算法，综合评估用户过往行为模式、兴趣取向及当前情境环境，不断优化调整推送策略。比如，系统能依据用户的地理定位、时间点及所用设备，灵活变换推送内容与展示形态，确保传送至每位用户的信息都能紧密贴合其当下的实际需求。

个性化内容推送的关键技术组成部分涉及推荐系统。该系统通过运用协同过滤及内容基过滤两种策略，得以向各类用户提供量身定制的信息推荐。具体而言，协同过滤机制使得人工智能能够剖析相近用户群的行为趋势，挖掘其潜在兴趣领域，并据此向个人用户推荐相关的产品与服务。反之，在内容过滤方法下，系统依据用户过往的喜好记录，推送与他们既往浏览或消费项目相关的内容。这类依赖于数据分析的个性化推送方式，不仅增强了用户的互动积极性，同时也极大提高了市场营销的成效转化率。

---

① 刘敏，裴学胜，赵旭 . 基于 AI 画作生成技术的传统纹样绘画设计 [J]. 明日风尚，2024（10）.

9.2.4 跨渠道精确实施与动态优化：人工智能驱动的市场推广协同效应

在当下的数字营销领域中，顾客的行动路径横跨多个媒介和平台，企业必须在各个接触层面与顾客建立交流。这样一种全方位渠道的交流情境，凸显了精准推广与即时优化的至关紧要。要想实现全渠道的精确推送，企业不仅要能在众多渠道上并行发布信息，还需确保各渠道策略间的协同作用，旨在打造无间断的用户体验及统一的品牌信息传递。人工智能，凭借其在数据处理与分析上的强大力量，为企事业单位提供了在多元化渠道环境中实行高效精准投放与即时调整的可能，从而增强了市场营销的综合协同效果。

全方位精准营销投放的本质，在于汇聚并剖析各个传播途径的数据资源。传统营销模式中，各传播渠道孤立操作，数据割裂情况显著，从而加大了策略间的统一难度。比如，线上广告布局与线下推广活动之间合作不足，造成消费者在多渠道接收信息的不连贯性，影响其购买判断。而人工智能技术的融入，则为企业破除这一瓶颈提供了可能，促成了跨渠道数据的融合与策略的协同作业。借助大数据平台及数据湖技术，AI 能集成来源于多样渠道（涵盖社交互动、网页浏览行为、移动应用使用情况、实体店铺交易历史等）的信息，构筑一个整合所有渠道的消费者行为模型。有赖于这一深度用户画像，企业得以在各类平台上实施同步的个性化营销推送，保证用户在任何接触点都能体验到一致的品牌信息。

在全渠道精准营销的范畴内，人工智能另外一项关键应用体现在程序化广告投放领域。这一过程依托于 AI 算法与实时竞价机制（Real-Time Bidding，RTB），实现广告库存购置与效果优化的高度自动化。通过实时解析用户行为模式，AI 系统能精确锁定具有高响应潜力的目标群体，继而智能化地选定最适宜的传播平台与投放时间，以期达到最佳宣传效果。比如，依据用户的网页浏览足迹及购物偏好，AI 会即刻参与到对该用户匹配度最高的广告展示位的竞价中，并自主调节广告素材与形式，力保广告的能见度与转化率最大化。此策略不仅极大提升了广告投放的效能，亦显著削减了人工介入的需求及资源的无谓损耗。

人工智能在实现全渠道投放的精确定位中，多触点归因分析技术（Multi-Touch Attribution）起着核心作用。该技术针对用户于多平台互动的过程，其中购买决策往往是多重接触点——如社交媒体宣传、搜索引擎曝光及电子邮件营销等——共同作用的结果。相比之下，传统的单一触点归因模型（例如：最终点击归因法）往往难以精确评估各互动节点对消费决策的实际影响力，易致营销资源的非最优配置。借助 AI 驱动的多触点归因分析，企业能深度剖析用户的跨渠道行为模式，科学量化每个接触点对成交转化的具体贡献。这一策略使营销预算的分配更为明智，资源集中倾斜于转化效能显著的渠道与触点，进而系统性增强整体营销活动的成效。

实时优化构成了全渠道精准营销部署的另一关键要素。面对快速变迁的市场场景与用户行为动态，企业亟须实施监控与灵活调整其市场策略，以适应市场波动及满足用户需求的演进。在此过程中，人工智能技术凭借即时数据流处理能力和强化学习算法，在营销活动的执行环节中，持续跟踪各推广渠道的表现，并依据接收的用户反馈实施敏捷优化。比如，AI 能依据广告点击率、转化成效等核心绩效指标，自动化调节广告曝光频率、展示布局及创意形式，力保每次曝光均能达到最大效益。进一步地，通过强化学习机制不断探索与优化多种策略路径，系统逐渐收敛于最高效的投放策略，从而实现营销资源的最优化配置。

人工智能在实现全渠道精准营销中的协同作用，也彰显于其跨平台策略的协调统一。当前消费者的行动路径往往跨越多个渠道，比如先在移动设备上浏览商品，转至电脑端完成购买，继而在社交网络上分享其购物心得。借助于人工智能对消费者跨渠道行为的全面监控与解析，能够揭示出消费者在不同媒介上的行为特点，并据此开展策略性协同。比如，人工智能能依据消费者在移动端的浏览习惯，调整电脑端的广告呈现方式，以保证用户在各类设备及平台上获得连贯一致的体验。此外，人工智能还能基于一体化分析消费者在各个触点的交互记录，智能化选取最适宜的传播渠道进行营销信息的推送。如，通过深入剖析消费者的互动频度与时间节点，人工智能可推导出消费者最为活跃的平台，并倾向于在此渠道优先部署广告投放策略。

人工智能驱动的全方位渠道精确定位投放，显著体现在其卓越的个性化服务能力上。通过汇总与剖析用户跨渠道的数据信息，人工智能能够为每位用户定制化生成高度个性化的市场推广内容，并在最合适的时间及平台送达用户。举例而言，人工智能能依据用户在社交媒介上的交互行为，推送量身定制的产品建议或特别优惠资讯；同时，它也能基于用户的购买历史记录及即时需求，自动化地在用户惯用的平台上分发关联商品广告。这一套建立在全方位渠道数据分析之上的个性化营销策略，极大地增强了用户体验的满意度与对品牌的忠实度，同时也大幅度提升了市场营销的转化成效及投资回报率。

人工智能驱动下的全方位渠道精准投放与即时优化，通过跨渠道数据分析集成、自动化广告采买、多元触点归因解析及即时反馈调优等先进技术，助力企业在复杂多变的市场生态中实施超精准且高效的营销策略。借力于 AI 的强劲数据运算能力与即时优化算法，企业能够在多维度渠道上并行开展个性化的信息推送，且能敏捷响应市场趋势及用户行为变迁，确保营销举措的持续有效性与系统性协同作用。

9.3 案例分析：AI 在数字营销中的应用与效果

在全球市场数字化转型的背景下，中国企业在数字营销领域正加速其创新步伐，尤其在人工智能技术运用方面，已跃居全球前列。中国独特的数字生态体系，凭借其庞大的用户基数、多样的消费情境及复杂的数据构架，为 AI 技术在营销领域的深入应用铺设了肥沃的实践土壤。

9.3.1 阿里巴巴——AI 赋能的智能推荐与个性化电商运营

作为中国首屈一指的电子商务巨头，阿里巴巴凭借其海量的用户数据分析能力和前沿的人工智能技术，打造了国际顶尖的智能化推荐系统。该系统广泛渗透于其电子商务平台之中，涵盖了个性化商品推荐、精准广告策略实施以及用户体验的持续优化，进而实现了平台运作效能的显著提升及用户满意度的大幅增强。

1. 智能推荐系统的核心技术

阿里巴巴所采用的推荐系统体系，是建立在深度学习、协同过滤及强化学习等人工智能技术的坚实基础之上的。这一系统有能力从浩瀚的数据海洋中发掘出用户的隐性需求，及时生成具有个人特色的商品推荐清单。系统评估过程不仅仅局限在用户过往的购买行为和浏览历史，还广泛纳入了用户的兴趣偏好标签、社交网络的互动联系，以及当前的流行消费趋势作为综合考量因素。

在技术实施层面，阿里巴巴采纳了基于深度学习原理的神经网络架构，比如广度与深度模型（Wide & Deep Model），该模型的创新点在于整合宽泛特征（诸如用户的个人信息、过往行为记录）与深层特征（如用户行为的隐藏模式及其偏好倾向），以此来产出更为精确的推荐信息。借力此模型，阿里巴巴能向每位用户推送高度定制化的商品推荐清单，极大增强了用户的购物体验感。

2. 推荐系统的实时性与动态优化

相较于传统的静态推荐系统，阿里巴巴所采用的 AI 推荐系统展现出更高的实时互动性和动态适应性。该系统能够持续追踪用户在其平台上的行为动态，例如，当用户在特定时间范围内搜索某一商品类别时，系统能够即刻捕获这一行为趋势，并迅速做出反应，调整推送内容。这种即时推荐功能的实现，有赖于阿里巴巴背后强大的数据运算基础设施与先进的 AI 算法，特别是其在流式数据处理技术（Real-Time Data Processing）及强化学习算法领域的深厚积累。

通过采取"探索—利用"的策略，强化学习系统持续尝试多样化的推荐方法，并依据用户的反馈信息（涵盖点击、浏览、购买等互动行为）来迭代优化其推荐策略，进而稳步提升推荐效果。此自适应推荐机制使系统能随用户行为模式的演进动态调适，确保推荐内容与用户兴趣及需求的紧密贴合。

3. 广告投放与个性化营销

除在商品推荐领域外，阿里巴巴亦广泛集成 AI 技术于其广告分发策略中。通过复杂的 AI 算法，该公司的广告系统能综合解析用户行为模式、社交网络信息及地理位置等多种数据维度，进而创造个性化广告素材，并确保这些内容能精准且适时地通过最适宜的渠道传达至目标受众。

阿里巴巴的广告投放机制立足于程序化广告投入及实时竞价技术。在此体系中，AI算法能够在极短的毫秒级时间尺度内完成对用户即时需求的解析，并自主执行广告位的竞标选购过程。比如，当用户正在阿里巴巴平台内查阅某一品类的商品时，系统能够即刻推送与之相匹配的产品广告，并且，依据用户的点击与转化反馈动态调节广告的展示次数与内容编排，以确保广告效益的最大化实现。

4. AI赋能的效果与市场表现

借助人工智能技术的驱动力，阿里巴巴在个性化推荐及广告投放领域实现了卓越的市场表现。首先，个性化推荐系统极大地优化了用户体验，增强了用户与平台间的互动与忠诚度。据统计，阿里巴巴平台超过半数的交易源自其推荐机制，无疑彰显了个性化推荐对用户购买决策的强有力影响。

此外，由人工智能引导的广告分配机制已大幅度增强了广告投放效能与投资回报率。借助于精确的受众定位及动态的广告优化过程，阿里巴巴集团成功地在降低费用支出的同时，实现了转化率的显著提升，广告的点击与转化表现有了明显优化。这一高效率的广告部署策略，不仅为阿里巴巴集团带来了丰厚的收益增长，也助力众多品牌商家在广告运营上实现了更加细腻化的管控。

9.3.2 美团——AI 驱动的本地生活服务营销自动化

作为中国顶尖的本地生活服务提供商，美团横跨餐饮、外卖、旅游及酒店等诸多行业，拥有广泛且多元化的用户群体。通过融入人工智能技术，美团得以实现实时营销自动化、个性化的推送服务及动态运营优化，极大地增强了用户体验与平台运行效能。

1. AI 驱动的用户画像与精准推荐

在美团这一平台上，用户行为数据展现出极高的多样性，涵盖了从餐饮外卖订购到酒店预约、旅游景区门票购置等多个方面。借助人工智能技术的力量，美团能从这些丰富多样的数据源中挖掘用户的消费倾向、行为模式及兴趣焦点，从而塑造出一个全面且多层次的用户形象描绘。在此基础上构建的推荐系统，能够为美团的用户带来量身定制的服务建议。比如，该AI依据用户的当前地理位置、过往的消费历史及特定时间点，精准推送周边的餐馆、住宿选择或旅行目的地信息。

美团的推荐系统基于一体化的协同过滤与深度学习方法，通过探析相近用户的行为模式，预估目标用户的隐性需求。另外，美团引入了强化学习机制，持续完善其推荐算法。每一次推荐后，系统依据用户的反馈动作（点击、预约、评价等）来校正推荐策略，旨在提升推荐的精确度及用户满意度。

2. 广告投放与商家运营优化

美团平台上汇聚了大量商家，而助力这些商家实现广告投放的高精度与运营策略的高效优化，是美团所承担的关键职责之一。借助AI技术的力量，美团向商家推出了智能化的广告投放与运营优化解决方案。该AI系统能够综合分析商家的指定目标群体、地理位置信息、用户偏好等诸多变量，从而为商家量身定制个性化的广告推广计划。

美团的程序化广告投放体系基于先进的广告购买技术，通过人工智能手段即时解析平台上的用户行为信息，自动化完成最适宜广告位置的竞标选购。举个例子，当用户在美团平台上检索餐厅信息时，该智能系统能够依据用户的当前地理位置及其过往的消费模式，推送周边的餐厅广告，并能依据用户的点击反应即刻调整广告呈现的形式与展示次数，以此实现精准推广。

另外，美团还向商家提供了运营优化的智能化工具。借助AI技术，商家能实现对其运营数据的实时监测，涵盖订单数量、顾客评价及转化率等方面，并依据这些数据自动化地调优运营策略。比如，AI系统能够基于消费者反馈，自主调节商家的促销举措或优惠券的发放力度，旨在增强商家的运营效能与销售业绩。

3. AI赋能的外卖配送与供应链优化

美团不仅仅在市场营销板块融入了人工智能技术，还深入将其实践于外卖物流及供应链管理系统之中。其外卖物流体系建筑于AI算法之上，能综合考量顾客订单数量、地理分布、路面交通情况等多种因素，自动生成最高效的配送路线规划。这一由 AI 引导的配送模式显著增强了配送效能，缩减了顾客的等待时长。

在供应链管理领域，人工智能展现了其不可或缺的价值。以美团为例，通过利用 AI 技术，能够实现用户需求变化的即时预测，并依据这些前瞻性预测来调节供应商的库存管理和供应链战略。具体而言，AI 系统能够基于过往订单数据及当前市场动态，预估未来数日的订单量，助力商家提前做好库存准备，既防止了库存短缺的风险，也规避了过度囤货的问题。这种 AI 驱动的供应链优化策略，不仅增强了商家的运营效能，还有效缩减了资源的无谓消耗，降低了总体成本支出。

4. AI 赋能的效果与市场表现

借助人工智能技术的驱动力，美团平台在运营效能与用户体验方面实现了显著增强。首先，通过采纳个性化推荐机制，用户能够迅速发掘出与自身需求高度匹配的服务项目，这一举措极大提高了用户的满意度及消费活跃度。据统计，美团平台上逾七成的餐饮外送交易源自其推荐系统，凸显了个性化推荐在引导用户选择时的显著作用。

由人工智能技术支持的广告分发与商家运营优化方案促使商家实现了管理的精细化，进而提高了广告投放效能与运营效率。该方案凭借精确的用户画像构建与动态的广告效果优化机制，成功拉动了商家广告的点击率与转化率。同时，所提供的人工智能运营优化工具助力商家在库存管控、促销方案设计上更为高效，直接带动了销售业绩的提升及用户满意度的增强。

借鉴阿里巴巴与美团的实例探究，我们能洞察到人工智能技术在中国数字化营销领域中的广阔应用与显著成效。通过人工智能驱动的个性化推荐、智能广告分发及供应链智能优化等策略，企业不仅在运营效能与用户体验上实现了提升，同时也为商家与消费者开拓了更多商业价值的可能性。随着人工智能技术的持续演进，数字营销的智能化与自动化水平预计将进一步加深，使得企业能够更高效地挖掘大数据潜力，实现决策的即时化与策略的动态调优，在瞬息万变的市场中稳固竞争优势。

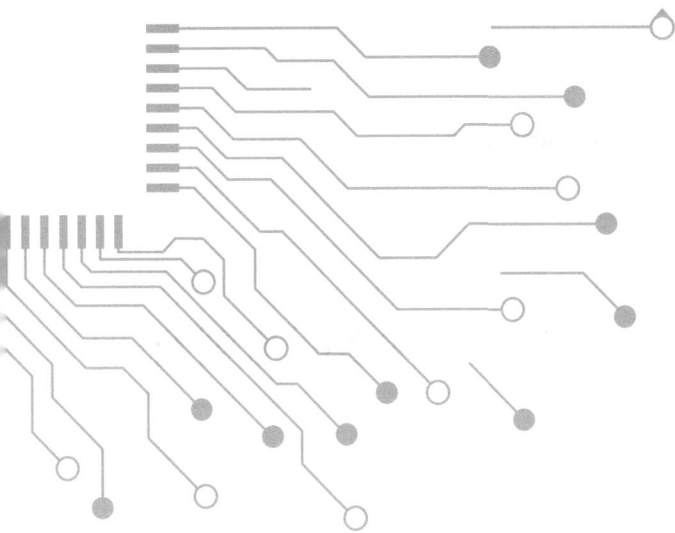

第四部分

AI 技术对市场竞争格局的重塑

10. 市场竞争中的 AI 优势：技术垄断与创新

10.1. AI 技术如何改变全球市场的竞争规则

10.1.1 数据驱动的竞争优势与市场准入门槛的提高

在国际市场的激烈竞争中，数据已成为企业构筑竞争优势的关键要素，而人工智能技术则进一步增强了数据在企业运营策略中的核心地位。这种数据导向的竞争优势体现为，企业借由分析巨量数据进行深度学习、模式辨识及前瞻预测，从而在制定市场策略、优化资源配置和深化客户关系管理等多维度展现出更卓越的效能与精确性。AI 技术介入数据的处理、存储与分析过程，不仅增强了企业的市场感知力，也显著抬高了行业准入壁垒，赋予那些能高效利用数据资产的企业以显著的领航优势。

竞争优势的获取在很大程度上依赖于企业对市场动态的预判能力。过往的市场解析手段多基于历史信息与专家见解，不可避免地存在滞后性和视野局限。相比之下，人工智能技术通过挖掘与分析海量的即时数据，能够灵敏地感知市场变迁，提早察觉机遇与挑战。比如，借助 AI 技术对消费者行为模式的深入剖析，企业能预估某些商品需求的起伏，进而指导库存调控、生产调度及营销战略的优化，确保决策的时效性。这一数据支撑的预测分析机制，不仅加快了企业的响应速率，也促使其在缩减成本的同时扩大市场份额，展现了数据驱动策略的核心价值。

人工智能技术的应用显著增强了企业对于数据处理的效能，特别是在应对非结构化数据处理的领域中表现出色。现今企业所面临的挑战在于如何从庞大的非结构化数据资源中——涵盖了社交网络信息、消费者反馈、语音记录等诸多方面——挖掘出有实质意义的情报。在此背景下，人工智能技术，尤其是自然语言处理（NLP）及计算机视觉（Computer Vision）等分支的运用，为从这些复杂的数据源中提炼出有价值的认识提供了可能。举例而言，NLP 技术使得企业能深入剖析消费者的评论与反馈内容，洞悉其真实需求与不满之处，为商品改良与服务升级奠定坚实的数据基础。这一系列技术进步，让那些掌握先进 AI 技术的企业能够更全面、更深入地透视市场动态，进而在激烈的行业竞争中赢得先机。

数据导向的竞争优势在个性化服务与精确营销领域同样显著。借助人工智能技术，企业能依据顾客过往的行为模式、购买倾向及即时交互信息，呈上高度定制化的产品建议与服务体验。这一个性化服务能力不仅增强了客户的满意程度与忠诚度，也使企业在行业中构建起与众不同的竞争优势。以电子商务平台为例，通过 AI 算法解析用户的浏览历史及购物记录，产出个性化的商品推介，有效促进了转化率与销售业绩的增长。这种依赖于 AI 技术深度挖掘与分析数据的个性化营销模式，促使企业在同质化竞争中独树一帜。

人工智能技术的融入加剧了市场进入壁垒。数据导向的竞争优越性并非易事，对于那些数据资源稀缺及技术实力欠缺的企业更是如此。有效部署人工智能技术，离不开大量高质数据的支持，而这一过程中的数据采集、存储及处理环节，本身就伴随着巨额投资及坚实的基础设施需求。诸如 Amazon、Google、阿里巴巴这类拥有庞大用户基础的企业，能通过其平台生态体系搜集大量用户数据，相比之下，中小企业在数据资源的积累上面临显著劣势。此外，开发与应用人工智能技术还涉及高级技术人才的配置及复杂算法的设计，这无疑又在市场准入条件上设下了一道高度门槛。企业若无力承担数据获取及人工智能研发的高昂成本，往往在竞争中处于不利地位，甚至有被市场边缘化的风险。

10.1.2. AI 驱动的自动化与规模效应的增强

人工智能技术的渗透不仅重塑了市场竞争的版图，还经由促进企业运作流程的自动化与规模经济的提升，深化了其竞争优势。这一由 AI 引导的自动化浪潮波及生产、物流、客户服务、财务管理等诸多业务领域，使企业得以在成本缩减与效率提升的双重加持下，应对复杂任务挑战。同时，AI 技术的可扩展性质加速了规模效应的形成，助力企业在短周期内实现业务迅猛增长及市场广域覆盖，构建起以规模化胜出的市场格局。

人工智能引导的自动化在制造业领域的影响力颇为突出。过往的生产方式多基于人工操作及机械化流程，难以在效益与成本之间取得理想平衡。随着人工智能技术的融入，企业现在能借助智能生产体系，推动生产流程的全盘自动化转型。举例而言，工业机器人凭借机器学习及计算机视觉技术的力量，能够独立执行高复杂度的组装、检验及封装工作。此外，AI 算法可实现实时生产线监控，预见设备故障，调整生产节拍至最优，有效缩减停机时长及生产损耗。这一系列智能化自动化生产措施，不仅促进了生产效率的飞跃，也减轻了企业对人力资源的依赖，为在全球市场环境中争取更显著的成本竞争优势提供了可能。

人工智能引领的自动化在物流与供应链管理领域展现出另一片广阔的应用前景。现今的供应链体系，因涉及多级环节与众多参与主体，其结构复杂度高且易受外界条件波动影响。通过深入挖掘物流信息、库存水平及市场需求等数据，人工智能技术能够助力实现供应链管理的精细化调配与动态优化。举例而言，依据历史记录与市场趋势预测，AI 算法能自主执行库存管控的最优化策略，以保证商品在最短时间内顺利完成到消费者的旅程。诸如亚马逊这样的电子商务巨头，已成功借助 AI 技术，将仓储作业与配送流程推进至高度自动化阶段，其仓库内部署的机器人系统能根据订单指令，独立完成商品挑选与打包任务。这一自动化物流解决方案的实践，不仅缩减了配送周期，还有效控制了物流开支，促使企业在全球化布局中更充分地发挥规模经济效益。

人工智能引领的自动化进程显著增强了企业的客户服务效能。过往的客服模式大都仰赖众多的人力客服代表，这不仅抬升了运营成本，亦难以在需求高峰时段迅速满足客户需求。通过引入人工智能技术，尤其是智能客服系统（例如：聊天机器人）的部署，客户服务的自动化转型得以实现。这些基于自然语言处理技术构建的智能客服系统，能够精准理解并高效回应客户询问，妥善处置常规问题，并能涉足较为复杂的业务咨询及售后支持领域。如此一来，客户服务的自动化不仅加快了响应速率，还借由机器学习机制持续优化服务品质，进阶提升了客户满意度。相形之下，仍旧过度依赖人工客服渠道的企业，在客户体验创新与成本效益管理方面，则显露出了较为被动的局面。

人工智能技术引入的另一项关键竞争优势在于其规模效应的放大。AI 系统展现出极高的扩展能力，使企业得以通过复制与拓展该技术，快速壮大业务范畴，达成广泛的市场布局。比如，一个由 AI 驱动的电子商务平台，凭借其自动化交易系统与个性化的推荐算法，能够在全球范围内吸纳众多用户群体。随着平台用户基数的增长，AI 系统能搜集和处理的数据量相应增加，从而精进算法的准确度与推荐效能。这一过程形成了一个正向反馈循环——"算法—用户"互动增强，促使企业在短时间内实现规模的飞跃扩展，确立稳固的市场主导地位。

10.1.3. AI 加速创新周期，推动市场格局的重新洗牌

人工智能技术进展神速，正以前所未有的力度加快企业的创新周期，促使全球经济版图的重绘。在传统商业模式下，创新往往历经一个包含研发、试验、市场反馈收集及产品迭代等多阶段的漫长旅程，而 AI 凭借其卓越的学习与数据分析能力，大幅度缩减了这些步骤所需时间，使企业得以迅速适应市场需求与科技变迁。此番创新周期的提速，不仅赋予企业以先机优势，更经由连续的技术革新与优化过程，重塑了传统产业的竞争态势，驱使市场格局的持续动态调整。

人工智能技术凭借其在自动化处理、计算能力及数据分析上的进步，极大压缩了产品与服务的研发周期。传统研发流程中，产品诞生需历经繁复的实验与反复验证，此过程不仅耗时旷日，且伴随高度不确定性。相比之下，人工智能技术利用深度学习与强化学习等前沿算法，能从海量历史与实时数据中挖掘出有效模式及规律，故能在研发初期即对产品性能做出较精准的预估。以制药领域为例，人工智能通过对众多生物医学数据的解析，能迅速筛选出潜在的有效药物分子，大幅度削减新药研发所需时间。在制造业场景下，人工智能则借助自动化仿真技

术缩减了产品设计与测试的时长，助力企业加速新产品的市场投放。这种由人工智能驱动的创新加速，使企业在激烈的市场竞争中能抢占科技前沿，并迅速实现规模化扩展。

人工智能技术在创新领域促进了"敏捷化"（Agility）的发展，使企业得以在瞬息万变的市场环境中维持灵敏的适应策略。与以往依赖阶段性大额投入及资源调配的创新模式相比，人工智能技术凭借其自我适应及实时学习的特性，引领企业迈向迭代式与增量式的创新路径，这一过程中产品或服务通过反复测试与反馈循环得以持续优化。以自动驾驶技术为实例，AI 算法通过深入挖掘海量道路情境与驾驶行为数据，实时更新并优化驾驶策略，在频繁的道路实测中稳步增强自动驾驶系统的稳定性与可靠性。相反，传统汽车制造商在新车型研发上，常需历经多年周期完成设计、测试至生产的全过程，而人工智能引导的迭代创新模型加速了自动驾驶技术从研发到实施的全链路进程，显著缩短了时间跨度。此"迅速迭代"策略不仅强化了企业对于市场需求的敏捷响应，同时也减轻了创新旅程中的不确定性和风险因素。

人工智能技术通过促进个性化创新，加快了各企业在细分领域的市场竞争布局。随着市场需求日益趋向于个性化服务与定制化产品，人工智能技术利用对用户行为及偏好的深度数据分析，助力企业迅速调整其产品设计与服务策略，以贴合多元化的消费者需求。比如，在电子商务行业，借助 AI 算法分析消费者的购买记录、浏览行为及社交平台互动信息，能够生成个性化的商品推荐，增强用户的购物体验及品牌忠诚度。这种数据驱动的个性化创新模式，不仅缩减了产品研发周期，还通过持续的用户反馈循环与数据优化过程，有效提升了企业产品与服务的总体质量。相反，那些未能及时采纳 AI 技术来实现个性化创新的企业，则常常难以适应市场的迅速变迁，最终在激烈的竞争中处于劣势地位乃至被淘汰出局。

人工智能技术创新对商业模式转型的加速作用显著。在传统商业模式中，固定的高成本结构与复杂的运营管理流程普遍存在，而人工智能技术经由自动化流程与算法优化策略，促进了企业运营向智能化与平台化的转型，有效削减了运营成本并提高了效率。以共享经济领域为例，AI 技术的应用极大提升了资源配置的优化能力及供需匹配的自动化程度，进而对平台运作效率产生了积极影响。诸如 Uber 与 Airbnb 这类公司，正是利用了基于 AI 的动态定价算法与智能配对系统，在业务高峰期自动调整价格体系与资源供应，确保了对用户需求的敏捷响应。这种 AI 赋能的商业模式创新，不仅加快了企业成长步伐，也跨越了传统产业界限，促成了跨行业竞争与合作的新态势。

人工智能促进创新周期的另一面向，是对既有企业和行业版图的革新与重构。那些未能即时融入人工智能技术以驱动创新的企业，常在市场竞逐中渐失优势，乃至面临边缘化的危机。此番市场结构的重新布局，已在众多行业中初露端倪。以传统零售领域为例，因其未能敏捷适应由人工智能引领的电子商务模式，全球范围内已出现显著的市场份额缩水现象。同步地，金融、物流、医疗等领域亦正处于相似的变革之中，人工智能技术的高速演进与创新潜能，助力这些领域的先行企业迅速构筑起新的竞争优势，进一步强化其市场引领者的地位。

10.1.4. AI 技术垄断与"赢家通吃"的市场格局

随着人工智能技术的日益成熟与广泛部署，国际市场正悄然形塑出一种"赢家通吃"（Winner-Takes-All）的竞争态势。[①] 技术独占成为人工智能领域的鲜明标志，那些掌握着强劲人工智能技术实力的少数企业，凭借其技术屏障、海量数据资源及平台影响力的优势，逐步掌握了行业的主导话语权，并在全球市场范围内积累了显著的竞争优势。这一垄断性趋势不仅重塑了市场竞争法则，亦促使产业布局趋向高度集中化，孕育出一个由少数几家企业引领的市场生态体系。

人工智能技术的独占态势首要体现在对数据资源的控制上。数据构成了人工智能技术发展的基石，其算法的效能与精确度极大程度上取决于所获取数据的质与量。诸如 Google、Facebook、Amazon 之类的大型科技公司，依托其广大的用户

---

① 刘晓龙，李彬 . 国际技术标准与大国竞争——以信息和通信技术为例 [J]. 当代亚太，2022（01）.

基数与健全的平台生态系统，能持续地收集并累积大量的用户数据，再利用这些数据不断精进其 AI 算法。这种对数据的独占局面，使这些企业在技术竞赛中获得了显著的先发优势，并构筑了难以超越的竞争门槛。相反，那些在数据资源规模上无法与之比肩的中小型企业，在人工智能技术的竞技场中多处于不利位置，难以同这些科技巨擘相匹敌。

人工智能技术的独占态势不仅反映在研究开发和专业人才的集中配置上。该领域的研发工作往往伴随着巨额的资金需求、高端人才的聚集及深厚的技术积累，特别在深度学习、自然语言处理、计算机视觉等关键技术分支，其技术门槛高筑，研发开支庞大。一些拥有强劲研发实力的公司，凭借持续性的大规模资本注入，成功吸纳了全球顶尖的 AI 专家，并不断推进技术边界的拓展。诸如 Google 旗下的 DeepMind、OpenAI 等组织，通过探索性人工智能技术的研究，已在众多方面实现了创新性进展，这一系列成就巩固了它们在市场上技术独占的显著位置。反观众多小型及中型企业，受限于资金与技术资源的短缺，很难在人工智能技术研发层面与这些业界巨擘相匹敌，因而在创新技术的竞争中处于相对劣势的地位。

人工智能技术领域的平台化影响力是促成技术垄断的又一关键因素。大型科技公司借助人工智能技术构建起庞大的平台生态系统，汇聚了众多用户、开发者及合作伙伴群体。在这些平台持续扩张的进程中，通过 AI 算法来优化资源分配、增强用户体验，促成了"网络效应"与"锁定效应"的形成。举例而言，亚马逊利用人工智能技术改进供应链管理、实现个性化推荐及动态定价策略，这一举措不仅极大提高了平台的运行效率，还成功吸引了更多用户与商户加入其生态体系中。此类平台效应促使企业在行业中确立主导地位，并能通过平台规模的不断膨胀，进一步强化其技术垄断格局。反观之，这种由平台形成的垄断状态，相应地抬高了新竞争者进入市场的壁垒，使其难以在短期内建立起规模相匹敌的竞争性平台。

人工智能技术的集中化趋势促成了"赢家通吃"的市场模式。在此模式下，那些在人工智能技术领域拥有雄厚实力的企业，通过整合数据资源、推动技术创新及利用平台效应，得以快速扩张市场占有率，并渐进式地确立其垄断地位。这种"赢家通吃"的现象已在众多行业中崭露头角。以搜索引擎行业为例，Google仰仗其卓越的 AI 算法与庞大的数据储备，已在全球市场中占据绝大部分份额，竞争对手难以挑战其领导地位。而在电子商务领域，Amazon 借力人工智能技术改进用户体验及优化供应链管理，亦逐步构建起高度集约的市场结构。此种"赢家通吃"的局面不仅催化了市场的高度集中，还进一步扩大了行业领头羊与其余竞争者之间的鸿沟。

10.2 拥有 AI 技术的企业如何建立技术壁垒

10.2.1 数据壁垒的构建与优化

在当今这个由数据引领的商业环境里，数据已成为企业构筑竞争优势的核心要素，尤其在人工智能技术实践的背景下，数据屏障的建立与完善构成了技术领先的重要路径之一。这一屏障不仅涉及数据的容量与品质，还涵盖了数据的获取渠道、处理效能、隐私安全保障，以及随时间积淀产生的网络效应。它是确保AI系统持续学习、优化及创新的基石，而数据的独特占有性和难以复制的特性，使企业得以构建显著的竞争优势。

数据规模构成了构建数据竞争优势的根基之一。人工智能技术，尤其是深度学习等算法的训练与优化，高度依赖于丰富且高质量的数据集，它们能极大促进模型精确度与泛化能力的提升。大型企业因拥有广泛的用户基础与成熟的平台生态，得以长期积累并持续吸纳大量关于用户交互、行为及交易的信息。这种数据的规模化累积，不仅赋能企业训练出性能更优越的 AI 模型，还通过数据类型的多样性增强了模型的广泛适用性和稳定性。举例而言，Google 经由搜索引擎、广告业务及 YouTube 等多种服务平台，收集了来自全球的海量用户数据，这些数据包罗万象，涵盖文本、图像至视频等多种形式，为 Google 的 AI 算法跨领域应用奠定了坚实的数据基础。反之，中小企业受限于数据来源的稀缺，难以迅速建立起与大企业相抗衡的数据量级优势。

数据获取的途径与资料的独特性构成了建立数据竞争优势的关键层面。企业不仅要依赖大规模服务平台来积累数据，还应探索特有的业务运营模式及创新的数据收集策略，以此培育出区别于竞争对手的特色数据资产。以医疗卫生行业为例，某些企业通过与医院及研究机构建立合作，能够接触到丰富的病患信息与临床研究资料。在确保遵守隐私保护的前提下，这类数据展现出高度的专业属性与排他性，对手很难经由公开资源或传统方法获得同等级别的医疗信息。这种特殊的数据获取路径使企业在特定行业内构筑起难以被模仿的竞争门槛，进而在人工智能应用领域内占据领导地位。

除了数据规模与获取途径，数据处理及优化技术构成了搭建数据屏障的关键环节。企业在积累海量数据资产的同时，必须拥有强有力的数据处理实力，方能将此等数据资源有效转换为 AI 模型的输入素材。这一处理流程普遍涵盖数据清洗、特征选取、数据标签添加及数据集构造等多个层面，对于提升数据品质及模型精确度而言至关重要。特别的是，在处理文本、图像、视频等非结构化数据时，企业需借助自然语言处理、计算机视觉等先进技术手段，实现从非结构化到结构化信息的转化，以便适应 AI 模型的需求。通过增强数据处理的高效性与精确度，企业得以在数据质量层面构筑竞争优势，进一步加固其数据屏障。

特别需要注意的是，长期的数据积聚与反馈机制的不断优化，构成了构建数据屏障的核心要素。数据屏障的建立并非一朝一夕之功，而是历经持续的数据积聚与反馈循环逐渐成形的过程。在 AI 模型的实际部署中，新数据的持续生成反哺于模型本身的优化，促成了一种学习与反馈的闭合系统。比如，自动驾驶技术的研发高度依赖于大量道路测试数据的获取；企业通过不停歇地搜集实时行驶信息，得以不断精进其自动驾驶算法的决策精确度与运行安全性。这种将实时数据与模型优化紧密结合的循环互动，不仅巩固了企业的技术领先优势，也极大提升了竞争对手通过单纯的数据获取或模仿策略达到类似技术飞跃的难度。

数据在网络环境下的累积效应对构筑数据壁垒起到了关键作用。随着企业数据资产的不断膨胀，其价值显现出随规模增长而增强的经济特性，意味着更庞大的数据量能够促成 AI 模型精度的提升及用户体验的优化，这一进程将进一步吸引更多用户参与及贡献数据，形成了一个积极的反馈回路。此种累积效应加固了企业在构建数据壁垒方面的持久性和稳固性，即便竞争对手在技术层面取得进展，也难以迅速瓦解这种由数据主导的累积效应防护墙。

10.2.2 算法优化与技术领先优势的巩固

在人工智能引领的市场竞技场中，算法构成了企业技术竞争力的基石。那些掌握人工智能技术的企业，通过持续不断地优化算法，得以在技术层面构建起领先地位，并将这一优势逐渐凝固为市场中的持久性屏障。算法的优化不仅是对现有技术水平的精进，更是借由不懈的创新研究与发展，驱使人工智能技术迈向更高效、更智能的境界。此进程涵括了模型架构的设计、算法效能的提升、计算资源的调配，以及对新兴技术领域的探索等多个维度。

算法优化的关键要素在于精心设计与恰当选择模型结构。在 AI 范畴内，依据不同的应用场景，算法模型的需求呈现出多样性，促使企业依据具体情境来甄选最为适宜的模型架构。以深度学习这一领域为例，不同类型的神经网络架构——诸如卷积神经网络（CNN）、循环神经网络（RNN）及生成对抗网络（GAN）等，它们各自擅长处理的资料类型与任务各不相同。企业通过积极探索与创新模型架构，旨在打造出更能贴合特殊应用场景的人工智能解决方案。比如，在自动驾驶技术的范畴里，面对海量视觉资讯处理与决策任务的需求，企业透过优化计算机视觉算法及强化决策树模型，能有效增强自动驾驶系统的精确度与安全性能。反之，在医疗人工智能技术领域，深度学习技术在医学影像辨识与病理诊断上的应用尤为重要，企业借由提升模型的识别精确性，进一步增强了 AI 系统的诊断效能。这种持续不懈的模型架构优化过程，助力企业在多样化的行业应用中构建起技术领先的优势，从而在激烈的市场竞争中稳固并提升其地位。

算法的效能提升关键在于其计算效率的增强。鉴于 AI 算法通常伴随高计算复杂度，尤其在深度学习领域，构建高精确度模型往往伴随着庞大的计算资源消耗。透过算法的优化策略，企业能够在确保模型效能稳定的前提下，大幅度缩减计算成本及缩短时间周期。例如，采取分布式计算（Distributed Computing）和并行处理（Parallel Processing）技术能够有效地分散大型 AI 模型的运算负荷，加速模型训练进程。另外，利用模型压缩技术于深度学习模型中，可在几乎不影响模型精确性的基础上，实现计算资源需求的缩减。这些技术的实施，使企业在计算效率层面获得竞争优势，这一点在诸如金融科技、智能制造这类大规模应用领域尤为重要，因为算法的计算效率直接影响到应用的普及度与深入程度。因此，对计算效率的优化不仅减轻了技术应用的经济负担，还进一步增强了企业的技术防护网。

在优化进程里，算法的稳定性是一个不可或缺的考量因素。面对实际部署中的挑战，如数据偏差、环境变异及对抗性攻击，企业通过强化AI模型的可靠性，能有效提升其在多变情境下的适应性能。以自动驾驶为例，经由对 AI 模型实施韧性训练，显著增强了模型在恶劣气候下的判断力，防止外部条件突变引发的功能失效。这一稳定性增强措施，不仅巩固了 AI 系统在实践应用中的信赖度，也为企业在技术竞技场赢得了先机。

算法的优化同样反映在对新兴技术的探索及其实现上。随着人工智能技术的飞速发展，企业必须持续推动技术创新，发掘新的算法思路与模型架构，以维持其技术领先优势。比如，近年来，生成对抗网络（GANs）与自监督学习（Self-Supervised Learning）等前沿技术的引入，正为 AI 算法开辟新的应用前景。企业通过涉足这些尖端领域，得以在技术革新的洪流中抢占先机，进一步加强其技术竞争优势。尤其是在自然语言处理、图像识别及强化学习等关键领域，企业通过增加对新兴技术研发的资源投入，能够打造出更为智能且高效的 AI 解决策略。

10.3. AI 技术垄断的潜在风险与挑战

人工智能技术的迅速推进促使那些具备雄厚数据资产与高级技术实力的企业在市场中树立了垄断地位。然而，这种技术性垄断状态在带来市场竞争优势的同

时，也伴生了一系列潜在风险与挑战。为了全面探究这些相关议题，

10.3.1 技术创新停滞风险

人工智能技术的飞速跃进背景下，少数处于技术前沿的企业日益崭露头角，掌控了市场的主动权，构建起坚固的技术壁垒。这一壁垒，短期内无疑为这些企业筑起了显著的竞争优势壁垒，但若将视野拓宽至长远，其可能成为扼制全行业创新活力的枷锁，以至于技术革新步伐放缓，整个领域面临创新乏力的困境。技术独占所潜藏的创新阻滞风险，多维度地显现出来：企业内部创新动机的衰减、外界创新生态的缩水，以及市场竞争格局的僵化，均为不可忽视的表征。

在市场环境中，垄断企业面临着竞争动力不足的现状，这常导致其在创新领域的积极性减退。人工智能技术的推进与实施是一个资源密集型过程，涉及高端硬件设备、大量数据资料、尖端技术人才及持续资金链的配合。而对于那些市场垄断者而言，因其已凭借技术和市场份额的优势确立了稳固的盈利渠道，故而在创新战略的选择上，他们更倾向于采取守成的姿态。这类企业多倾向于精进现有技术、加固既有的技术壁垒，而非涉足高风险的基础研究或推动革命性创新。短期内，这一策略有益于维护企业的市场主导权及盈利水平，但长远观察，它削弱了企业的内在创新能力，降低了其在技术革新洪流中的适应与反击能力。

在人工智能领域中，这一特点表现得尤为突出，尤其是在诸如深度学习、自然语言处理及计算机视觉等关键技术步入相对成熟的阶段，行业领头企业更趋向于将资源投入到现有模型与算法的精进上，而不是开辟新的技术路径。比如，现今一些人工智能领域的巨擘正持续迭代并优化他们的语言模型，例如 OpenAI 的 GPT 系列和 Google 的 BERT 模型，这些改进确实实现了显著的性能跃升，却未触及人工智能技术基础架构的根本性革新。若长期如此，技术革新在行业内或将面临收益递减的局面，难以催生人工智能领域的重大技术突破。

技术独占现象对外围创新生态构成了显著的制约影响。人工智能技术的演进通常有赖于开放的技术环境与多样的创新实体，涵盖新兴企业、学术团体、开源社群及独立开发者等。然而，垄断性企业在掌握关键资源（如数据、算法及运算

能力）的情况下，导致外界创新实体难以获取充分的资源支撑以实现自主创新。此般资源独占不仅限缩了行业内其他企业在技术层面的成长空间，亦阻碍了整个行业的创新活力。特别是在人工智能这一极度依赖大规模资料与运算力的领域内，垄断性企业经由其技术平台与服务体系，将大量创新实践封闭在其生态系统内部，迫使外部创新者依附于这些垄断企业提供基础建设。在此情境下，创新主体的多样性与自主性遭受重大削弱，行业内部的创新生态渐趋单一且封闭化。

人工智能技术的独占态势还可能催化技术规范的僵化，从而加大对创新滞胀风险的影响。独占企业倾向通过引领技术规范的设定来加固其市场统治地位。此类技术规范一旦被普遍采纳，将深刻地作用于整个行业创新导向的形塑。诚然，技术规范化在某层面能促进技术的普及及运用效率，但也可能制约多元技术探索的发展。特别是在人工智能领域内，技术规范的僵化迫使其他企业在创新旅程中遵循由独占企业确立的技术架构，从而制约了突破性创新的潜能。举例而言，某些在人工智能框架及平台上拥有显著控制力的企业（例如 Google 的 TensorFlow 与 Facebook 的 PyTorch），迫使其他市场竞争主体在技术研发进程中依赖这些平台，这一现状导致行业内技术发展路径的单一化，压缩了创新的广度和深度。

技术独占现象可能对学术探究的自主性及创新动力产生不利影响。特别是在人工智能领域，众多根本性研究成果与尖端技术突破源自学界经年累月的知识积淀。但随着垄断型企业对数据资源及运算能力的牢牢把控，学术研究单位在开展人工智能相关研究时，对这些企业提供资源的依赖日盛。这种依附状态促使学术界的研究导向逐渐偏向服务于垄断企业的商业化诉求，原本独立的根基理论探索及革命性创新活动则日趋式微。一个显著例证是，近年来，众多在人工智能领域造诣深厚的学者选择加盟大型科技企业，而非留守学术界深耕基础科研。此类人才外流问题，进一步恶化了学术界在人工智能研究领域的创新力衰退现象，致使其整体技术进步步伐呈现放缓态势。

10.3.2 数据垄断与市场进入壁垒

在人工智能技术的实践应用领域内，数据被视作促进技术演进的关键性要素。AI 系统的效能与智能化水平，在大尺度、高质素数据集的基础上得以显著提升。然而，伴随着少数企业借助技术独占累积起海量数据资产，数据独占现象愈发突出。这一数据独占现状不仅放大了市场竞争中的不均衡态势，还筑起了厚重的市场准入障碍，严重制约了新晋企业及中小型企业的成长空间，进而强化了独占企业在市场中的主导地位。

数据寡头现象促使这些企业能凭借不断累积的数据资产，进一步巩固其技术领域的主导地位。人工智能技术演进有赖于大量数据的训练与迭代过程，而数据寡头利用其广大的用户基数和市场占有率，在极短的时间框架内即能搜集到海量的数据资料。这些数据涵盖了用户的主要信息、行为模式、偏好趋向、地理定位乃至更多维度的复杂信息。数据的广阔范围及多元化性质，为这些企业在模型训练与算法优化上筑起了难以超越的竞争壁垒。举例而言，诸如 Google、Facebook等科技巨擘，借助其搜索引擎、社交媒介平台及广告业务网络，得以捕获全球数十亿用户的广泛行为数据。这批数据为它们的 AI 系统注入了高度丰富的学习材料，从而在精准广告投放、推荐机制优化及自然语言处理等技术领域确立了显著的领先地位。

数据独占现象亦引发了显著的市场准入障碍。尤其对于新兴企业和中小型公司，因数据资源的匮乏，它们在人工智能技术的研发与应用方面遭遇了明显的不利条件。这种不利不仅反映在技术成熟度上，也映射于市场竞争格局之中。AI的效能极大程度上取决于数据的量级效应与种类多样性，新进企业即便掌握了前沿的算法与技术实力，也会因为数据缺失而在市场竞赛中难以与数据垄断型企业匹敌。以自动驾驶行业为例，Waymo（谷歌旗下的自动驾驶企业）通过实施数百万英里的路测，积累了庞大的驾驶数据资源，而对于新涉足该领域的自动驾驶企业来说，要在短时间内积累等量且优质的路测数据显得极为困难，这直接导致它们在技术进步与市场占位上处于明显的下风位置。

　　数据垄断现象还因其加剧了市场准入障碍的"网络效应"而变得更加严重。"网络效应"这一概念阐述了平台或服务价值随用户基数增长而提升的现象。在人工智能技术应用的场景中，垄断企业凭借其庞大的用户群，得以持续累积新的数据资源，这些数据反过来又促进了其AI性能的增强，吸引更多的用户采纳其服务，形成了一种自我提高的正面反馈回路。比如，Amazon利用其电子商务平台累积了大量关于用户购物行为的数据，这些数据不仅优化了其推荐算法，还通过个性化的推荐策略吸引了更多用户进行商品交易，进一步扩大了其数据收集的广度和深度。在此类网络效应的推动下，新竞争者很难撼动垄断企业对市场的掌控，原因在于短期内他们难以积累足够多的用户和数据来构建自身的竞争优势。

　　数据垄断的复杂性在于，它与隐私保护及法规遵从问题紧密缠绕，从而强化了市场准入的难度。近年来，全球数据隐私保护法规体系日趋严密，在此背景下，垄断型企业凭借其丰富的资源，能够构建起健全的合规管理机制，确保自身数据操作活动与相关法律条文相符。相比之下，新晋企业和中小企业在面对这类合规要求时，通常需要消耗大量时间和资金，且由于其数据资源相对匮乏，难以在高昂的合规成本与有限的数据效益间寻得平衡点。这一现状客观上为垄断企业加固了在数据领域的主导地位，并对潜在市场新进者设置了更高的门槛。

　　数据垄断现象亦引发了"平台依附性"的问题，即垄断企业利用其人工智能平台与技术服务，将大量创新活动局限于自身生态系统内部，迫使外界企业和开发者依赖这些平台所提供的数据资源与技术支持。这种依附态势加剧了市场竞争的非对称性。举例而言，Google的AI开发平台TensorFlow与Facebook的PyTorch已成为全球应用最广泛的深度学习架构，众多AI创业公司均借此进行技术研发。然而，这些平台的主导权握于垄断企业之手，外部企业在采纳这些平台的同时，不仅要适应垄断企业所设定的技术规范，还可能遭遇数据利用及技术迭代的壁垒。此类平台依附性不仅抑制了外部企业的自主研发创新能力，更进一步巩固了垄断企业在市场中的掌控力度。

10.3.3 社会公平与伦理问题

人工智能技术的独占不仅对市场竞争构成了难题，还可能对社会公正及伦理道德产生深远影响，特别体现在算法偏见诱导的不公、数据使用中的歧视行为、个人隐私的侵犯，以及劳动力市场的非均衡现象等方面。少数企业通过掌控数据资源与算法优势，进一步拉大了社会资源分配的不均，潜在地加剧了社会不公平现象，并可能催生新型的伦理困境。鉴于人工智能技术在众多领域应用的普及，其内在隐含的社会伦理议题正日益成为学术界、政策制定者与公众关注的焦点。

算法偏见问题显得尤为严峻。AI 做出的判断多基于历史数据训练而来，而此类数据可能嵌入了现实世界中存在的偏颇及歧视态度。倘若占市场主导地位的企业在资料收集、算法架构与模型训练环节未能充分斟酌这些偏差因素，AI 系统或将在无意识中加剧此类不公正现象，促使社会中的弱势群体面临更深的边缘化困境。以招聘、信贷审批及司法裁决领域为例，AI 系统通过解析以往的决策数据来进行预测。然而，这些既往的决策依据本身就可能蕴含种族、性别、年龄等多维度的偏见，暗示着 AI 在决策过程中不仅可能沿袭，甚而放大这些偏颇观念。对于拥有庞大用户数据库与先进技术资源的垄断型企业而言，其算法偏见的波及面将被显著放大，对社会整体的公正性造成长远且深刻的影响。有研究实例指出，某些 AI 招聘程序更倾向于推荐男性应聘者，这是由于训练数据中映射了历史上性别不平等的招聘模式。

人工智能领域的数据垄断引发了不容小觑的伦理议题——数据歧视。当少数企业掌控了海量数据，可能不经意间加剧了数据偏颇的现状。此现象体现为双重面向：一方面是对特定群体信息的过度收集，另一方面则是对另一些群体数据的忽略或信息不全。比如，某些 AI 对低收入阶层或少数民族等特定群体实施了过度监视与分析，直接侵犯了这些群体的个人隐私权。与此同时，数据收集过程中的偏误导致某些群体在 AI 决策体系内的代表不足，影响了系统对这些群体需求的妥善处理。这一数据差异性问题在数据垄断企业中尤为隐蔽，因其拥有广泛覆盖的数据资源，外界难以监控其数据操作的具体细节。数据歧视的后果不仅是个人体验到生活中的不公，更可能催化社会分裂，威胁到社会公正与和谐的根基。

在人工智能技术日益垄断的场景下，隐私权议题愈发凸显其重要性。随着 AI 技术普及应用的加深，企业得以借助对海量数据的剖析，洞悉用户的行径、偏好乃至某些敏感个人信息。在此基础上，垄断型企业因掌控着庞大的用户数据库，能够执行大范围的数据挖掘操作，实现用户群体的精细描绘与归类，进而提供定制化服务。然而，此类数据运用模式频繁发生在用户未经充分认知或授权的前提下，构成了对个人隐私权的显著侵犯。更进一步，这些垄断企业运用 AI 工具对用户数据实施持续监测与解析，营造出一种全面的"数据化生活"模式，此模式不仅激化了商业圈内关于隐私防护的讨论，还在社会层面上引发了对个体权利潜在威胁的关注。特别是在那些缺乏有力隐私保护法律法规约束的国家与行业中，垄断企业上述行径无疑加剧了公众对于数据被滥用的忧虑，进而侵蚀了社会整体的信任基础。

在劳动力市场领域，人工智能技术的垄断趋势可能进一步扩大社会的不公平性，尤其是在工作自动化的浪潮和就业结构转型的背景下。随着企业界对人工智能技术的深入应用，生产作业的自动化水平持续攀升，诸多传统的就业岗位正遭受机器与算法的替代，特别是那些依赖低技能和重复性操作的职位。拥有先进技术优势的垄断型企业，能够借助自动化与智能化工具实现人力资源的大量替代，这一举措无疑促进了企业运营效能的提升，但却给劳动力市场投下了深刻的阴影。首先，低技能工人面临失业的威胁，这种情况在制造业、物流业及服务业等以体力劳动和重复性工作为主的行业中尤为突出，人工智能的应用使这些岗位变得低廉且易于被取代。此类结构性失业现象不仅拉大了社会的不平等差距，还可能触发更复杂的社会问题，比如贫困率上扬和社会不安定等。再者，人工智能技术的垄断态势促使劳动市场出现两极分化的趋势，一方面，高技能的技术型人才需求旺盛；另一方面，低技能工人则在市场竞争中日益边缘化。这种人才结构的失衡状态，不仅巩固了垄断企业在劳动力市场中的主导权，也进一步恶化了社会公平的现状。

更有甚者，面对伦理挑战时，人工智能寡头企业常常暴露出社会责任感匮乏及运作缺乏透明度的问题。这些企业因掌控庞大的市场份额，在技术推进与实践进程中，其焦点偏重商业利润最大化，而非社会职责的履行。在此情境下，企业决策机制易于趋向利于自我利益的一端，却忽略了对社会公正性及伦理议题的深思熟虑。鉴于监管实体与公众难以实施全面有效的监督，寡头企业在技术探索与实践领域的不透明操作，无疑加剧了外界对其行为正当性的疑虑。此类透明度缺失不仅侵蚀了公众对于 AI 技术的信任根基，同时也大幅度削减了社会对这些垄断型企业实施监督的能力。

面对人工智能技术垄断所引发的社会公正与伦理挑战，企业、政府及社会各界均需采取进取性举措以应对。首先，企业在技术发展的实践过程中，应自觉履行其社会责任，保证人工智能体系的设计与实施全面融入社会公正与伦理考量。尤其针对那些拥有垄断地位的企业，强化对算法偏见性的审查、数据隐私保护以及自动化对劳动力市场作用的管理，是确保技术部署不对社会不平等现象推波助澜的关键。其次，政府层面需构建更为严密的法律规范框架，对人工智能技术的应用施以有效监控，特别聚焦于数据利用的规范、算法透明度的提升以及对就业市场变迁的引导调控。同时，社会各层面亦应加大对垄断性企业的监察力度，借力公众的广泛参与和舆论导向，推动企业在人工智能技术实践上更加重视社会公正与伦理维度。

10.3.4 监管与反垄断挑战

人工智能技术的独占态势不仅引发了市场竞争力分布的失衡及社会公正性问题的关注，同时也向既有的监管架构与反垄断机制提出了史无前例的考验。鉴于人工智能技术的高度复杂特性和跨领域应用的广泛普及，当前的法律框架与监管措施在处理人工智能领域的垄断问题时显得捉襟见肘。特别的是，少数科技巨擘利用人工智能技术进一步巩固其市场支配地位的趋势，使得传统反垄断监管策略在应对这一新型垄断模式时难以迅速且有效地发挥作用。人工智能技术的持续快速进步、算法的黑箱特性、数据高度集中化现象，加之跨国经营的复杂性，共同加剧了监管机构在设计及执行反垄断政策过程中所面临的重重困难。

人工智能技术的高深复杂性对传统监管手段提出了严峻挑战。AI系统依赖于精密算法与大量数据分析来做出决策，这一"黑箱"决策过程致使外界监管主体难以辨认企业是否涉及垄断活动。传统的反垄断监管框架主要着眼于市场份额、价格操控及企业合并等直观指标，而AI领域的垄断形态则更为隐秘。比如，某一企业可能通过掌握数据与算法的优势，悄无声息地确立市场主导地位，但因AI系统的复杂性，这种垄断态势难以被外界确切识别。另外，AI系统的定价机制也许会利用复杂的动态定价模型来执行，监管机构很难运用常规的价格监督方法察觉这些不透明的市场操纵行径。

人工智能技术在各行业的广泛渗透，进一步复杂化了反垄断监管的挑战。该技术不再拘泥于某一特定领域，而是跨越金融、医疗、制造、零售等诸多版图，这一跨界应用导致传统的行业界定难以框定垄断行径。反垄断监管机构常规上依据行业界线执行监管任务，但人工智能时代的到来模糊了这些界限，垄断实体借由技术的跨界融合，在多个层面实现市场支配。以亚马逊为例，其不仅在电子商务领域拥有显著领导地位，还借助人工智能技术，在云计算、物流、智能家居等多个维度构建了市场优势。面对此类跨领域的垄断形态，现有的反垄断机制显得力有不逮，因为问题核心已超越单一市场的份额考量，涉及多行业间的技术联动与市场整合的深层次议题。

数据垄断现象在人工智能技术垄断领域占据核心位置，而现行的反垄断法体系在应对由数据聚合引发的市场力量失衡问题上显得力有不逮。AI系统的表现极大程度上取决于数据的丰富度及品质，这导致少数企业通过掌控数据资源筑起了坚不可摧的行业进入障碍。传统反垄断法规主要聚焦于企业对市场份额及产品定价的操纵，然而步入AI时代，数据已成为一种新型的市场支配工具。垄断型企业通过掌握用户数据，持续优化其AI系统，进一步稳固了其市场领头羊的位置。鉴于数据的非实体性和易复制性，监管机关难以照搬传统商品与服务的监管模式来监督和介入数据垄断行为。尤其在全球化运营的企业情境下，数据的收集、保存及利用活动横跨多国多地，实现全球性的数据监管协作面临重重困难。以 Facebook、Google 这类科技巨擘为例，它们借助全球服务网络累积了庞大的用户数据量，这些数据不仅服务于其广告业务，还被广泛运用于 AI 技术研发与升级之中。面对这种规模的数据垄断现实，现存的反垄断机制显得捉襟见肘，原因在于监管机构难以有效追踪数据流动轨迹，同时也难以即时介入跨国企业的数据垄断行为。

人工智能技术的国际化运营策略为全球反垄断监管带来了复杂性挑战。这些策略允许垄断企业在众多国家和地区同步运营，但由于各国法律体系与监管机制之间的显著差异，为这些企业留下了监管套利的空间。比如，一些企业可能会利用数据保护法规较为宽松的国家来收集和处理数据，同时借助技术手段绕过那些对隐私保护有严格规定的国家的法律法规。这样的跨国经营方式，导致全球层面上难以构建统一的反垄断法律框架，为垄断企业在全球市场的无阻扩张提供了条件，进一步催化了市场力量的不平衡状态。

面对人工智能技术垄断诱发的监管与反垄断难题，政府与监管机构必须多维度地推进制度创新。首要任务是使反垄断法律法规顺应人工智能技术的特性，尤其在算法透明度、数据应用及市场准入障碍等领域融入新监管措施。比如，监管方能够强制企业提升算法的可解析程度，保证AI决策流程的透明度与可操控性，从而使外界能洞察可能的垄断行径。其次，解决数据垄断的问题要求实施数据共享机制与隐私保护法律，政府借由确立数据共享规范，在维护用户隐私的同时，激励企业分享部分数据资产，减少因数据垄断而形成的市场进入障碍。此外，全球性的反垄断监管协作亟待强化，尤其是在跨国公司监管一环，国际的合作与协同监管显得举足轻重。唯有通过全球范围的反垄断合作机制，才能妥善应对此类由 AI 技术垄断带来的复杂考验，保障全球市场的公正竞争环境。

11. 跨行业竞争：AI 如何打破传统行业壁垒

11.1. AI 技术的跨行业应用与行业融合

11.1.1 数据驱动的行业间协同效应

人工智能技术的精髓在于其在数据处理方面的卓越能力，尤其是得益于深度学习与大规模数据挖掘技术的飞跃，企业得以从浩瀚的数据海洋中提炼出极富价值的信息洞察。这一技术力量不仅深刻地革新了单一领域的面貌，更凭借跨界数据协同的杠杆作用，激发了传统产业的转型与融合趋势。数据作为当代经济体系中的"新石油"在人工智能技术的赋能下，化身为促进跨领域合作与协同的黄金桥梁。以往，传统行业间因数据不对等及信息隔阂，难以开展深层次的合作与资源流通；而今，人工智能通过其对数据的高速解析与统合能力，消弭了这些障碍，促成了不同行业在数据引领下的协同效应格局。

跨领域数据流通及共享显著增强了不同行业协作的范围与深度。借助人工智能技术的支撑，各企业突破了单一行业内数据孤立的限制，经由跨界数据整合的途径，揭示了新兴市场机遇与业务形态。以人工智能技术实施为例，在金融业与零售业之间实现了数据合作的深化。金融企业借此途径，利用零售业的消费数据资源，深入洞察消费者的个性化偏好、消费实力及行为规律，进一步优化了信用评估体系与风控模型。反之，零售企业亦能从金融业数据中受益，精确辨识高净值客户群体，量身定制个性化推广策略。这种基于数据合作驱动的跨界行业合作模式，不仅促进了各参与行业的运作效率提升，还共同开创了前所未有的商业价值。

人工智能技术经由跨界的数据流通，促进了各行业在供应链管理、增强客户体验及风险防控等领域的合作创新。以供应链管理为例，制造业、物流业和零售业利用人工智能技术达成了数据的无缝融合。制造企业借力人工智能技术对市场需求数字进行即时解析，灵活调整生产规划，优化库存管控；物流行业则运用人工智能的前瞻计算，优化配送路径，缩减运输开支与时间；零售业则通过人工智能剖析顾客行为数据，迅速校准商品供应与存储策略。此类跨界合作的协同作用不仅增强了供应链的整体灵活性与反馈效率，还大幅度削减了运维成本，提升了总体利润水平。

由 AI 技术引领的数据协同效应促成了个性化产品与服务的创新领域的形成。在传统的商业操作模式下，跨行业合作通常围绕标准化产品及服务构建，难以适应个体消费者需求的动态变化。然而，借助 AI 技术中的深度学习与推荐系统算法，企业能精确解码消费者的个性化偏好，从而在不同行业间实现服务的定制化转型。以旅游行业与保险行业的融合为例，这一实践尤为显著。旅游企业运用 AI 技术，细致剖析用户的旅行习惯、出行频次及目的地偏好等信息，为保险公司输出更为精细的用户画像。基于这些翔实数据，保险公司能够定制出符合各类客户需求的保险方案，比如，为探险热门但风险较高的目的地提供特殊保险，或是为频繁出行的群体设计优惠保险套餐。这一基于 AI 技术支持的数据协同模式，不仅强化了保险业的风险管控效能，也促使旅游业开发出新的增值服务，有效提升了顾客的满意度水平。

由数据引导的跨行业协同作用还在市场风险的预判与管理层面彰显其价值。人工智能技术通过综合分析宏观经济指标、行业发展趋势及企业运行的多元化数据，能够为企业的市场走向预测和风险警示提供更为精确的信息支持。比如，金融业借助 AI 风控系统，通过解析零售、物流、能源等行业的大数据，能够预先发出对特定行业经济波动或市场风险的警告信号。这种超越单一行业边界的数据协同效应对宏观经济的调控策略、行业的风险防控实践均展现出显著的实际应用价值。利用 AI 技术手段，金融机构能对潜在的行业风险实施前瞻性干预，减少风险敞口，从而巩固金融市场的稳定态势。

尤为重要的是，跨行业数据协同效应正引领着企业战略层面的深刻变革。在人工智能技术的赋能之下，众多企业逐渐认识到，数据不仅是内部运营管理的工具，更是构成战略版图的宝贵资源。通过跨领域的数据合作，企业不仅能实现业务运营效能的提升，还能够探索未曾触及的增长机遇，迈向全新的市场领域。以汽车行业为例，制造商们正借助与科技企业、能源供应商及交通管理机构的数据协同，积极向智能交通系统、车联网技术及自动驾驶等前沿领域迈进。这种依赖于人工智能技术的数据协同机制，不仅促生了崭新的行业生态，也加速了企业战略的跨界转型步伐。

11.1.2. AI 推动行业边界模糊化与新兴业态的形成

人工智能技术的广泛运用不仅促进了各行各业效率的显著提升，还深刻地重塑了传统产业的界定与范畴。随着人工智能技术在各个领域中的持续渗透，传统行业的界限日益模糊，行业间的壁垒逐渐瓦解，进而催生了诸如金融科技、智能制造、智能医疗等新兴行业形态。这一跨界融合的趋势不仅革新了各领域的运营模式与市场竞争态势，也激发了崭新的市场诉求与商业机遇的出现。

人工智能技术的广泛应用促成了传统产业价值链的深刻转型。[①] 过往中，各产业间的价值链倾向于孤立且呈现线性特征，而人工智能技术的兴起促使不同产业的价值链相互渗透，编织成一个高度复杂的生态系统。以汽车产业为例，人工智能技术的嵌入使得汽车制造不仅限于"传统制造"的范畴，更逐步向智能出行、自动驾驶等新领域迈进。通过与科技企业、交通管制部门、能源企业等多个行业的联袂合作，汽车企业构建了一个横跨制造、数据处理、能源供应、交通管理等多个维度的生态系统。这一跨界融合的趋势，从根本上重塑了汽车行业的商业模式与竞争态势。汽车制造商的盈利模式不再单一依赖硬件产品的销售，而是借助人工智能技术，提供智能化移动解决方案，开拓了新的盈利途径。

---

① 王会.人工智能赋能产业转型升级探析 [J].智慧中国，2023（08）：21-23.

人工智能技术的进展促使行业疆界变得日益模糊，驱动企业经营策略从单项行业向多行业跨界转型。以往，企业多集中于自身所在行业的核心业务运作，但随着人工智能技术的催化，众多企业开始跨越行业壁垒，探索新的市场版图。以亚马逊为例，其初期定位为电子商务企业，但在人工智能技术的助力下，逐步涉足云计算、物流服务、智能家居等诸多板块，构建了一个横跨多领域的商业王国。该技术凭借在数据分析、智能推荐、运营自动化等方面的效能，使企业得以实现在多元行业间的业务协同与资源优化配置，从根本上颠覆了既有的行业分工格局。在此背景下，企业的发展不再受单一行业局限，而是利用人工智能技术赋能，推进业务的多元化及跨行业战略部署。

除此之外，人工智能技术的渗入引领了行业角色的变革与重塑。在未受此技术广泛影响的传统领域内，供应商、生产商、零售商等角色的界限相对清晰，而人工智能技术的引入促使这些角色出现交叉与转变。以苹果公司为例，其身份不再局限于硬件制造商，同时还涉足软件开发、内容供应与服务运营领域。借助人工智能技术的力量，苹果成功突破了既定的行业角色框架，实现了硬件、软件及服务的深度融合，构建了一个封闭循环的生态系统。这样的角色交叉与转变趋势，促使行业边际变得愈发模糊，企业借由人工智能技术的桥梁，在多领域内促进业务的协同与整合，有效增强了其市场竞争地位。

11.1.3. AI 加速行业技术标准的跨界统一

人工智能技术的广泛运用不仅促进了在数据导向下各行业的协同创新，还加快了不同领域间技术规范的一致化与跨界融合过程。技术规范的统一是跨行业合作与融合的前提，而人工智能技术在数据处理、算法研发、系统集成等多个层面的普适性，促使各行业间的技术规范差异逐渐减小，推进了行业技术规范的趋同。这一发展态势不仅为跨行业合作奠定了技术基石，也为各行各业在全球化进程中的竞争构建了一个统一的规范体系。

人工智能技术在各行各业的应用加速推动了数据标准化的发展进程。作为 AI 的根基，数据却常因行业间隔式、采集手段及存储架构的显著区别，而成为跨界合作与数据共享的障碍。但随着人工智能技术在各领域的深化应用，业界日益意识到规范化数据对于促进跨行业协同的至关重要性。在此背景下，不同行业借力人工智能技术，在数据的获取、保存、加工等阶段推进了标准化进程。比如，在工业生产领域，工业物联网（IIoT）及智能制造除了推广之外，其实施更仰赖于统一的数据规范。人工智能，凭借其在感应器数据分析、机器学习及实时监控上的运用，促使制造业与信息科技业的数据规范趋向融合。如此一来，制造商能将生产设施、供应链管理系统乃至物流网络所产生的数据予以统合处理与剖析，构建出跨越行业边界的协作模式。

数据标准化的跨界推动力不仅局限于制造领域，还渗透至金融、医疗、物流、能源等诸多行业。在金融服务业中，人工智能技术的运用极大增强了风险管控、反欺诈及智能投资顾问等业务的自动化水平，这些应用的背后是海量数据的支持，横跨多个行业。为了提高 AI 系统性能与效率，金融业开始倡议跨行业数据标准化，通过与零售、电子商务、物流及社交媒体等行业实现数据互通，以此来优化其 AI 模型。这一跨界的数据标准化举措，不仅巩固了金融机构的风控能力，也加速了整个金融生态圈向智能化转型的步伐。

人工智能技术的运用促进了算法规范的一体化进程。核心于算法的 AI，在不同行业间于算法的筛选、设计及实施上常呈现异质性。以往，因特定领域的独特需求，制造业、金融业、医疗业等采取的 AI 算法各具特色，阻碍了算法规范的统一路径。然而，随着人工智能技术跨越行业边界的拓展，众多企业日益认识到，统一的算法标准能够增强跨行业协作的流畅度并缩减技术研发的开销。

人工智能技术的进展促成了系统架构的规范化与跨领域合作的实践。其应用通常涉及广泛的计算资源、分布式的系统架构以及云端运算平台，而以往这些技术框架的异质性是制约行业间合作的关键因素之一。随着人工智能技术的广泛采纳，众多企业正逐步采取统一的云端服务平台及分布式的计算架构，旨在支撑 AI 的配置与运作。诸如 AWS、Microsoft Azure、Google Cloud 等云服务供应商，提供了规范化的 AI 研发与实施环境，使各行业的企业得以在同一平台上执行 AI

模型的训练、部署与优化工作。这一系统架构的规范化不仅减轻了企业技术研发的入门难度，同时也为跨领域的技术合作铺设了基石。比如，零售业能借由与物流业共用的云端平台，即时获取物流信息，并运用 AI 技术来提升库存管理的效率。能源产业亦能利用规范化的云端运算平台，与金融机构共享生产数据，以此优化能源交易中的智能定价机制。系统架构的规范化与跨平台的合作模式，促使不同行业在统一的技术架构下开展高效的合作作业，加速了技术标准的跨领域整合进程。

人工智能技术在促进各行业技术标准国际化方面发挥了关键作用。随着全球化及数字化步伐的加快，跨国公司面临跨市场、跨国界运营的复杂性剧增，而人工智能技术的应用为此类企业提供了一个统一的技术规范与全球运营框架。借助 AI 技术，企业能够在全球范围内实施技术标准的整合及运营流程的规范化。比如，全球范围内的汽车制造商利用 AI 技术达成了自动驾驶系统研发的全球化与标准化部署。自动驾驶技术的推广，不仅要满足各国和地区差异化交通法规的要求，还需实现车辆传感器数据的标准化处理，确保全球协同研发与运营的无缝衔接。在此进程中，AI 技术有力地推动了全球汽车工业在技术准则上的跨界融合，催生了一个全球性的自动驾驶技术生态系统。

11.1.4. AI 推动跨行业创新和商业模式重塑

人工智能技术的根本价值不仅体现在对现行业务流程效能的增强上，还深刻体现在其对传统商业模型的革新影响上。借助 AI 技术的赋能力量，企业得以跨越传统行业壁垒，促进跨界深度创新与商业模式的重塑进程。随着 AI 技术应用的广泛深入，各行业间资源的整合与业务协同效率显著提升，推动企业从单一产业的线性价值链条向多产业共生生态系统转型。这一转型不仅重新定义了竞争格局，亦催化出崭新的商业机遇与市场蓝海。

人工智能技术的进展促进了企业商业运营模式由产品为核心向服务为核心的变化趋势。在过去经典的运营架构里，企业大都依赖产品的销售来实现盈利，模式相对单一。然而，随着人工智能技术的融入，众多企业开始认识到，建构在数据与智能服务基础上的商业运营模式能更有效地创造价值。比如，在制造业领域，人工智能技术的广泛采纳推动了制造企业从纯粹的硬件生产向"制造即服务"（Manufacturing as a Service，MaaS）的新模式变迁。这一过程中，人工智能技术使得制造企业能够执行设备的远程监控、预见性维护及智能化调度，为顾客提供附加值服务。这种立足于人工智能技术服务的新模式，不仅增强了用户的体验感受，同时也开辟了制造企业的新增长点。

在汽车制造业领域，人工智能技术正引领一场从传统车辆售卖模式向智能出行服务模式的重大转型。通过集成自动驾驶、车联网技术以及共享出行服务平台，汽车制造商们正逐步从纯粹的硬件产品销售角色过渡到出行解决方案供应商的角色。诸如特斯拉、Waymo 等企业，凭借人工智能技术的赋能，推出了自动驾驶出行服务，这深刻变革了消费者使用汽车的习惯及企业的盈利策略。此种商业模式的根本性变化，不仅冲破了长久以来界定汽车行业的竞争边界，还促成了一个崭新出行生态系统的诞生，这一系统跨越了车辆生产、交通运输管理、能源供给等多个相关行业。

人工智能技术凭借其在数据分析、机器学习及自然语言处理领域的应用，促进了跨行业间的创新协作与商业模式的重塑。以金融科技为实例，人工智能技术的融入促使金融服务与科技产业实现了深度整合，催生出智能投资顾问、自动化风险控制等一系列创新服务模式。传统金融服务模式依赖手动操作及实体流程，而今，在人工智能技术的助力下，金融机构能基于海量数据与机器学习算法，推出更为智能化、个性化的金融解决方案。此外，人工智能技术也激发了金融业与零售业、物流业等领域的协同创新，催生新的支付手段、信用评估机制及供应链金融等服务形态。

医疗领域中，人工智能技术的融入加速了智能医疗的进步趋势，革新了传统的医疗服务商业模式。借助 AI 技术，医疗机构不仅能增强诊断的精确性，还开创了远程医疗服务、个性化医疗方案设计、全面健康管理等新颖服务模式。比如，由 AI 引导的智能医疗设施通过持续追踪患者的健康指标，定制出个性化的健康维护策略；同时，AI 在医学影像分析、遗传学研究等方面的应用，使医疗机构能为病患提供更精确的诊断与治疗方案。这种立足于 AI 技术的商业模式创新，不仅强化了医疗服务的品质与效率，也开辟了医疗机构的新增长点。

人工智能技术的引入加速了企业由单一线性价值链向跨界生态系统的战略转型。传统商业模式多立足于单一行业的线性价值链条，而今，借助人工智能技术的力量，企业界正逐步突破行业壁垒，构建起跨领域的商业生态系统。以苹果公司为例，其通过人工智能技术深度整合了硬件、软件及服务，塑造了一个横跨多领域的商业生态模型。苹果不仅巩固了在硬件制造板块的领导地位，还凭借 App Store、iCloud，以及搭载 AI 的 Siri 等服务，成功涉足内容提供、云计算、人工智能等多个新领域。这一跨界商业模式的革新，促进了企业在多元领域内的资源整合与协同效应，从而孕育出生态化的竞争新优势。

人工智能技术促使商业运营模式经历了从"产品销售"至"问题解决策略供应"的变迁。企业借力于人工智能技术，能够依据客户的具体需求，量身定制智能化解决方案，而非局限于提供统一标准的产品。以智能家居领域为例，通过融合人工智能技术，该行业正逐步从简单的硬件贩售转型为综合性智能家居问题解决策略的供应商。智能家居设施制造商利用人工智能技术，为消费者打造个性化的居家管控、安全监护、能效优化等策略方案，不仅增强了用户体验，也开辟了全新的商业价值源泉。这一基于人工智能技术的策略性解决方案模式，驱使企业从产品为中心向以客户需求为轴心的商业模式演进，强化了其在市场上的竞争地位。

11.2 金融科技、医疗 AI、自动驾驶：跨行业竞争的典型案例

人工智能技术的广泛渗透不仅重塑了多个行业的传统运营模式，还加速了跨领域融合与竞争态势的升级。在这一进程中，金融科技、医疗人工智能及自动驾驶成为技术应用的突出实例，其技术革新不仅内部重塑了行业竞争版图，更跨越了行业壁垒，激发了崭新的商业运作模式与市场参与主体的诞生。

11.2.1 金融科技：人工智能塑造的金融业新貌——蚂蚁集团与摩根大通案例分析

在金融科技创新领域中，人工智能技术已经深刻影响了传统金融服务的运作模式。借助于机器学习能力、大规模数据分析及自然语言处理等人工智能技术的应用，金融机构在风险控制、客户服务体系、投资策略管理等关键业务领域实现了效能的显著提升，并促成了业务流程的自动化与个性化定制。这场革新不仅对传统金融领域构成了前所未有的挑战，同时也开辟了广阔的市场空间，为新兴的金融科技企业创造了巨大机遇，催生了一个跨界竞争的新态势。

1. 蚂蚁集团（Ant Financial）——人工智能驱动的金融科技创新领航者

蚂蚁集团，作为在全球金融科技领域处于领先地位的企业，其实践案例显著地展示了人工智能技术在金融服务行业的深度融入。通过综合运用大数据分析、机器学习算法，蚂蚁集团不仅继承并发展了传统的支付业务，更进一步打造了一个包含支付、信贷、保险、财富管理等多个维度的全方位金融生态系统，实现了金融服务的多元化拓展。

在金融支付领域中，蚂蚁集团旗下的支付宝服务已成功整合人工智能技术，以实现用户身份验证、风险评估及反欺诈功能的智能化。该系统能够即刻分析用户的交易活动模式与地理位置信息，迅速辨认出可能存在的欺诈性交易行为，并随即启动相应的风险防控举措。另外，支付宝还借助 AI 赋能的智能客服平台，在无须人工介入的条件下，高效处理了海量用户的查询与反馈，显著提高了客户服务质量及响应速度。

在蚂蚁集团的贷款业务领域，人工智能技术展现了其显著的影响。通过运用机器学习的算法，蚂蚁集团能够综合分析用户的消费模式、社交媒介数据及信用历史等多元信息，构建出精确的信用风险评估体系。此举使蚂蚁集团有能力向缺乏传统信用凭证的小微企业主体及个人客户提供信贷服务，有效拓宽了其市场服务的边界。以"花呗"和"借呗"两大业务板块为例，蚂蚁集团利用 AI 技术成功实施了信贷审批与风险管理的全自动化流程，不仅缩减了信贷服务的成本开销，还显著提高了审批流程的效率。

蚂蚁集团的崛起不仅瓦解了传统金融领域在支付与信贷业务上的垄断格局，还促进了金融业与电商、社交媒介、物流等诸多行业领域的高度融合。借助与阿里巴巴电子商务平台的紧密协作，蚂蚁集团成功地将支付解决方案内嵌至电子商务生态系统中，构建了一个跨界金融科技生态闭环。

2. 摩根大通：传统金融巨头的 AI 突围

在金融科技企业迅速壮大的背景下，诸如摩根大通这样的传统金融巨头正主动融入人工智能技术领域，以此驱动其业务模式的变革与创新进程。通过在投资策略、风险管理、客户服务体系等诸多方面部署 AI 技术，摩根大通深入探索维持其行业领先地位的路径，力求在新兴技术的洪流中稳固航向。

摩根大通的核心 AI 战略组件之一为其 COiN 平台（Contract Intelligence）。该平台采纳机器学习算法，实现对大量法律合约文档的自动化处理与深度剖析，从而在合同审核效率上取得了显著提升。与以往人工处理模式相比，原本需耗费数小时乃至数日的工作量，COiN 平台能够在短短数秒内高效完成，不仅有效缩减了人力成本，还显著降低了人为错误发生的概率，为摩根大通的整体运营效能带来了革命性的增强。

另外，摩根大通在其资产管理业务中深入运用了人工智能技术。通过智能顾问服务，利用AI算法对市场数据、客户的风向承受度及财务目标进行综合分析，进而向客户提供量身定制的投资策略建议。此举不仅促进了投资管理流程的自动化与精确化操作，还有效增强了资产管理的规模经济效益，并助力摩根大通拓宽客户群，触及更广阔的市场板块。

摩根大通在人工智能领域的实践不仅强化了其内部业务流程的效能，也促进了金融服务与科技创新领域的交汇融合。借助与众多科技企业的携手合作，该企业迅速吸纳最前沿的人工智能科技成果，并将这些技术融入金融产品的创新及提升客户服务体验中。这种跨越行业边界的协作策略，消弭了金融业与科技产业之间的传统界限，成为构筑金融科技生态体系的一个核心要素。

11.2.2 融合探索：医疗 AI 技术在 IBM Watson 与 Butterfly Network 实例中的深度应用

人工智能技术在医疗领域的应用是其重要展现之一。该领域通过融入 AI 技术，已经实现在疾病诊断至治疗过程的全链条智能化转型，这不仅极大增强了医疗服务的速度与精确性，也促进了医疗行业与科技、制药、保险等多个产业的深度交叉融合。[①]

1. IBM Watson：从医疗数据到临床决策支持的智能化

IBM Watson 是在医疗领域内人工智能应用的一个突出实例。这一平台运用自然语言处理、海量数据分析及机器学习等先进技术，辅助医疗组织应对并解析繁复的医学文献与病患数据，为医师提供决策支持，增强临床判断力。

在恶性肿瘤治疗领域内，IBM Watson for Oncology 脱颖而出，成为标志性应用实例。该系统整合并分析了数以百万计的医学文献、临床研究案例及患者数据，旨在为医师提供量身定制的治疗策略建议。举例而言，Watson 系统能够依据病患的具体病史记录及遗传信息，甄选出最为适宜的药物治疗方案，并预估每项治疗路径的可能疗效。这一创新不仅增强了肿瘤治疗的精确性，也大幅度减轻了医师在信息筛选与处理上的重担，从而使他们能更专注于直接的患者照护工作。

尽管 IBM Watson 在医疗领域的实践展现出巨大潜力，但其应用亦遭遇若干难题。特别是，医疗领域数据的繁复性和异质性对 AI 算法的训练及优化构成了障碍。另外，医务人员与患者对 AI 技术的认可度与信赖感也成为制约其更广泛普及的重要因素。

2. Butterfly Network：人工智能驱动的超声成像变革

Butterfly Network 正引领一场依托人工智能技术创新医疗成像领域的革命，其力推的 Butterfly iQ 设备便是这一愿景的具体实践，它是一种融合了 AI 技术的

---

① 马爽.经济转型新引擎——瞭望我国未来大健康产业的发展[J].健康中国观察，2020（01）.

小型手持超声波仪器。相比之下，传统超声设备以体积庞大、成本高昂及操作烦琐著称，而 Butterfly iQ 则借助于人工智能的威力，不仅实现了超声核心组件的微型化突破，还融入了机器学习机制来自动辨识与解析超声图像，极大地提升了诊断的便捷性和效率。

Butterfly iQ 的创新之处在于其将超声设备与智能手机连接，使得医生可以随时随地进行超声检查，并通过 AI 算法实时获取诊断结果。这不仅大大降低了超声设备的使用门槛，还使得超声检查从专科医院拓展到了基层医疗机构和急救场景中。

借助人工智能技术，Butterfly Network 实现了对医疗设备产业传统市场结构的突破，促成了医疗成像服务从医院中心化场景向更广泛分散的医疗服务环境的扩展。另外，Butterfly iQ 的突出成就加速了医疗卫生领域与科技创新领域的交汇融合，催生了一个跨界别的智能医疗生态体系。

11.2.3 车辆自动化驾驶的探索：百度如何运用 AI 技术挑战交通领域界限——以"萝卜快跑"为例

自动驾驶技术正在全球性地重塑着交通领域的面貌，其中，百度推出的"萝卜快跑"项目充当了这一变革趋势的先行者。作为百度 Apollo 自动驾驶平台向商业化实践迈进的标志性项目，"萝卜快跑"不仅是 AI 技术在交通运输领域深化应用的一个例证，它还促进了交通、科技、能源及城市管理等多个行业间的跨界协作，有效冲破了传统产业之间的界限。

11.2.3.1. Apollo 平台技术精髓：融合多传感器信息与深度学习技术的综合运用

若要深入探讨"萝卜快跑"如何能够挑战并超越交通领域的传统界限，首要步骤是对百度 Apollo 自动驾驶技术平台的架构进行细致剖析。作为百度在自动驾驶领域核心技术的支撑，Apollo 平台巧妙集成了多种尖端技术，涵盖了多传感器数据融合、高精地图应用以及深度学习算法等领域。

1. 多传感器融合

在实际应用场景下，"萝卜快跑"自动驾驶汽车仰仗多种类型的传感器装备——包括激光雷达、摄像头、毫米波雷达及全球定位系统（GPS）——来进行周遭环境的感知。这些传感器能够即刻捕获车辆周边的实时动态信息，诸如行人流动、其他车辆行驶状况、路面标识乃至交通信号变化等。Apollo 系统通过一种多传感器数据融合的高级技术，将各个传感器独立采集的信息进行深度处理与整合，进而构建出一个更为精细且全面的环境模型。这样高阶的环境感知性能，构成了自动驾驶汽车安全行驶技术的核心要素。

2. 深度学习与决策规划

Apollo 平台利用深度学习算法，通过不断学习庞大的交通数据集，已经获得了卓越的场景解析及决策能力。比如，当自动驾驶汽车置身于复杂的城市街道情境中，能够借助 AI 算法即刻解析交通流密度、路面情况、其他车辆及行人的行为模式，从而制定出最佳驾驶策略。这种基于人工智能的决策机制，既能提高车辆运行的安全性与效率，也能保证其在变换不断的环境中，迅速适应各类意外情形，展现出高度的灵活性和应变力。

3. 高精度地图与定位

在复杂城市环境，尤其是高楼林立的区域，传统 GPS 定位系统面临的挑战在于难以确保定位精度，而百度 Apollo 平台通过集成高精度地图技术有效应对了这一难题。该高精度地图不仅涵盖了道路基本信息，还详细记录了车道标记、交通信号标识及红绿灯的具体位置，为自动驾驶汽车提供了达到厘米级的精确定位服务，显著增强了"萝卜快跑"在城市路况下的行驶安全性与稳定性。

11.2.3.2. "萝卜快跑"项目商业化实践：由技术验证迈向广泛运营

继技术层面的突破之后，百度推进了 Apollo 平台的商业化进程，推出了名为"萝卜快跑"的自动驾驶出行服务，此举象征着百度在将自动驾驶技术从理论研究推向实际运用的征途中，实现了重要的里程碑式跨越。

1. 多城市扩展与政策突破

自 2021 年于北京亦庄经济技术开发区启动后，萝卜快跑服务已顺利推广至广州、深圳、上海、重庆等多个人口密集城市。这一扩张进程不仅建基于百度成熟的自动驾驶技术支持，还深受地方政府在策略引导及法规扶持方面的助力。通过与各地政府部门协作，百度促成了自动驾驶车辆在其特定区域内的合规上路运营。比如，在北京亦庄区域特设的自动驾驶测试区域内，萝卜快跑项目获准在无安全员陪同下进行公共道路测试，标志着政策层面的重大进展。此类政策性突破为萝卜快跑的商业实践铺设了坚实基石，加速了自动驾驶技术在都市环境中的广泛应用与渗透。

2. 跨行业合作与生态建设

"萝卜快跑"项目的顺利实施，不仅植根于百度深厚的技术积淀，也受益于横跨多领域的协作及生态系统建设。通过携手诸如一汽红旗、长城汽车等多家汽车生产商，百度专属定制了适配自动驾驶技术的智能电动车型。此外，百度还促进了与充电桩运营商及智能交通设施供应商的合作，共同搭建了一个健全的充电网络与交通管理体系。这种打破行业界限的合作策略，不仅加速推进了"萝卜快跑"向市场化迈进的步伐，更为将来的智能交通生态系统勾勒了雏形。

11.2.3.3 创新无人驾驶出行服务模式：对交通服务市场的重新界定

萝卜快跑实现商业化应用，象征着自动驾驶技术在共享出行领域内的深层次渗透，为出行服务市场注入了创新动能，引领了一场行业变革。

1. 降低运营成本与提升服务效率

传统的网络预约车服务高度依赖于庞大驾驶员队伍的支撑，而驾驶员的薪酬及福利体系构成了运营成本的主体成分。萝卜快跑通过融入自动驾驶技术，成功消除了对人力驾驶员的需求，显著削减了出行服务的运营成本。此外，自动驾驶汽车能够实现全天候无间断运营，突破了人为因素如疲劳与工时的局限，使得萝卜快跑在需求高峰期能确保更稳定且高效的服务供给。这一策略不仅促进了资源调配的最优化，还增强了服务效能，为出行服务平台开拓了更广阔的利益空间。

2. 个性化和智能化服务体验

借助人工智能技术，萝卜快跑为使用者打造了更为智能化的出行体验。用户能够经由百度地图等应用程序预约萝卜快跑的服务，车辆依据用户的位置信息、实时交通状况及最优路径规划，确保准时抵达指定接送点。同时，萝卜快跑能分析用户的过往出行记录及个人偏好，提出定制化的路线提案与车辆配置方案，这一系列个性化与智能化举措，有效提升了用户体验的满意度，进一步巩固了萝卜快跑在行业内的竞争优势。

11.2.3.4 破除交通领域界限：实现跨行业生态的整合与融合

萝卜快跑项目之所以取得成功，不仅在于其攻克了自动驾驶技术实践的难题，更在于其跨越了传统交通行业的界限，促成了多个行业间的深度整合与协作。

1. 交通与科技的深度结合

萝卜快跑计划实例化了自动驾驶技术与科技领域的深度融合。通过利用百度的 AI 技术创新、云端运算实力及数据处理能力，为自动驾驶车辆装备了坚实的科技后盾。该计划借力百度庞大的数据资源平台，能够实时剖析城市交通流量与道路状况信息，经由与城市交通指挥网络的协作，改进交通信号的调控机制，缓解交通拥挤状况，从而增强整个交通体系的流畅度与效率。这一跨界技术协作模式，预示着自动驾驶技术不仅是对既有交通载具的革新，也是对交通基础建设与城市管理策略的一场深刻转型。

2. 跨行业的能源合作

电动车技术与智能电网的融合创新：萝卜快跑公司所运营的自动驾驶车队以电动车为主力，为交通运输领域与能源产业的交汇融合开辟了新机遇。公司通过携手各地充电桩服务供应商，构建了一个密集的充电设施网络，确保了其自动驾驶车辆能够获得无处不在的电力补给。更进一步，萝卜快跑实现了与智能电网系统的无缝衔接，引入了智能化的充电调度机制。这一机制使得车辆能够根据电网即时负荷状况，智能地选择在电力需求较低时段充电，从而促进了能源使用的高效化。此番跨界合作不仅加速了自动驾驶电动车的市场渗透，也为智能电网技术的实际应用开拓了崭新领域。

3. 推动城市管理的智能化

自动驾驶技术与智慧城市融合的实践：以萝卜快跑项目为例，其在中国多座城市的实施，正积极推动智慧城市建设的步伐。这些自动驾驶车辆能与城市智能交通管理体系实现实时协同，依据即时交通信息动态调整路径规划，从而提升道路使用的效能。比如，在北京经济技术开发区——亦庄，萝卜快跑部署的自动驾驶车队能够与智能交通信号系统建立通信，依据信号指示及交通流量自主调节车速，减少在红灯前的非必要停留时间。这一智能化的交通管理模式，不仅提升了自动驾驶运营的效率，也为城市规划者提供了新的交通改善工具，有效缓解城市交通拥堵状况，全面升级了城市的运行效率。

11.2.3.5 自动驾驶技术引领的跨领域革新与市场竞争：商业生态系统的发展与延伸

萝卜快跑在多座城市的顺利运营，已不仅限于改写交通运输领域的竞争版图，更促进了跨界商业新模式与生态体系的蓬勃发展。

1. 从汽车制造到出行服务的转型

在过往，汽车制造商的盈利模式主要依赖于新车销售与后续的维修保养服务，而随着自动驾驶技术的兴起，出行服务预示着成为行业的一个新兴增长点。百度与汽车制造商的合作超越了单纯的技术赋能范畴，它加速了这些制造商向综合性出行服务供应商的角色转变。一个典型案例便是百度携手一汽红旗共同研发的自动驾驶车辆，它们不仅服务于"萝卜快跑"的出行平台，也标志着红旗品牌向智能化出行领域的战略迈进。这一从生产导向向服务导向的转型，深刻揭示了汽车工业竞争版图的重构趋势。

2. 从单一服务到多元生态的延展

萝卜快跑项目超越了单纯出行服务的范畴，化身成为一个涵盖多领域的生态系统。该项目通过携手科技界、能源产业及城市管理机构，共同搭建了一条贯穿车辆制造、智能交通管控、能源分配等多节点的生态链条。在此链条架构下，各行业参与者得益于技术协同与数据流通，共创价值、共享成果。具体而言，能源企业贡献了智能化充电解决方案，交通管理部门借由数据分析改善了城市交通流量，而百度则利用其人工智能技术和大数据处理能力，为整个生态系统赋能。这种跨界融合的生态系统模式，突破了传统产业界限，构筑了一个紧密协作的智能交通新景象。

借助"萝卜快跑"计划，百度不仅彰显了其自动驾驶技术创新的前沿位置，还借由跨界合作的契机，破除了交通运输领域的固有界限，促进了交通、能源、科技、城市治理等多个领域间的深度整合。该计划的有效执行标志着自动驾驶技术实现了从理论研究到实践应用的关键飞跃，为智能交通体系与智慧城市的发展蓝图贡献了宝贵的实际操作经验。随着技术渐趋完善及生态系统不断扩张，"萝卜快跑"有潜力在全球舞台上引领交通行业的革命性变迁，开启跨界竞争的新纪元。

11.3. AI技术如何加速行业间的竞争与创新

11.3.1. AI驱动的业务模式重塑与行业融合

人工智能技术的飞速发展不仅促进了企业内部运营的优化进程，还深刻变革了传统商业模式与行业界限。通过深入挖掘数据价值、智能化算法的部署及自动化系统的整合，人工智能为企业的业务模式重塑提供了更为灵活且富有创新性的路径，进而冲破了行业既有的界限，促进了跨领域的深度融合。

首先，人工智能技术经由改进资源分配、增强价值链条各阶段的效能，促成了企业营业模式的变革。过往的企业营业模式多建立在线性价值链条的构架上，企业将精力集中于某一特定位点或范畴，比如制造、物流及销售等。然而，人工智能技术凭借大数据分析、机器学习以及预测算法的力量，使企业能精确锁定价值链条中的难题与机遇，随之优化供应链管理、生产流程、客户服务等重要环节，实现了营业模式的非线性延伸。比如，在零售业界，以往的零售业务仰赖实体店铺与固定供应商网络，人工智能技术的融入则让零售业能够借助智能化库存控制、个性化推荐机制及动态价格策略，达致线上与线下无缝对接的 O2O 运营模式。这一营业模式的根本性重构，赋予零售企业更高的灵活性以应对市场变迁，尤其是在消费者需求日益趋向个性化的情势下，显著增强了其市场竞争力。

其次，人工智能技术的深入应用正驱使企业破除行业壁垒，迈向跨行业融合与协作的新纪元。借力 AI 引导的商业模式革新，企业能够涉足其他行业领域，催生出跨界竞争与合作的新态势。以金融科技为典例，传统金融企业通过与 AI 技术的深度融合，逐步跨越了传统金融服务的范畴，涉足科技与数据分析服务的新领地。利用大数据分析技术和机器学习算法，这些机构能精确解析客户行为模式，开展精细化市场分析，推出定制化的金融商品，并借助智能化风险控制系统有效减少运营风险。具体而言，信贷评估系统通过 AI 技术的融入，极大地提升了金融机构评估客户信用风险的能力，跳脱了以往依赖历史信用记录的局限，为那些缺乏信用记录的潜在客户提供金融服务开辟了可能。这一创举不仅拓宽了金融机构的客户基础，还加速了金融领域与科技领域的深层次整合，塑造了跨界竞争的崭新景象。

再次，人工智能引领的产业融合趋势，在促进商业模式创新之余，还经由技术平台的共享与生态系统建构，催化了新形态产业链的诞生。伴随 AI 技术的日臻完善，众多企业倾向于开放它们的技术平台，激励其他实体在其基础上开展创新与开发工作，协同推进行业的整体发展。比如，百度的 Apollo 自动驾驶平台即为一例，该平台通过对外开放自动驾驶核心技术，促成了汽车制造商、零部件供应商、交通管理机构及科技企业的协同合作，携手推进自动驾驶技术的市场化实践。这一平台合作模式不仅跨越了传统汽车制造业的界限，更促进了多行业间技术资源的交互与共享，构建出跨界别的生态系统。借力于平台化和生态化的经营策略，企业能更自如地吸纳外界资源，达成互利共赢，进而为业务创新提速。

最后，人工智能技术引领了企业向服务化方向的变革，突破了以往以产品为中心的经营模式。在传统的制造行业中，企业的竞争优势多体现在产品制造与销售环节，但随着人工智能技术的广泛渗透，企业逐渐转型，从单一的产品销售模式过渡到"产品即服务"（Product-as-a-Service，PaaS）的新模式。比如，在工业制造领域，众多企业通过部署基于人工智能的设备监控与预见性维修系统，将业务从直接销售设备转变为设备租赁与服务供给模式。借助人工智能技术的实时监测与故障预警能力，企业能够为顾客提供个性化的维护方案，有效延长设备使用寿命，增强顾客的满意度。这一模式的转换，不仅为制造商创造了新的盈利途径，还通过深化服务层面的互动，强化了与客户的联系，提高了客户忠诚度。

由人工智能引领的商业模式转型，不仅促进了企业运营效率的跃升，还推动了行业界限的淡化，催生出跨界合作与协同创新的新态势。借助 AI 技术的赋能力量，企业得以在更为宽广的行业生态系统中探索增长点，超越传统行业界限的束缚。这样的跨界商业模式重组，使企业能更有效地应对市场环境的日益复杂性，并在行业融合的大潮中把握先机，占据有利位置。

11.3.2. AI 促使企业快速迭代创新，提升竞争力

人工智能技术的一项关键特性在于其高效的数据处理能力与自我学习机制。这些特质促使企业能借助 AI 技术加快创新周期的迭代，于竞争中赢得先机。与过往的创新策略相比较，AI 引导的创新展现出更高的灵活性、精确度及扩展潜力，助力企业在日新月异的市场动态中维系竞争优势。

第一，人工智能技术经由大数据解析与机器学习机制，助力企业缩短创新反馈周期，加速产品与服务的更新换代进程。传统创新路径常依赖漫长的市场研究、商品开发及用户回馈流程，而人工智能技术则能通过深度挖掘历史与实时数据，迅速辨识市场趋势与机遇，促使企业做出更为精确的创新策略抉择。以快速消费品领域为例，该技术凭借对消费者购买行为及偏好的即时数据分析，协助企业迅速调整产品配方与包装设计方案，紧跟市场需求的动态变迁。这种由 AI 引导的创新反馈系统，使得企业能大幅度压缩从研发至商品上市的时间，加快市场应对速率，从而在行业竞争中赢得有利地位。

第二，人工智能技术凭借其自动化与智能化的特点，使企业在创新流程中

能有效减少人为决策的不确定性，增强创新成果的实现概率。在过往的创新模型里，企业创新策略的制定严重依赖管理层的个人经验和直觉，蕴含较高程度的变数与挑战。反之，利用人工智能技术，企业可以利用高级算法对大规模数据实施精细剖析，进而削减决策过程中的主观臆断与盲目性。比如，在药物研发行业，通过人工智能对庞大临床资料与遗传信息的解析，企业能迅速识别出有潜力的药物作用目标与化合物配比，大幅度缩减药品研发周期，同时增加研发成功的可能性。这种立足于人工智能的精确创新策略，不仅减轻了企业的研发资本负担，还经由加速产品迭代增强了其在市场上的竞争优势。

第三，人工智能技术通过先进的模拟及建模手段，为企业的虚拟实验与产品检验提供了支持，从而加快了创新环节中纠错与改良的步伐。以往，产品研发及测试环节往往耗时甚巨且需投入大量资源，而今，借助 AI 技术在虚拟场景下开展的仿真试验，能迅速验证创新策略的实践可能性，并予以完善。以汽车产业为例，AI 技术在自动驾驶系统仿真测试与性能调优中的应用已颇为广泛。经由虚拟环境中反复实施的测试，企业得以前置发现产品正式生产前可能潜藏的问题与风险，并据此做出调整，有效缩减了实体生产中试错所致的成本。这一基于 AI 的虚拟检测与循环改进机制，使企业在创新征途中展现出更高的灵活性与响应速度，进而增强了其全面竞争力。

第四，人工智能技术所蕴含的深度学习能力，使企业能通过自动学习与持续调优的过程，实现创新品质与效率的双重提升。相比之下，传统的创新途径缺乏这种自我学习及优化机制，而 AI 技术则借由累积与剖析历史数据，持续精进创新的准确度与成效。以市场营销为例，基于 AI 的个性化推荐系统，通过不断吸取用户行为与偏好的数据，能持续改进其推荐算法，为用户提供愈发精确的个性化建议。[①] 这一持续优化的创新策略，促使企业在激烈的市场竞争中不断升级服务品质，提高用户的满意度，从而奠定长期竞争优势的基础。

---

① 陈燕鸿.人工智能在用户体验设计中的应用与优化研究 [J].上海包装，2023（08）.

第五，人工智能技术的可扩展特性使企业得以在全球层面上迅速部署创新成果，进一步增强了其竞争力。相比之下，传统的创新扩散途径常受限于地域界限、资源分配和技术障碍；而人工智能技术，借助云计算及边缘计算等工具，能有效促进创新产品的全球化扩展。比如，基于 AI 的软件即服务（SaaS）平台能够通过云端即时向全球用户推送创新解决方案，充分实现创新的市场价值。这一依托于 AI 的全球创新传播模型，不仅缩减了企业进入国际市场的周期，还经由规模经济效应增强了创新的经济效益。

11.3.3. AI 推动企业之间跨行业的协作与竞争

随着人工智能技术的稳步发展，各行业间的界限正日益淡化，跨界合作与竞争已成为企业策略的关键要素。AI 的实质价值不仅体现在对企业内部效能的提升，还体现在促进不同行业企业通过合作达到资源、技术和价值共创的层面，同时，也进一步激发了跨界的竞争态势。在此进程中，AI 凭借数据开放性、算法共享与平台互通，促使企业在跨界合作的框架下构建起更加多元复杂的竞争局面，有力驱动了新形态商业生态的诞生。

人工智能技术的广泛适用性为其跨越不同行业应用铺设了坚实的基础，为各企业间架起了合作的桥梁。该技术涉足的领域包罗万象，从制造业、金融业、医疗健康、农业到零售业等均在其辐射范围内。不论是借助机器学习对大数据的深入剖析，抑或利用自然语言处理技术促进智能化交流，人工智能均展现出在多元行业中的应用价值。其跨领域的适应能力，促进了技术资源共享及协同创新模式的发展。例如，金融科技企业与传统银行业间的携手合作，正是得益于人工智能技术的跨界融合。通过 AI 赋能的风险管理方案、客户行为智能分析系统以及自动化投资顾问解决方案，传统银行得以加速其数字化转型进程，而金融科技企业则在银行庞大的客户群和成熟的合规体系支持下，携手推进金融服务的智能化升级。

随着人工智能技术的广泛运用，企业间跨界合作的趋势已从技术层面向商业模式层面深化，催生了以平台构建和生态体系为特点的新型合作策略。此过程里，人工智能技术不仅作为增强企业生产力的手段，更扮演着打破传统行业壁垒的推动者角色。如，在智能制造领域中，"工业互联网"平台便是跨界合作的一个典例。借助人工智能技术的赋能效应，制造业企业能够同技术供应商、供应链管理者及物流服务提供商紧密合作，共创一个高度智能化的生产和供应链管理系统。在此系统内部，各企业利用 AI 支持的智能预测、自动化生产流程与即时优化技术，全方位增强了生产链的效能与适应性。此外，平台化的合作框架促使资源共享与技术交流成为可能，有效缩减了创新门槛，并加速了新品与服务的市场投放进程。

人工智能技术的普及及其促进的跨领域合作模式，正无形中加剧了企业间的跨界竞争态势。技术门槛的降低使得越来越多的企业能够利用人工智能技术涉足其他行业，开启了跨界竞争的新纪元。这一现象在高度依赖数据处理与算法优化的行业内尤为显著，企业竞争的边界已不再限于传统行业内部，而是跨越到了更广阔的跨行业竞技场。诸如谷歌、亚马逊这类科技领头羊，正凭借其人工智能技术的深厚积累，逐步涉足医疗、金融、零售等诸多传统领域，直接挑战着这些行业内部企业的既有地位。比如，谷歌的 DeepMind 项目在医疗领域的实践，通过 AI 算法对海量医疗数据实施深度学习，辅助医生完成疾病预测与诊断，此举不仅对传统医疗服务供应商的市场地位构成了挑战，也加速推动了医疗行业的数字化改革进程。

人工智能技术跨界竞争的加剧驱使企业更重视构建技术生态体系以强化竞争优势。企业通过搭建开放式技术平台，吸纳众多跨行业伙伴融入其生态系统，促进了跨界的协同创新模式。以特斯拉为例，其自动驾驶技术平台不仅在传统汽车制造领域引发竞争，还凭借在 AI 算法、传感器技术及大数据分析等多个技术层面的领先优势，成功吸引了供应链伙伴、软件开发企业和数据服务商的加入。在此进程中，特斯拉利用技术平台的开放特性，构筑了一个跨越行业边界的协作网络，有效增强了其在自动驾驶技术领域的竞争地位。

人工智能技术在跨领域合作与竞争态势中的推进，驱使各企业在以数据为驱动力的商业生态系统中重新评估其核心竞争优势。随着 AI 技术愈发依赖于数据资源，跨行业合作中数据的共享与流通成为促进协同创新的重要途径，这一趋势将数据要素推向企业合作与竞争的前沿。比如，零售业与金融业之间的跨界合作实例，显著体现在双方对客户数据的共用及分析上。借助 AI 技术对消费者行为数据的深度剖析，零售商能为金融伙伴构建精细的客户肖像，辅助其完成风险测评与个性化商品推广；反之，金融机构亦能利用零售商的消费记录来进行信用评级与贷款资格评判。这类建立在数据共享基础上的跨界协作模式，在强化双方业务实力的同时，经由 AI 赋能产生了更深层次的竞争动态与合作网络。

11.3.4. AI 推动行业标准化与新商业模式的形成

人工智能技术的广泛渗透至各行各业，使得行业标准化议题愈发显著。鉴于 AI 技术所固有的复杂多样特性，企业在采纳 AI 技术进程中常遭遇到数据规范不一、技术接口互斥及算法不透明等难题，这无疑加剧了跨企业合作的壁垒，并对技术的推广及商业应用构成了障碍。另一方面，AI 技术的迅猛发展正催化出新颖的商业运作模式，这些模式在激发行业创新活力的同时，也对传统行业的竞争法则提出了变革要求。因此，AI 技术的标准化进程与新兴商业模式的确立，成为驱动行业竞争格局变动与创新步伐的重要驱动力。

人工智能技术的规范化进程对于促进产业合作及技术普及扮演着至关重要的角色。在应用人工智能技术的过程中，统一的数据规范与技术接口是构筑企业间协同创新能力的基石。缺乏统一标准，将会在企业间的数据流通与技术合作上筑起重重壁垒。以自动驾驶领域为例，各企业自主研发的自动驾驶系统在技术接口兼容性、数据格式一致性及安全协议方面展现出显著差异，这不仅加剧了技术整合的复杂度，同时也制约了自动驾驶技术向市场的广泛推广。面对这一挑战，行业领头企业和标准化机构正共同努力，加速推动人工智能技术的规范化发展。诸如百度的 Apollo 自动驾驶开放平台，通过倡导开源合作模式，有力地促进了自动驾驶行业内技术标准的建立。百度开放其核心技术算法与接口，有效降低了新进企业涉足自动驾驶领域的难度门槛，并经由标准化路径，加速了全行业的技术创新步伐及商业化转型。

人工智能技术的标准化进程促进了跨行业合作与技术的广泛传播，并为新兴商业模式的诞生奠定了坚实的基石。随着人工智能技术的日臻完善，众多企业正积极探寻基于该技术的革新性商业模式，这些新模式在引领产业升级的同时，也重塑了企业间的竞争格局。首先，人工智能技术催化了"一切即服务"模式的兴起。借助这一技术，企业能将复杂的技术产品转换为按需求提供的服务形式，有效降低了客户使用的障碍，并拓宽了市场触及边界。比如，人工智能即服务（AIaaS）模式利用云计算平台，向企业供应按需定制的人工智能技术解决方案，助力企业以较低成本完成数字化转型。诸如谷歌、亚马逊、微软等科技领头羊，正通过各自的云计算服务平台，向市场推出了涵盖自然语言处理、图像识别、数据分析等诸多领域的人工智能服务，加速了人工智能技术在各行各业的广泛应用。此类按需服务模式的采用，不仅缩减了企业技术研发的开销，还借由规模经济效益增强了人工智能技术的市场价值。

人工智能技术促进了平台化商业模型的涌现。这种模型围绕构建开放的技术平台展开，吸引各类企业和开发者入驻，共同在该平台上开展创新与开发活动，进而催生出一个以技术平台为核心的企业生态系统。比如，亚马逊借助其 AWS 云端服务架构，向全世界企业供应人工智能技术应用，助力企业的数字化转型进程。通过对外开放其技术平台，亚马逊不仅加速了人工智能技术的普及步伐，还依托平台化的运营策略，构建了一个横跨全球、依赖于人工智能技术的商业生态系统。在此生态体系内，各企业既是技术的应用者也成了技术的共创者，经由平台化的协作路径，携手推进了业界的创新突破与技术水平的提升。

12. AI 驱动的创新与商业模式重塑

12.1. AI 如何催生新的商业模式

12.1.1 数据驱动的商业模式转型

伴随人工智能科技的迅速推进，数据导向的商业战略日益成为企业创新与竞争的关键驱动力。数据作为支撑企业决策的宝贵资产，在 AI 科技的赋能下，其潜在价值得到极大开发，激发了新颖的商业形态，并促使传统企业从依赖经验的操作模式向依托数据的精益化管理模式转变。这一转变不仅革新了企业内部的工作流程，也深刻地重塑了行业内的竞争态势。

人工智能技术，借助机器学习及深度学习算法，高效地处理与分析大量数据，使企业能从繁复的数据中揭示潜在的商业价值。相比过去依赖管理者经验和历史数据简易分析的传统模式，AI 技术通过实时数据分析，动态优化企业运营策略，这一转变促进了企业对市场变化的敏捷反应，显著提升了决策的科学化水平与精确性。以零售业为例，AI 技术通过解析消费者行为数据，即时更新个性化推荐机制，有效提升顾客的购买转化率。另外，仓库和物流领域的管理亦因 AI 的预见性分析得以改进，不仅使库存管理更为高效，还降低了库存过剩的风险。

以数据为核心的商业运营模式着重于深入挖掘与细化客户数据。通过智能化解析用户的交互行为、个人偏好及消费习性等多维度信息，企业能更精确地实施市场定位策略，并开发出高度个性化的商品。相比之下，传统的市场细分方法多依赖于人口统计特征与宏观经济学指标，而人工智能技术则凭借对海量微观数据的解析能力，能够辨识出更为精细的消费者群体，甚而预判潜在顾客的需求趋势。这种精敏的市场洞察力为商家开辟了前所未有的机遇，助力其在白热化的市场竞争中构建差异化的竞争优势。举例而言，Netflix 运用人工智能技术剖析全球观众的观影偏好数据，精确预测用户偏好的影视内容，实现了服务的高度个性化推荐；同时，这一技术亦辅助 Netflix 在内容创作上做出决策，依据观众观看行为的分析结果，明晰受欢迎的题材与内容形式，优化其内容投资布局。此数据引导的商业策略不仅增强了用户的忠诚度，还依托数据来指导公司的战略规划，进一步增强了商业模式的盈利效能。

由数据引导的商业运营模式对企业的供应链管理和资源调配策略产生了深远的影响。以往的供应链管理方法多建立在经验判断与未来趋势的预测模型之上，面对市场需求的不确定性，企业往往难以迅速适应变化。相比之下，人工智能技术利用对海量历史数据的深入学习，能够准确把握未来需求的动向，助力企业实施更加敏捷的供应链管理策略。以亚马逊为例，该公司运用 AI 技术对其丰富的销售记录进行剖析，能够预判各地库存需求的波动，并依据这些前瞻性分析灵活调整物流配送及仓库配置，实现了供应链效能的显著提升。这种依赖数据分析的供应链改进措施，不仅压缩了运营成本，还大幅度削减了资源的无谓消耗。

以数据为支撑的经营方式不仅限于现有业务流程的改进，更驱使企业借助数据创新发掘新的盈利点。人工智能技术的融入使得企业能从数据中挖掘额外价值，并借此提供数据服务以实现市场变现。举例而言，金融科技企业运用 AI 技术剖析用户的消费行为与信用记录，得以向客户推荐个性化的信贷或投资策略。这种数据导向的金融服务策略在缩减风险的同时，增强了金融产品的个性化服务与普及性。另外，数据驱动的经营模式亦引领了广告领域的革新，企业通过剖析用户数据，得以实施精准的广告定位，大幅增强广告的效应与资金回报比。

12.1.2 平台化与生态系统型商业模式

AI 技术在企业商业模式革新中的一个关键体现的是平台化与生态系统导向的商业模式。随着 AI 技术的持续演进，企业已不再拘泥于独立的产品或服务打造，而是倾向于构筑平台与生态系统，以此汇集多方面的资源与能力，促进价值链条的延伸及协同式的创新实践。该模式凭借 AI 技术的助力，成功跨越了产业界限，加速了跨界合作与竞争态势的发展。

平台化业务模型的本质在于运用技术平台的开放性和扩展性，搭建用户、企业及开发者之间的桥梁，共筑一个多主体交互的商业生态体系。此过程中，人工智能技术作为平台的基石，赋予其强大的数据处理与智能分析功能，确保了平台能有效协调并优化各参与方的资源。以亚马逊的 AWS 云服务平台为例，它不仅为企事业单位提供基础架构服务，还凭借 AI 技术融入数据分析、机器学习、自然语言处理等多项智能服务，吸引全球开发者与企业的广泛加入。得益于 AI 的助力，AWS 平台能够定制化解决方案，推动企业数字化进程，并经由生态系统的持续扩张，强化其市场竞争地位。

平台化的商业模式已深刻变革了企业运作的模式，并重新界定了价值创造与分配的路径。相较于传统模式下企业经由产品或服务的制造与销售来获取利润，平台化模式则致力于连通多方面的资源，促成了价值的共创与分享。在此转型过程中，人工智能技术扮演了核心角色，通过智能解析平台上繁复的数据信息，能准确把握用户需求，并灵活调适平台服务的内涵。举例而言，苹果公司的 App Store 借助 AI 技术，依据用户下载行为及应用使用的数据分析，精确推送符合用户个性化需求的应用程序，此举措不仅强化了用户体验，亦为应用程序开发者拓宽了商业机遇。这种基于 AI 技术的匹配机制，通过精确实现供需双方的对接，增强了平台整体的价值创造力。

平台化经营方式促进了企业向多领域业务拓展的战略转型。人工智能技术的融入，使企业能在平台上汇聚跨领域能力与资源，催生出跨界协同效应。以特斯拉为例，其自动驾驶技术平台不仅促使其在汽车制造领域内竞争，还促成了与软件开发、硬件供应及数据服务等多方面伙伴的合作，构建了一个集汽车、AI、数据分析和云运算于一体的商业生态圈。在此生态体系内，各参与方依托技术和数据的互换共享，达成了跨界合作创新，加速推进了自动驾驶技术的演进。这样一种基于 AI 技术支持的多主体协作生态模式，显著增强了平台的综合创新能力与市场竞争地位。

与平台化商业模式紧密关联的是生态体系型商业模式，该模式着重于企业经由建构开放式的创新生态体系，吸纳跨行业及多领域合作伙伴，携手驱动技术革新与市场拓展。在此过程中，人工智能技术扮演着桥梁核心角色，通过剖析生态体系内部的多源数据，助力企业发掘合作潜能，实现资源优化配置。举例而言，谷歌利用其人工智能平台 TensorFlow，成功招揽了遍及全球的开发者、研究院所及企业加盟其技术生态圈。谷歌开放其人工智能技术，不仅加速了全球人工智能技术的普惠化进程，还借力跨领域伙伴的协同开发应用，构筑了一个横跨教育、医疗、金融、零售等诸多行业的商业生态体系。在此生态体系内部，人工智能技术充任基础驱动力，激发各方协同创新，助推整个行业的迅速前行。

生态型商业模型不仅增强了企业的创新力，还为其开拓了更广阔的市场机遇。相比之下，传统商业模型中的企业市场拓展常受限于自身资源和能力的局限。通过构造开放式的生态系统，企业得以利用合作伙伴的技能与资源，加速实现跨行业边界的拓展。以阿里巴巴为例，其基于 AI 的生态系统不仅巩固了在电子商务领域的主导地位，还经由与金融、物流、云计算等多个行业的协作，促进了自身的多元化发展。特别是，阿里巴巴运用 AI 技术对消费者行为数据进行剖析，为生态系统内部的伙伴提供了精确的市场洞见与个性化的服务方案，助力各参与方共同创造价值。

12.1.3 一切即服务（XaaS）商业模式的快速扩展

近年来，商业领域的核心模式历经了显著转型，企业逐渐从侧重单一产品销售的传统模式，迈入以"服务"为导向的订阅制经济。这一变革进程在云计算技术和数字化转型浪潮的推动下急剧加速，而人工智能技术的融入，则进一步催化了"一切即服务"（X-as-a-Service，XaaS）模式的广泛普及。AI 技术的应用不仅仅使企业能够创造出更加灵动和个性化的服务体系，还促成了运营流程的实时优化及客户体验的显著提升，整体上引领了商业模式的一场深刻革命。

XaaS 模式的根本特性在于其将产品、技术及服务以按需供应的模式传递给使用者，取代了以往的永久授权或单一销售方式。该模式借力于云计算与人工智能技术，不仅能够实现服务的规模化部署，还能够依据用户的具体需求进行灵活调整。尤其在人工智能技术的融入下，企业能够向客户供给高度个性化的服务体验，并借此途径不断优化服务，延长客户的总体价值周期。比如，AI 即服务（AIaaS），作为 XaaS 模式的一个标志案例，通过云端平台向企业及开发者提供了包含机器学习、深度学习、图像识别、自然语言处理等在内的多样化 AI 解决方案，这使得企业无须从零开始构建复杂的 AI 模型，仅需依据实际需要采纳相关服务，即可迅速将 AI 技术融入自身业务流程之中。

AI 即服务（AIaaS）的核心优势体现在两个层面：一是显著降低了企业涉足人工智能领域的技术壁垒，二是赋予了企业按需调配 AI 资源的灵活性。以市场营销活动为例，企业在此期间可能面临巨大的数据处理与分析需求，而这类需求在日常运维中则相对减弱。借助 AIaaS 模式，企业能依据实际业务场景的需求，自如地扩大或缩减 AI 资源的应用规模，实现资源使用的最优化布局。这种能够弹性扩展资源的能力，让企业在无须承担额外固定开销的前提下，能够迅速适应市场变动，增强了其业务运营的灵活性和市场竞争力。

另外，人工智能技术加速促进了各类 XaaS 模式的蓬勃发展，涉及软件即服务（SaaS）、平台即服务（PaaS）及基础设施即服务（IaaS）等领域。[①] 这些服务模型得益于人工智能的融入，能够为企事业单位提供更高层次的智能化解决策略。以 SaaS 为例，人工智能技术经由数据分析与机器学习的手段，赋予企业即时的运营透视能力与智能化决策辅助。企业借助 SaaS 模式的订阅服务，得以持续享有技术革新与功能迭代，免除了软件维护与升级的后顾之忧。同时，人工智能技术亦助力 SaaS 供应商更深层次地洞悉客户需求，优化终端用户体验。比如，在客户关系管理系统（CRM）中集成的人工智能特性，能通过解析客户互动数据，预判客户行为趋势，为公司定制更为精确的市场推广计策，进而提升客户保有率

---

① 王小勇. 基于云服务的建筑电气综合监控系统探讨 [J]. 数码设计,2017,6（08）.

与满意度水平。

在人工智能技术的驱动下，平台即服务（PaaS）与基础设施即服务（IaaS）模式均实现了显著发展。PaaS 供应商通过融入 AI 工具及开发框架，为开发者搭建了更为简便的 AI 应用程序开发环境，有效降低了开发复杂度与成本门槛。与此同时，IaaS 供应商利用 AI 技术来增强其基础设施管理效能，例如，借助 AI 算法对数据中心的能源消耗进行智能优化，从而提高了资源利用效率与运维的流畅性。这种 AI 技术与各类服务即服务（XaaS）模式的融合，促使企业能够全面实现从基础架构至应用层面的智能化转型过程。

人工智能技术在 XaaS 业务模型中的运用，加速了企业从以产品为中心向以服务为中心的战略转型过程。传统商业模式下，企业依赖产品销售获得一次性收益；相比之下，XaaS 模式通过连续性服务供给，确保了收益的长期稳定与持续增长。借助于人工智能的数据分析及前瞻性预测功能，企业得以维持与客户的持续交互，有效延长了客户生命周期的价值。比如，由 AI 支持的订阅管理平台能依据用户的实际使用行为，智能化地调整服务组合，推送个性化的服务建议，继而深化了客户的忠诚度与满意度水平。

该模式的迅速蔓延对企业的商业化运作产生了深刻的变化。首先，XaaS 模式引领企业从产品导向的运营模式转型至客户导向的模式。借助 AI 技术的力量，企业能即时解析用户的行为数据和服务使用模式，动态适应并调整服务方案，确保用户体验的最优化。这种服务提供的灵活性不仅加固了客户满意度，还借由服务的持续迭代与创新，使企业在市场竞争中保持了领先地位。

XaaS 模式经由人工智能技术的融入，促成了运营效能的显著增长。相较于传统的商品销售模式，其中企业减少产品从研发、制造、市场推广到后期服务的全程成本，XaaS 模式凭借 AI 引导的运维自动化，大幅度削减了运营开支。比如，AI 技术能够自主进行云端资源的监控与调配，提升了服务递送的效率，缩减了资源的无谓损耗。此外，AI 还能够借助数据分析的力量，辅助企业预判市场趋势，校准定价策略，从而为企业的盈利水平带来进一步的提升。

12.1.4 商业流程自动化与智能化运营模式

在当前这个竞争白热化的商业环境背景下，企业正承受着日益增长的压力，迫使它们必须以更高效、成本更低及响应更迅速的方式进行日常运营。人工智能技术的兴起，为这些企业带来了一把解锁商业流程自动化与智能化的钥匙，不仅能极大提升运作效能，还借由数据导向的深刻见解来优化决策流程，助力企业在风云变幻的市场中稳固其竞争优势。构建于 AI 技术之上的商业模式与运营策略，其精髓在于彻底重塑并优化既有的业务流程，以此达到运营效率的巅峰及资源配置的最优化状态。

业务流程自动化（Business Process Automation，BPA）涉及利用人工智能、机器学习及机器人流程自动化（RPA）技术，来接手过往由人力执行的重复性工作与决策流程。此自动化过程极大地削减了人为操作失误，同时有力地增强了企业的运作效能。以财务管理及会计实务为例，人工智能技术能够自主管理发票处理、费用报销、预算制定等日常作业，降低了错误发生的概率，并加速了流程周转。另外，借助 AI 算法，企业能实现财务数据的即时分析，从而在预算预测及财务策略规划上达到更高精度。这种财务流程的自动化升级，不仅促进了财务管理的高效性，也赋予企业更强的灵活性去适应现金流变动，优化资源分配策略。

在供应链管理系统中，人工智能技术依据对物流、库存及订单信息的即时解析，动态地调适供应链各环节，达成了端对端的自动化运营管理。举例而言，通过解析过往销售记录与市场需求数字的趋势，人工智能能够自主调控库存量，减少库存过剩的潜在风险。同时，依托于人工智能的自动化物流管理体系能够依据当前交通状况信息与订单紧急程度，自行选定最佳配送路径，以此缩减交付周期，增强顾客的满意程度。借助于业务流程的自动化转型，企业得以实现在供应链上全链条的精进优化，不仅降低了运行成本，还促进了总体效能的提升。

智能化运营模式的本质，在于运用 AI 技术作为驱动力，使企业能实施数据导向的决策过程与运营升级。这不仅限于既有流程的自动化增强，更侧重于借助 AI 技术对海量运营数据展开深入剖析，发掘内在的改良空间与优化契机。以市场营销为实例，AI 技术透过客户行为数据及市场反馈的解析，能够灵活调整营销策略，达到高度个性化的精准营销效果。通过深入挖掘用户数据，企业可精准辨识各用户群体的特性和偏好，进而供给定制化产品与服务，有力提升用户的转化效率与品牌忠诚度。

人工智能技术通过运用自然语言处理及情感分析等先进手段，助力企业达成客服环节的智能化转型。过往的客户服务模式高度依赖人力，不仅效率低下，还可能导致服务品质参差不齐。反之，借助 AI 引导的智能客服体系，企业能够实现全天候的自动化客户支持，迅速响应客户需求，并借由情感分析机制，依据客户的言语 tone 调与情绪状态灵活调整回应策略，从而提高客户满意度。比如，此智能系统能利用 AI 工具自主解决常见的客户咨询，减轻呼叫中心的工作压力，并透过持续学习与优化过程，增强服务的智能化维度。

商业运作流程的自动化与智能化策略不仅引领了企业内部效能的显著提升，还催化了企业组织架构的革新。在传统的组织模式下，信息流通与决策制定往往依托于繁复的层次体系，而今，人工智能技术的融入使得这些流程趋于扁平化与即时性。比如，通过 AI 算法对运营数据的即时解析，系统能自动生成报告及提供策略性建议，辅助管理层迅速完成战略决策的制定。这一数据驱动的智能化决策模式，不仅增强了决策的理据性和精确度，也大幅度缩减了决策周期，加速了企业的响应速率。

12.2 从传统企业到平台化运营：AI 技术的催化作用

12.2.1. AI 驱动的价值网络重构与平台化转型

AI 技术作为 21 世纪企业转型的关键驱动力，正有力地促进着企业从经典的线性价值链结构向复杂的多边价值网络转变。以往，众多企业采纳了一种纵向整合的价值链策略，高度依赖内部资源整合及价值增值过程，通过生产、流通至销售的线性序列来逐级增加利润。但随着市场诉求的多元化和技术领域的快速变迁，这种传统线性模型暴露出效率低下、反应迟缓及资源分配不均等问题。此时，AI 技术的融入重新界定了这一格局，促进了基于平台的商业新模式的诞生；在此模式下，企业的角色已不再单纯是"产品制造者"而是转变为一个联结多元利益主体的"协调中心"与"价值创造的枢纽"。

人工智能引领的价值网络重塑，首要体现在企业运营模式的根本性转型上。在传统的价值创造链中，企业的生产和服务流程呈现出线性特征，从原料采购至产品销售，各个环节相互独立且按序执行。然而，通过大数据分析、机器学习及智能预测等技术手段，人工智能使得企业能够即时捕捉市场需求的动态，并依据各流程的反馈进行灵活调整，进而构建了一个高度适应性、互联的多边互动网络。在此类多边平台架构下，企业不仅依仗内部资源的优化配置，还经由融合外部供应商、合作伙伴、消费者及众多利益相关群体，共同营造了一个协同增值的生态系统。

以实例说明，人工智能技术通过提高供应链管理的智能化水平，能消弭传统企业与其外部供应商之间的壁垒，使供应链的运作不再局限于单向信息流，而是转变为多方向的动态协同过程。借助 AI 对供应链数据的即时解析，企业能够迅速辨明供应链环节中的制约因素或潜在风险，并携手供应商进行资源的优化配置。这一即时智能反馈系统促使企业及供应链各参与方在同一平台上协作运营，共谋面对市场变数的策略。此模式不仅增强了供应链的灵活性与响应速度，还有效削减了库存积压现象与资源的无谓损耗，整体上促进了价值链效能的提升。

人工智能技术在平台化业务运作中的融入，进一步促进了企业身份由"产品供应商"向"服务整合者"的转型。相较于依赖单一产品销售以获取直接收益的传统商业模式，平台化策略借助人工智能技术，使企业能够实施持续性服务供给，并依托多边参与者之间的动态交互，共创长远价值。以亚马逊为例，该企业利用人工智能技术，成功编织了一个覆盖全球卖家与买家的电子商务网络，构筑起一个规模宏大的交易平台。在此平台上，人工智能不仅通过智能推荐机制增强了用户体验，还借助数据分析工具，助力卖家提升了运营效能。因此，在这一模式框架内，亚马逊所扮演的角色超越了单纯的商品售卖者，转变为通过平台运维实现价值共创与分享的促成者。

人工智能引领的价值链网络重塑，也表现在企业与消费者关联的全新界定上。在既有的经营模式里，消费者位于企业价值创造链的末梢，企业经由商品销售完成与消费者的线性交流。反之，人工智能技术透过用户数据的智能化解析及行为预判，促成了企业与消费者之间的交互式沟通，进而强化了两者间的联系。尤其在平台化经营模式的框架下，消费者不仅担当着产品与服务的接受者角色，更成为企业生态体系内的关键一环，其行为数据与反馈直接作用于企业的产品研发、服务改进及运营策略的制定。得益于此，企业能即刻洞悉消费者需求的变动趋势，并依据这些信息来实施个性化的商品推介、灵活定价与服务调适，有效提升了消费者的融入感与忠诚度。

12.2.2. AI 驱动的运营效率提升与平台扩展

人工智能技术在平台化业务运作中的运用，不仅实现了对常规运作流程的自动化改造，还通过智能数据解析与优化算法的应用，促成了全面的运作效率提高。在传统的公司业务模式框架内，生产、物流、销售等部门工作常常处于割裂状态，部门间信息流通速率低效，这一状况直接引发了资源的非优化配置、效率提升的障碍及较高的运作成本问题。相反，人工智能技术凭借其在大数据处理、深度学习及即时分析领域的优势，能够对各个业务运作节点实施动态优化策略，从而在整体上极大地提高了运作效率。

人工智能在供应链管理领域的融入极大促进了资源调配的效能。过往的供应链管理模式依据历史资料与人工预判，时常难以迅速适应市场需求数量的变动，进而引发库存过剩或供给不足的问题。相比之下，人工智能技术凭借对动态数据的深度剖析，能更精确地预估市场需求趋势，并据此自动化调整制造规划及库存规模。举例而言，人工智能能够整合分析历史销售记录、气候模式变迁、宏观经济指标及消费行为等多种数据源，以预测未来的供需波动趋势，助力企业预先调适生产与供应链策略。这一前瞻性的分析显著降低了供应链内的变数，使企业得以在缩减成本的同时，提升供应链运行的效率。

人工智能引领的自动化技术对平台运营效能的提升作用显著。传统运营模式下，诸多任务高度依赖人力执行，不仅处理速度滞后，且易于发生差错。相比之下，人工智能通过自动化技术手段，在众多流程中成功实现人力作业的替代，有效减少了错误率，加速了处理进程。举例而言，基于人工智能的自动化仓储体系，借助机器人及智能算法的力量，完成了商品挑选、分类与打包等一系列动作的自动化，极大提高了仓储物流的运作效率。诸如亚马逊所部署的自动化仓库系统，便是融合了 AI 算法与机器人科技的典范，使其仓库能够以非凡效率处理数以百万计的订单，确保了连续不间断的自动化运营状态。

在平台化运营的场景下，人工智能通过改进资源的动态配置及供需平衡策略，增强了平台的扩展性能。相较于传统企业扩展时遭遇的资源与管理瓶颈，其随着业务量的增长，管理开销与复杂度攀升，导致效率递减。人工智能技术，凭借智能的资源调度与优化算法，保障了平台在扩张进程中维持高效状态。比如，人工智能能即时分析平台上的用户行为与交易信息，预判未来的使用高峰时段，依据这些预见性分析，灵活调配服务器资源、存储空间及网络带宽，确保存量高峰时服务依旧流畅，优化了用户体验。这一动态资源配置方法，既增强了运营效能，又减少了硬件资源的冗余，促使平台能够成本效益地实现大范围扩张。

在顾客服务领域内，人工智能技术显著增强了业务运作的效能。过往的顾客服务模式高度依赖人力客服团队，不仅处理速度受限，而且服务品质易受人为因素影响，波动较大。相反，通过利用自然语言处理（NLP）及情感分析等先进技术，人工智能能够构建起自动化服务体系，迅速响应消费者的各种需求，并且提供定制化的服务体验。[①] 例如，由 AI 主导的智能客服系统能够自动消化大量客户咨询，同时借助机器学习机制不断调整其应对策略。这一转变不仅缩减了企业于顾客服务板块的人力成本投入，还有效提升了消费者的满意程度及服务的整体质量。诸如阿里巴巴所部署的智能客服平台，在面对"双十一"等大规模促销活动时，能有效管理并解决潮水般的顾客询问，极大促进了服务效率的提升。

---

① 马俊月.基于人工智能的人事档案管理技术应用研究 [J]. 档案记忆,2024（05）.

人工智能还通过增强平台运营的透明度与决策速度，促进了平台的拓展。在典型企业环境中，决策过程大多基于高层管理人员的经验判定，且信息流转环节多，这常引发决策的延时与偏差。相比之下，人工智能技术利用即时数据分析与智能化决策辅助系统，使管理者能及时把握平台运营动态，并依据数据做出更为精准的决策。比如，人工智能能通过剖析平台上多元运营数据，发现诸如订单处理延缓、用户流失加剧等问题，并自动生成应对策略建议，助力管理层迅速反应。这种依赖数据的决策模式，不仅增强了管理效能，还赋予企业更高的市场变动适应力，为平台的进一步扩展提供了动力。

12.2.3. AI 推动的创新生态系统构建

在企业向平台化运营模式转型的进程中，人工智能不再局限于技术辅助的角色，而是跃升为激发创新生态建构的关键驱动力。以往，企业的创新路径呈现出封闭性特征，侧重于内部研发主导，这种模式在一定程度上抑制了企业吸纳外界创新资源的潜能，同时也难以实现创新速率与市场实际需求的同步匹配。反之，AI 技术经由搭建开放的技术服务平台与智能化协作工具，极大地促进了企业与外界创新势力的紧密融合，共同塑造了一个开放性、动态化及协作导向的创新生态系统框架。

由 AI 引领的创新生态体系，首要表现在企业借助公开的 AI 平台及工具，招揽外界开发者、合作单位与其他利益关联方共同投身于创新流程之中。相比之下，传统企业创新通常以内设研发团队为依托，其创新的速度与路径受制于企业内部资源与能力的局限，导致创新范围相对狭小。而在采纳 AI 平台化经营模式后，企业透过公布 API（应用程序界面）与 SDK（软件开发工具包），为外界开发者铺设了利用其 AI 技术的桥梁。这一开放式的创新平台不仅拓宽了企业的创新范畴，还经由融合外部的创新势力，构建了一个多边合作的创新网格。以谷歌的 TensorFlow 平台为例，该平台作为 AI 开放生态系统的一个经典实例，通过对外开放其 AI 开发架构，不仅汇聚了全球开发者群体的应用，还经由这一开放平台收获了丰硕的外界创新成果，这些成果进一步促进了谷歌 AI 技术水平的跃升与业务领域的拓宽。

在这一发展进程中，人工智能技术经由数据共享与智能协作工具的应用，显著增强了创新生态系统内的合作效率。数据作为创新的根本要素，传统企业模式下的创新活动主要建立在企业内部数据资源的基础之上，而外部创新参与者获取充足数据以支持有效创新面临障碍。人工智能技术，通过高级的数据管理和治理体系，促成了企业数据的开放共享。借助隐私计算、联邦学习等先进技术构建的数据共享模式，在确保数据隐私与安全的同时，企业能够与各利益相关方共享数据资产，为跨企业、跨界别的协同创新提供了强有力的驱动力。以联邦学习为例，这一分布式机器学习模型允许多个实体在不暴露原始数据的前提下共同训练AI模型，对于医疗、金融等对数据隐私保护有严格要求的领域尤为重要，其有效打破了数据孤立状态，加速了跨企业界限的创新合作进程。

由AI引导的创新生态体系，通过智能化协作工具的运用，增强了创新流程中的效能与合作成效。在传统的创新模型里，企业与外界合作者之间的合作多半依靠人工沟通及调节，这种方式不仅效率低下，还易于产生信息不对等的问题。相比之下，AI技术经由诸如智能合约、智能化项目管理软件等工具的实施，达成了创新环节中的自动化管控与即时反馈功能。这不仅促进了创新合作的高效性，还借由数据导向的决策辅助，协助企业及其合作者适时调整创新战略，保证创新项目沿最佳路径推进。

人工智能驱动的创新型生态体系正通过催化跨领域的技术整合，孕育出大量跨界创新机遇。在传统的行业背景下，创新活动多囿于本领域的技术范畴之内，难以实现实质性的跨领域技术融合。相比之下，人工智能技术作为一项普及化的创新利器，成功打破了行业壁垒，促进了不同领域间的技术交流与创新合作。诸如医疗、金融、零售等诸多行业，均见证了AI技术的广泛应用，而借助AI平台整合这些跨行业的技术资源，进一步激发了跨界创新的无限可能。举例而言，金融科技公司通过将AI技术与医疗领域的数据资产相结合，创新开发出基于个人健康数据的保险解决方案，此类跨界的创新实践不仅增强了产品的市场占位优势，还经由技术的深度融合，提升了产品的创新特质与差异化竞争能力。

12.2.4. AI 驱动的用户体验个性化与平台价值提升

在当前企业平台运营的战略布局中，个性化用户体验已跃升为核心竞争要素，其中人工智能技术扮演了无可替代的角色。过往，企业多依赖于标准化的产品及服务模式来进行用户体验设计，这难以应对市场日益增长的多元化与个性化需求。反之，人工智能通过运用大数据分析、深度学习及智能化推荐等先进技术，助力企业极大程度地实现了用户体验个性化，继而强化了用户忠诚度与平台的综合价值。

人工智能引导的用户体验个性化首要体现在深入探索及智能解析用户行为数据之上。过往的用户体验改善策略主要基于定期的市场研究与用户回馈，此方法获取信息的时效性较差且覆盖范围有限，难以实时追踪用户的动态需求变化。相比之下，人工智能技术通过综合分析用户的行为模式、社交互动信息及消费趋势等多个数据层面，能构建出用户的全面形象描述，进而精确捕捉到用户的个性化偏好。借助深度学习机制，对用户过往行为模式的训练使得预判用户需求的变动成为可能，企业因此得以在用户明确提出需求之前，就预先提供量身定制的产品与服务，营造出一种"先见性"的用户体验。这种超前的服务模式，不仅大幅度提高了用户的满意程度，也强化了用户对于平台的黏性与忠诚度。

比如，Netflix 运用人工智能技术，通过对用户观看记录、评分及偏好的深入分析，向用户推送量身定制的影视推荐。该系统不仅能够精确推测出用户可能感兴趣的作品，还能够依据用户的观看模式，实时调整推荐内容的编排与优先级。这种立足于人工智能的个性化推荐机制，有效增强了用户在平台上的活跃度与持续使用意愿，并经由连续的数据反馈循环，不断优化推荐算法与服务内容，构筑了一种用户体验正向增强的机制。

此外，人工智能亦通过融合增强现实（AR）与虚拟现实（VR）等先进技术，对用户的个性化体验进行了深度优化。相比之下，传统的在线购物平台在用户体验上往往停留于商品的静态展示及基本描述层面，难以充分适应用户对商品多角度认知的需求。而今，借助 AI 与 AR/VR 技术的联袂，用户能够享受到一种身临其境、高度互动的产品体验模式。一个典型例证便是由 AI 技术支持的虚拟试衣间，该技术巧妙整合了消费者的体型测量数据与商品详情，使消费者在实际购买前就能获得接近真实的穿衣效果预览，极大增强了购物过程中的直观感受。这种创新性的沉浸式个性服务，不仅显著升级了用户的消费旅程，还通过加深用户与平台间的交互频度，有效促进了用户黏性的增强与交易转化率的提升。

人工智能引领的用户体验个性化，在智能与实时客户服务领域的表现尤为显著。过往的客户服务模式高度依赖人力，不仅效率受限，个性化服务的范围也相对狭窄。相比之下，人工智能经由自然语言处理、情感分析等先进技术的应用，为用户提供了一种更为智能化、个性化的服务体验。比如，一个由 AI 驱动的智能客服系统能深入挖掘用户的历史交互数据，前瞻性地辨识潜在问题，并据此定制个性化解决策略。这一智能化介入不仅加快了服务流程，还借由缩短用户等待时长的手段，显著增强了用户整体的服务感受。此外，AI 技术还能敏锐捕捉用户交互过程中情感的微妙变迁，并依据用户的情感反馈灵活调适服务策略。遇到用户情绪不佳的情境，AI 客服系统能自发调整交流策略，采取更加贴心、共情的沟通方式，有效缓解用户的负面情绪，这种情感智能融合的个性化服务进一步提高了用户的满意程度及忠诚度。

由人工智能支持的用户体验个性化策略，不仅强化了用户满意度及提升了平台的活跃用户基数，还通过深化用户忠诚度与扩大网络效应的双重机制，促进了平台整体价值的提升。在采纳平台化运营架构中，网络效应被视为衡量平台竞争力的关键指标之一，本质在于平台价值随用户量的增长及参与深度的增加而呈正向发展。人工智能技术经由实现用户体验的个性化定制，有效促进了用户与平台的深入互动与长期留存，催生了用户与平台间互惠互利的正向反馈环。这一进程中，用户群体的扩容直接带动了商家与服务供应商的入驻数量，共同推高了平台的总体价值。举例而言，亚马逊借助其个性化商品推荐系统与智能客服体系，显著优化了消费者的购物体验，吸引大量新用户与商户涌入其平台，构筑了一道坚固的网络效应壁垒。

人工智能引领的用户体验个性化策略，为平台注入了更强的市场竞争力及独特优势。在当下的激烈市场竞争格局中，企业赖以生存的核心竞争力已不再单一依赖于产品特性和价格优势，而更多体现在能否提供超越常规、深具个性化的用户体验。借助人工智能技术的力量，平台能够精准地为每位用户定制符合个人偏好的产品与服务，这一举措极大增强了平台的竞争壁垒。相较于过往的标准化服务模型，由 AI 赋能的个性化服务模式，在提升用户满意度的同时，通过深化用户的参与度与交互体验，进一步巩固了平台在行业内的领先地位。

12.3 新兴科技公司与传统企业竞争的博弈

12.3.1 技术驱动的竞争优势：新兴科技公司的快速迭代能力

在新锐科技企业和传统行业巨头的竞争较量背景下，技术更新的速率与适应变化的能力成为新锐科技企业尤为突出的竞争优势之一。尤其是那些活跃于人工智能、大数据及云计算等先进科技领域的公司，普遍展示出更加快速且灵活的技术研发与应用实践。这一优势依赖于其轻便化的组织结构、对科研投入的高度重视，以及创新思维的深刻融入，使这些企业能够迅速完成从技术探索到市场实践的整个链条。

创新科技企业的技术更新极大程度上受益于其灵动的组织框架。相较于传统企业，这些新兴企业倾向于实施平面化管理模式，此结构不仅削减了决策层次，缩减了信息流通的路径，还促成了技术部门与运营部门间的直接沟通与合作，由此加速了技术的创造与实践进程。相比之下，传统企业常常背负着多层次的管理体系，决策流程较为烦琐，致使其在技术研发至市场实践的转换中显得迟缓且效率低下。反之，新兴科技企业凭借跨功能团队的协同作业，在技术开发的各个阶段实现了无间断的对接，这不仅为技术创新按下了加速键，也有效减轻了失败的代价。这种组织形式的灵活性赋予了新兴科技企业快速洞悉市场动态的能力，并能通过技术的持续革新，敏捷地调整其产品与服务以贴合市场需求。

新型科技企业在技术开发与实践领域的深切倚重，进一步加速了其迭代升级的动态进程。人工智能、大数据等先进技术，其本质特性决定了它们具备的强大学习及自我优化功能。这些企业通过连贯地搜集、处理及深入剖析用户数据，采纳机器学习策略来不优化其产出与服务。这一数据引导的技术革新路径，不仅促进了产品的用户互动体验跃升，也确保了新型科技企业在行业内的技术前沿地位。相比之下，传统企业在技术实施上的滞后性，根源于其商业模式的定型化及对现有市场份额的过分依赖。其技术研究与开发多采取渐进式改进策略，难以迅速实现革命性技术的跨越。故而，即便传统企业坐拥丰富的资源与广泛的市场占有率，但在技术更新的速度层面，显著落后于新型科技公司。

新型科技企业的迅速迭代优势，很大程度上归功于其创新文化的核心渗透。尤其是初创阶段的科技公司，普遍采纳了以"快速尝试，勇于犯错"为精髓的创新理念。这种文化氛围容许企业在追求技术突破的过程中遭遇失败，却能借由频繁的测试与循环反馈机制，持续优化技术方案。相较于传统企业环境中"不容失败"的保守风气，新兴科技公司展现出了截然不同的态度，而后者常常因内部文化的局限性抑制了创新能力。正因如此，这些新兴企业能够依托不停歇的技术实验与版本更新，敏捷地识别市场需求的缺口，并通过技术革新直接应对这些挑战，从而在激烈的市场竞争中赢得先机。

新型科技企业的广泛采纳开源技术及外部技术资源，成为其加速迭代进程的关键驱动力。相较于传统企业偏重内部研发或第三方供应商技术支持的做法，这些新兴企业通过采纳如 TensorFlow、PyTorch 之类的开源 AI 平台及工具，得以迅速吸纳最新技术成果，并在此基础上推进创新。此种技术共享模式不仅削减了研发开支，亦显著增强了技术开发与应用的时效性。相比之下，传统企业在技术采纳上显现更为保守的姿态，由于对数据保护、知识产权等因素的考量，它们更偏好采用内部独家开发的技术，而这种技术封闭策略无疑限制了其在技术更新与灵活应变方面的能力。

新型科技企业在资源配置策略上显著加速了其技术更新的步伐。相较于传统企业通常侧重于短期内利润最大化的资源配置模式，且技术研发的资金投入常受限于严格的财务业绩考核，新兴的科技公司，特别是科技初创业界，得益于风险资本在初期阶段的有力扶持，能够无须过分顾虑短期财务回馈，而大量注入资源至技术研发领域。这一持久性的资源投入模式，促使这些科技新秀快速实现技术上的飞跃，并保证了在市场需求变动时能敏捷地做出技术调整与迭代反应。

12.3.2 数据资产的价值挖掘与商业模式创新

在新科技企业与传统业态的竞争格局中，数据资产的深度开发及商业模式的革新构成了新科技企业实现超越的核心要素。随着人工智能技术的深入渗透，数据已跃升为企业最关键的资源之一。新科技企业通过挖掘大量数据并实施智能化解析，从中提炼出独一无二的商业价值，进一步利用这些深刻见解引导商业模式的创新路径，从而在市场博弈中占据有利位置。

相较于传统企业将数据视作运营衍生品，主要用于辅助现有业务流程改进及管理层决策，新兴科技企业展现了一套迥异的数据资产利用策略。这些创新型企业把数据视为发展的关键要素，借助人工智能技术实施数据的深度开采与分析，推动了商业模式的根本性转型。这种围绕数据构建的新型商业模式，颠覆了传统企业依赖产品与服务收益的模式，而是通过发掘数据的内在价值，开辟了额外的盈利渠道。

创新科技企业凭借数据导向的定制化服务，重塑了产品开发与市场营销的传统模式。在过去，产品开发通常依据市场研究及消费者意见进行，此方法不仅成本昂贵，亦难以迅速适应市场需求的动态变化。相比之下，新兴科技企业运用人工智能技术实时收集并解析用户行为数据，得以精确预判用户需求，进而在这一基础之上提供高度个性化的商品及服务体验。这种依赖数据进行个性化服务的策略，显著增强了用户体验的满意度与忠诚度。以 Netflix 为例，该公司通过解析用户的观看行为数据，运用 AI 算法为用户定制个性化的影视推荐。这种数据支撑的推荐机制，不仅有效提升了用户的持续参与度，还借由优化内容供应链管理，达成了内容的精确推送与资源配置的高效利用。

创新型科技企业凭借其数据资产的优势，开创了动态定价与需求预估的新策略。相比之下，传统企业的定价模型多建立在市场调研及过往销售记录的基础之上，定价机制相对固化，难以实现即刻变通。这些新兴企业则通过人工智能技术对流动数据的深入剖析，能够灵活地调整商品价格，以此达到市场效益的最大化。诸如 Uber 与 Airbnb 等共享经济先驱，正是运用了 AI 算法定位当前的供求态势来实施动态调价，这一做法不仅促进了资源的高效配置，也显著增强了平台的盈利潜力。尽管传统行业也在探索运用数据分析来优化定价策略，但因受限于数据处理设施的不足，很难达到与这些科技新秀相媲美的精确度与响应速度。

新型科技企业通过深化数据挖掘的实践，有力地驱动了商业模式的革新与转型进程。相较于传统企业中数据应用多局限于内部运营改善与策略辅助的情况，这些新兴企业则通过数据的开放共享与交易机制，开辟了前所未有的商业机遇。具体而言，众多科技企业构建的数据交易平台，使他们所搜集的用户数据能够与外部第三方公司实现共享或销售，进而催生出新的盈利模式。这一数据市场的构建，打破了以往企业间数据使用的封闭状态，促使数据成为跨企业流通与交易的关键性资源。

特别值得关注的是，当新兴科技企业在执行数据挖掘及探索商业模式创新路径时，往往重度依赖其深厚的技术实力，尤其是数据分析、机器学习及自然语言处理等关键技术领域所累积的专业知识。[①] 借助人工智能技术的融入，这些企业能够高效地对大规模数据实施即时处理与深入剖析，从中抽取出对商业策略制定极具意义的信息。此类信息不仅助力企业内部流程的优化升级，同时也开辟了新商机与市场洞见的视野。以电子商务平台为例，通过细致挖掘用户的浏览历史、消费行为及反馈评价，平台能精确预判市场走向，并基于此调整商品供应链策略与营销方向。这种依赖于数据的商业模式革新显著增强了企业的市场适应敏捷度与决策精确性。

---

① 朝乐门，肖纪文，王解东. 数据科学家：岗位职责、能力要求与人才培养 [J]. 中国图书馆学报，2021，47（03）

12.3.3 资本与技术整合：新兴科技公司获得的风险投资支持

在新科技企业与传统业态的竞争格局中，资金与技术的紧密融合成为前者迅速崭露头角的关键驱动力。风险投资（Venture Capital，VC），作为资本市场的重要一环，承担着为这些新兴科技企业提供资金援助、催化其科研进展与市场渗透的重任。得益于风险投资的注入，这些新兴企业不仅能够高效聚集丰厚资源以实现技术飞跃，还能够在较短时间内完成规模扩张，从而在与传统企业的较量中赢得先机。

风险资本的融入为新兴科技企业注入了充沛的资金血液，使之得以在技术探索的前沿领域进行大胆的投资。人工智能技术的探索尤其依赖巨额资金的支撑，特别是在深度学习算法、自然语言处理技术及计算机视觉等范畴，创新算法模型的构建与大规模数据集的训练均需高昂的运算资源及人力成本。[①] 相比之下，传统企业在技术探索方面的资金配置，常受限于短期内的盈利目标，而对于回报周期偏长的人工智能项目，往往难以维持高额度资金的连续输入。在此背景下，新兴科技企业得益于风险投资的扶持，得以挣脱短期经济压力的枷锁，将大额资本灌注于尖端科技的探索与开垦之中，从而在技术革新层面实现迅速的飞跃。

风险投资的扶持远超资金范畴，它涵盖了对新兴科技企业技术策略的引领及资源的优化配置。此类投资机构通常具备雄厚的业界资源与扎实的技术底蕴，能够为新生科技企业提供极具前瞻性的扶持，助力其构筑长期的技术发展战略。比如，众多风险投资企业通过与高等教育机构、研发组织、技术交流平台构建合作网络，为新兴企业注入尖端技术研发的驱动力与创新资源的互通渠道。这一资本与技术的深度融合，不仅催化了新兴科技企业在技术革新上的飞跃，还使得它们在技术路径的抉择上更为精确，有效规避了因技术导向偏差而引发的资源虚掷问题。

风险资本的介入显著缩减了新兴科技企业从研发技术到实现市场应用的时间跨度。相较于传统企业，在新技术开发与实践过程中常遭遇烦琐的审批程序及多

[①] 贾鑫，郝春娜. 搭乘 AI 顺风车，探寻培训更多可能 [J]. 人力资源，2024（13）.

层次组织架构阻碍，致使其较难迅速将技术革新转变为市场优势的情况，得到风险资本扶持的新兴科技企业，则能够采纳"敏捷迭代"的方法论，加速技术创新的商品化进程。风险投资机构倾向于怂恿这些新兴企业采取进取性的市场渗透战略，哪怕技术完善度尚未达到100%，也要把握市场先机，抢占滩头。此类战略固然蕴含较高风险，但面对日新月异的市场环境，新兴科技企业借由首发创新产品与服务，能快速占据市场份额，并在白热化的行业竞争中构建起技术屏障，此点尤为关键。

风险资本的注入为新兴科技企业开辟了广阔的并购途径。众多新兴科技企业透过对技术创新型企业或关联技术平台的并购，实现了自身技术实力与市场份额的快速增强。借助风投资金的强有力支撑，这些企业在技术并购活动中展现出显著的资金优势，得以在短时间内高效整合技术资源。比如，谷歌经由收购深度学习领域的企业 DeepMind，迅速巩固了其在人工智能领域的领头羊位置。相比之下，尽管传统企业坐拥充足的资金储备，但其决策层次的繁复及投资审批程序的漫长，常使它们错失了吸纳技术创新企业的黄金时机。

风险投资的参与不仅催化了新兴科技企业在技术层面的进步，还加快了这些企业向全球范围扩展的节奏。众多风险投资机构凭借其跨国界的特性，通过向新兴企业提供跨越国界的资源支持，促使其迅速打入国际市场。在此推动下，新兴科技企业得以利用资金的优势，在全球范围内迅速构建研发基地、铺设销售网络并建立合作关系，进而以较短的时间跨度实现在全球市场的布局。相对而言，传统企业在推进全球化进程中，往往会因自身庞大的组织架构而受限，难以敏捷地适应全球市场需求的快速变动。

12.3.4 组织文化与创新机制的差异：传统企业的转型挑战

在新兴科技企业和传统产业的竞争格局中，组织文化的特色及创新机制的有效性成为衡量双方竞争力的核心要素。新兴科技企业往往将创新视为驱动力，其企业文化着重于敏捷应对市场动态、灵活调整战略方向，并秉持着容许失败、鼓励快速尝试的"试错迭代"理念。相比之下，传统企业则常遇到科层结构繁复、决策过程迟缓及创新能力固化等问题，这些内在制约因素限制了它们在人工智能技术革新与市场变迁环境中的适应速度，从而在竞争舞台上处于相对被动的位置。

相较于成熟企业，新锐科技企业在组织结构上展现出更高的平面化特性，决策链条短缩、信息流通敏捷。这一结构性优势促使新锐科技企业能快速感知市场动态，并将第一手市场信息无缝对接至技术革新与产品研发团队，加速产品的迭代进程。相比之下，传统企业的组织规模庞大、管理层级繁复，不可避免地延长了信息传导与决策周期，即便高层能敏锐洞察市场变迁的急迫性，决策执行亦须历经多级审批流程，时常延误市场良机。同时，传统企业中，中层管理者更多聚焦于本部门短期业绩指标，相对忽视企业宏观战略目标，这一现象成为创新实践过程中的又一障碍。

在创新策略层面，新兴科技企业构建了一种以宽容失败、激励创新为基石的企业文化，使之能高效地实施技术试验与市场验证。众多此类企业通过设立内部孵化平台、创新研究室等机制，激励员工贡献创意，并配以充足的财政与物质支持。这种强调灵活性的创新模式，使新兴科技企业能在研发进程中广泛实践试错法，并能敏捷地调整战略以贴合市场诉求。相反，传统企业的创新路径常常受限于其内在的保守文化氛围。这些企业的高层管理更倾向于保护既有的运营模式和市场份额，对于创新项目，其预算与资源调配则受到严谨的财务管理制约，从而阻碍了突破性创新在企业内部获得实质性的扶持。

在人力资源管理和激励策略层面，传统企业普遍表现出灵活性不足的问题，这一状况间接制约了它们在技术革新领域中的竞争力。相比之下，新兴科技企业借助其扁平化管理模式与包容性的创新文化氛围，成功吸纳了大量掌握最前沿科技知识的青年才俊。这些企业采纳诸如股权激励计划、开放式办公空间及弹性工作制度等多元化措施，有效调动了员工的创造力与工作积极性。反观传统企业的激励体系，大多仍固守于基本薪资与业绩评估的框架内，未能充分激发员工的创新行为。此外，传统企业的人力资源管理体系倾向于强调职位稳定性与层级晋升路径，这一特点无形中限制了富有创新意识和技术专长员工的职业成长速度，成为人才外流的一大诱因。

在传统企业中，实现文化革新与组织重构的任务面临着复杂而艰巨的挑战。首先，企业文化转型常遭遇来自企业内部的显著阻碍。许多中高管理层人员在既定经营模式中拥有稳固的利益基础，对于可能引发剧变的创新举措持有审慎保留的态度，担忧这些变化会对现行业务构成威胁，进而短期内对企业的财务状况产生不利影响。这种维护现状的管理心态，无疑增加了文化改革推进的难度。另一方面，外部市场环境的快速变迁也为传统企业的组织转型带来了额外压力。为了顺应市场需求的不断演变，企业必须灵活调整其组织结构与业务策略，而传统企业，因规模庞大且利益关系错综复杂，难以在短时间内顺利完成这一系列转型过程。

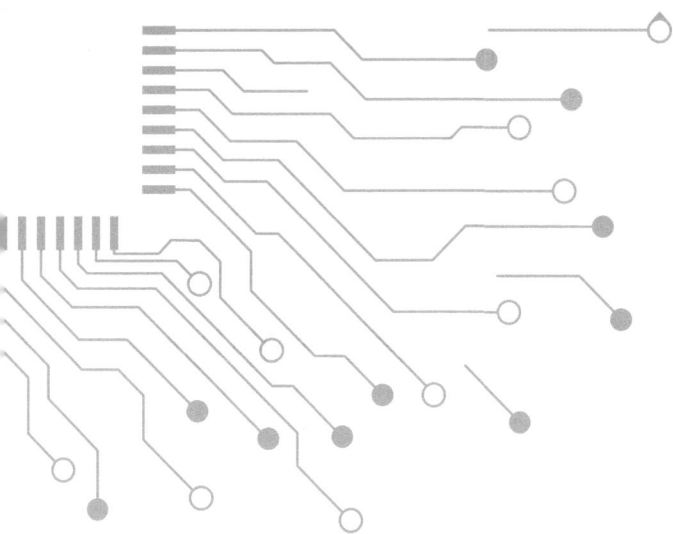

第五部分

AI 的未来展望与管理思考

13. AI 技术的未来走向与企业运营的长期影响

13.1 人工智能的未来技术趋势：从深度学习到 AGI

13.1.1 深度学习的技术边界与未来优化路径

深度学习，作为当代人工智能技术的关键支柱，在近十年间实现了长足进步，尤其在计算机视觉、自然语言理解和语音辨识等领域的应用中表现突出。然而，随着其应用范围的不断拓宽，深度学习的技术局限性也日渐显露，这对技术的后续推广构成了障碍，并向企业抛出了如何高效利用该技术以应对未来挑战的问题。为了促进深度学习技术的深层次演进，科研人员必须从多维度着手改良，涵盖模型复杂度的优化、数据利用效率的提升、计算资源的合理配置，以及算法可解释性的增强等方面。

深度学习领域面临的一项重大挑战在于其对庞大数据集的强依赖性。当前主流的深度学习模型，特别是那些构建于卷积神经网络（Convolutional Neural Networks，CNN）与变压器（Transformer）架构之上的模型，往往要求大量的标注数据以完成训练过程。这种对大数据量的渴求，不仅提升了数据采集及标注的经济成本，同时也制约了模型在数据资源有限环境下的应用潜力。因此，探索减轻对大规模标注数据依赖性的途径，已成为推动深度学习进步的重要议题。自我监督学习（Self-supervised Learning）与少量样本学习（Few-shot Learning）作为新兴技术，为解决这一难题提供了可行路径。自我监督学习通过挖掘未标注数据内部的结构信息，使模型能够在无须广泛人工标注的条件下提取有价值特征；而少量样本学习致力于在极少量标注样本上训练模型，确保其能迅速适应新情境。

随着这些技术的持续演进，预示着深度学习模型在应对数据匮乏情况时的性能将实现显著提升，为各行业降低数据获取门槛及成本开创广阔的价值空间。

深度学习领域面临着由计算资源密集型特性所带来的技术障碍。诸如 GPT-4o、T5 之类的大型深度学习模型，常规上要求在数百乃至数千个 GPU 的规模上开展训练作业，这一需求不仅推高了训练的经济成本，同时也制约了此类模型的广泛部署与应用潜力。鉴于此，未来的科研导向将更加侧重于模型的精简与效能提升策略。在此背景下，模型蒸馏（Model Distillation）和剪枝技术（Model Pruning）成为两项关键的优化技术。前者通过将大规模模型的智能精髓浓缩至小型模型内，有效降低了计算的复杂程度；而后者则是通过移除神经网络中非关键性的连接，实现模型计算负载的减轻。这些技术的持续演进，预示着深度学习模型将在保持高性能表现的同时，大幅度削减对计算资源的依赖，为各行各业带来更加经济且高效的智能化解决方案。

另一个核心技术挑战聚焦于深度学习模型的可解释性问题。当前的神经网络体系，尤其是深层神经网络（DNN），常被喻为"黑箱"其在多任务中展现出卓越性能的同时，决策背后的逻辑却显得模糊不清。这对企业构成了严峻考验，特别是在金融、医疗等强监管领域，决策过程的透明度及可解释性至关重要。展望未来，研究的前沿将致力于构建可解释神经网络模型以及开发能揭露模型内在运行机制的工具。举例而言，注意力机制与可视化技术已成为增强模型可解释性的两大利器。[①] 前者借由标示模型决策中予以重视的数据片段，增强了决策的透明度；后者则深入浅出地展示模型各层次特征抽取的过程。这些技术的持续精进，旨在使深度学习不仅在性能领域保持霸主地位，亦能满足业界对于透明度与可解释性的迫切需求。

深度学习领域中，鲁棒性问题构成了当前技术进步的前沿挑战。面临对抗性攻击时，深度学习模型常展现出其敏感性和易受干扰性。对抗性攻击这一策略，

---

① 王昊冉，杨敏敏，王泽源，白亮，于天元，郭延明. 基于三维人脸数据增强的深度伪造检测方法 [J]. 网络安全与数据治理，2023，42（09）.

通过在输入数据上施加细微且难以察觉的变化，诱导模型得出错误结论，体现了其欺瞒性。形象来说，在执行图像分类时，即使是对图像像素的轻微调整，也可能导致一个原本准确分类的图片被模型误判。这类敏感性无疑制约了深度学习模型在高安全标准环境下的运用范围，涉及自动驾驶技术、金融诈骗防范等领域。鉴于此，研究学者已探索多种加固模型鲁棒性的策略，比如对抗性训练法——该方法通过整合对抗样本进入训练数据集，使模型习得对微扰的抵御能力；以及鲁棒性优化策略，它侧重于调整模型的损失函数，强化其在不确定性情境下的稳定表现力。展望未来，随着这些技术的日益精进，企业将能更安心且高效地部署深度学习模型，尤其在那些至关重要的业务实践环节中。

13.1.2 多模态学习与跨领域 AI 技术融合

随着人工智能技术应用的逐步深入，单一模式的 AI 解决策略日益难以应对企业日益增长的复杂需求。在企业的日常运营活动中，经常会遇到类型多样的数据资料，涵盖文字、图像、音频、视频等，这些数据源自多样化的业务流程与应用场景。传统 AI 模型的局限在于仅能处理单一类型的数据，这无疑限制了其在复杂情境下的灵活性与效能表现。因此，多模态学习（Multimodal Learning）作为一种新兴技术，能够并行处理多种类型的数据信息，正逐步成为驱动 AI 未来发展的关键路径。该技术通过整合多个数据渠道的见解，为企业的决策制定提供了更为周全与精确的支持，显著增强了 AI 系统的智能维度与实用价值。

多模态学习的本质在于探讨如何高效整合各类型数据模态，使模型得以从多元视角抽取有价值特征并实施综合性评估。以自动驾驶技术为例，车辆不仅要借助摄像头捕获的视觉输入，还需融合雷达与激光雷达（LiDAR）等传感设备的信息，以全方面监控周遭环境的实时变迁。这种跨模态数据融合机制，促使 AI 系统在理解复合情境方面的能力得到显著增强，进而在决策过程中展现出更高的精确度与安全性。在商业领域，多模态学习技术拥有广泛的应用潜力，涵盖客户关系管理系统（CRM）、供应链管理体系优化及市场策略规划等多个层面。具体到 CRM 应用上，企业能够汇总客户的文本评价、语音交流记录及线上行为模式，构建出层次更丰富的客户画像，为个性化服务建议与精细化营销策略提供坚实基础。

多模态学习领域所面临的技术障碍同样值得深切关注。首要挑战在于，各模态数据特有的属性及其携带的噪声，如何在整合这些异质信息的过程中实现净化，构成了技术推进的轴心难题。展望未来研究趋势，将愈发侧重于构建高效率的模态匹配（Modality Alignment）策略，旨在跨不同模态数据发掘共通的特征表述，赋予 AI 系统以强大的能力，在多源模态数据间自如地交换与集成信息。此外，跨界模态注意力调控机制（Cross-modal Attention Allocation）预示着攻克此难题的另一重要途径，该机制使得模型能灵活调节跨模态间的信息关注度，聚焦关键信息以优化决策过程。这些前沿技术的演进，无疑将促进企业更高效地驾驭复杂多变的多模态业务信息，进而增强运营流畅度与决策精准性。

除多模态学习外，未来技术发展趋势中的一个重要方面是跨领域人工智能集成（Cross-domain AI Integration）。当前企业运营模式倾向于构建由多个自成体系的业务板块构成的生态系统，诸如供应链管理、市场推广、人力资源管理和财务控制等。尽管这些业务板块内已嵌入了各自的 AI 应用，但由于缺乏一个统一的 AI 架构和数据流通平台，部门间协同作业和全局最优化策略实施面临挑战。展望未来，AI 技术将着重于打破领域壁垒，通过将各业务板块的 AI 系统互联互通，共同搭建一个综合性的智能管理体系。比如，供应链环节的 AI 分析可与市场推广的 AI 预测模型交换数据，进而实现从需求预估至供应链调配的全链条智能优化管理。这一跨界 AI 融合策略，不仅极大促进企业运营效能的全面提升，还为企业在复杂多变的市场竞争中提供更为周全的决策辅助，巩固其竞争优势。

为了促进人工智能技术在不同领域的高效整合，未来的科研导向将侧重于统一的 AI 架构与数据共享机制的研发。其中，联邦学习（Federated Learning）作为一种能够在确保数据隐私性的基础上实施多方位协作训练的方法，正逐渐成为跨领域能够 AI 技术融合的关键手段。借助联邦学习，各企业实体能实现在各部门间流通数据模型而不直接传递数据，同步推进 AI 系统的效能升级与数据安全及隐私保护。这一点对于那些极度重视数据隐私防护的行业，例如金融业与医疗保健业，显得尤为关键。透过联邦学习的应用，企业能够构筑起跨越组织界限、联结多领域的智能系统，全面赋能企业的智能化转型进程。

13.1.3 狭义人工智能（ANI）向通用人工智能（AGI）的技术发展路径

当前人工智能的研究主流聚焦于狭义人工智能（ANI）领域，这一领域涉及的是为特定任务或专业领域设计的智能系统，它们在各自领域能展现出超群的能力与高效性。比如，卷积神经网络（CNN）在图像识别上的应用，以及变压器模型在自然语言处理中的使用，均是狭义人工智能技术具体实践的范例。然而，这些系统的功能存在局限，无法灵活跨越至其他领域应对多元化任务，也不具备自我学习与泛化推理的能力。正因如此，在处理复杂多变的商业场景时，现今的AI技术难以满足企业对广泛适用性解决方案的需求。于是，追求通用人工智能（AGI）成为AI研究的至高目标，而实现这一目标的过程本身，便是技术发展中的一大难关。

限定于特定领域数据与任务的狭义人工智能，其局限性显著。即便是最先进的深度学习算法，亦无法脱离大规模、针对性强的数据集支持，这对于在特定领域展现高效智能行为至关重要。例如，AlphaGo在围棋领域所展现出的超越人类的棋艺，一旦跨越至其他诸如金融预测或自然语言处理的领域，其性能将大幅度下降。这种局限于特定领域的特性，不仅制约了人工智能在跨行业应用中的灵活性，也迫使企业在实施AI战略时，必须为各自业务场景定制开发及训练独立的模型，此过程无疑加剧了系统架构的复杂度与部署的经济成本。

为了促进从ANI向AGI的技术发展进程，科研人员正致力于探究多条可行的路径。首先，元学习（Meta-learning）被广泛视为达成AGI的关键策略之一。该方法的本质在于教导AI系统掌握"学习之道"即通过综合多个任务的学习经历，使模型得以迅速应对新任务，无须额外承受大量特定任务数据训练的重负。凭借元学习机制，AGI能够获得跨领域能力的学习优势，降低对特定领域数据的依赖性。这一进展对企业运营的意涵在于，AI 系统将展示出更高的变通性和反应速度，确保其在遭遇各类业务情境时能即刻调整策略，全面满足多变的业务需求。

另一种备受学界瞩目的技术途径是强化学习，特别是其分支——深度强化学习（Deep Reinforcement Learning，DRL）所取得的一连串理论与实践成果。该方法通过在虚拟环境中的行动与回馈机制，使 AI 得以在变幻莫测、充满不确定性的场景下做出决策并持续学习。尽管现行的强化学习技术已在多个领域，诸如电子游戏、无人驾驶等，展现出卓越性能，但它面临的挑战在于高度依赖特定环境设置及训练环节中显著的计算资源消耗。展望未来，若要达成通用人工智能（AGI）的愿景，强化学习体系必须演化出更强大的泛化能力，确保其能在多样化的环境下自我调整并优化，进而在多任务、跨场景的应用中实现通用性。对于企业而言，这意味着由强化学习引导的 AGI 系统，将在错综复杂的市场生态中自主优化经营策略，减少人力介入的需求，从而增强企业的运作效能与竞争优势。

除却元学习与强化学习领域，认知架构作为通往人工通用智能（AGI）的关键路径之一，正吸引着日益增多的研究关注。该领域致力于复刻人类的认知模式，旨在通过创设具有广泛认知能力的 AI，使之能够执行感知、推断、学习及存储等多种高级功能。当前，诸如 Cogent、ACT-R 之类的认知架构已被学界初步探索，这些架构尝试通过集成多元的认知组件，共同构筑一个支撑普适智能的综合体系。尽管这些前沿架构仍处于实验验证阶段，它们无疑为人工通用智能的理论建构与技术实现铺设了基石。从企业应用的视角审视，由认知架构赋能的 AGI 系统，预示着决策自主性将达到新高度，能够在错综复杂的商业生态中展开多层面的解析与逻辑推演，为企业的智能化运营管理带来革新性的支持力量。

13.1.4 可持续性 AI 与绿色计算技术的兴起

随着深度学习及高级人工智能技术应用的不断深入，对计算资源的庞大需求日益成为显著问题。诸如 GPT-4、BERT 这类大规模智能模型，在其训练与推断过程中，显著加剧了对高性能计算硬件如 GPU 与 TPU 的依赖，进而导致能源消耗急剧上升与碳足迹增加。这种趋势不仅提升了企业运营的成本负担，同时也对自然环境构成了不可忽视的影响。因此，寻求在维持 AI 系统高效性能的前提下，有效减少其能源消耗，已成为该领域内亟待解决的关键课题。在此背景下，可持续性人工智能（Sustainable AI）与绿色计算技术（Green Computing）的兴起，正逐渐成为应对这一挑战的核心策略与发展趋向。

可持续性人工智能的核心宗旨在于借助技术进步的杠杆，削减 AI 系统对计算资源的依存，进而缩减其环境影响，尤其是碳排放量。该宗旨的实践路径围绕三大关键技术领域展开：模型压缩（Model Compression）、硬件优化（Hardware Optimization）和量子计算（Quantum Computing）。模型精简策略致力于通过缩小 AI 模型的参数规模与运算复杂度，达到能效下降的目的，实施方法涵盖了剪枝操作——移除神经网络中非关键连接以减轻计算负荷；量化技术——将模型权重由高精度浮点形式转为低精度整数表述，以缓解存储与计算压力；以及知识转移技巧——将大型模型的知识精华提炼并注入小型模型之中，实现计算资源利用的最优化。这些技术的综合运用，极大促进了 AI 模型运算复杂度与能耗的双降，为企业奉上了更高效、更绿色的 AI 问题解决策略。

在促进可持续性人工智能发展的策略中，硬件层面的优化占据了不可或缺的一席之地。现今的人工智能体系架构严重依赖诸如图形处理器（Graphics Processing Unit，GPU）、张量处理单元（Tensor Processing Unit，TPU）等高端计算设施来进行模型训练及推断处理，然而，这些设备在能效表现上尚存较大提升空间。科研人员正致力于设计更为节能高效的 AI 加速器，旨在强化计算资源的利用效率。举例而言，谷歌研发的 TPU 已经在实践中证明了其在人工智能运算上的卓越性能与能效比，与此同时，特定应用集成电路（ASIC）作为新兴技术实力，正逐渐在 AI 计算领域内崭露头角。这些硬件层面的革新举措使得业界能够在确保 AI 效能不减的前提下，大幅度减少计算资源的能耗，朝向实现环境友好且可持续的人工智能发展愿景迈进。

作为计算领域未来发展的先锋科技，量子计算被视作应对人工智能计算资源高消耗挑战的一个有潜力的策略。它通过发挥量子比特（Qubits）的独特性质，在诸如大规模并行处理、质因数分解等特定期望任务上，展示出远超越传统计算机的运算效能。尽管当前量子计算技术仍处于其成长的初级阶段，硬件技术的不断革新预示着量子计算机有可能在不久的将来，演变成为驱动人工智能计算的关键技术组件之一。在此趋势下，企业界对量子计算的应用探索将不单局限于提高 AI 中的计算效率，亦会显著减少能源的耗费，为绿色计算技术的广泛推广奠定坚实基础。

除却纯技术层面的精进，可持续性人工智能还牵涉策略与治理层面的思量。鉴于全球环境保护意识的提升，众多国家和地区已着手制定一连串环保法规，强制企业削减碳排放并采纳绿色科技方案。在此情境下，企业必须将可持续性人工智能技术融入其长远发展规划中，以确保其 AI 的能耗符合环境保护的标准。借助绿色运算技术的实施，企业不仅能够减少运营开支，还能够强化其在生态保护领域的社会责任形象，从而提升市场竞争力。

绿色计算技术的兴起，不仅是对环境保护需求的积极响应，也成了企业实现长期可持续发展战略的关键要素。展望未来，越来越多的企业将认识到，人工智能技术的广泛推广不能以环境损耗为成本，而应当依靠技术创新的驱动力，寻找 AI 发展与环境保护的互利共存之路。这不仅呼唤着技术层面的不断革新与优化，还要求企业在战略规划上布局绿色技术的应用蓝图。通过搭建绿色人工智能基础设施，企业不仅能够在全球化背景下顺应日趋严格的环保法规与政策导向，还能在此基础上强化自身的市场竞争优势。

13.2 企业如何应对 AI 的长期发展与不确定性

随着人工智能技术的飞速演进，企业所面临的不仅是有利的技术应用前景，还包括一个充满变数与不确定性的风险环境。鉴于 AI 技术的长远发展轨迹难以确切预估，企业亟须从多方面入手——战略规划、技术创新、组织架构调整以及企业文化建设，来灵活适应这一错综复杂的转型时期。为了在这片不确定性中赢得竞争先机，企业务必确保其业务运作的灵活性与预见性，并持续推动创新进程。

13.2.1 灵活的战略规划与技术路线的动态调整

在人工智能技术（AI）迅速发展的背景下，企业面临的一大难题是如何构建既灵活又具有前瞻性的战略蓝图，以适应技术革新带来的诸多变数。AI 技术以指数速度攀升，其突破性和应用领域往往超乎预见。作为企业运作的核心要素，AI 技术路径的规划不仅牵动着产品与服务的创新升级，也深刻影响着企业的核心竞争实力。因而，企业亟须采纳动态且灵活的策略规划模式，以确保技术导向能迅速响应外界环境的变迁。

第一，企业应当培养一种"灵敏战略思维"来应对策略规划的需求。与历来以一年或多年为周期、决策流程长且执行框架固定的传统策略规划相比，人工智能技术的升级速度与市场动态的变迁往往展现出更短暂的周期特性。因此，企业亟须采纳一种适应性强的策略规划模型，使之能每季度乃至每月都进行重估与校正。通过融入灵敏战略的思路，企业能够依据技术演进、市场回馈及竞争格局的实时信息，迅速校准其人工智能技术的发展路径，防止因策略僵化而错失商业良机。具体实践中，企业可借由分期实现短期目标的策略，逐步构筑长远的策略愿景，并依据各阶段目标的完成状况，即刻调整技术研发的优先顺序与资源配置。

第二，企业在制定技术发展战略时应融入"技术沙盒"（Technology Sandbox）理念。这是一种策略，使企业能够在隔离且管理的环境下探索最新的技术工具。借助技术沙盒进行小规模的验证及原型构建，企业得以在维持主营业务平稳运行的同时，考察新兴人工智能技术的应用潜力与可能带来的效益。此策略能显著减少因盲目采纳新技术而引发的大规模投资风险，防止资源因技术路径误选而遭到不必要的损耗。举例而言，企业可利用技术沙盒平台来尝试多种 AI 算法与框架设计，甄别出最适配其特定业务挑战的解决方案，为后续技术蓝图的精确定位提供依据。

第三，针对技术路线的灵活调整，企业应当构建"多路径技术预备队"（Multi-path Technology Backup）。鉴于 AI 技术的迅速发展及不可预见性，依赖单一技术路径难以支撑企业的长远发展战略。为了未雨绸缪，有效应对外来的技术障碍与市场变动，企业在技术蓝图规划时，需纳入多条并行的技术演进线路，并为每项技术路径预设分阶段的目标及评价标准。以自然语言处理（NLP）为例，企业可同步在基于规则的传统系统与基于深度学习的算法上进行资本部署，同时密切关注如 GPT 系列之类的先进生成式 AI 技术动态，确保当技术革新发生时，企业能迅速向最高效的技术策略过渡。

第四，企业应当构建一种称为"技术雷达"（Technology Radar）的机制，该机制通过系统化地监测和剖析人工智能领域内的最新发展趋向，辨识出可能对现行技术路径带来重大变革的技术飞跃及市场变迁。"技术雷达"不仅涵盖新兴技术的追踪，还涉及竞争者的技术动向、业界规范的进展以及全球技术法规环境的变动。借助这一机制，企业能够对未来的技术走向做出预判，保证其技术战略与时俱进并与外界环境的变化相协调。比如，鉴于人工智能伦理议题与法规要求日渐严苛，企业在规划技术蓝图时，必须前瞻性地融入数据保护、算法公正及透明性等因素的考量，并配置充分的资源以预备应对可能出现的合规挑战。

第五，针对技术路径的灵活调适，企业内部架构需要展现出充分的敏捷性。传统金字塔形的组织架构常伴随决策过程繁复，难以迅速适应外界环境变动的问题。为了提高技术路径调整的效率，采纳"扁平化组织"模式成为良策，该模式通过削减中层管理层次，强化跨部门合作及信息流通。以 AI 技术实施场景为例，企业可构建跨界别工作小组，集合技术开发者、业务主管、法务顾问及市场研究者等多领域专才，携手参与到技术路径的规划与适时调整中。这种跨界别协同作业机制能有效缩减决策周期，保障技术路径调整迅疾呼应市场与技术生态的最新变迁。

13.2.2 数据治理与 AI 模型的持续优化

在人工智能引导的企业运营管理场景下，数据扮演着核心资源与技术演进基石的双重角色。AI 的智能水平与效能实现，极大程度上取决于数据的质量、体量及可获取性，故而，数据治理体系（Data Governance）成为企业面对人工智能长远发展与未来不确定性的关键支撑。随着数据量呈指数级增长趋势及隐私保护法律规范的不断收紧，企业正面临前所未有的考验与新机遇。为了确保在人工智能技术持续演进的浪潮中保持竞争优势，企业需不断精进其数据管理架构，并保障 AI 模型能够迅速且恰当地响应业务需求变迁与市场环境动态。

数据治理的首要职责在于保障数据质量（Data Quality）的优化。这是因为，高质量的数据是确保 AI 模型能够进行精准训练与推断的基石，而数据质量欠佳则可能导致模型预测偏差、产生错误乃至做出不当决策。为此，企业有必要构建一套完善的数据质量管理系统，以确保从数据采集、存储至处理的全链条中，数据保持高度的一致性、精确度及完整性。具体实践中，企业可通过实施数据清洗（Data Cleansing）及数据标准化（Data Standardization）策略，有效滤除数据噪声与异常值，从而增强数据的总体信赖度。此外，为了实现持续性的数据健康管理，还应融入自动化监测手段，借助数据质量监控软件，对数据生命周期内的动态变化进行实时追踪，确保能即刻识别并纠正潜在的数据质量问题。

在数据治理领域，数据隐私保护与法规遵从性是两项至关重要的考量因素，企业必须将隐私保护技术融入其数据治理体系，比如采用差分隐私技术和联邦学习方法。差分隐私技术通过向数据集注入噪声，确保个人用户信息在大数据背景下难以被辨认，有效捍卫了用户隐私权。另一方面，联邦学习机制使得企业能够在不公开原始数据的前提下，实现跨多数据源的 AI 模型协同训练，此举不仅加固了数据安全防线，还促进了模型的泛化性能。[1] 以医疗卫生行业为例，借助联邦学习，各机构能够共享 AI 模型训练的成果，无须直接传递患者的敏感信息，从而确保隐私安全的同时，推动 AI 模型的持续演进与优化。

数据治理体系的另一关键职责涉及数据管理和流通性的优化（Data Management and Liquidity Optimization）。随着人工智能技术的持续演进，企业所拥有的数据资产逐渐累积并呈现出复杂化的趋势，数据来源多样化与数量激增，数据在不同环境下的流畅转移变得愈发关键。为了保证 AI 模型的迭代进步，

---

① 张艳艳."联邦学习"及其在金融领域的应用分析 [J]. 农村金融研究,2020（12）.

构建一个高效运作的数据管理体系至关重要，该体系需确保数据在企业内部各环节、系统及平台间自由且无碍地流转。比如，采纳数据中台架构模式（Data Middle Platform Architecture）是一种策略，它整合了跨业务部门的数据，实行统一调配与管理，达成了数据的集约化和标准化处理目标。数据中台的实施，不仅增强了数据使用的效能，还为 AI 模型的训练及推理作业奠定了一个统一、高品质的数据基础，保障了 AI 系统在面对变数时仍能维持高性能的运行状态。

在实施数据治理的过程中，持续改进 AI 模型同样是核心环节。AI 模型的运用并非一成不变，一旦经过初次训练便能永久沿用；相反，其性能会随着时间推移及数据分布的变化而逐渐衰减，这一现象被界定为模型漂移现象。为了解决模型漂移带来的挑战，企业亟须建立一个循环优化的模型管理体系，以保证 AI 模型能够适时地根据新引入的数据集及日新月异的业务需求，开展自我更新与再训练程序。具体实践中，企业可通过部署自动化机器学习平台（Automated Machine Learning Platform，简称 AutoML）来达到模型的智能化监管、评估与迭代升级。该 AutoML 平台的优势在于，它不仅能够实时追踪模型效能动态，还能够依据既定准则及性能阈值，自主触发新一轮的模型训练流程，从而确保 AI 系统即使置身于快速演变的商业环境中，依旧能够维持其决策的高效性和准确性。

AI 模型的不断优化呼唤着企业构建强有力的数据回馈机制（Data Feedback Loop）。该机制的精髓在于将 AI 系统的预测输出与实际业务成果进行比照，迅速识别模型内部的偏差与缺陷，并借助回流的数据资源来实施模型的迭代训练与性能提升。以电子商务行业为例，AI 驱动的推荐系统能够通过追踪用户的点击活动、购买行为及反馈意见，来检验推荐算法的实效性，并紧跟用户行为趋势的演进，灵活校正推荐模型的参数配置与执行策略。这一循环往复的反馈与调优过程，使企业得以确保存续的 AI 模型同业务需求维持紧密且持久的匹配度。

AI 模型的不断改良还蕴含着对模型可解释性及透明度的深入探索。随着人工智能科技在诸如金融、医疗等高风险领域的广泛运用，组织在采纳 AI 进行决策时，正面临着日趋严峻的伦理与法规挑战。其中，模型可解释性的核心议题聚焦于：确保组织内部的 AI 系统在做出决策时，能充分展示其决策路径的清晰度，以便外界审核与认知。为应对这一挑战，组织可采纳可解释性 AI 技术，借助视觉化工具及阐释性模型，向管理层、终端用户及监管机关披露 AI 决策的逻辑依据与步骤细节，从而增强 AI 系统的透明度与公信力。

13.2.3 多样化的人才结构与跨领域协作

随着人工智能技术在企业运营中的迅速普及，仅凭单一专业领域的知识已难以满足当前复杂业务需求及技术挑战。鉴于 AI 技术跨界融合的本质，其应用范畴跨越了数据科学、机器学习乃至伦理、法学、商业管理等多个维度，展现出广阔且多变的特性。因此，构建一支人才结构多元化的团队，并促进跨学科的合作，成为企业释放 AI 潜能、积极应对未来发展中不确定性的关键策略。

构建多元化的人才体系是企业在全球人工智能领域维持竞争优势的根本。实现 AI 技术的高效运用，不仅仅需要算法工程师与数据科学专家的支撑，还应纳入深谙行业规律的业务精英、通晓法律法规及伦理规范的合规专家，以及能够将先进技术与企业战略无缝对接的高级管理层。单一技能导向的专业人才往往难以驾驭 AI 技术衍生的复杂多维挑战，唯有促进跨学科的合作，方能激发企业的创新潜能，提出更为前瞻的 AI 解决策略。以金融业为例，尽管算法工程师能够创制出高性能的自动化交易系统，但缺乏风控部门专业人士的协同，此类系统可能对市场风险及合规性问题视而不见。因而，组建跨界别工作小组能保障 AI 系统的开发过程充分融合技术创新、业务实需及法规遵循性考量。

为了达成人才构成的多元化目标，企业必须构思并执行一个长远的人才发展战略，确保来自各个专业领域的精英能够有效协同，共创价值。这一策略既包括对外吸引顶尖人才的举措，也着重于内部人力资源的能力建设与职业路径规划。随着人工智能技术的广泛渗透，传统岗位职能（例如业务分析师、市场营销专员等）正逐步融入 AI 元素，要求从业人员具备基础的 AI 知识，以利其在 AI 驱动的项目策划与执行中发挥更积极作用。因此，企业应借助内部教育训练、职位轮换制度，以及与高等教育机构及专业培训机构的联动，为在职员工铺设获取 AI

技能的路径，并创造条件使他们能实际参与到技术创新项目中。具体实例可见某些企业已启动的"AI 技能转型计划"（AI Upskilling Programs），该计划依托定期的技术研讨会、在线学习平台和实战演练项目，加速员工对 AI 基础知识与实践技能的掌握过程，从而有力推动跨学科合作的进程。

跨界合作的范畴超越了企业内部范畴，还涉及通过拓展外部合作网络来增强企业的技术前瞻性和创新能力。鉴于 AI 技术的复杂度与前沿特性，单一企业难以包揽所有研发任务，尤其在算法优化、数据保护及伦理审查等高度专业化的领域能力有限。因此，构建"开放式创新平台"成为企业联通外界、促进协作的关键途径，旨在借力外部专家的智力与资源，加快 AI 项目从研发到实施的进程。具体实践中，企业可与高等教育机构、科研单位及技术企业等形成战略联盟，融合多方面的技术专长，携手推进 AI 技术的革新与实践探索。这种协同机制不仅令企业能紧贴 AI 技术的最新进展，还加速了科研成果转化至商业实践的速度，从而缩减了技术研发的时间跨度。

实现跨领域合作的关键在于构建高效的沟通与协调机制。鉴于不同专业领域的专家往往持有独特的思维模式和作业方式，如何有效地统合这些跨学科的知识体系和技术能力，构成了企业在人工智能项目实施中的一大核心挑战。为应对这一挑战，企业可采纳构建"跨界工作小组"（Cross-functional Teams）的策略，通过配置具有多元学术背景的项目主管或协调者于团队内部，以强化各学科间的对话与合作。比如，某些企业在其人工智能项目的主导人选上，不仅重视技术知识的深厚底蕴，还强调商业管理经验的丰富积累，这样的领导者能有效桥接技术团队与业务单元之间的需求差异，保障人工智能项目的进展路径与企业宏观战略愿景的紧密契合。

再者，文化整合是跨领域通力合作不可或缺的一环。企业应当培育一种"协同文化氛围"激励各部门及不同知识领域的成员主动交流知识资源，勇于贡献新颖见解，并借由跨越部门边界的沟通与协作机制，深化人工智能技术在企业内部的应用实践。这种文化氛围既能强化跨领域通力合作的效能，也能提高员工的创新思维和集体向心力。为了加速协同文化的成型，企业可考虑设置创意奖励机制、规律性地组织跨界技术交流会议或创意研讨活动，以激活成员间的互动力量与合作精神。

实现跨领域合作还需依托于高效的工具及技术支撑体系。面对 AI 项目日益增长的复杂度，企业亟须运用高级协作工具与平台来桥接不同领域间的沟通障碍与管理难题。如，采纳"协同管理系统"（Collaboration Management Systems），该系统凭借云端工作环境、即时数据流通、任务指派及进度监控等功能模块，有力推动了团队成员间的无缝协作。这类平台使得各领域专家能即时共享项目动态、交流反馈、破解难题，从根本上增强了跨界合作的效能与成效。

13.2.4 构建韧性组织与 AI 驱动的决策机制

随着人工智能技术的迅猛发展，企业不仅要面对技术层面的诸多变数，还需锻造能灵敏适应外界市场变迁及内部运营管理挑战的"韧性组织"（Resilient Organization）。此处的韧性组织，不仅要求快速响应市场波动的能力，还强调遭遇外力冲击时，确保业务运作的连贯性，并能及时复原或重新规划策略，以适配新环境的需求。人工智能技术的融入，为企业在充满变数的环境中实施更为精确且数据导向的决策提供了崭新的手段与路径。因此，构建一个既富有高度弹性又能最大化利用 AI 技术优势的决策体系，成为企业组织架构、决策流程及企业文化建设上的必然选择和重要课题。

构建韧性组织的核心要素在于其组织架构的可塑性与适应性。经典的金字塔式组织模式，因决策流程冗长及职能划分僵化，而在面对市场动态与技术环境的急速变迁时显得力不从心。为了强化组织的韧性，企业需逐步推进至一种更为"扁平化"的组织结构设计，旨在缩减管理层级，提高跨职能团队间的合作与信息流通。这样的扁平架构能够紧缩决策周期，使企业能敏捷地适应外界变化。同时，拆除部门间隔阂，有助于资源的最优化部署，确保人工智能项目能够跨越不同部门边界顺畅推进。比如，一些先行企业已着手设立"人工智能创新中心"或"数字化转型部门"集技术、运营、市场、法务等多领域专才于一处，共担人工智能项目从策划到执行的全链路责任。这类跨界合作模式显著增强了组织的适应力，加速了人工智能技术向商业价值的转化过程。

此外，企业还应培养一种"动态适应力"（Dynamic Capabilities），确保其在日新月异的市场环境下，能够持续地重组内外资源与能力，以顺应外界环境的变迁。这一过程不仅仅是组织架构的灵活变动，还需融入企业内部的学习进化机制及创新增长策略。企业可实施定期性的战略反思与业务审查流程，捕捉市场趋势的微妙变动，并据此迅速调配内部资源布局与战略导向。值得注意的是，一些行业先锋已采纳了"灵活战略规划法"（Agile Strategic Planning），通过每季或每月的频率审查市场波动与技术演进，以实现 AI 技术蓝图与商业战略的即时校准。凭借这样一种灵活多变的战略响应体系，即便面对技术领域的诸多不确定性，企业也能保持竞争优势，迅速把握市场先机。

基于人工智能的决策机制是构成韧性组织的关键组成部分之一。与传统依赖管理者经验及主观判断的决策模式相异，AI 技术的融入为企业的决策过程带来了更高的精确度与效率。企业通过部署"人工智能驱动的决策辅助系统"（AI-empowered Decision Support Systems，DSS），能够充分利用 AI 的预见性分析、自然语言处理及实时数据分析功能，增强决策的合理性和及时性。以供应链管理场景为例，AI 算法凭借其对市场需求、库存状况及物流信息的即时分析能力，能够自主优化库存控制和配送方案，保障企业在遭遇市场变数时迅速调整供应链操作，防止因市场需求数量的变动或供应链断裂可能引发的经济损失。

由 AI 引导的决策系统需与企业业务流程深度整合，方能充分发挥其效用。达成此目标途径在于实施"智能业务流程自动化"（Intelligent Business Process Automation，IBPA），即在企业日常运营各节点嵌入 AI 技术。以市场营销为实例，借力 AI 技术可实现客户细分及个性化推广的自动化操作，进而增强营销举措的精确度与成效。AI 决策工具与业务流程的紧密结合，促使企业经营效率显著提升，并在遭遇外界环境变迁时，能迅速且有效地做出响应。

为了构建具有韧性的组织并采纳人工智能驱动的决策流程，企业文化层面的相应转型不可或缺。过往企业文化的基石在于稳定及层次清晰的管理模式，而今，在 AI 技术的催化下，企业亟须转向重视创新性、灵活性及数据导向的决策路径。因此，企业应经由文化培育的途径，增强员工对 AI 技术的信任感与接纳态度，并在日常业务操作中积极倡导 AI 工具的应用。通过设立创新奖励机制、筹办内部技术分享会或创新挑战赛等形式，能够有效激励员工的创新思维，引导他们探索 AI 技术的创新应用领域与业务解决方案。此外，建立"AI 卓越中心"（Center of Excellence，CoE）亦是关键步骤，它为员工提供了 AI 技能的培训平台与技术支持，旨在确保 AI 驱动的决策逻辑能深植于企业内部的每一个角落。

13.3 如何在"AI+"时代保持企业的创新能力和竞争力

随着"AI+"时代的序幕拉开，人工智能技术已悄然转变为推动企业创新与竞争的关键力量。然而，AI 技术的广泛渗透并非一成不变的万能钥匙，企业唯有不断求新求变，方能在日新月异的市场环境中稳固其竞争优势。

13.3.1 构建持续学习与自适应的技术生态

面对"AI+"时代的挑战，企业需在日新月异的技术潮流中维系其创新能力与市场竞争地位，关键在于建立一个能够持续学习并自主适应的技术生态系统。此系统不仅需随 AI 科技的发展而灵活演进，还应具备面对外界变迁及内部需求变动时的高效调适机能。实现这一目标，要求企业从技术框架的搭建、数据流通机制、算法迭代到组织文化的塑造等多维度进行全面且连贯的设计，并承诺长期投入资源。

企业构建灵活技术框架的需求迫在眉睫，旨在适应 AI 技术的不断演进。鉴于 AI 技术演化特征的高度不确定性，尤其是深度学习、强化学习及生成式 AI 等尖端科技的层出不穷，企业架构必须展现出高度的可塑性，迅速吸纳新兴技术并融入既定业务流程之中。传统静态 IT 架构面对此等速变技术场景显得力不从心，因而，采纳云计算、边缘计算等现代化技术工具，构造具备弹性伸缩性能的基础架构成为必然选择。云计算赋予的随需应变扩展能力，使得企业能依据业务需求波动，自如调配计算资源，确保存量 AI 系统即使在业务高峰期亦能维持高效运作。此外，边缘计算有效缓解了数据处理延迟的难题，特别适用于即时反馈场景，诸如自动驾驶、智能制造等领域，其实现了数据的本地化处理与敏捷决策制定。

企业面临着构建一套高度适应性的数据流动与管理体系的需求。人工智能技术的基石为数据，而数据的流动性与可获取性直接影响到 AI 模型的效能与创新潜力。确保数据在企业内部及跨组织间高效流通，要求企业构筑一个包含数据采集、净化、储存、共享及分析等多维度管理机制。尤其在促进数据共享层面，企业应在遵循法规的基础上，推动跨部门、跨业务单元的数据互联互通，消除"数据孤岛"问题。通过部署数据中台技术，可实现数据的统一管控与按需调用，加速各业务单元对数据资源的获取过程，提升数据利用效能。此外，强化数据治理，保证数据质量、隐私保护与安全，同样是企业的关键职责。在此过程中，运用分布式数据处理框架，比如 Hadoop 或 Spark，借助其分布式计算与存储能力，能有效提升大规模数据处理的效能，为 AI 系统的即时学习与优化提供支撑。

为深化技术生态的自适应性，企业需着手构建一套自动化的 AI 模型管理体系及更新策略。传统 AI 开发流程中，模型历经开发、训练、部署至更新各阶段，常呈现片段化状态，此模式易致模型老化、性能衰退。市场动态与新数据的持续涌入，要求 AI 模型须具备适时调整的弹性。应对这一挑战，企业可通过整合自动化机器学习（AutoML）系统，来实现在模型构建、优化及部署上的自动化作业。AutoML 的应用，不仅缩减了模型开发周期，更凭借其在超参数调优、模型筛选与特征工程方面的自动化处理，有效增强了模型的预测精确度与泛化表现。此外，采纳持续集成与持续部署（CI/CD）实践，能保障 AI 模型一旦部署至生产环节，即能依据实时数据反馈自我迭代与优化，防止随时间推移出现"概念漂移"现象。这一套自动化模型维护机制，极大增强了 AI 系统的环境适应力，确保企业面对行业变局时，技术层面持续领航。

企业还需融入反馈学习机制至其技术生态系统中，以此保障 AI 系统能通过吸纳用户反馈及市场信号进行自我迭代升级。该技术的重要性不仅展现在技术前沿性的突破，更体现在紧贴业务需求的精妙适配上。构建一个以用户反馈为轴心的学习体系，使企业能持续调优 AI 系统的运作模式，紧密贴合业务愿景及用户期望。举例而言，在电商平台上，推荐系统可根据用户的浏览、购买操作乃至反馈评估，持续校正推荐策略，旨在增强用户互动体验及交易转化。为达成此目标，企业可采纳强化学习策略，设定合理的激励规则，引导 AI 系统于变化环境中动态调整策略，朝向长期业务目标稳步迈进。

企业实现技术生态持续学习与自适应的能力，离不开组织文化的根本性转变。AI 技术的渗透不应当局限于技术部门内部，而应成为全公司范围内的一项素养提升工程，着重增强员工对 AI 技术的洞察力及其实践运用。构建一个激励技术创新的文化环境，企业可推行 AI 技能强化项目，旨在使员工掌握 AI 基础知识，并赋予其参与 AI 实施项目的实践机会。如此跨越职能边界的科技普及举措，既能唤醒员工的创新潜能，又能加速技术与业务模块的无缝对接。在若干行业先锋中，AI 已成为日常业务决策流程的内在组成部分，借由数据分析与 AI 辅助工具，员工能即刻获得决策指引，作业效率与决策精准度显著提升。

13.3.2 激发跨部门协作与跨领域创新

面对"AI+"时代的挑战，企业要最大化利用人工智能技术的潜能，就必须催生跨越部门边界的协作及跨越传统领域界限的创新活动。这不仅缘于 AI 技术内在蕴含的跨学科特性，还因为 AI 实施的场景频繁触及多部门协作的范畴。局限于单个部门或职能范围内的创新努力显得捉襟见肘，唯有经由跨部门的紧密合作与跨领域知识的交汇融合，企业方能在 AI 引领的创新浪潮中赢得先机。推动跨部门协作与跨界创新的本质，在于消除组织内部"信息孤岛"的现象，促进各部门、各职能板块间的知识流通与集体智能的汇聚，旨在开启更宽广的创新视野并深化技术应用的层面。

面对 AI 技术的广泛渗透，企业亟须构建跨越部门界限的综合性团队——跨职能团队，以此来整合多元化的专业技能。这类团队汇聚了技术、业务分析、产品管理、法务及用户体验设计等多个领域的精英，通过知识与经验的跨界融合，实现了对 AI 应用挑战的多维度剖析与应对。以智能客服系统的开发为例，技术专家专注于自然语言处理模型的优化，而业务团队则依据市场和用户需求，规划系统特性与改进方向。这种跨领域的协作模式确保了 AI 项目的推进不仅技术前沿，同时也精准适配业务场景及市场需求。

为了促进跨领域合作的发展，企业应构建开放式创新平台（Open Innovation Platforms），以加强国内外知识交流与技术资源共享。在"AI+"时代背景下，单一依赖内部研发资源已无法满足企业的创新需求，因此，通过拓宽合作网络、吸纳外部技术和创新资源成为关键。企业可采取诸如公布 API 接口、积极参与行业规范设定等策略，来吸引外部开发者及合作伙伴为自身的 AI 生态系统输入创新增值方案。这一开放创新策略不仅能够使企业迅速汲取最前沿技术，并将之融合于实际运营场景，加速技术革新步伐，还能够突破企业内部职能障碍，活化不同部门间的技术沟通与合作机制。比如，部分企业已着手设立内部创新实验室或"AI 创新中心"作为多部门员工共享技术资源、碰撞创意火花的平台，有效激励了跨部门合作与创新实践。

企业在促进跨领域合作进程中，强化知识管理（Knowledge Management）是至关重要的，以此保障各部门间知识的顺畅交流与协同作业。鉴于 AI 技术的高度复杂性与前沿特性，构建一套系统性的知识管理体系对于确保技术资讯、业务实践智慧及市场洞见在组织内部的高效流通显得尤为关键。通过部署知识管理系统（Knowledge Management Systems，KMS），企业能够实现各分支知识资源的集成，搭建统一的平台以利于员工进行知识查询、共享及实时更新。此外，定期筹办跨界技术研讨会与创意工作营等活动，能有效激励员工之间的知识传递及跨学科的思想碰撞。在此背景下，一些行业先锋企业已将技术部门与业务部门的紧密合作纳入日常运营模式，确保技术人员迅速吸纳业务反馈，同时使业务人员能够利用 AI 技术手段进行数据即时分析，显著增强了决策的理据性和执行速度。

跨领域创新的关键要素之一，在于实现企业内部技术与业务环节的双向沟通机制构建。传统企业运作模式中，技术部门与业务部门的运作相对隔离，导致技术创新与实际业务需求之间存在时间滞后及信息传递壁垒。反之，在 AI 赋能的新型创新体系下，技术与业务的深度融合成为成功的关键。企业应致力于建立一种双轨反馈系统，确保技术团队能够敏捷地响应业务需求进行迭代升级，同时，业务团队也能依据技术的最新进展来灵活调整策略布局与操作流程。以电子商务平台为例，其 AI 研发团队能基于动态的市场回馈及用户行为数据分析，持续优化商品推荐算法；而业务团队则可依据推荐系统效能的提升，适时校正市场策略。这种相互作用的反馈机制，促进了技术创新与业务实践的正向循环，加速了高效创新成果转化的进程。

为深化跨部门合作的效能，企业需要采纳协同管理软件（Collaboration Management Software），以此来简化跨部门沟通及项目管控流程。随着人工智能项目复杂度的攀升，跨部门团队遭遇了沟通障碍与信息不对等的挑战。通过部署诸如 Trello、Jira、Asana 之类的协同管理平台，企业能实现实时的任务分派、项目进度监控及问题汇报的直观管理，确保来自不同部门的团队成员能在同一系统内无碍协作。此外，这些协同工具凭借其数据互通与即时反馈功能，助力跨部门团队精简决策过程，提高项目实施效率。

此外，实现跨部门合作与跨学科创新的成就，还深深植根于企业文化的扶持之中。企业务必经由文化建构，塑造一个崇尚合作、拥抱创新的文化环境。在此类文化氛围内，各部门职工能自发地交流知识、献策新颖思路，并热忱投身于跨界合作项目中。为了催化这一文化的成熟，企业可探索设置创新表彰体系或绩效鼓励机制，以激发职工投入跨界协作和技术革新的积极性。如，一些企业通过设立"年度创新大奖"表彰那些在跨界合作中表现卓越的团体和个人，有效调动了员工的创新意愿和团队协作精神。

13.3.3 优化数据资产管理与人工智能的协同作用

在"AI+"时代背景下，数据已晋升为企业核心的战略资源之一，扮演着无可替代的角色。它不仅是驱动人工智能算法的命脉，也深刻影响着企业的决策优化进程、业务模式的革新及对市场动态的敏捷响应。AI 技术实施的实际效能，在很大程度上仰赖于数据的质量把控、易获取性和高效管理。因此，欲在这一智能化时代维系创新动能与竞争优势，企业必须致力于数据资产管理的优化策略，同时加深数据与 AI 技术的融合互动。这一系列举措不仅触及技术领域的革新，还涵盖了对数据治理体系、架构规划乃至企业文化的整体性重塑与升级。

提升数据资源管理的实质在于实施数据治理体系。一个运行良好的数据治理体系不仅保卫着数据的精确性、完整性及统一性，还助力企业遵从数据私密、合规及安全方面的严谨法规。构建数据治理架构时，企业需确立明晰的数据管控策略，涵盖数据的获取、保存、加工、流通乃至消除等所有步骤。通过组建横跨各部门的数据治理委员会，企业能确保数据管理准则的统一性，并向各业务单元提供数据应用的指导原则。数据治理远非单纯的技术议题，实则触及管理核心，因而企业高层的认同与介入至关重要。高效率的数据治理机制能保障 AI 在模型学习与预测阶段采纳高质量数据，防止因数据缺陷或不一而导致的算法偏差及决策失准。

在确立数据治理体系之后，企业还需部署数据中台系统，以达成数据的集中化管理与动态调度。此数据中台扮演着企业数据基础架构的核心角色，负责汇聚散落于多个系统及各部门的数据资源，为 AI 算法奠定一个统一且标准化的信息输入源头。其关键优势体现在消除数据隔阂上，促使数据在组织全范围内自由流通，并赋予 AI 应用以灵活、即时的数据支撑能力。经由数据中台，企业能够实施数据的集约存储、一致性的清洗及格式化处理过程，进而增强数据使用的效能与精确度。比如，零售业者能透过数据中台集成门店运营、物流链路、客户服务等多个维度的数据，借力 AI 手段执行全面的销售趋势预测及库存策略优化。

在构建数据中台之余，企业还需融入数据流通管理机制，以保障数据在各业务流程及人工智能应用间自由且高效地传递。此过程应整合实时数据处理技术，诸如流处理平台 Apache Kafka 或 Flink，来实现实时从数据源头至应用端的传输与加工。相较于传统的批量处理模式，这种即时数据流管理方法为 AI 注入了最新业务信息的活水，极大增强了决策的实时响应与精确度。比如，在自动驾驶场景下，车辆传感器不间断的数据流为 AI 系统提供了关于道路状况、气候状况的第一手资料，助力系统在微秒级时间尺度上迅速做出决策。因此，将实时处理架构纳入数据管理流程，成为企业确保数据与 AI 系统无缝协作的必由之路。

为深化数据资产管理和人工智能协作的效能，企业需致力于提升数据质量管理水平。鉴于 AI 的性能极大程度上受制于输入数据的品质，任何数据杂音或异常均会直接影响模型的效能表现，构建一个涵盖数据清洗、数据校验及数据追踪等环节的数据质量管理机制对企业而言至关重要。其中，数据清洗作为基础步骤，旨在通过排除冗余、纠正错误及统一不一致的信息，确保为人工智能训练提供的数据集具有高度精确度和可靠性。此外，集成自动化数据校验工具，实现在数据馈入人工智能流程前实施即时质量把关，并配置异常警示系统，是必不可少的措施。同时，利用数据监控解决方案帮助企业持续监督数据质量参数（涉及完整性、唯一性及一致性等），以保障 AI 决策全程基于高标准数据支撑，是提升系统效能的关键所在。

为保障数据管理和人工智能的紧密融合，企业需致力于数据文化转型的推进。这意味着构建一种以"数据引导"为内核的组织氛围，促使员工在各层级决策及日常操作中均能依据数据做出判断。在此文化背景下，数据不再是技术部门独有的资源，而是成为企业整体共享的战略资本。企业可采取定期开展数据分析教育项目、建立跨职能数据共享平台，以及实施以数据为依据的决策奖惩系统等措施，以促进数据文化的实际践行。例如，某些企业设立"数据引导创新奖"表彰在业务革新中有效运用数据与人工智能技术的团队实例，以此激发员工积极探索数据与 AI 应用的新领域。通过强化数据文化，企业能够消除数据管理与业务实操之间的障碍，加速人工智能技术在全企业的广泛渗透与创新应用。

13.3.4 构建以 AI 为核心的创新文化与人才战略

在"AI+"时代背景下，企业要在创新领域和竞争力方面脱颖而出，其关键不仅在于技术前沿性的把握，还深刻体现在企业文化根基与人才发展策略上。随着 AI 技术的迅猛发展及其广泛应用，企业文化面临着革新需求，促使企业构建一个围绕 AI 促进的创新生态系统，激励员工通过技术革新作为驱动力，实现业务的持续扩张。此外，企业必须规划具有前瞻性的长期人才发展规划，确保能够吸纳并栽培兼具 AI 技能的多元化人才群体，以此作为支柱，在白热化的市场竞争中稳固领先位置。

由 AI 引导的创新文化应以技术革新与业务价值的深度整合为基石。过往的创新文化倾向聚焦于单点技术的跃进，然而在"AI+"的新纪元里，创新不仅是技术前沿性的体现，更是技术与业务场景无瑕融合的过程。企业亟须构建一种"技术融入业务"的文化环境，激励员工运用 AI 技术来应对实际业务挑战。比如，企业可内部设置"AI 创新实践中心"为跨部门员工提供一个试验田，鼓舞他们利用 AI 技术改造并创新既有业务流程。此举既能增强企业的运作效能，又能焕发员工的创新意识及技术探究热忱。

为了构筑一个以人工智能为核心的文化创新环境，企业有责任在组织内部推广人工智能的普及教育。在"AI+"的新纪元里，人工智能技术不应当仅限于技术专家的专业领域，而应当成为每位职员的基本素质装备。无论身处管理岗位、业务前线还是技术支持后方，员工均需掌握一定水平的人工智能知识与技能，以便在日常业务操作中有效利用人工智能技术驱动创新。因此，企业可采取定期举办人工智能培训课程、内部技术交流研讨会等形式，协助员工掌握人工智能的基础理论、实践场景及技术原理。比如，某些企业通过启动"AI 微课堂"项目，邀请行业内的技术权威向员工讲授人工智能技术的最新进展与真实应用实例，从而在较短时间内增强员工的人工智能素养。这一系列的普及教育活动，不仅能增强员工的技术实力，还有助于他们在业务实践中更敏锐地捕捉到人工智能的应用机遇。

此外，企业必须致力于构建一个灵活多变的组织架构，以催化由 AI 引领的创新氛围。典型的层级式组织结构常限制了部门间的合作与创新潜力，而 AI 技术部署的实践则频繁呼吁跨职能团队的高度协同。因此，企业应探索组织结构的扁平化路径及增强其灵活性，以桥接部门间隔阂，促进深层次的合作。一种实现方式是组建跨越传统部门界限的"AI创新小组"该小组融合技术专家、业务策略师、市场推广专员等多元角色，共同策划AI应用的前沿策略。这种超越单一职能范畴的合作模式，既能加快AI项目从规划到执行的进程，又能保障AI技术精准对接业务需求，实现其价值最大化。

在促进人工智能文化建设的进程中，企业应采纳绩效鼓舞机制，以激发员工主动投身于与AI相关的创新实践活动。此种激励机制是培育创新文化的关键策略之一，企业可借由为AI项目设置专项奖励或奖金，鼓励员工持续发掘AI技术的运用前景。举例而言，某些企业通过创设"年度人工智能创新奖"表彰在AI应用领域表现出色的团体及个人，于组织内部营造了积极的创新环境。借助此类激励体系，企业得以将人工智能技术的革新与员工的职业发展规划紧密相连，焕发全员投入技术革新的热忱。

除却文化建构的维度，企业在迈入"AI+"时代之际，其竞争力的另一关键支柱在于能否制定并执行一套前瞻的人才战略。鉴于AI技术跨界融合的本质特征，企业亟须构建一支才能多元的团队，这不仅涵盖数据科学专家、算法开发工程师等技术骨干，还包括深谙行业规律的业务专家以及通晓AI伦理与法律规范的合规人才。因而，企业务必采取长线视野的人才发展规划，以吸纳并培育兼具AI知识与技能的全能型人才。

企业吸引顶级人工智能人才的策略应聚焦于强化校企合作及行业联盟。一种途径是与高等教育机构携手，创立专注于人工智能的专项研究基金或奖学金项目，旨在吸纳优秀的在校AI专业学生参与企业实习乃至未来就职。同时，积极参与行业研讨会、技术挑战赛等盛会，可有效提升企业在人工智能领域的知名度与吸引力，进而招揽更多技术领军人物。此外，构建与AI创新初创企业及科研单位的合作伙伴关系，为企业开辟了获取最前沿技术资源的通道；并通过并购合作等机制，转化此类资源成为巩固企业竞争优势的有力支柱。

在吸纳外来专业人才的同时，企业亦应重视内部人才培养体系的构建，以确保现有员工能够紧跟 AI 技术日新月异的步伐。鉴于 AI 技术快速更新的特点，企业须为员工创设持续学习的平台，使他们能够熟练掌握新兴的技术手段及应用策略。企业可通过成立内部的"AI 培训学院"定期为员工安排技术讲座与实战演练。举例而言，某些企业借由内部创新孵化项目，赋予员工参与AI研发的实践机会，借此途径提升其技术水平及市场洞察力。这一长效的内部培训模式，既可增强员工的专业技能，又能提高其对企业文化的认同及忠诚度。[①]

① 李永琪，王艳琼，吉成博 . 企业文化建设的高质量发展路径研究 [J]. 中小企业管理与科技，2024（03）.

14. AI 与企业管理的未来研究方向

14.1 人工智能与管理学的交叉研究领域

在 "AI+" 时代背景下，人工智能领域的科技进步不仅限于技术层面的飞跃，还深刻地塑造了管理学的理论框架与实践模式。这一技术革命驱使管理学界重新评估既有的管理模型，并积极探求与 AI 技术交叉融合的新型管理策略与发展路径。

14.1.1. AI 驱动的决策科学与管理决策优化

在当前 "AI+" 时代迅速推进的背景下，人工智能技术的应用正深刻革新着传统管理决策模式。作为管理科学的关键组成部分，决策科学致力于探索在复杂动态环境下实现最优决策的路径。过往的决策流程通常依据管理者个人的经验、直观感受及有限的历史信息，而今，随着 AI 技术的融入，企业能够运用大数据分析、机器学习及前瞻预测等工具，大力提升决策过程的科学化水平与精确度。由 AI 赋能的决策科学，不仅是对既有管理决策策略的优化升级，更在深度学习、强化学习及数据挖掘等先进技术的支撑下，引领管理决策向智能化、自动化与实时反馈方向实现重大飞跃。

AI 决策系统的关键优势在于它能够高效处理大规模数据集并构建复杂问题模型。面对管理决策中多变量与不确定性因素交织的情形，传统决策手段往往难以在有限时间内驾驭如此规模的信息量，而 AI 系统则通过高级算法机制，实现对海量数据的快速解析与处理，揭示隐含于数据中的规律与模式。尤其在处理非线性及极端复杂决策场景时，AI 利用深度学习机制，对庞大历史数据进行训练，构建出能够自主适应动态变化的决策模型。这一数据驱动型决策制定路径（Data-Driven Decision Making），极大增强了决策的精确性与反应速度，为企业在激烈的市场竞争中抢占战略先机奠定了坚实基础。

人工智能技术显著强化了预测分析（Predictive Analytics）在指导管理决策中的作用。通过挖掘、剖析历史数据并加以学习，人工智能能够预估未来的趋势与结果，为决策者提供了更为严谨的决策支撑。以供应链管理为例，人工智能可通过解析市场需求动态、过往订单记录及外界环境变量，前瞻性地估算未来的库存需求，助力企业提前优化采购与生产安排，减少库存风险及成本开支。这种基于人工智能的预测分析方法，不仅能够助力企业灵活动态地应对市场短期波动，还为企业的长远战略规划铺设了宝贵的数据基础。

人工智能在优化管理决策过程中的另一核心应用领域为多目标优化（Multi-objective Optimization）。面对企业管理决策常伴有的多项目标冲突情境，诸如生产管理中成本缩减与产品质量、交货速度间的平衡，人工智能技术能依托多目标最优化算法，在繁复的约束环境下探寻各项目标的均衡点，引导企业朝向最佳决策方案前进。具体实施时，通过强化学习的策略，人工智能能够自适应调整决策模型参数，确保模型在各类业务情景下，能够灵敏地协调不同目标间的优先级问题。以物流管理为例，AI 可同步提升运输成本效益、加快配送速度及增强顾客满意度，在既定限制下为企业的决策制定提供最优路径。这一多目标优化的特性，赋予了人工智能不仅能解决单一维度的决策课题，还能驾驭复杂、多层面的管理难题的能力。

随着实时数据处理技术（Real-time Data Processing）的飞速发展，AI 能够在近乎即时的时间框架内完成决策过程，这一进步在日新月异的市场环境中显得尤为重要。传统上，企业决策依赖于周期性的报告及数据审查；相比之下，现今的AI 系统借助诸如 Apache Kafka、Flink 之类的流处理技术，能够持续监控并解析实时数据流，促使企业实现更迅速的应对机制。比如，在金融领域，AI 系统通过对市场数据的实时解析，能够自主执行高频交易策略，在微秒级的时间尺度上捕捉市场机遇。这种依赖实时数据分析的决策方法，不仅显著加快了决策速度，也极大减少了因信息延时而引发的市场风险敞口。

最终，由 AI 引导的决策科学需与人类决策者并肩协作（Human–AI Collaboration），方能充分施展其潜力。尽管在应对复杂数据处理与优化决策制定方面，AI 展现出显著的能力，但在某些情况之下，管理层的决策仍需融入人类的实践经验、直觉认识及情境智能。比如，在面对伦理议题或公司高层策略规划时，AI 可能难以全面领悟人类的价值观念与企业的长期利益。因此，在这些情境下，AI 与人类决策者之间的默契配合显得尤为关键。研究指出，增强智能（Augmented Intelligence）模式——即 AI 的运算能力与人类的实践经验和创新思维相融合——能有效提升管理决策的效能。借力于人机协作的互补优势，企业面对复杂多变的决策场景时，将能做出更加睿智且具持续性的选择。

14.1.2. AI 与组织行为学的融合：从个体到组织的智能化转型

人工智能技术的飞速跃进，正引领着组织行为学（Organizational Behavior，OB）这一经典管理学科经历前所未有的变革。AI 已不再局限于单纯的工具角色，而是日益广泛地融入组织的各个领域，其影响力从个人行为延伸到团队合作、组织文化乃至决策过程，催化着组织向智能化形态的转变。这一转变不仅催生了组织行为学研究的新范式，也为企业管理领域带来了革新性的挑战与广阔的发展契机。

在个人层面上，人工智能技术已深刻融入员工的日常工作范畴，它不仅促进了工作效率的提升，还引领了个性化管理模式的革新，从而重新塑造了员工的职业体验。尤其值得关注的是智能化绩效评价体系的应用实例。过往，绩效评估多依托于年度或季度的人工作业评定，这种方式易于受到主观偏见与信息不均衡的干扰。相反，由 AI 主导的绩效评估机制则借助实时数据解析，全维度监测员工的工作业绩，涵盖任务完成指标、劳动效率及团队合作表现等多个维度，并借力机器学习模型产出客观公正的评估文档。这一数据支撑的评估模式，不仅增强了评估的公正性与精确性，也助力管理层更精准地发掘员工的能力短板与潜能，为量身定制的培养与发展规划提供了可能。

人工智能还借助情感计算领域的技术，助力管理者更深层次地理解并优化员工的情感及心理状态管理。该技术通过解析员工的面部表情、语音的韵律、电子邮件交流等内容，实现对员工情绪动态的实时感知，使得管理者能够在问题萌芽阶段便识别出员工所承受的压力、疲惫或消极情绪。这一创新应用为企事业单位带来全新的手段，旨在提高员工的工作满意度及心理福祉管理水平。比如，AI系统能够自动生成关于情绪状态的分析报告，辅助管理者即时调节员工的工作负担，或是适时提供心理援助。这种量身定制的管理模式不仅丰富了员工的职场体验，还显著减少了人才流失，进一步巩固了企业内部的团结与向心力。

在组织层面，人工智能技术的运用正重塑着团队合作的模式与效能。通过运用社会网络分析（SNA）等先进手段，人工智能能够全方位剖析团队内部的沟通架构、合作策略及信息流通状况。与以往依赖主观观察和评价的团队管理模式相比，人工智能技术则借助对成员间的电子邮件、即时通信记录、项目管理软件等大数据的量化解析，精准识别团队中的核心节点、信息流通的梗阻点及效率低下的症结所在。比如，它能揭示哪些成员充当了信息传递的关键角色，哪些成员在非正式情境下展现出领导力特质，或是哪位团队成员因工作负担过重而影响了集体协作的流畅性。这种数据驱动的团队动态评估为管理人员配备了更科学的管理工具，助力他们优化团队构成、推动团队表现的跃升。

人工智能对于团队合作模式的影响进一步展现在虚拟协作平台的普及应用中。随着远程工作和虚拟团队建构的趋势日益显著，由人工智能技术支持的协作工具正重塑着团队沟通与合作的模式。比如，借助自然语言处理技术，人工智能能够自动生成会议记录、提炼核心要点，并且依据团队成员的工作日程，智能化推荐适宜的下次会议时间。这些智能化协作手段不仅强化了团队的整体工作效率，也促进了成员间任务的和谐分配，有效降低了信息遗失和沟通壁垒问题。

于组织层面而言，人工智能技术正促进企业实施文化评估与组织转型管理。作为决定企业长远发展的关键要素，组织文化的量化分析历来面临传统方法的局限。人工智能技术的介入，通过挖掘企业内部海量文本资料、员工意见调查及社交平台信息等，能够自动化揭示组织文化中的隐含问题。比如，人工智能能通过解析员工反馈邮件和社交媒体评论，发现企业文化中的矛盾冲突、负面情绪及价值观念差异，为管理层提供优化组织文化的实证基础。这种基于人工智能的文化诊断方法，不仅加速了组织变革进程，还助力企业在转型旅程中动态调整管理战略，保障变革平稳进行。

人工智能技术正引领着企业组织架构趋向扁平化与灵活性的变革。传统的金字塔形结构常遭遇信息流通不畅及决策链条过长的问题，而今，人工智能为组织设计开辟了新路径。借助智能信息流通管理系统，人工智能能自主确保信息抵达最关键部门与个人，有效缩减了中层冗余，提升了组织反应能力。举例而言，人工智能可通过解析市场动态、顾客意见等多元信息，自行匹配最适宜应对这些资讯的业务单元，直接向职工指派任务或呈递决策参考，这样的智能化信息管理不仅增强了组织的灵活性与敏锐度，还缩减了层级间的信息断层与决策延时，促进了组织结构的进一步优化。

14.1.3 人工智能伦理与管理层责任的融合：从技术治理视角到企业社会责任的实践

人工智能技术在现代企业管理领域的深入应用，使得伦理议题跃升为企业运作与管理科学研究的前沿焦点。这一技术革命在极大促进效率提升、优化决策流程与激发创新动能的同时，也触发了围绕算法偏见、数据保护，以及自动化对劳动市场的影响等复杂伦理和社会责任问题的广泛讨论。因此，企业在整合 AI 技术的实践路径上，面临着在技术创新监管与企业公民责任之间寻求均衡的挑战，确保其 AI 解决方案遵循道德规范，并积极履行相应的社会责任。

在当今企业管理领域，人工智能伦理议题显得尤为显著，尤其是关乎算法决策过程的透明度与公正性。本质上作为数据驱动的统计模型，AI 算法虽能高效处理大量信息并制定决策，但仍有可能引入或放大偏颇性。例如，在人力资源管理应用场景中，如人员招聘与绩效评价，AI 系统可能受训于含有性别、族裔等因素偏差的数据集，进而导致决策结果的不公。这种"算法偏见"现象，不仅威胁到企业的公正文化氛围，还可能触发法律争议与信誉危机。因此，企业亟须借助强有力的技术治理机制，以确保 AI 算法在其设计、开发及实施阶段均能遵循公平、透明且负责任的伦理原则。

技术治理在人工智能伦理与管理职责的交汇点上发挥着不可或缺的作用。其范畴超越了单纯的技术层面操控，演化成一个全面的管理系统，覆盖了从技术构思到实施应用的整个周期。在人工智能技术的治理实践中，企业有责任构建一个多维度的管理架构，以保证 AI 的开发及其运用全程遵循伦理准则。首要步骤是企业须设立伦理审查机制，将伦理评价融入 AI 项目启动初期，确保项目导向、数据获取途径及预期应用场合均不触及伦理界限。进一步地，企业应采纳可解释性 AI 技术（XAI），增加 AI 系统的透明度，特别是在金融、医疗这类高风险决策场景下。XAI 技术使企业管理人员能直观掌握 AI 系统的推理路径，防止因"黑箱"效应而触发的伦理困境。此外，企业必须确立 AI 责任链条，明晰系统各环节的责任归属，以确保在发生问题时能够迅速追溯责任并执行校正措施。

除技术治理范畴外，人工智能的普及还牵动了广泛的社会责任议题。其自动化特征及对劳动力市场的改造，正重塑着企业的社会责任景观。随着人工智能技术渗透至生产与服务业等众多领域，不少传统职业面临被自动化技术替代的挑战，尤以制造业、物流及零售业为甚，此处人工智能引导的自动化体系正逐步接替人类工作。这一就业结构的转型，对社会稳定性与经济发展的长远趋势构成了深刻影响。因此，企业在受益于人工智能所带来的生产效率跃升之际，也应肩负起相应的社会责任，确保该技术的应用不至于触发大规模失业现象或加剧社会不平等现状。

面对这一挑战，企业需采纳多元策略以践行其企业社会责任。首要之举是大力推进劳动力的再教育与技能升级计划，援助那些因人工智能技术推行而面临职业流失威胁的员工，使他们能够掌握新兴的职业技能，顺利完成职业路径的转型。这可通过与政府部门、非营利组织及教育机构的协作实现，为员工定制培训方案与再就业辅助，确保他们能顺应新的职业岗位与行业发展趋势。此外，企业在实施人工智能技术时，应重视社会包容性，防止技术进一步扩大社会的数字差距。具体而言，在研发人工智能产品与服务的过程中，企业需全面考虑各类用户需求，保障技术的广泛惠及性与易获取性，特别是向技术接触能力较低的边缘群体伸出援手，缩小潜在的技术访问差异。

人工智能伦理与企业在全球化环境下的社会责任交集，关乎其如何应对跨国界法律差异及文化多样性。随着人工智能技术的国际拓展，企业不仅需遵循各国家和地区的法律法规框架，还需融入不同文化脉络中的伦理原则。举例而言，欧洲与北美地区对个人数据隐私保护及算法透明度有严格的法规约束，而其他区域则可能更重视人工智能技术对经济增长的驱动力。因此，在全球部署人工智能技术时，企业必须依据各地的法律体系与文化特性，调整其技术管理架构及履行社会责任的方式，确保在符合本土伦理规范的基础上推进业务战略实施。

14.1.4. AI 与创新管理的融合：从创新生态系统到技术变革

作为当今最为革新性的技术之一，人工智能正深刻地影响着企业创新管理的模式。传统上，创新管理理论侧重于借助流程优化、资源的有效整合及对市场需求的敏锐捕捉来驱动产品与服务的创新；而 AI 技术的融入，则为企业界带来了崭新的创新方法与工具集。它不仅极大增强了企业的创新潜力，也经由促进企业的数字化转型，重绘了创新生态体系的构造与运作模式。在此趋势下，AI 与创新管理的深度融合成为管理科学研究中一个关键议题，旨在探索如何借力 AI 技术，促成从创新生态至技术革新的全面过渡策略。

人工智能对于创新管理的影响力首要体现在其对创新流程的自动化与智能化促进上。在经典的创新管理体系下，从市场调研、方案设计直至测试与迭代，这一系列过程往往高度依赖密集的人力资源与丰富的实践经验。然而，随着人工智能技术的融入，借助大数据分析、机器学习及自然语言处理等先进技术手段，创新流程的效率与精确度得到了显著提升。比如，人工智能能够实时剖析市场数据，自主辨认出隐含的消费需求与发展趋势，为企业的研发团队精准指引创新的航道。这种数据引导的创新策略，不仅极大压缩了产品从构想至上市的时间跨度，也大幅度消减了创新实践中的变数与风险因素。

人工智能还通过对创新生态系统的数字化改造，促进了企业间协作与竞争关系的重塑。传统上，企业创新机制大多依赖于内部研发及对外部供应链的合作，而今，随着人工智能技术的深度融入，企业的创新生态环境呈现出更高程度的开放性和复杂性。这一变革中，AI 正成为驱动企业与高等院校、科研单位、新兴创业公司等诸多外界实体开展协同创新的关键力量。这类跨越组织边界的创新合作范式，为开放式创新理论的实践提供了肥沃土壤，企业经由与外界伙伴的数据、算法及技术资源共享，实现了技术创新到市场应用的快速转化。以医疗人工智能为例，众多大型制药企业通过携手医疗机构与 AI 初创企业，共创基于人工智能的药物研发体系，有效加速了新药的研发进程与临床试验周期。此套基于 AI 构建的开放创新生态系统，不仅为单个企业注入了创新活力，也整体牵引着相关行业技术前沿的持续跃进。

人工智能引领的创新管理模式在企业商业战略的革新中同样显著。这项技术不仅重塑了产品与服务的创新流程，而且催化出新颖的商业运作模式。具体而言，基于人工智能的推荐系统、个性化定制服务以及智能化运营平台正驱使企业从传统的商品为中心模式向平台化、生态体系化模式转型。诸如亚马逊、阿里巴巴这类平台型企业的典范，通过人工智能技术的实施，能够即时解析用户行为数据，呈现个性化商品推荐与服务体验，有效增强用户的满意度与忠诚度。这种人工智能赋能的商业模式转型，让企业借由技术平台的拓宽与生态圈的构筑，达成了规模经济与网络效应的双赢，因而在市场竞技场中占据了领先地位。

人工智能技术正引领创新管理向精细化与智能化决策迈进。以往的创新管理实践多基于管理者个人的经验与直观判断，而今，人工智能通过深度数据分析与智能化辅助决策系统，为管理者配备了更为严谨的创新管理工具箱。比如，人工智能能自动化分析企业内部创新项目的大数据，对各项目的潜在风险、所需成本及预期回报进行精准评估，为企业的创新资本分配决策奠定坚实基础。这种融入人工智能的创新管理方式，在促进企业创新资源配置的高效优化的同时，也助力企业实现了创新投资的细微化管控。

人工智能在促进创新管理方面的深刻作用还表现在其对技术革新的强大推动力上。相较于传统模式下依赖长期研发周期与高成本投入以实现技术突破的情况，人工智能技术的融入显著缩减了技术创新周期，并有效减少了创新成本。举例而言，自动驾驶、金融科技及医疗健康等领域的 AI 应用正引领着这些行业经历技术转型。尤其是医疗健康领域，借助深度学习与图像识别技术，AI 为医生提供了辅助疾病诊断、药物研发及手术策略规划的能力，极大加速了医疗技术创新的步伐。此外，AI 通过支持自动化的实验平台，使药物研发流程趋向自动化与智能化，进一步加快了技术革新的节奏。这一由 AI 驱动的技术变革趋势，不仅促进了各行各业的技术跃进，还为企业开辟了新的市场机遇与商业价值空间。

此外，人工智能的广泛渗透对企业的创新生态系统带来了新的考验。由 AI 引导的创新路径着重于数据导向、自动化及智能化，这或许会与企业既有的创新文化体系发生碰撞。比如，一些企业文化推崇个人的创造能力和实践经验，然而 AI 的融入可能降低管理层与员工在创新进程中的主动性和创造性角色。因此，在推进 AI 引导的创新战略时，企业需在科技进展与文化根基之间寻得均衡点，旨在最大化利用 AI 的技术势能，同时维护和激发企业的创新氛围及创意思维。

14.2 未来管理者的 AI 素养与技术能力要求

14.2.1 数据驱动的决策能力

随着人工智能技术的飞速发展，企业运营管理者正面临一项重大挑战：如何在动态复杂的商业环境中实现精准且高效的决策制定。过往依赖经验和直觉的决策模式已难以满足当前数据密集环境下的管理需求。现今，作为一名企业管理者，掌握数据驱动决策（Data-driven Decision Making）能力变得至关重要，这不仅要求其深刻理解并有效运用数据，还着重强调了利用前沿 AI 技术，将海量数据转化成切实可行的商业智能的过程。

决策能力以数据为驱动力的关键在于管理者须深谙数据之奥秘。现代企业管理层不仅应精通数据的捕获与储存之道，还需洞悉数据的多元化及复杂性。得益于人工智能技术的赋能，企业能从广泛渠道汇聚海量数据，涵盖内部运营指标、外界市场情报、社交平台信息及客户即时反馈等。这些数据展现为多种形式，既有条理清晰的结构化数据（例如销售记录、存货清单），也不乏自由形态的非结构化数据（如文本、图像与音频）。管理者面临的挑战在于辨识这些数据的内在价值，并掌握通过数据清洗与数据融合的手段来确保信息的精确度与连贯性，为后续的数据剖析与战略制定打下坚实基础。

在数据引导的决策领域，管理人员被寄望拥有数据分析与建模的深厚功底。随着 AI 算法的广泛采纳，企业决策层面的复杂度已远超传统统计分析的界限。这要求管理者不仅要谙熟常规的统计分析手段，还需触及机器学习、深度学习等先进人工智能技术的核心理论。借力这些工具，管理者能从浩瀚的数据海洋中挖掘出隐蔽的规律与趋向，为公司的策略制定奠定坚实的实证基础。比如，预测性分析赋能管理者预判市场动态走向，洞察机遇与挑战，从而在行业竞争中赢得先机。

管理者应当认识到，数据驱动决策的内涵远超技术工具的应用范畴，它的核心在于技术与商业智能的深度融合。尽管 AI 凭借其在预测领域的卓越表现令人瞩目，但其预测结论本质上是对历史数据模式的复现。因而，管理者不仅需要具备敏锐的批判性思维能力和深厚的商业直觉，还应成为连接算法预测与现实商业情境的桥梁构建者。比如，当某个 AI 模型预示某产品销量即将显著增长时，管理者需综合考量宏观市场经济状况、竞争者策略的动态变化以及消费行为的趋势变迁等多个维度，从而确保所做决策既具备实施的可行性，又不失时机的敏感性。

以数据为支撑的决策过程还牵涉如何在企业内部普及数据文化。随着人工智能技术的广泛部署，随之而来的是海量数据的生成与处理，而仅依靠少数数据专家来进行信息分析已难以满足企业的运营管理需求。因此，企业管理层应当在公司内部推行数据民主化进程，即把基于数据做出决策的思维模式嵌入到每一个部门及管理阶层的日常运营活动中。这要求管理层拥有高效的数据交流技巧，能够运用可视化手段（例如：数据仪表板、图形分析报告）将复杂的数据分析结论转化为通俗易懂的业务洞察，促使所有员工都能加入由数据引导的决策流程之中。比如，在零售领域，管理层可通过人工智能技术来剖析消费者的购买行为模式，进而在此基础上设计出个性化的市场推广策略。不过，AI 算法得出的结论往往是高度抽象的，如何将这些复杂的模型结果以简化的形式向市场营销团队展示，并引导他们实施具体的行动方案，成为管理层不可或缺的沟通艺术。如此一来，数据不仅充当了决策的基石，还化身为驱动全组织协同创新的能量源泉。

面对数据驱动决策的实践，管理人员被赋予了处理数据伦理及隐私议题的敏锐洞察力。随着企业日益增长的数据依赖性，数据隐私与安全成为管理层不可回避的重大考验。[①] 在运用人工智能技术进行数据解析的过程中，确保所处理数据的合法合规性，尤其是当牵涉个人隐私信息时，显得尤为重要。未来领导者必须掌握如隐私计算（Privacy-preserving Computing）之类的技术，并在数据的全生命周期——从搜集、保存至处理及分发各环节——贯彻执行严密的隐私保护策略，从而规避法律法规与道德层面的风险。这一举措不仅响应了企业公民责任的召唤，也是维护企业公众形象与巩固客户信赖的必由之路。

14.2.2 技术治理与 AI 伦理意识

AI 技术在企业管理领域的深入应用，使得技术治理与 AI 伦理观念跃升为当代管理者不可或缺的核心竞争力之一。尽管 AI 技术凭借其强大的效能促进企业实现显著的效率飞跃与商业价值增值，但伴随而来的风险与伦理挑战同样不容小觑。管理实践中，如何应对算法偏见、数据保护困境，以及自动化决策对社会结构的潜在影响，要求管理者构建一个健全的监管体系，并持有深刻的伦理自觉，确保 AI 技术的实施遵循责任原则与道德规范。

---

① 黄靖淳. 数字化转型下现代企业财务管理的创新策略与实践 [J]. 老字号品牌营销，2024（13）.

技术治理的关键要素体现在构建一个透明且可控的技术架构之上。AI 技术的广泛部署常伴以复杂算法及模型的应用，这些算法在驱动决策时可能潜藏不可预知的风险，尤其在自动化决策占据核心位置的领域，诸如人力资源选拔、金融市场借贷、医学诊断等。因此，决策者有责任确保 AI 系统中算法的透明度（Algorithmic Transparency）及可解释性（Explainability），即企业需对 AI 模型的决策逻辑实施透彻的审查与阐释，以规避因"黑箱"导致的管理层难以理解或追溯 AI 决策路径的困境。

为了达成这一目标，管理人员需致力于推动企业内部开发及应用 AI 的可解释性技术（XAI）。XAI 技术通过揭示 AI 模型的内在工作原理，使管理者不仅能洞察 AI 决策的逻辑，还能够据此进行优化调整。以金融领域为例，当 AI 系统根据客户过往行为记录调整个人信贷限额时，管理层必须能够阐明这些变动的合理性，以确保决策过程的公平性和透明性。这种增强的解释功能，不仅促进了企业内部技术治理的升级，也加强了客户及监管机构对企业的信赖程度。

管理者应当具备深厚的 AI 伦理观念，并将其融入企业的技术管理体系实践中。随着 AI 技术的不断渗透，企业在算法开发及数据利用环节中必定遭遇伦理难题。比如，AI 技术若应用于招聘环节，可能因培训数据的偏颇而导致性别、族裔等方面的不公，这不仅有损企业多元共融的文化氛围，亦可能触发法律上的危机。因此，管理者在规划与执行 AI 技术时，必须确保其遵循伦理准则，杜绝对算法偏见及数据歧视现象的发生。

面对这些挑战，管理者应当积极推动企业构建一套涵盖算法设计、数据运用及隐私防护等多维度的 AI 伦理准则体系，并设立相应的伦理审查机制。一个健全的 AI 伦理框架，既需法律的强有力支撑，也应融入企业的社会责任理念与核心价值观念。这意味着，管理者不仅要遵循诸如 GDPR、CCPA 之类的行业法规，还应积极强化企业的自我监管力度，在 AI 伦理领域展现出主动性，以保障 AI 技术的运用不对社会造成不良后果。

人工智能技术的广泛运用对企业的数据管理策略（Data Governance）提出了

更严苛的标准。数据作为人工智能技术的基石，其合法、透明及负责任的应用成为技术管理体系中管理者必须重视的问题。管理者有责任确保在数据的采集、保存、处理及传播等环节，企业能够严格遵循相关法律规范，尤其是当处理涉及个人隐私信息时，实施诸如差分隐私、联邦学习之类的高效隐私保护手段显得尤为重要。这些技术能够在不侵犯个人数据私密性的前提下推进AI模型的训练进程，既维护了用户隐私权益，又保证了人工智能技术应用的有效性。

与此同时，管理人员在推广人工智能技术的应用过程中，必须考量其社会效应（Social Impact）。尽管人工智能技术能显著提升工作效率，但它也可能对劳动力结构、社会公正及公众福祉产生深刻影响。比如，由人工智能引导的自动化进程可能导致某些领域工作人员的岗位流失，因此，管理人员应当预先评估这些可能的社会挑战，并规划相应的策略应对措施，诸如促进员工技能升级及再就业培训项目，以保证人工智能技术的部署不会加大社会不平等现象。

技术治理还包括促进企业内部的跨领域协作与监管体系构建。鉴于AI技术的复杂特质及跨学科需求，实现多个业务板块的联动成为必然，涵盖技术部门、法务、合规部门乃至决策层。领导者必须确保这些关键部门在AI项目从研发至实施的全链条中维持紧密合作，共同搭建一个强有力的监控与反馈系统。举例而言，技术团队肩负能力提升及系统优化的使命，而法务与合规团队则专注于审视AI解决方案的法规符合度及道德风险。这种跨界合作模式促使企业能有效减轻AI技术部署时的潜在风险，并验证技术治理体系的稳健执行能力。

管理者还需拥有国际化的视角，洞悉全球AI技术管理和规制的趋势及异同。鉴于AI技术的国际化推进，各国及地区在AI伦理与技术管理上展现出了显著的法规及文化多样性。以欧美地区为例，对数据保护及算法可解释性设有严格的法规门槛；相比之下，部分新兴市场或许更侧重于AI技术对经济增长的驱动力。因此，管理者需依据各异的法规环境与文化脉络，确立相适应的技术管理体系与伦理准则，以确保企业在全球部署AI技术时，能贴合各地区的法规要求与伦理预期。

14.2.3 跨学科知识整合与创新能力

随着人工智能技术逐渐渗透至各行各业，未来的领导者不仅需对 AI 技术有深入的理解，还需掌握跨领域的知识融合及创新的能力。鉴于 AI 技术的高度复杂性和多维度特性，其应用范畴跨越了众多学科领域。仅凭单一学科的知识背景，难以充分挖掘 AI 的潜在价值，因而，领导者必须拥有跨学科的视角与整合技能，能够有效地将 AI 技术与其他学科理论及实践相融合，以此驱动企业的创新进程与变革发展。

人工智能技术的进展已跨越了计算机科学、机器学习及数据科学的界限，其应用范畴广泛触及经济学、社会学、心理学、伦理学等诸多学科。因此，管理人员必须掌握这些基础学科的知识，以便在多变的商业环境中有效地实施人工智能技术。比如，人工智能在市场营销领域的运用，不仅仅是依靠算法解析消费者行为数据，还深入结合了消费者心理学、行为经济学等理论。通过这种跨学科的融合，管理者能更深层次地洞察消费者的内心动因，并借力人工智能技术来制定更为精确的市场策略，进而增强客户的体验感与企业的市场竞争地位。

跨领域知识集成的关键层面涉及技术与商业实施的协同。尽管人工智能引导的技术创新正深刻影响着企业运作模式，但决策者必须警醒，单纯的技术突破并不能自发地转化为商业价值，唯有技术与企业战略导向及实际运营活动紧密结合，方能最大化发挥人工智能的潜能。因此，决策者亟须掌握将技术成果转移至商业应用的技能。这一进程里，技术评估与商业模式创新成为不可或缺的步骤。决策者需审视人工智能技术的适应性，明确其在企业运营中的精准应用点，并经由商业模式的革新促进技术与市场需求的高效匹配。以制造业为例，人工智能技术可通过预见性维护策略增强设备运行效能及生产量，而管理者还需深思如何借力此技术改善产品品质及增强消费者满意度，进而在商战中推动企业走向繁荣。

未来的领导者还需掌握系统思维技巧，即全面把握复杂系统本质的能力。鉴于人工智能技术的部署倾向于加剧企业内外环境的复杂度，领导者应当拥有宽广的视野，从企业运作的宏观层面洞悉人工智能技术的全方位影响。这不仅要求他们辨析企业各职能部门、工作流程及资源分配间的内在关联，还强调预判技术革新可能引发的系统性挑战与机遇。比如，基于人工智能的供应链改进策略，其核心不局限于局部效率的提升，而是关乎从原料供应、物流调配到客户服务体系的全链条生态整合。透过系统思维的棱镜，管理者能妥善驾驭人工智能技术实施中的复杂情境，确保存续的竞争优势源自技术创新。

在未来管理领域，特别是在人工智能时代，掌握开放式创新策略已成为管理者不可或缺的一项核心能力。鉴于 AI 技术的深度复杂性和广泛的跨学科性质，企业单纯依赖内部资源已难以实现全方位的技术飞跃。因此，管理者应当具备吸纳并融合外部创新资源的远见，积极与高等教育机构、科学研究单位及新兴创业公司携手，借助协同研发项目与技术转移机制，来加速推进 AI 技术的研发进程及其市场应用。同时，他们还需在企业内部促成跨学科团队的紧密合作，消除技术与业务部门之间的隔阂，以确保 AI 技术能够跨越部门界限，为企业创新活动贡献最大价值。开放式创新实践不仅增强了企业的技术革新力，还为其搭建了一个广泛覆盖的创新生态系统，这一系统能够在国际舞台上有效整合同行业及其他领域的创新资源，为企业的长期竞争优势在 AI 时代奠定坚实基础。

未来领导者在创新领域的体现之一，是他们对于敏捷管理模式及快速迭代过程的掌握。鉴于人工智能技术的迅猛发展态势，管理者应当具备迅速吸纳新技术并依据市场与技术动态不断校准企业创新战略的能力。在此背景下，敏捷管理着重于借助持续的反馈循环与高速迭代进程，加速创新技术向实际应用的转化，要求管理者能够驱动创新项目实现快速实验、适时调整及持续优化。通过这一模式，企业不仅能够在市场变迁和技术革命的大潮中维持高度灵活性及快速反应能力，还确保了人工智能技术的部署能够紧贴市场需求，实时响应其变化。

跨学科知识的融合及创新能力建设，强调了管理者在创新文化建设中的引领作用（领导力在创新文化中的体现）。面对由 AI 技术推动的深刻变革，企业管理层应当致力于构建一种开放性、包容性和前卫性的企业文化环境，促进员工跨越学科边界的沟通与协作，激活创意思维与实践。这不仅要求管理者通过制定制度与流程来促进创新，还需借由示范作用及激励策略，引导员工积极探究新技术的运用前景。具体措施上，比如建立企业内部的创新实验室（Innovation Lab）、组织跨职能团队的创新挑战赛等，可以有效激励员工在 AI 技术支持下尝试创新项目，从而加速企业的技术革新与市场扩张进程。

14.2.4 人机协作与团队动态管理能力

随着人工智能技术的不断渗透，企业在组织架构中日益重视人机协同作业模式，将其视为未来管理领域的关键议题。在此背景下，人工智能不再简单地充当工具角色，而是转变为公司运营中的智能协作伙伴，其与人类员工的合作模式直接影响到企业的生产效能与创新潜力。因此，未来的领导者必须掌握人机协作的精髓（Human–AI Collaboration）及团队动态调控的艺术（Management of Team Dynamics），旨在确保人工智能技术的高效利用，并推动企业实现协同式创新。

人机协同工作的关键在于怎样实现任务的最优化配置，从而使人工智能与人类职员的专长达到极致。人工智能在处理复杂大数据分析及模式识别任务上表现出色，而人类职员则在创新思维、情感智能和高层级策略制定上拥有无可比拟的优势。因此，领导者必须掌握混编团队管理的艺术，做到精准辨识哪些工作环节适宜交由人工智能执行，哪些则仍旧依赖人类介入，并借此实施有效的职责划分策略，以驱动团队总体效能的跃升。比如，在客户服务板块，人工智能能依托自然语言处理技术应对标准化的客户询问，相对地，对于那些错综复杂的投诉处理及深度情感交流任务，则需人类职员亲自介入处理。遵循这种基于优势互补的任务调配原则，领导者能够确保人工智能与人类职员各自在其专精领域内实现效能的最大化释放。

为促进人机协同工作的有效开展，管理者应当具备强化员工技能的策略。随着人工智能技术的融入，工作范畴发生变革，导致诸多传统岗位面临自动化技术的替代，而新涌现的技术职位则对技能层次提出了更高要求。[①] 管理者责任重

---

① 杨宜勇，魏巍.人工智能时代青年就业路径的重构：挑战、机遇与政策导向[J].中国大学生就业，2024（04）.

大，需通过教育训练的途径，使员工获得与人工智能技术接轨的新技能，确保其在变迁的工作场景中依旧能发挥效能。这一过程不仅触及企业人力资源的管理层面，还深切关联到员工职业路径的发展及企业的社会职责担当。以制造业为例，随着 AI 引导的自动化生产线普及，原有许多操作工种将经历转型，此时，管理者需借助再教育项目，协助这些员工获取操控及维护 AI 系统的能力，保证他们在新的制造生态中持续贡献价值。

在人机交互背景下，团队的动态管理构成了核心竞争力之一。AI 技术的融入预示着团队运作模式的重大转型，尤其涉及沟通、协作及决策流程，这对管理者提出了应对动态演变的新要求。过往团队管理实践中常见的垂直化沟通与决策路径，可能因 AI 技术的介入而变得扁平化。管理者需掌握动态领导技能，以便在快速演变的环境里引领团队合作，确保 AI 技术能有效赋能团队，促进其运行效率。AI 在团队内部可实现数据的即时分析与决策辅助，加速决策流程，增强团队的反应速度与适应性，从而要求管理者在维持团队高效运作的同时，也要能灵活驾驭这些由 AI 引入的变化。

在促进人机协同的过程中，组织变革管理成为管理者不可或缺的一项能力。人工智能技术的实施往往伴随着组织架构及作业流程的重大转型，因此，管理者必须掌握引领这些变化的技能，并保障员工能够顺畅地融入新的工作情境之中。比如，通过优化企业的供应链管理系统，AI 能够增强各环节的工作效能，但这同时预示着既有的作业流程与岗位配置可能需要重新规划。在这种情况下，管理者应当借助高效的沟通机制与培训计划，使员工认识到变革的重要性，并鼓励他们积极投入到革新后的工作流程里，以确保组织变革的稳步实施。

在促进人类与机器的协同工作中，管理人员必须着眼于技术赋能及员工福祉的双重维度。诚然，人工智能技术的融入极大提振了企业生产效能，但其可能潜在地削弱员工的工作满意度与心理健康水平。因此，管理层应当借助技术赋能策略，引导员工正确认知并接纳人工智能技术，使之体会到该技术在作业便捷性与创新机遇上的正面影响，规避技术被视为潜在威胁的观念。同时，针对技术革新背景下员工可能承受的心理挑战，管理层需采取积极措施，如提供心理援助和职业发展规划咨询服务，助力员工顺利过渡到新的工作生态中，确保其适应性和满意度的同步提升。

协同创新代表着人机协作的终极追求。在此背景下，领导者肩负着促进人工智能与人类团队成员间协作的重任，旨在唤醒团队内部的创新动力。通过利用人工智能的数据处理能力来启发创新思维，并借助自动化特性减轻员工负担，使他们能全心投入高附加值的创意工作，是实现这一目标的关键路径。领导层应当掌握激发此类协同创新的技巧，敏锐地发现并利用 AI 技术与人类创意思维的互补优势。以产品开发场景为例，人工智能能够通过分析市场数据揭示未来需求的趋势，而这些洞察力将转而成为设计师创造新颖产品概念的跳板。这种合作模式不仅巩固了创新的基础，也使得企业在激烈的市场竞争中持续占据前沿位置。

14.3. AI 时代的领导力：从传统管理到数据驱动的领导模式

14.3.1 从经验驱动到数据驱动的领导决策转型

在经典的企业管理体系中，领导层的抉择过程常常依赖于其积累的经验、直观感知及对过往数据分析的理解。这种依赖经验的决策模型，固然能在相对静稳的市场状况下为企业带来一定的导航作用，但面对当代商业环境的急速变迁，其不足之处日益突显。随着人工智能科技的兴起，企业正经历着由传统经验导向向数据导向的领导决策模式变迁，这一转型不仅代表了技术工具的更新换代，也深刻反映出管理理念与领导能力的革新升级。

人工智能技术的根本优势在于其能应对浩瀚的信息量，并借由精密的算法执行模式辨识与预测分析。相较于人类认知界限及信息处理能力的局限，人工智能能够在极短时间内剖析跨领域的大量数据，自主发掘其中隐含的相关性和发展趋势。这一进步意味着决策者在制定策略时，可依仗更精准且全面的数据支撑，减少对个体主观臆断或狭窄经验的依赖。凭借数据引导决策（data-driven decision-making），企业面对复杂多变的市场环境与不确定性挑战时，能做出更为理智和客观的选择，从而增强决策的严谨性与抵御风险的能力。

在以数据为驱动力的决策体系内，高层管理者不再单一地占据决策核心位置，而是转变为数据处理的促进者与战略规划的监管者。他们肩负着确保组织内部数据流通无阻的重任，并且需确立关于数据收集、分析及应用的具体程序与标准。数据治理在此过程显得尤为重要，它要求管理者保障从数据获取、保存至解析的每个步骤既能满足道德规范也能符合法律规定，尤其是面临数据隐私与安全的敏感议题时，更需审慎行事。

与过往依赖经验做出决策的做法相异，现今的数据导向领导模式对领导者提出了更高要求，即在数据素养（data literacy）及人工智能技术领域的深入理解。此处所谓数据素养，不仅涵盖阅读数据报告或掌握基础统计原理的能力，更强调领导者需洞悉数据背后的深层逻辑，并能依据企业战略目标对其进行合理诠释。实际上，在企业运作场景下，单纯的数据积累并不能自发转译为商业价值，领导者必须拥有将数据洞察转化为实际行动策略的能力。比如，人工智能可以从市场数据分析中揭示潜在机遇，而领导者则需据此制定详尽的市场渗透策略，同时权衡其中涉及的风险与回报。

在促进以数据为导向的决策转型旅程中，领导者还需直面组织文化层面的挑战。过往依赖领导者个人权威与经验积累的决策模式，正逐渐让位于要求企业环境更加开放及透明的数据驱动模式，此模式积极促进数据的共享与跨职能团队的合作。因此，领导者肩负着在企业内部培育数据文化的责任，确保每位员工都能认识到数据的重要性，并能在日常业务操作中自发运用数据进行决策。实现这一目标，需要领导者借助教育培训与激励体系，助力员工增强数据处理能力，同时配备适宜的工具与资源，保证员工能有效参与到以数据为支撑的决策流程中。

领导者还需具备前瞻性视野，能在依赖数据做出决策时，持续关注企业的长远规划（long-term objectives）。尽管人工智能与大数据分析能精准揭示当前市场动态，领导者不可因此偏废长期策略规划及风险管控。数据导向的决策通常侧重于短期内效率的提高与风险的精确调控，领导层的任务是将这些即期效益同企业的长远发展目标融合，保障数据驱动的策略能有效促进企业的可持续性发展。以供应链管理为例，人工智能可根据实时数据分析优化存货与物流配置，但领导者还应重视供应链的长期可靠性与应对不确定性的能力，确保企业在面对突发状况时，运营能够不中断地持续进行。

14.3.2 从控制型领导到赋能型领导的转变

在经典的企业管理架构中，控制型领导（command-and-control leadership）着重于领导者对组织的全面支配，决策与执行的权限高度集中于领导层，而团队成员主要担当执行任务的角色。此类型的领导模式在工业革命期间及高度分工的商业模式下展现了极高的效能，尤其在市场环境相对稳定的情形下，领导者依赖其权威与丰富经验，经由上至下的指令传递系统，能够促进决策的迅速实施与执行的严格保障。然而，随着人工智能技术的广泛渗透与商业环境的日趋复杂多变，统治型领导的不足之处愈发显著：决策流程繁复、信息流通受阻、创新能力受限、员工的自我驱动力与创造力受到遏制。因此，企业界的领导力发展趋势正从传统的统治型逐渐转向为赋能型领导（empowerment leadership）。

赋能型领导着重于通过赋予团队成员资源、工具及自主决策的空间，来激活其创新思维与责任感。在人工智能技术的辅助下，领导层无须事无巨细地监控每个环节，而是通过增加团队成员的决策权限，驱动组织内部的协同创新。特别是，人工智能技术的融入，比如自动化工具与智能系统的实施，大幅度削减了领导在日常运营管理中的直接介入需求。诸多以往由管理人员承担的职责，例如数据分析、绩效评估、市场趋势预测等，现今已能由 AI 系统高效自动处理，这一变革释放了领导者的时间与精力，使之能够更多聚焦于战略规划与引领创新。

赋能领导模式的根本观念在于分散权力（去中心化）与促进自发协作（自组织）。此模式下，决策过程不再高度集中于高层管理个体，而是广泛分布至各功能部门及工作小组中。人工智能技术的融入，通过供应即时数据分析支持与智能化决策辅助工具，使小组内的每位成员皆能依据其专业领域依据数据做出决策，这一转变不仅加速了决策流程，也显著增强了成员的责任归属感与投身参与的热情。以产品创新实例说明，AI 通过详尽的数据解析揭示消费者偏爱趋势及市场导向信息，让研发团队能够自主依据此类数据洞察来制定产品设计策略，无须再依赖传统的自上而下指挥链。

赋能型领导模式下，对领导者的要求趋向于更高层次的信任治理能力。随着 AI 技术的普及应用，信息的开放程度显著增加，进而对领导者提出了信赖团队成员并赋予其充分自治权与支持的新要求。相比之下，传统的监管式领导倾向于借助严密的工作流程和监控体系来保证任务顺利完成，而赋能型领导则更侧重于依托信任及激励机制，以激活团队的内生动力。在此过程中，领导者负有为团队成员配备必要的教育训练和科技辅助的责任，确保他们能有效运用 AI 工具进行自主决策及应对挑战。

赋能型领导与人工智能技术的融合，还在促进协同作业与跨职能合作方面展现出显著优势。通过消除信息壁垒，人工智能促进了企业内部各部门间的信息流通与协同作用。比如，基于 AI 的协作平台能够即时整合市场、生产、销售等多个部门的数据，助力各部门更高效地协同运作。这一变革使领导者无须借助烦琐的指令链条来调度各部门活动，转而借助一个高度透明的协作环境，使各部门能自主规划工作任务和资源配置。此类协同工作机制不仅强化了企业的运营流畅度，还进一步挖掘了跨领域创新的潜能。

相较于控制型领导，赋能型领导对领导者提出了更为严苛的标准。这不仅要求领导者拥有推动技术创新的远见，还必须深谙组织文化的培育与员工心理的引导之道。首要任务在于引领企业文化的蜕变，实现从传统的指令顺从架构向合作创新模式的跨越，营造一个氛围，在此之中员工得以畅所欲言，积极地介入公司策略的制定过程。此外，领导者还需设计高效的激励机制，助力员工顺利融入新兴工作模式，并经由不间断的教育训练，使他们能够熟练掌握人工智能技术的应用。这一系列举措凸显了领导者在变革管理方面的能力需求，强调了在科技革新进程中有效应对内部障碍与挑战的重要性。

赋能型领导策略的实效性，还深深植根于领导者对员工心理福祉的关注之中。

尽管人工智能技术的嵌入能够大力推动企业运作效能的提升，但其也可能诱发员工的忧虑与不安情绪，特别是当自动化技术大幅度替代基础技能劳动岗位时，员工对于职业稳固性的顾虑尤为显著。因此，领导者必须经由开放对话与心理慰藉机制，协助员工领悟人工智能技术部署的初衷，并导向他们视 AI 为职场上的协作伙伴，非威胁因素。此外，通过铺设职业成长路径及重塑机遇，领导者能助力员工在人工智能时代中觅得新的职业定位，有效缓解科技进步伴随而来的不良心态。

领导力向赋能模式的转变并不代表削弱领导角色，而是强调在策略层面强化其关键作用。这要求领导者实行战略性赋能，为公司的长远规划导航，并保证人工智能技术的部署与企业核心使命紧密契合。赋能领导模式促使企业能更有效地适应人工智能时代下的瞬息万变，增强灵活性和创新驱动力。

14.3.3 从个人决策到集体智能的协作领导

在经典的企业管理架构中，决策的主导权多倾向于高层管理者的集中掌控，其决策依据很大程度上依赖于这些个体的经验积累、主观判断以及对既有资讯的把握。然而，随着人工智能科技的广泛渗透，企业决策模式正逐步朝向集体智能（collective intelligence）和协作领导（collaborative leadership）方向演进。这一转变不仅体现了实质性的决策权分散趋势，也深刻反映出领导角色的根本性变迁：他们不再简单地充当单一决策的制定者，而是转变为一个激励集体才智、统合多源信息并促进团队合作的协调者与赋能者。

集体智能的理念依赖于群体内个体间的协同合作与信息共用。借助人工智能技术的催化，集体智能在企业界实现了广泛的应用渗透，促使企业内部知识的传递跨越了部门与层级的界限，经由数据平台与合作工具的桥梁作用，瓦解了以往的信息封闭状态，加速了跨界别、跨学科的集体决策进程。这一变革的契机，在于人工智能技术能即刻处理跨部门的海量异构数据，并针对每位决策者提供定制化的分析与洞见，从而赋能每个人基于其专业领域的数据支撑，做出更富含科学依据及预见性的决策。

在此情境下，领导角色的本质已历经深刻转型。他们不再仅仅是独立的决策单元，而是转变为通过人工智能工具聚合团队多样性才能与见解的枢纽，旨在充分挖掘集体智能的潜力。人工智能技术为领导者铺设了跨越各部门知识与观点融合的平台，比如，借助自然语言处理（NLP）技术，能够迅速解码跨领域的文本信息，转化这些数据为切实可行的决策导向。另外，由 AI 赋能的知识图谱技术也助力领导者深化洞察企业内部各知识板块的关联性，于决策流程中高效吸纳并协调这些多维度的知识资本。

尽管集体智能的实践远非纯粹的技术挑战，它还深刻触及了企业文化的根基与领导模式的转型。在以往依赖个体决策的框架里，领导层往往享有绝对的权威性，其决策结论被视为不可动摇，而团队成员则主要承担执行职责。相比之下，基于集体智能的协同领导模式要求领导者主动减轻控制力度，激励团队成员独立思考并积极参与决策过程。这便对领导者提出了新的能力需求——信任管理，意指构建一个开放透明的决策场景，确保每位成员的意见都能得到平等的倾听与评价。值得注意的是，这种信任氛围的培育，不单纯依赖领导者的个人影响力或沟通艺术，而是需结合人工智能支持的协作工具，以促进组织内部信息的自由流通，实现跨层级的透明对话。

人工智能技术的融入，促使企业决策机制向数据主导的群体决策模式转变。过往决策过程常常受限于决策者个人见解及有限历史数据分析，而今，人工智能通过捕捉并分析实时数据，助力团队成员迅速获取市场最新动向与运营实况。以供应链管理为例，AI 能即时整合市场需求变化、库存状况及物流效能等多源信息，为供应链管理团队提供坚实的数据支撑，推动决策精准度的提升，减少对高层单一指令的依赖。在此转型中，领导层的角色逐步转变为数据洞察与决策流程的引导者和监管者，力保群体智能能在严谨的架构内高效运行。

集体智能的提高还需强化跨领域合作。人工智能技术经由即时数据流通与合作平台的搭建，消除了企业各职能部门间的信息隔阂，促使市场营销、技术研发、财务管理、运营等部门能在同一数据信息基点上实现合作。在此进程中，领导层应具备跨学科融合的能力，即理解并汇总不同知识领域内的专业见解与观点，以驱动企业的全面创新与进步。比如，在新商品研发流程中，人工智能可通过剖析市场动态、技术实现可能性及财务预算情况，协助研发、市场及财务团队协同制定商品策略，而领导者的角色则是调和各方见解，保证决策方案的合理性和执行力。

集合智能的实践不仅对领导者的沟通艺术提出了高要求，还强调了在团队框架内构建明朗沟通路径的必要性，以保障多样观点的充分阐述与理解。尽管人工智能技术增强了信息的透明流通，但在集体决策场景下，人与人之间的直接沟通仍然占据不可替代的核心位置。因此，领导角色应当通过启发与激励手段，确保团队成员在决策流程中的积极性与沟通的有效性，防止由观点冲突或信息差异引发的决策延缓及错误。

14.3.4 从静态领导技能到动态学习型领导模式

在经典的企业管理理论框架内，领导者的专业能力和实践经验被视作随时间逐渐积累和深化的宝贵资源。他们仰仗这些经年累月积淀的行业知识与管理策略，以应对公司内部运营管理的种种考验及外部市场环境的波动。然而，随着人工智能科技的飞速跃进与商业生态的持续变迁，企业管理模式正经历一场深刻的转型，过往那种静态的领导能力框架（即静态领导技能）已难以驾驭 AI 时代所带来的复杂度与不确定性挑战。因此，现代领导者亟须从依赖既定技能的传统模式中跳出，迈向一种动态学习导向的领导范式（动态学习型领导），借由不间断地学习和个人能力的迭代升级，确保自己能够敏锐捕捉新兴技术和趋势动态。

人工智能技术的迅速演进，促使企业运营环境呈现出更为动态且复杂的特性。诸如机器学习、深度学习、自然语言处理及自动化系统等新兴技术的层出不穷，对领导者提出了快速掌握并适应这些技术的迫切需求。尽管传统的领导才能，包括战略规划、人员配置、财务指导等依然不可或缺，但在人工智能时代，这些已非领导者的核心竞争要素。取而代之的是，领导者的学习敏锐度、技术洞察力及其适应变革的能力，成为衡量其能否在日新月异的商业竞争中维系优势的关键指标。

领导者应具备持续学习（lifelong learning）的认知与能力。在人工智能时代背景下，技术更新迅猛，领导者若不能及时充实自身的知识系统与技能储备，将难以驾驭新兴科技带来的种种考验。这不仅要求领导者不断吸纳新的科技知识与管理理念，还强调了将这些理论迅速转化到实践工作中的重要性。举例而言，领导者必须洞悉人工智能技术对企业供应链管理、市场推广策略、人力资源管理等诸多领域的变革影响，并依据这些变动灵活调整企业的运营战略与管理模式。

为达成这一目标，领导者务必积极投身于业内技术交流与学习活动之中，涵盖参与技术峰会、研讨会及在线课程等，与此同时，借由与业界精英的互动交流，保持对新兴技术趋势的敏锐洞察。此外，构建内部学习体系亦为领导者的重要职责，旨在通过规律性的培训及知识分享会，确保领导团队整体能够与时俱进，紧贴技术发展的脉搏。在此进程里，人工智能技术自可成为辅助领导者学习的得力工具。举例而言，基于 AI 的个性化学习平台能依据领导者的学习偏好，智能化推送相关学习资料与课程，从而助力领导者更高效地精进自身技能水平。

动态学习导向的领导模式强调领导者必须具备技术感知力，即迅速辨认并领悟人工智能技术对企业运作的潜在作用。该技术的实践不仅重塑了企业业务流程的面貌，亦深刻地改造了商业模式及市场竞争版图。在此背景下，领导者需展现出预见未来的洞察力，预判人工智能技术的进展趋向，并据此调适企业策略。比如，随着人工智能在客户关系管理系统（CRM）领域的广泛渗透，领导者必须洞悉如何运用人工智能支持的客户数据解析工具，以增强客户体验及提供个性化服务，从而在竞争白热化的市场中维持自身的特色优势。

在这一实践进程中，领导层需密切留意技术与管理交集领域（即技术与管理的交叉点），以促进企业将技术应用与管理实践深度整合。这要求领导者不仅要精通人工智能技术的基本理论，还需洞悉这些技术如何在多样化的业务环境中应用实践。举例而言，人工智能赋能的预见性分析怎样助力企业在市场推广活动中实施精准营销，自动化技术如何增强生产流程的效能，以及机器学习怎样改进供应链的库存控制等。基于对技术与业务的透彻领悟，领导者能够更有效地引领企业的技术革新，并在技术转型的大潮中稳固竞争优势。

动态学习导向的领导模式强调领导者应具备迅速适应环境的特质（即适应能

力），使企业在风云变幻的市场环境中能够灵活地调整战略方向与运营模式。随着人工智能技术的融入，市场竞争的速度加剧，要求企业展现出极高的灵活性以维持竞争优势。领导者须通过持续学习与自我反思，敏捷地优化其管理手段及决策逻辑。面对由 AI 技术触发的行业革新性转型，领导者应当展现出识别并接纳这些变革的敏锐度，而非拘泥于传统的管理模式。

动态学习导向的领导模式进一步强调领导者需具备知识传播的技巧（capacity for knowledge dissemination），以促进企业内部学习型文化的建构。这要求领导者自身成为学习的楷模，并经由组织架构的设置，将这一学习精神渗透至企业的每一个角落。通过构建企业内部的知识管理体系（framework for knowledge management），领导者能有效促进知识在组织内部的流通及跨职能团队的合作，确保每位员工都能在人工智能技术的辅助下实现个人职业技能的跃升。举例而言，倚重 AI 技术的智能协作平台（intelligent cooperation platforms）便利了员工在项目合作中交流知识与经验，直接增强了团队的整体效能与协同作业能力。

动态学习导向的领导模式实效性，还深受领导者创新能力的影响。人工智能技术的精髓在于激发企业的创新潜能，此时，领导者的角色显得尤为关键。他们必须拥有挑战现状的胆识，敢于涉足未知领域，并借由不断学习和自我反省的过程，引领企业向技术创新与商业模式变革迈进。比如，领导者可借力于 AI 技术探索新颖的商业路径，诸如运用平台化经营模式来增强企业的市场竞争地位，或是依托 AI 支持的产品个性化定制策略，以实现市场的差异化竞争策略。

概括而言，在人工智能时代背景下，企业领导力模式的演进关键在于从固定领导技巧向持续学习与适应的动态领导理念转变。领导者必须践行终身学习精神，培养技术感知力、强化快速应变能力和激发创新思维，以此来不断提升个人领导力，并通过建构学习导向型企业文化，将这种动态学习的哲学渗透至企业的每一个角落。唯有不断追求知识的更新与自我超越，决策者方能在 AI 主导的商业竞争中立于不败之地，引领企业迈向长远的可持续发展道路。

结语：AI 时代的企业运营新范式

在当前的企业运营领域，人工智能业已超越单纯的技术或工具范畴，化身为企业运营转型的关键驱动力。过去的数十年间，企业运营模式深受经典管理理论与实践经验框架的束缚，而 AI 技术的迅猛发展引领我们迈入一个前所未有的崭新阶段——"AI 赋能的企业运营新模式"。这一模式广泛波及企业技术实践的同时，深刻地重塑了企业策略规划、组织架构、管理模式、企业文化乃至社会责任等多个关键层面。

人工智能技术引领的转型波及各个层面。首先，它重塑了企业的决策过程。过往，企业决策往往建筑于高级管理层的经验与直观感受，而今，人工智能的介入使依赖数据做决策成为现实。借助于机器学习、自然语言处理等一系列技术，人工智能能从大量结构化与非结构化数据中抽取出核心信息，助力企业实现决策的更高精确度与即时性。特别在市场环境复杂多变的情形下，人工智能通过实时数据解析，提供了前所未有的深度洞察，提升了企业对市场动态的响应能力。如此一来，企业战略规划的根基不再单纯是历史数据与管理者的经验累积，而是转变为对市场动态信息的即时捕捉与算法预测分析的深度融合。

此种由数据引领的战略转型远非单纯的技术层面上的优化，实则是企业思维模式与管理方式的一场深刻革命。人工智能正逐步取代传统的经验主导决策模式，代之以智能化的决策辅助体系。通过深化分析市场走向、消费者行为及竞争者动态，人工智能助力决策者制定出更富灵活性与前瞻性的策略，从而增强企业在国际舞台上的竞争力。然而，这一数据驱动的决策过程也迎来了新的考验，尤其是如何在人工智能激发的创新潜能与风险管控之间寻求均衡，企业亟须界定明晰的界限，以确保在创新驱动发展的同时，能够有效规避不可预见的风险。

人工智能技术的应用不仅重新界定了企业战略的版图，还对企业组织架构施加了深刻的影响。过往的企业管理模式倾向于采用经典的金字塔结构，其中决策权柄稳固于高层管理者之手，信息流通则呈现由上至下的常态。然而，随着人工智能技术的融入，企业组织形态正逐渐向扁平化与去中心化的趋势演变。这一技术通过持续的数据监测与深度分析，为各个业务分支自动提供了决策辅助，促使决策过程下沉至接近操作执行层面，有效简化了决策链条，加速了企业的响应速度与增强了其适应变化的能力。

组织结构的演变对中层管理者职能提出了新的挑战。他们不再单纯作为上级决策的执行者，而更多扮演监督与协调者的角色。人工智能技术在处理公司日常运营、自动化数据分析及流程优化等方面展现出巨大潜力，促使管理者的工作重心转向如何有效与 AI 系统合作，以保障系统的高效率运行和促进人机协作的流畅性。这一转型迫使企业组织结构趋向更高灵活性，以敏捷应对市场动态与技术创新，同时，构建一个跨越部门边界的协作氛围，消除信息壁垒，确保由 AI 产生的洞察能够迅速流通至各部门并转化为实际行动，成为当务之急。

在此新兴模式下，企业所拥有的竞争优势不再单纯依赖产品本身的品质或是市场推广的成效，而是愈发侧重于科技创新与数据的高效运用。人工智能已俨然成为企业强化竞争力的关键工具。借助 AI 技术，企业能够在供应链管理、客户关系维护、市场策略规划等诸多领域内推进智能化转型。以供应链管理为例，AI 利用预测分析手段，对供应链各环节实施优化策略，覆盖需求预估、库存控制乃至物流配置，助力企业构建起一个运作高效、成本节约且服务质量优异的供应链体系。同样地，AI 在客户关系管理（CRM）领域的渗透极大增强了用户体验。通过深度剖析客户数据，AI 不仅能够为客户提供量身定制的服务体验及个性化商品推荐，还有效加深了客户的忠诚度，提升了其长期价值贡献。

在人工智能主导的商业运营新时代里，其影响远不止于技术层面的革新，更对人力资源管理实践提出了全新的挑战。随着自动化与智能化技术的渗透，劳动力市场正经历着不可逆转的转型，尤其是那些富含重复性、增值潜力较低的工作岗位，正逐步让位于 AI 系统。但这并不预示着人力的全面退出，相反，强调了一种更为精细的人机交互模式的需求。企业因而面临着重新构想人机协作蓝图的命题，旨在通过 AI 接手常规任务来解锁员工的创新潜能与高层级策略思维，引导人力资源向更高创造性和附加值领域聚拢。为此，持续的技能升级与再教育成为企业必备议程，旨在赋能员工掌握AI关联新知，顺利过渡到新兴工作模式中。

在人才吸纳与绩效评判领域，AI 的融入开创了效率提升的崭新篇章。凭借数据分析与机器学习的强大力量，AI 不仅能够高效筛选简历、精准匹配理想候选人，还能基于日常工作的大量数据，输出更为客观公正的绩效评价。然而，这一进程中也伴随着新难题，特别是维护算法的公正性与透明度，防止数据歧视诱发的不公平结论，显得尤为关键。

随着人工智能技术的不断渗透，企业文化的面貌正经历着转型。以往，企业文化倾向于强调稳定性和操控性作为企业运作的基石，而现今，在人工智能时代的大背景下，更倾向于构建一种开放性、灵活性及创新导向的文化氛围。企业亟须塑造以数据为引领的内部环境，促使员工将数据分析与人工智能技术融入日常决策过程的核心。此外，倡导创新与容错的文化亦显得尤为重要，激励员工勇于探索新技术路径与方法论，即便这些尝试未必皆能圆满成功。通过营造一个宽容失败的生态系统，企业得以有效激活员工的创造潜能，从而在激烈的市场竞争中稳固其创新领先的地位。

在人工智能时代背景下，企业运营的新模式不仅深刻影响着内部管理机制，还拓展到了企业在承担社会责任及伦理实践领域的表现。伴随着 AI 技术的广泛渗透，诸如算法偏见、个人信息保护等问题日益突显，要求企业在追求技术创新的同时，务必保障 AI 技术应用的公正性与透明度，以防止可能对社会环境产生的不良后果。特别是针对数据安全与隐私保护议题，随着企业经营活动中数据资源的战略价值不断提升，如何在挖掘数据价值的同时，有效维护用户的隐私权益，已成为企业不可回避的重大议题。为此，企业应积极探索并运用隐私计算技术，诸如差分隐私技术、联邦学习等手段，来加强数据处理过程中的安全保障措施，确保用户隐私得到妥善保护，不受侵害。

人工智能时代的企业运营新模式远非单纯的技术进步所能概括，它代表了一次包括战略规划、组织架构、管理实践、人力资源配置、企业文化乃至社会责任在内的全面体系性转型。AI 技术的引入为企业开辟了前所未有的广阔前景，同时也伴随着一系列崭新考验。面对这一充满变数与高速演进的时代，企业领导者必须展现出持续学习与灵活应变的素质，以维系其竞争优势。通过树立以数据为支撑的决策思维、促进组织结构的去层级化与跨职能合作、培育鼓励创新与容忍失败的企业氛围，企业将能更有效地迎接人工智能时代的各项挑战，持续推动创新与自身发展。

参考文献

[1] 黄靖淳.数字化转型下现代企业财务管理的创新策略与实践 [J]. 老字号品牌营销，2024(13):132—134.

[2] 贾鑫，郝春娜.搭乘 AI 顺风车，探寻培训更多可能 [J]. 人力资源，2024(13):148—150.

[3] 张世杰.基于物联网技术的建筑电气智能照明控制系统设计与应用分析 [J]. 光源与照明，2024(06):34—36.

[4] 戴勇，孟庆凯，陈世泷，等.基于可解释神经网络的中巴公路沿线区域工程扰动滑坡危险性评价 [J]. 工程地质学报，2024，32(03):935—946.

[5] 薛悟娟.大数据时代个人信息的运作模式、理论困境及保护路径 [J]. 中国海商法研究，2024，35(02):103—19.

[6] 李强强，孙佳凯，苗红艳，等.利用人工智能优化基于大数据的酒类信息系统管理策略 [J]. 中国酒，2024(06):42—43.

[7] 张东艳.新形势下业财融合在企业的应用 [J]. 现代营销（上旬刊），2024(06):91—93.

[8] 席子钧.财务共享视角下企业数字化转型策略研究 [J]. 老字号品牌营销，2024(11):166—168.

[9] 刘敏，裴学胜，赵旭.基于 AI 画作生成技术的传统纹样绘画设计 [J]. 明日风尚，2024(10):56—58.

[10] 王靖一，范蕴琪.人工智能技术在电商营销中的应用 [J]. 老字号品牌营销，2024(10):73—75.

[11] 马俊月 . 基于人工智能的人事档案管理技术应用研究 [J]. 档案记忆，2024(05):57—59.

[12]郝楠，宋洋洋.数字经济、产业结构与劳动力结构优化[J].长春大学学报，2024，34(05):22—32.

[13] 李炜 . 人工智能时代企业人力资源管理创新的思考 [J]. 商场现代化，2024(09):106—108.

[14] 李逊 . 人工智能在建筑设计领域应用思考与探索实践 [J]. 中国勘察设计，2024(05):40—43.

[15] 徐珊 . 人工智能为出版业注入新动能 [J]. 文化产业，2024(13):109-18.

[16] 程樯，陈微 . 数智化"生成式"电影多模态交互构建研究 [J]. 电影艺术，2024(03):110—119.

[17] 杨川川，张思佳，陈亮，等 . 人工智能技术创新对企业劳动力需求的影响研究 [J]. 工业技术与职业教育，2024，22(02):108—19.

[18]王喆.数字经济背景下消费者数据隐私保护的法律机制研究[J].法制博览，2024(11):36-38.

[19] 杨宜勇，魏巍 . 人工智能时代青年就业路径的重构：挑战、机遇与政策导向 [J]. 中国大学生就业，2024(04):31—39.

[20] 钱凯，康磊，王庆书 . 风电场 SCADA 系统网络安全风险及机器学习入侵检测方法研究 [J]. 工业信息安全，2024(02):47—52.

[21] 阚超 . 企业数字化转型发展路径探究 [J]. 商场现代化，2024(08):123—125.

[22]曲召军.中小型企业数字化转型动因及影响机制研究[J].老字号品牌营销，2024(07):151—153.

[23] 孙全胜 . 人工智能赋能数字法治政府治理的制度构建 [J]. 河南社会科学，2024，32(04):94—105.

[24] 马征远 . 企业会计管理，便利与挑战并存 [J]. 云端，2024(13):124—126.

[25] 邢科云.大数据背景下电子商务营销的优化路径研究 [J]. 商展经济，2024(05):63—66.

[26] 刘瑶.数字经济背景下的智能财务理论与发展研究 [J]. 老字号品牌营销，2024(05):40—42.

[27] 屈志一.法院数字化转型对诉源治理影响研究 [J]. 法制博览，2024(04):42—44.

[28] 李杜.基于迁移学习与后训练剪枝的水母图像分类方法研究 [J]. 兰州职业技术学院学报，2024，40(01):67—71+78.

[29] 李永琪，王艳琼，吉成博.企业文化建设的高质量发展路径研究 [J]. 中小企业管理与科技，2024(03):112—111.

[30]王定康，戴浩凯.智能化的企业培训绩效评估策略分析[J].集成电路应用，2024，41(01):194—195.

[31] 田雅萱，彭霞.AI 技术在个性化礼品服务中的应用与发展趋势研究 [J]. 上海服饰，2023(12):184—186.

[32] 管彤.数字经济时代事业单位财务管理工作转型思考 [J]. 财讯，2023(23):165—167.

[33] 张章煌，唐元春，林文钦，等.电网企业数字化转型成熟度评估理论及应用 [J]. 系统管理学报，2023，32(06):1213—1221.

[34] 杨秋香.AI 时代媒体转型发展的进化与异化 [J]. 中国报业，2023(21):106—107.

[35] 魏清立.价值链视角下企业市场营销模式创新分析 [J]. 财讯，2023(18):31—33.

[36] 王昊冉，杨敏敏，王泽源，等.基于三维人脸数据增强的深度伪造检测方法 [J]. 网络安全与数据治理，2023，42(09):11—20.

[37] 郭琦，史明，邓越萍.个人数据可携带权实现路径研究——基于区块链技术的中国模式探索 [J]. 现代计算机，2023，29(17):10—17+56.

[38] 王会 . 人工智能赋能产业转型升级探析 [J]. 智慧中国，2023(08):21—23.

[39] 陈燕鸿 . 人工智能在用户体验设计中的应用与优化研究 [J]. 上海包装，2023(08):20—22.

[40] 胡启元 . 隐私悖论下的数据与计算 [J]. 上海信息化，2023(08):25—29.

[41] 欧青青 . 我国人工智能产业发展探究 [J]. 投资与创业，2023,34(13):163—165.

[42] 杨琴，早晨语 . 人工智能养老模式的法律风险 [J]. 北京政法职业学院学报，2023(02):49—58.

[43] 沈超 .ChatGPT：助力高等教育变革与创新型人才培养 [J]. 国家教育行政学院学报，2023(03):13—13.

[44] 黄丽冰 . 深度学习模型的可解释性及其在医学影像分析应用中的研究进展 [J]. 桂林航天工业学院学报，2023,28(01):51—60.

[45] 刘欢 . 基于可视化的教育数据挖掘综述 [J]. 现代计算机，2023,29(04):60—63+74.

[46] 陈龙，曾凯，李莎，等 . 人工智能算法偏见与健康不公平的成因与对策分析 [J]. 中国全科医学，2023,26(19):2423—2427.

[47] 钱昱，杜久林 . 多尺度全脑模拟——现状、挑战与趋势 [J]. 人工智能，2022(06):81—92.

[48] 贾俊杰，刘春海，管桐，等 . 基于 CNN–BiGRU 混合神经网络的电潜螺杆泵产液量预测方法 [J]. 石油钻采工艺，2022,44(06):784—790.

[49] 葛斌，吴彩，张天浩，等 . 基于联邦学习的边缘计算隐私保护方法 [J]. 安徽理工大学学报 (自然科学版)，2022,42(06):79—86.

[50] 胡翼青，谌知翼 . 作为媒介性的生成性：作为世界的媒介 [J]. 新闻记者，2022(10):3—12.

[51] 贺晓松 . 大数据背景下的数据仓库架构设计及实践研究 [J]. 中国新技术新产品，2022(19):22—25.

[52]王文玉.司法人工智能：实现裁判正义的新路径[J].大连理工大学学报(社会科学版)，2022，43(06):100—109.

[53]车亮，徐茂盛，崔秋实.基于联邦学习的短期负荷预测模型协同训练方法[J].湖南大学学报(自然科学版)，2022，49(08):117—127.

[54]张宇.改进AlexNet模型在手写体中文识别中的应用研究[J].信息与电脑(理论版)，2022，34(06):97—101.

[55]康兰平，程文文.数据可携带权在欧美法律实践上的权利要旨对我国个人信息权益保护的借鉴[J].电子知识产权，2022(03):65—77.

[56]蔡星宇.移动应用软件中知情同意规则的适用研究[D].西南财经大学，2022.

[57]刘晓龙，李彬.国际技术标准与大国竞争——以信息和通信技术为例[J].当代亚太，2022(01):40—58+158.

[58]赵磊磊，陈祥梅.数智时代教育大数据风险：表征样态与化解路向[J].贵州师范大学学报(社会科学版)，2022(02):72—82.

[59]王东泉.人工智能时期财务管理向管理会计转型的对策研究[J].商讯，2021(36):62—64.

[60]程承坪.人工智能：工具或主体？——兼论人工智能奇点[J].上海师范大学学报(哲学社会科学版)，2021，50(06):5—9.

[61]高心乐，邱煜炎.粒子群优化深度交叉神经网络推荐算法设计研究[J].西昌学院学报(自然科学版)，2021，35(03):75—82.

[62]朝乐门，尹显龙.人工智能治理理论及系统的现状与趋势[J].计算机科学，2021，48(09):1—8+362.

[63]李堃，李猛，李艳玲，等.基于LSTM-RPA音乐流行趋势预测研究[J].计算机工程与应用，2022，58(24):134—142.

[64]陈尚聪，李强，刘安英.运用供应链理念探索采购管理机制创新[J].招标采购管理，2021(06):47—49.

[65] 邰雪，赵天祺，孙亚茹，等 . 人工智能在临床医学的新型优势 [J]. 内蒙古医科大学学报，2021，43(03):316—319.

[66] 朝乐门，肖纪文，王解东 . 数据科学家 : 岗位职责、能力要求与人才培养 [J]. 中国图书馆学报，2021，47(03):100—19.

[67] 王晔 . 新零售下智能推荐对消费者购买意愿的影响研究 [D]. 天津大学，2021.

[68] 张艳艳 . "联邦学习" 及其在金融领域的应用分析 [J]. 农村金融研究，2020(12):52—58.

[69] 潘沁，阳海音，党雪华 . 冯·诺伊曼的科技哲学思想及其对人工智能研究的启示 [J]. 兰州学刊，2020(08):14—23.

[70] 邓学剑，沈济南，许振武，等 . 基于 RBAC 模型的医疗云平台的设计与实现 [J]. 湖北民族大学学报 (自然科学版)，2020，38(01):93—97.

[71] 汪钰，钟豪，陈劲，等 . 大数据分析 1980—2019 年药剂研究进展 [J]. 药学进展，2020，44(01):10—14.

[72] 马爽 . 经济转型新引擎——瞭望我国未来大健康产业的发展 [J]. 健康中国观察，2020(01):84—87.

[73] 睢党臣，曹献雨 . 人工智能、人口发展与中国未来人口政策 [J]. 新疆师范大学学报 (哲学社会科学版)，2020，41(03):91—99.

[74] 胡林，刘婷婷，李欢，等 . 机器学习及其在农业中应用研究的展望 [J]. 农业图书情报，2019，31(10):12—22.

[75] 朱力影 . 角色转换 : 高校教学管理者的新追求 [J]. 江苏高教，2019(11):58—64.

[76] 张弛 . 数据保护官岗位角色技术能力分析 [J]. 中国信息安全，2019(02):46—49.

[77] 吴瀚文 . 新时代电力企业智能客服应用研究与展望 [J]. 科学技术创新，2018(18):67—68.

[78] 俞汝劼，杨贞，熊惠霖．基于深度卷积神经网络的航空器检测与识别 [J]．计算机应用，2017，37(06):1702—1707+1712.

[79] 王小勇．基于云服务的建筑电气综合监控系统探讨 [J]．数码设计，2017，6(08):17—18.

[80] 陈丽，李威．沃尔玛供应链管理对中国零售业的启示 [J]．价值工程，2011，30(34):24.

[81] 刘妮妮．基于深度学习的智能矿产资源潜力评价应用研究 [J]．有色金属工程，2024，14(10):167.

[82] 褚端峰，王如康，王竞一，等．端到端自动驾驶的研究进展及挑战 [J]．中国公路学报，2024(10):1—29.

[83] 张灿影，张斌，冯志纲，等．人工智能海洋学研究的计量分析 [J]．海洋与湖沼，2024(10):1—24.

[84] 杨洋洋．突发公共舆情事件主题分异与情感缓释模式分析——基于 UGC 与 AIGC 的比较研究 [J]．情报杂志，2024(10):1—9.

[85] 章洁，洪芳林．迈向有序 AI：智慧图书馆 AIGC 数据治理机制与策略 [J]．图书馆建设，2024(10):1—16.

[86] 赵善至，李景龙，杨朝运．信息时代"情报众筹"活动创新运用研究 [J]．情报杂志，2024(10):1—6.

[87] 洪康隆．BERT 人工智能模型能识别管理层语调中的机会主义吗？——基于上市公司年报的文本分析 [J]．证券市场导报，2024，(10):27—37+68.

[88] 敖丽娟，唐川，王婉婧．基于多源流理论的美国对华科技政策策源体系研究 [J]．情报杂志，2024(10):1—8.

[89] 戚聿东，刘健．人工智能产业的包容审慎监管：理论内涵与实现路径 [J]．兰州大学学报 (社会科学版)，2024，52(04):154—165.

[90] 朱俊杰，薛永飞，周国雄，等．AI 赋能"自动化系统综合课程设计"探索 [J]．实验室研究与探索，2024(10):1—5.

[91]Mcculloch W S , Pitts W .A Logical Calculus of the Ideas Immanent in Nervous Activity[J].biol math biophys，1943.

[92]Zhisheng Chen.Responsible AI in Organizational Training: Applications, Implications, and Recommendations for Future Development[J].Human Resource Development Review, 2024, 23(4):498—521.

[93]Charlotte Haugland Sundkvist, Ellen M. Kulset.Teaching accounting in the era of ChatGPT － The student perspective[J].Journal of Accounting Education, 2024, 69100932—100932.

[94]Benicio Gonzalo Acosta Enriquez, Emma Verónica Ramos Farroñan, Luigi Italo Villena Zapata, et al.Acceptance of artificial intelligence in university contexts: A conceptual analysis based on UTAUT2 theory[J].Heliyon, 2024, 10(19):e38315—e38312.

[95]Colleen P. Kirk，Julian Givi.The AI-authorship effect: Understanding authenticity, moral disgust, and consumer responses to AI-generated marketing communications[J].Journal of Business Research, 2025, 186114984—114984.

[96]Nengzhi(Chris) Yao, Junhong Bai，Zihao Yu, et al.Does AI orientation facilitate operational efficiency? A contingent strategic orientation perspective[J]. Journal of Business Research, 2025, 186114994—114994.

[97]Fan Yang，Yingying Hao, Chen Zhang, et al.Artificial intelligence for computation and development of nanodrug solubility in supercritical solvent: Analysis of temperature and pressure influence[J].Journal of Molecular Liquids, 2024, 414(PA):126095—126095.

[98]Linyu Zhang, Min Zhang, Arun S. Mujumdar，et al. From farm to market: Research progress and application prospects of artificial intelligence in the frozen fruits and vegetables supply chain[J].Trends in Food Science & Technology, 2024，153104730—104730.

[99]Alok Yadav, Rajiv Kumar Garg, Anish Sachdeva.Artificial intelligence applications for information management in sustainable supply chain management: A systematic review and future research agenda[J].International Journal of Information Management Data Insights, 2024, 4(2):100292—100292.

[100]Maik Beege, Christopher Hug, Josef Nerb.AI in STEM education: The relationship between teacher perceptions and ChatGPT use[J].Computers in Human Behavior Reports, 2024, 16100494—100494.

[101]Anass Bayaga.Enhancing M Enhancing mathematics problem-solving skills in AI-driven environment: Integrated SEM-neural network approach[J].Computers in Human Behavior Reports, 2024, 16100491—100491.

[102]Margaret H. Sibley, Leonard Bickman, David Atkins, et al. Developing an Implementation Model for ADHD Intervention in Community Clinics: Leveraging Artificial Intelligence and Digital Technology[J].Cognitive and Behavioral Practice, 2024, 31(4):482—497.

[103]Muhammad Sami Ullah, Muhammad Attique Khan, Hussain Mubarak Albarakati, et al. Multimodal brain tumor segmentation and classification from MRI scans based on optimized DeepLabV3+ and interpreted networks information fusion empowered with explainable AI[J].Computers in Biology and Medicine, 2024, 182109183—109183.

后　记

时光荏苒，着手撰写《人工智能与企业运营：前沿技术、管理挑战与未来趋势》一书的工作已近尾声。作为长期从事企业管理研究与教育领域的高校教师，我深知在此日新月异的时代背景下，知识的累积与迭代速度常常令人难以企及。因此，撰写此书的初衷旨在为广泛的读者群体，特别是企业管理实践者、高等教育界同人及科技行业从业人员，呈献一份全面而富有预见性的读物，探讨人工智能如何深刻影响企业的运营模式。本书创作的过程，使我不仅扮演了知识的梳理者角色，更成为深度思考的一分子。这一路走来，我亲历了技术进步与管理实践的交融，并持续反思人工智能技术对于企业体质、社会结构乃至人类未来图景的潜在革命性影响。

·技术的力量：从愿景到现实

人工智能——这一昔日科幻文学中的构想，如今已全面融入我们的日常生活。从智能家居产品的遍地开花，到自动驾驶技术的持续飞跃，乃至企业广泛采纳的智能客服系统与预测分析工具，AI不仅实现了从理想到现实的跨越，更切实地重塑着企业的运营模式、社会结构框架及人类生活的诸多方面。

身为一位亲历人工智能各个发展阶段的研究者，我深刻铭记着AI从理论构想迈向实际应用的艰难轨迹。早在我的求学时期，人工智能在学术界的探讨大多局限在符号主义AI与专家系统范畴内，而机器学习方兴未艾，深度学习的理念仅是少数前沿探索者手中的试验性课题。彼时的人工智能探究，更近乎一场理想主义者引领的实验风潮，学者们广泛争论着机器能否模拟人类思维模式，乃至在认知层面上超越人类的界限。

尽管如此，随着计算能力的急剧增强及大量数据的累积，特别是在机器学习领域的显著进步，尤其是深度学习的兴起，人工智能已从学术领域的象牙塔步入了产业界，变身为企业数字化转型的关键驱动力之一。如今探讨的人工智能，其内涵已超越了单纯的技术范畴，更多地触及社会、经济及伦理等多个层面的问题。企业如何借力 AI 来增强运营效能？又该如何在市场激烈竞争中，通过 AI 构筑技术竞争优势？这些问题既是技术层面上的挑战，也是企业管理策略上的抉择。

·反思与展望：AI 带来的管理挑战

尽管人工智能技术在企业环境中的应用潜力被广泛看好，然而从我的教育实践与研究探索中发现，技术的飞跃并不自动解决企业运营中的一切难题。相反，人工智能的融入常常伴随着新一波的管理难题，这些问题触及的不仅仅是技术实施的层面，还深入到企业文化底蕴、组织架构设计、决策过程的透明度，乃至企业应承担的社会责任等多元而复杂的议题。

在教育实践中，我屡次激励学生们探讨这样一个议题：人工智能到底是如何重塑企业经营管理的面貌？这一问题表面看似浅显，实则蕴含了诸多值得深究的复杂层面。人工智能的运用确实能多维度地增强企业的效能，诸如借助自动化工作流程缩减人力开支，凭借数据分析实现决策的更高精度，乃至利用预测性维护来降低设备故障的概率。然而，人工智能技术的"黑箱"问题也常令企业管理层陷入困惑。当一项决策出自错综复杂的深度学习模型时，管理层如何阐释该决策的合理依据？一旦 AI 系统发生失误，企业又应如何界定自身的责任界限？这些议题不仅是技术领域的难题，更是企业管理阶层必须直面的关键议题。

近年来，随着"可解释性 AI"这一理念的兴起，学术界与产业界均致力于提升 AI 决策过程的透明度。然而，技术前行的步伐似乎总是伴随着新挑战的出现。比如，尽管可解释性 AI 能够在一定程度上缓解"黑箱"效应，但在众多复杂的商业环境中，过度依赖人工智能做决策可能使企业低估人类智能的不可或缺性。在此情境下，AI 生成的结论或是基于数据统计上的显著优势，而企业的决策逻辑远不止于追求"数据最优化"往往还需综合考量各种不确定性因素及风险管理体系。因此，未来的企业管理领域将面临一项核心议题：如何在推动 AI 技术创新与强化风险管理之间实现策略性平衡。

·企业社会责任：AI 时代的伦理思考

除却技术和管理层面临的难题，人工智能的伦理议题亦是我教学与研究活动中频繁探讨的内容。人工智能技术的飞速跃进，虽然为行业开辟了广阔的发展空间，但同时也触发了一系列道德争议。其中，算法的偏颇性、数据保护的隐私问题，以及AI决策中可能蕴含的歧视性挑战，均是在实际应用中不容小觑的障碍。作为企业的引领者，如何在奋力推进技术革新之际，确保企业践行其社会职责，是我们必须持续警醒并深思的问题。

在学术交流的环境中，我频繁地与学生探讨一系列典例，涉及人工智能伦理学的挑战，诸如某些公司因算法偏见引致的社会不公现象。经由这些实例的深入剖析，我的意图在于引导学员理解，科技进步并非万能钥匙，无法自发解开所有难题。企业采纳 AI 技术之际，必须超越纯粹的经济利益追求，深刻反思该技术对社会结构的潜在影响。一个具备充分发挥社会责任感的企业实体，应当在其技术实施的每一步骤中，预估可能出现的伦理困境，并制定相应策略以资预防。

近年来，公众对人工智能伦理问题的重视程度不断攀升，驱使众多企业积极建立健全人工智能伦理标准，并在算法设计及数据管理中融入更多道德考量因素。尽管这些举措仍处于起步阶段，我深信随着时间的推移，人工智能伦理将日益成为企业治理框架中的核心议题。在这个竞争白热化的市场环境中，企业不仅要追求技术创新的前沿地位，还必须在承担社会责任、塑造正面公众形象方面下足功夫，方能稳固其市场地位，实现持续发展。

·未来的挑战与机遇

在反思本书撰写过程的同时，我深切地意识到，人工智能技术对企业运作的影响已然超越了我们的预想范畴。它不仅触动了企业生产模式与管理模式的根本变革，更在深远地重塑社会的经济架构与文化景观。然而，伴随 AI 技术的迅猛进步，一系列前所未有的挑战也应运而生，这些挑战既涉及技术领域的不确定性，也涵盖了管理层面的复杂性，从而对企业的管理者提出了更高要求——他们不仅需要拥有灵活的应对策略，还应具备前瞻性的战略视野。

在即将到来的企业管理领域中，人工智能将持续担当关键角色，而其目的并非替代人类决策者，而是作为一项强有力的支持系统，助力管理者实现决策的更高精确度与效率。在此过程中，管理者应当持续对技术应用保持审慎和警醒，以防过度信赖技术而陷入"自动化依赖"的困境。从我的视角出发，未来能够蓬勃发展的企业，将是那些在科技进步与人文精神之间巧妙融合与平衡的企业实体。

身为高等教育工作者及研究者，我将持续投身于人工智能与企业运营管理交叉领域的探索与研究。我深信，随着技术迭代的不断加速，未来将展现更多 AI 技术与企业管理深度整合的创新增长点，同时也将面临一系列亟待攻克的管理前沿课题。在这条既充满未知又蕴藏机遇的征途中，我乐于以研究者和教育者的双重身份，与诸位同人携手共进，共同迎接人工智能时代的崭新黎明。

最后，感谢我创业道路上同舟共济的挚友刘强，以及始终给予我支持的家人们，没有你们的扶持与激励，这本书不可能如此顺利地完成。我殷切期望，此书能为读者带来一些有价值的思考和参考，帮助大家更好地理解人工智能与企业运营之间的复杂关系，并为未来的企业管理提供一些有益的启示。

让我们一起拥抱 AI 时代的机遇与挑战，迎接一个更加智能和多元的未来。

庄翔宇

2024 年 10 月于山水雅集